D1753239

EYTHROPE
DER LEGENDÄRE GARTEN
DER ROTHSCHILDS

EYTHROPE
DER LEGENDÄRE GARTEN DER ROTHSCHILDS

Gärtnern in Vollendung

MARY KEEN
FOTOS VON TOM HATTON

Aus dem Englischen von
Maria Gurlitt-Sartori

DEUTSCHE VERLAGS-ANSTALT

Aus dem Englischen übersetzt von Maria Gurlitt-Sartori

1. Auflage
Copyright © der deutschsprachigen Ausgabe 2015
Deutsche Verlags-Anstalt, München,
in der Verlagsgruppe Random House GmbH

Titel der englischen Originalausgabe:
Paradise and Plenty, A Rothschild Family Garden
Copyright © Pimpernell Press Limited 2015
Text copyright © Mary Keen 2015
Photographs copyright © The Waddesdon Estate 2015
außer:
The Greenhouse: Cyclamen and Tomatoes
by Eric Ravilious, S.112-113
Copyright © Tate, London 2015
Alle Rechte vorbehalten
Grafische Gestaltung und Herstellung:
Dean Pauley

Recherchen für die Übersetzung ins Deutsche:
Christoph Gurlitt
Satz der deutschen Ausgabe:
Boer Verlagsservice, Grafrath
Produktion der deutschen Ausgabe:
Monika Pitterle/DVA
Einbandgestaltung: SOFAROBOTNIK. Augsburg
& München unter Verwendung eines Fotos
von Tom Hatton
Printed and bound in China
ISBN 978-3-421-03996-5

www.dva.de

TITELSEITE
Im Formschnittgarten findet sich ein von
dem im 18. Jahrhundert lebenden Bildhauer
John Cheere entworfener Schäfer, umgeben
von skulptural anmutenden Figuren aus
Buchs, Eibe und Glänzender Heckenkirsche
(Lonicera nitida).

INHALTSVERZEICHNIS

Vorwort von Gregory Long	7
Einführung	13
Die Rothschilds in Waddesdon und Eythrope	17

GEMÜSE
Selbstversorgung	29
Bodenvorbereitung	43
Erbsenreiser & Stäbe	49
Der Kräutergarten	57
Zier- und Speisekürbisse	63

OBST
Der Anbau von Obst	71
Kirschen in Töpfen	81
Äpfel und Birnen	89
Aprikosen	95
Brombeeren	97
Feigen und Wein	101

GEWÄCHSHÄUSER
Kulturen unter Glas	109
Tomaten, Paprika, Auberginen und Gurken	121
Pelargonien	127
Vermehrung	135
Farne und Clivien	145

RABATTEN
Blumenrabatten	151
Staudenrabatten	161
Rosen	165
Beetgestaltung	171
Winter	177

SPEZIELLE SAMMLUNGEN
Eine Passion für Pflanzen	181
Primeln	193
Salbei-Arten	199
Nerinen-Arten	205
Schneeglöckchen	209

TÖPFE UND FORMSCHNITT-GEHÖLZE
Topfpflanzen und in Form geschnittene Bäume	215
Töpfe im Umkreis der Gebäude	225
Töpfe im ummauerten Garten	229
Der Formschnitt-Garten	235

BLUMEN FÜR DAS HAUS
Florale Dekoration	243
Dahlien	257
Aus Samen gezogene Einjährige, Zweijährige und Stauden	265
Chrysanthemen	273
Zwiebelblumen in Töpfen	277

POST SCRIPTUM
Lord Rothschild	287

ANHANG
Die Gärtner	288
Das Gartenjahr	292
Jährliches Aussäen	298
Bibliografie	298
Register	299
Dank	304

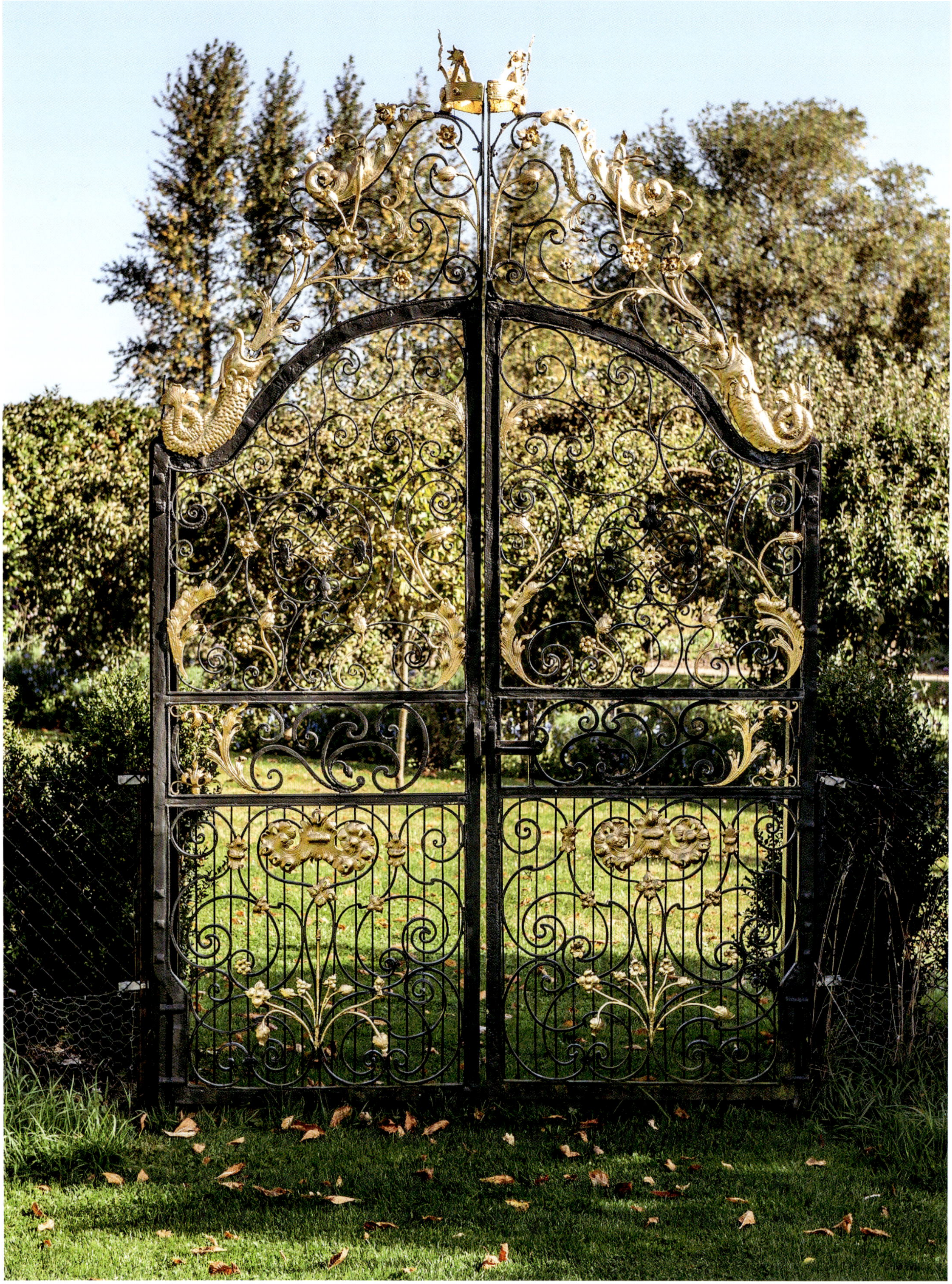

VORWORT

Dieses prächtige Buch porträtiert einen großen ummauerten Garten, der, eingebettet in die englische Landschaft, eine ausgeprägte gärtnerische Virtuosität erkennen lässt. Es ist ein wahrer Traum von einem Ort, geführt von einer der brillantesten Gärtnerinnen unserer Zeit. Wenn Sie als Hobbygärtner Inspiration suchen – hier werden Sie fündig. Wenn Sie als Gartenhistoriker alte Traditionen erkunden – lesen Sie einfach weiter. Wenn Sie als Gärtnermeister bisher nicht gekannte Feinheiten zu erlernen hoffen – hier sind Sie genau richtig. Wenn Sie von Ihrem Lesesessel aus davon träumen, in eine hinter hohen Mauern verborgene magische Welt einzutauchen, die nur Ihnen Zugang gewährt, dann ist das Ihr Buch.

Der Garten ist eine Besonderheit des unter dem Namen Eythrope bekannten Anwesens, ein privater Bereich, der an das herrschaftliche viktorianische Schloss der Familie Rothschild in Waddesdon angrenzt. Die Mauern und der Gebäudekomplex innerhalb des Hofes wurden im ausgehenden 19. Jahrhundert von der passionierten Gärtnerin Alice Rothschild erbaut, die unmittelbar daneben in Waddesdon lebte und als Rückzugsort von der formalen Pracht des Haupthauses Eythrope schuf.

Heute ist es dem Zusammenwirken dreier faszinierender Persönlichkeiten zu verdanken, dass der Garten in Eythrope zu neuem Leben erweckt wurde. An vorderster Stelle ist Lord Jacob Rothschild zu nennen, der derzeitige Besitzer des Gartens, der sich mit rührender Fürsorge darum kümmert. Dann ist da Lady Mary Keen, die gefeierte Gärtnerin und Gartenautorin, die im Auftrag von Lord Rothschild einen Entwurf für den Garten vorgelegt hat, der inzwischen den maueruumzogenen Raum einnimmt. Und schließlich Sue Dickinson, die talentierte Obergärtnerin, die, gemeinsam mit ihrem Team, erstklassiges Gemüse und Obst zieht, und im Gewächshaus Tomaten, Primeln, Schnittblumen sowie viele andere vor Gesundheit strotzende Pflanzen kultiviert, alle äußerst kunstvoll präsentiert; abgerundet wird das Bild durch zwei aufregende Staudenrabatten, die beidseitig den Mittelweg säumen und nur als Augenweide dienen. Der Garten ist gemäß seiner ursprünglichen Funktion restauriert worden: als Quelle von Gemüse und Obst sowie Blumen für die Familie des Besitzers. Aber er ist zugleich auch ein Kunstwerk.

Als Kunstwerke und private Refugien haben umschlossene Gärten immer ihren eigenen Charme. Die Mauern wurden in der Regel aus praktischen Gründen, vor allem auch um des Schutzes willen erbaut – sei es vor Kälte, Wind, Wild oder Menschen aus der Nachbarschaft. Von dem praktischen Nutzen abgesehen, lassen sie vor unserem inneren Auge Bilder von Gärten aufziehen wie etwa den *Potager du Roi* in Versailles, den mexikanischen Hofgarten der Frida Kahlo, George Washingtons Küchengarten in Mount Vernon oder den kreisförmigen Botanischen Garten von Padua, dessen Mauern im Jahre 1552 errichtet wurden, um Anwohner am Entwenden von Heilpflanzen zu hindern.

An einem Sommertag vor zwei Jahren hatte ich das Vergnügen, in Begleitung von Mary Keen den Garten von Eythrope zu besuchen. Die Gartenkenner unter meinen Freunden hatten mir zuvor zwar von diesem bemerkenswerten Ort erzählt, und ich wusste auch von Lord Rothschilds Hingabe an den Garten und von seinem

GEGENÜBER
Ein mit vergoldeten Ornamenten geschmücktes Eisentor führt von der *Homestead*-Farm in den *Paradise*-Garten.

Bestreben, diesem in jeder Hinsicht gerecht zu werden. Ich hatte von der allseits geschätzten Sue Dickinson gehört, die dieses Wunderwerk geschaffen hatte. Und ich wusste, dass Mary Keen den Kontakt zwischen diesen gleichgesinnten Gartenliebhabern hergestellt hatte.

Was ich allerdings nicht vorhersehen konnte, war das unglaublich hohe Niveau, auf dem hier gegärtnert wird. Es grenzt geradezu an Perfektion, wie es die Bilder in diesem Buch hinreißend einfangen. Im Laufe des Besuchs trat es mir bereits klar vor Augen, und nachdem ich den Text dieses Buches inzwischen gelesen habe, weiß ich, dass dieser exzellente Zustand nur durch die Verfeinerung traditioneller Methoden, die Einführung neuer und wissenschaftlicher Optimierungsverfahren und das bemerkenswerte Geschick der Gärtner erreicht werden konnte, kombiniert mit absolut sicherem Stilempfinden, beharrlichem Verfolgen eines Ideals, einer gezielten Ergebnisorientierung und harter Arbeit.

Als Beispiel für Sue Dickinsons hohe gärtnerische Qualifikation führe ich gern auf, was in diesem Buch im Kapitel »Obst« über die Kultur von Kirschen geschildert wird. Auf meinem Schreibtisch in New York steht ein Foto, das ich an jenem Tag aufgenommen hatte, an dem Sue und Mary mich durch den Garten führten. Es zeigt einen Kaninchenschwanz, der an einem langen Stock befestigt ist. Die eleganten Kirschbäume (von mehreren alten Sorten) werden in dekorativen Terrakotta-Töpfen gezogen. Sue erklärte mir, dass die Kirschen in der Blütezeit jeden Tag um 12 Uhr mittags mit dem Fellschwanz am Stock bestäubt würden, wie es seit Generationen in diesem historischen Garten Usus war. Bevor man sich nun in das vorliegende Buch vertieft, sollte man vielleicht die Seite 81 aufschlagen, um alles über die Kultur von Kirschen zu erfahren. Danach wird keine Aufgabe im eigenen Garten je noch als langwierig erscheinen.

Dieses Trio, das den Garten geschaffen hat, ist nun mit dem Verfassen dieses Buches erneut in Aktion getreten. Es bringt uns die Schönheit des Gartens, aber auch die technischen Verfahrensweisen nahe, die ihn für uns und zukünftige Gärtnergenerationen so überwältigend erscheinen lassen, zumal das Gros der Gärtner gewiss nicht mit einer solchen Gartentradition vertraut sein dürfte. Alle sind wir den Persönlichkeiten, die für die Gestaltung des Ortes und des Buches verantwortlich zeichnen, zu Dank verpflichtet.

Gregory Long
Präsident
The New York Botanical Garden
August 2014

GEGENÜBER
Eine Büste der *America*, die aus dem Aviarium im Herrenhaus Waddesdon stammt und in einer Ecke des Gewächshauses thront.

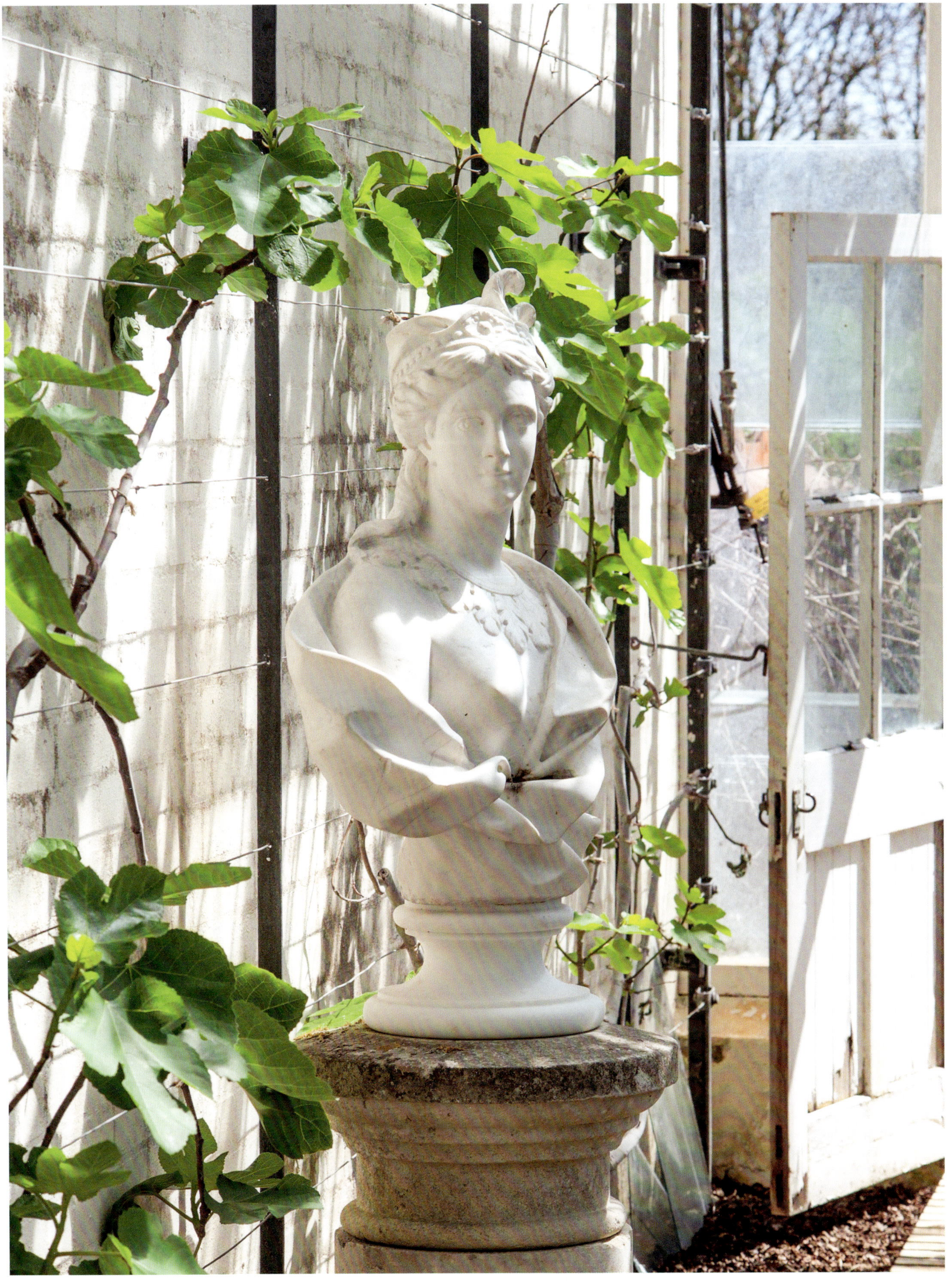

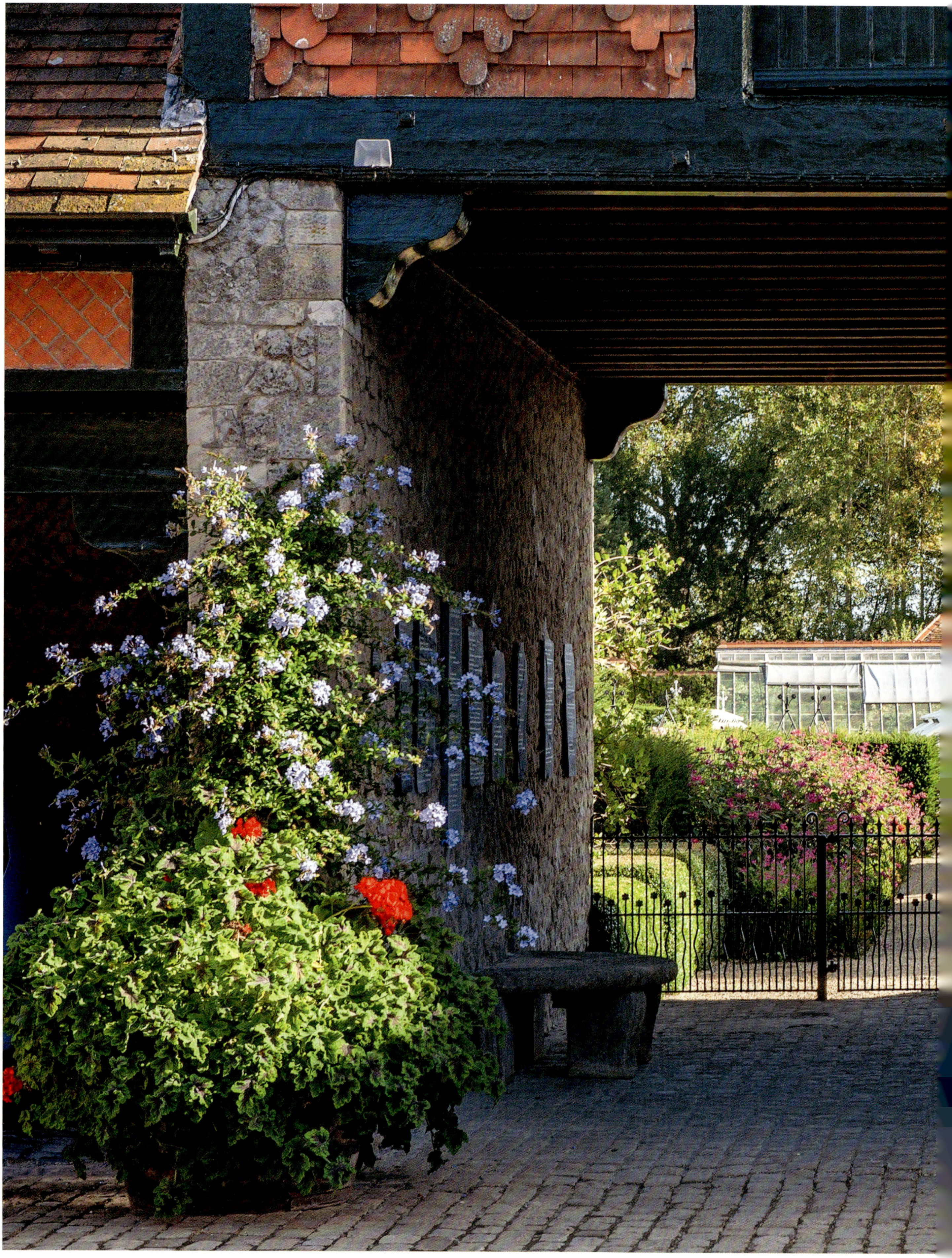

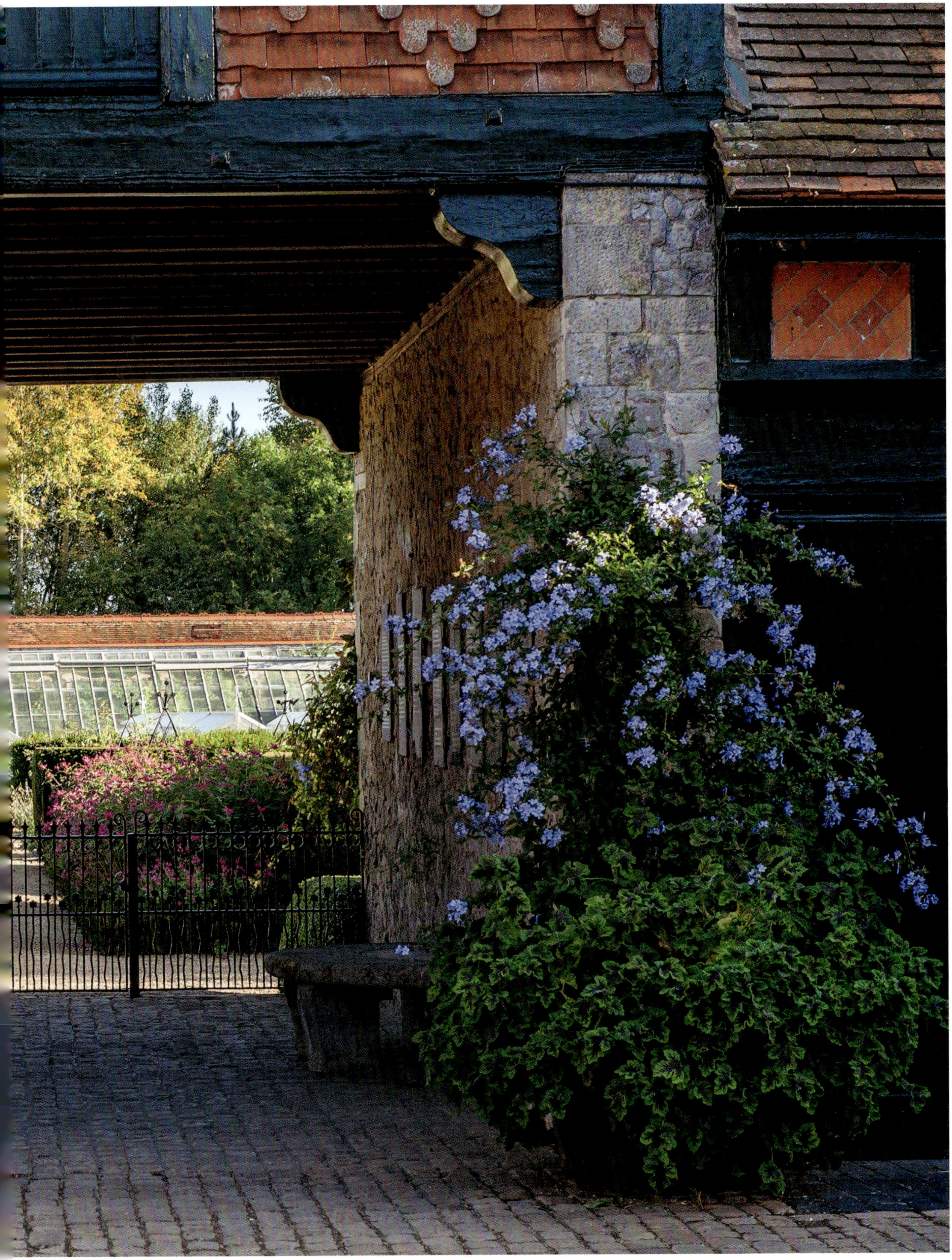

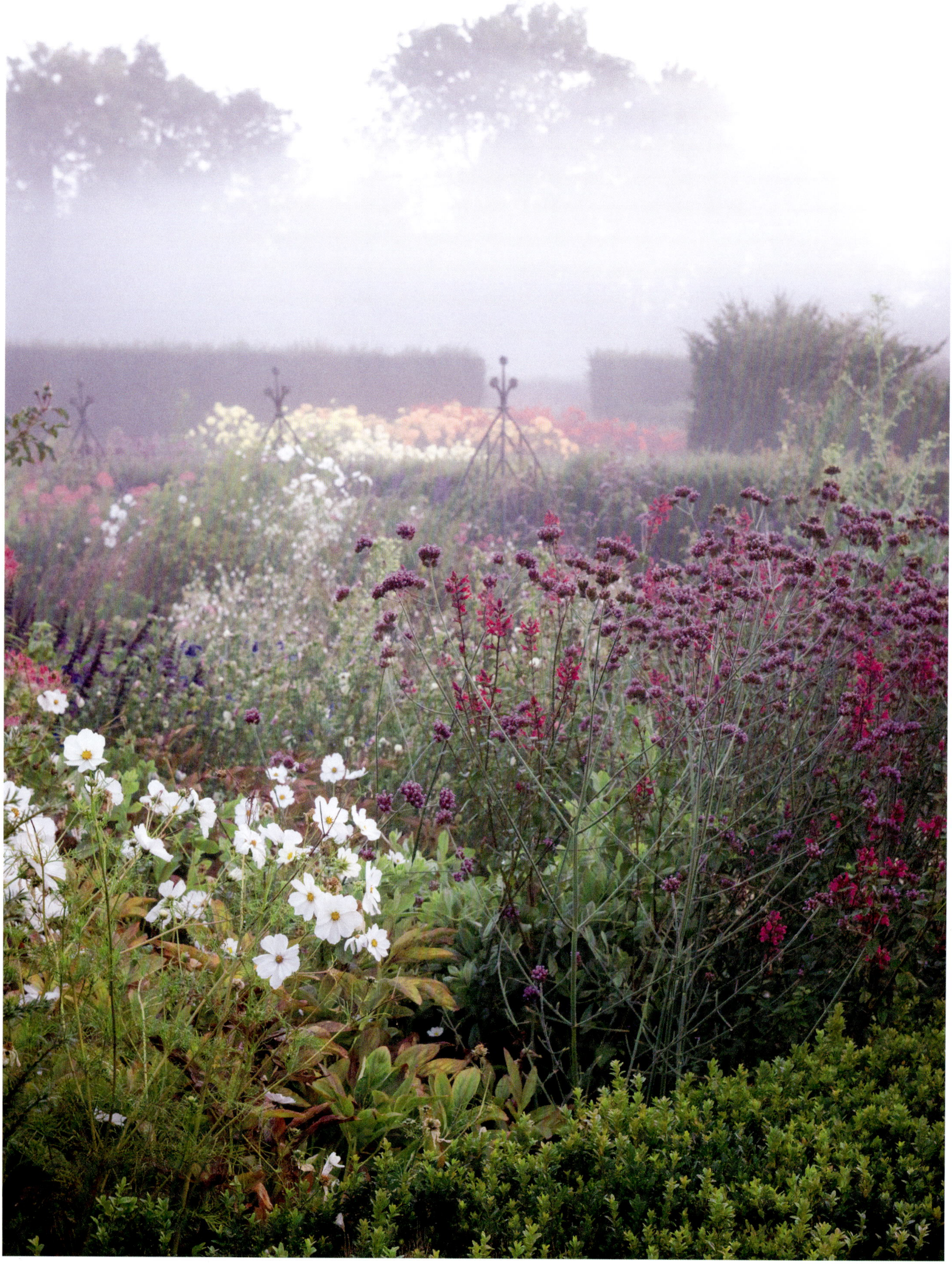

EINFÜHRUNG

Es gibt selbstverständlich viele Bücher über Gärten – dieses ist grundlegend anders. Der Nutzgarten in Eythrope leistet etwas Bemerkenswertes, und das in einem Maßstab, der einzigartig ist. Obst, Gemüse und Blumen werden für einen Landsitz gezogen, in dem noch immer Geselligkeiten großen Stils gegeben werden und dies von jeher alles auf höchstem Niveau.

Der Garten in Eythrope bildet einen Teil der Domäne Waddesdon, und dessen Geschichte ist eng mit der Geschichte der Familie verwoben, die den Ort berühmt machte. Der Garten wurde in seiner gegenwärtigen Form vor einem viertel Jahrhundert angelegt, als der derzeitige Lord Rothschild qua Vermächtnis mit der Leitung von Waddesdon betraut wurde und in den *Pavilion* in Eythrope einzog, der von alters her der Witwensitz des Herrenhauses von Waddesdon gewesen ist. Sue Dickinson, die in Waterperry, dem legendären Ausbildungskolleg für Gärtnerinnen, geschult wurde, hatte von Anfang an die Verantwortung für den Garten inne. Unter ihrer inspirierenden Führung ist der Ort unter Kennern zum Inbegriff für Exzellenz geworden.

Die meisten englischen Landsitze mussten, wenn auch widerwillig, ihre großen und arbeitsintensiven Gärten aufgeben, weil die Kosten für deren Pflege nicht mehr tragbar waren. In den ersten Jahren des letzten Jahrhunderts rühmten sich sämtliche großen Häuser noch ihrer autarken Versorgung. Nach den beiden Weltkriegen aber verwahrlosten viele Nutzgärten zu struppigen Grasflächen, wenn man sie nicht ohnehin auf die Hälfte oder ein Viertel ihrer ursprünglichen Größe reduziert hatte. Sie wurden in Obstgärten verwandelt oder dienten den Schweinen oder dem Geflügel als Auslauf, sodass lediglich ein kleiner Flecken für Gemüse und ein paar Beerensträucher übrig blieb. Die Kultur von Obst unter Glas geriet nahezu in Vergessenheit, und auch die Auswahl der Schnittblumen für die Dekoration des Hauses verminderte sich drastisch.

Selbst in Eythrope war der Nutzgarten, bevor Lord Rothschild sein Erbe antrat, für mehr oder weniger kommerzielle Zwecke eingesetzt worden. Viele der 15 Gewächshäuser waren baufällig, und der Garten konnte sich wirtschaftlich kaum noch halten. Nun, da die Gartenanlage inzwischen restauriert ist und alles wieder in geordneten Bahnen verläuft, wird nahezu nichts für das Haus hinzugekauft, und das ganzjährig. Alles in Eythrope wird vor Ort gezogen und zwar in höchster Perfektion. Ganze Gewächshäuser sind hier der Anzucht von Tomaten oder von duftblättrigen Pelargonien gewidmet. Feigen, Trauben, Aprikosen, Pfirsiche und Kirschen werden unter Glas kultiviert. Selbst in einem so schlechten und feuchten Sommer wie dem des Jahres 2012, in dem andere Gärtner den Verlust ganzer Erträge beklagten, wurden in Eythrope im Freiland Gemüse, Obst und Blumen geerntet, die in der Qualität nichts zu wünschen übrig ließen.

Das mag für den landläufigen Gärtner, der nie je für einen Bereich von vergleichbarer Größe zuständig sein dürfte, nicht relevant erscheinen, aber an der Sorgfalt, die man hier selbst dem kleinsten Detail des Produktionsprozesses schenkt, kann man sich ein Beispiel nehmen. Nachdem immer mehr Menschen dazu übergehen, ihr eigenes Gemüse anzubauen, sind Informationen über die bestmöglichen Anzuchtmethoden ebenso wichtig wie die Ergebnisse. Viele der Maßnahmen, die

SEITEN 10–11
Töpfe mit blauer Bleiwurz *(Plumbago auriculata* syn. *P. capensis)*, scharlachrotem *Pelargonium* 'Paul Crampel' und *P.* 'Chocolate Peppermint' flankieren wie Wachposten den Eingang zum ummauerten Garten.

GEGENÜBER
Früher Herbst im ummauerten Garten.

in Eythrope angewandt werden, gehen auf altbewährte Praktiken zurück, auch wenn sie außerhalb des ummauerten Gartens kaum bekannt sein dürften. Jeder der sechs Gärtner, die hier tätig sind, führt minuziös Buch über seine Arbeit. Aus diesen Tagebüchern und den Erzählungen der Männer und Frauen, die sich hier um die Kulturen kümmern, lässt sich eine Menge lernen.

Es entspricht allerdings nicht dem heute verbreiteten Wunsch nach schnellen Erfolgen, denn ein gelungener Garten ist kein Produkt, das sich anhand von Hochglanzmagazinen über Nacht aus dem Boden stampfen lässt. Das Gärtnern ist ein Prozess, der Zeit erfordert. Ein Garten verdient Zuwendung, und das bei jeder Witterung, zumal wenn eine so hohe Perfektion angestrebt wird. Das Gärtner-Team in Eythrope ist aktiv, ob die Tage trüb sind oder unerträglich heiß. Was immer ansteht, wird bis ins Detail genau organisiert und ausgeführt.

Eythrope hat hin und wieder anlässlich Wohltätigkeitsveranstaltungen seine Pforten geöffnet, ansonsten aber war es ein ganz und gar privates Refugium. Die Idee, ein Buch darüber zu machen, das die herausragende und beharrliche Leistung würdigt, entstand aus dem Wunsch heraus, die Geheimnisse und Freuden dieses bemerkenswerten Gartens mit anderen Gärtnern zu teilen. Aber die Bewahrung der alten Methoden reicht nun einmal nicht aus, um den Garten, auch nicht mit den finanziellen Ressourcen der Rothschilds, auf diese Weise und in diesem Umfang ewig weiterzuführen. Wer von uns vermag schon mit Eythrope gleichzuziehen oder zu leisten, was die Gärtner dort auf sich nehmen, aber selbst wenn die meisten Leser auch nur 50 Prozent der Ratschläge, die das Buch enthält, für sich verwerten können, werden sie ertragreichere Gärten und einen besseren Einblick gewinnen in das, was sich auf höchstem Niveau erreichen lässt.

Das Buch ist thematisch gegliedert. Eröffnet wird jedes Kapitel mit einem allgemeinen Überblick über die entsprechenden Bereiche, gefolgt von drei bis vier Arbeitsabläufen, die durch Fotografien veranschaulicht und im Einzelnen beschrieben werden. Sämtliche im Hintergrund vor sich gehenden Arbeiten, das *Know-How*, das erforderlich ist, um das Produkt zu liefern, ist in Schwarz-Weiß-Bildern dargestellt, das Endergebnis jedoch, das *Wow*, das in jedem Kapitel erscheint, in Farbe. Ich für meinen Teil habe im Laufe der zwei Gartenjahre, in denen das Buch entstanden ist, viel über sachgerechtes Vorgehen gelernt.

Der Anhang enthält noch detailliertere Informationen über die sieben »Anbau«-Kapitel wie Listen der kultivierten Pflanzen, einen Aussaatkalender und die Aussaatzeiten. Im Übrigen enthält er eine kurze Biografie jedes Mitglieds des Gärtner-Teams.

Dieses Buch soll festhalten, wie die Dinge an diesem einzigartigen Ort über nahezu ein Vierteljahrhundert unter der derzeitigen Führung gehandhabt wurden und zugleich das Wissen dokumentieren, das Miss Alices Gärtner dem modernen Team weitergegeben haben. Es spricht auch für Lord Rothschild, den gegenwärtigen Besitzer, dass er seine Vorfahrin Miss Alice würdigt, sowie Sue Dickinson (von Robin Lane Fox als »die Nummer eins unter den Profi-Gärtnern« bezeichnet), die nicht nur einen wunderbaren viktorianischen Garten bewahrt, sondern auch bewährtes Gärtnerwissen, das sich über viele Jahrhunderte entwickelt hat. Im Übrigen ist dieses Buch allen Gärtnern gewidmet, die in der Anzucht der Gewächse höchsten Standard anstreben.

Mary Keen
November 2014

GEGENÜBER
Kürbisse jeglicher Art liegen zum Trocknen im Kirschenhaus.

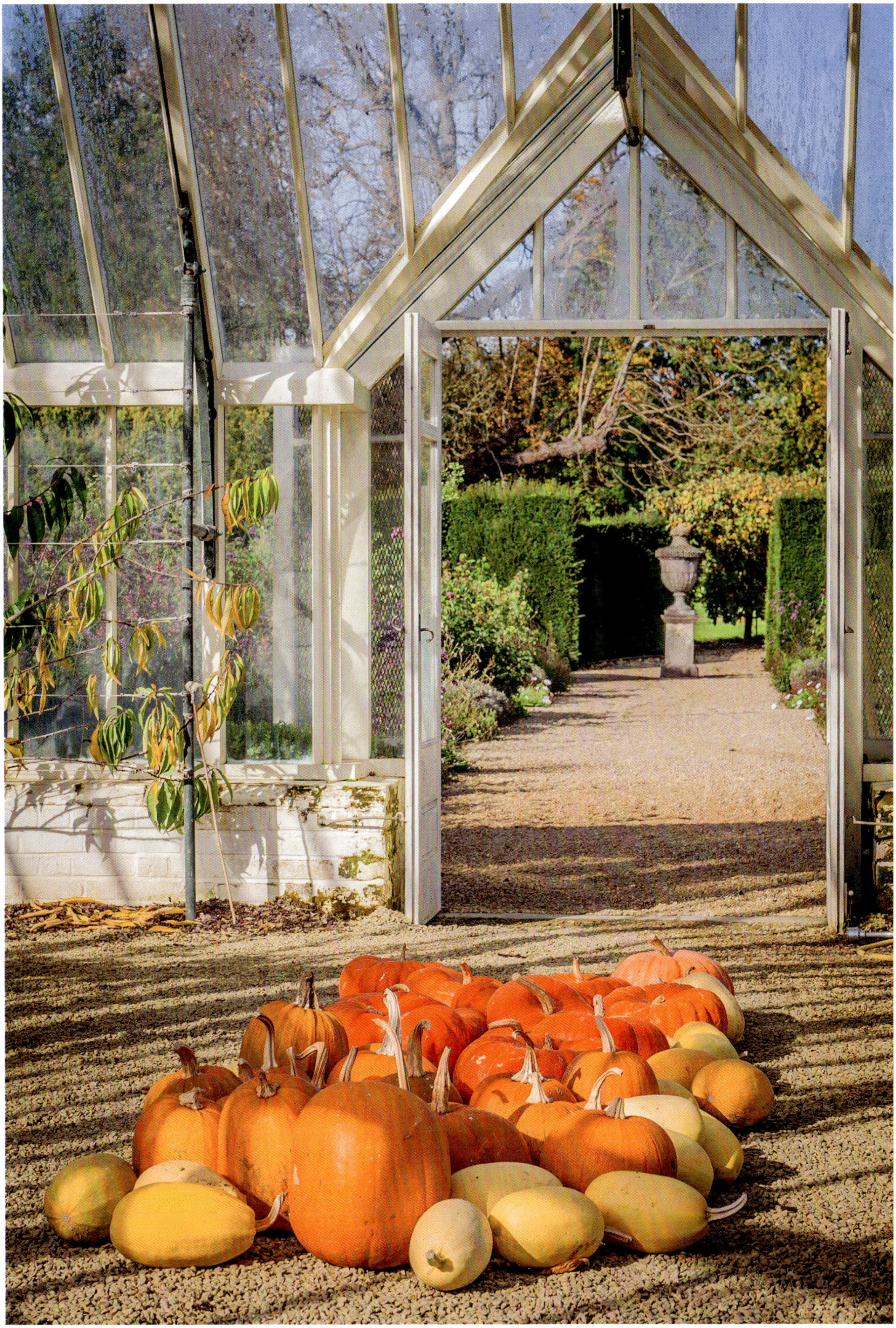

Waddesdon 1885.

DIE ROTHSCHILDS
IN WADDESDON UND EYTHROPE

Der englische Zweig des global agierenden Banken-Imperiums der Rothschilds war gegen Ende des 19. Jahrhunderts bestens etabliert. Um jene Zeit hatten sich mehrere Mitglieder dieses engen Familienverbands in unmittelbarer Nähe zueinander in dem schönen Tal von Aylesbury in der Grafschaft Buckinghamshire niedergelassen.

GEGENÜBER
Cecile Hofer, *Waddesdon Manor*, 1885.

Mit dem Erwerb von Grundbesitz war in England von jeher der Weg des sozialen Aufstiegs vorgezeichnet. Ein Jahrhundert zuvor hatte ein anderer Bankier, Henry Hoare, Stourhead gekauft und somit die Hoare-Dynastie in Wiltshire verankert. Im georgianischen England genossen Bankiers keinen hohen gesellschaftlichen Status. Der Vater von Henry Hoare war Pferdehändler gewesen, sein Sohn und sein Enkel ließen nichts unversucht, um sich über ihre Herkunft zu erheben und unter Beweis zu stellen, dass sie studierte Herren waren, die Vergil lasen und auf Bildungsreisen gingen. Die Rothschilds des frühen 19. Jahrhunderts waren als jüdische Händler weit entfernt von einer Akzeptanz durch die etablierte Aristokratie. In ihrem engen familiären Zusammenhalt erwarben sie im Süden Englands Tausende Morgen Land, als infolge der agrarwirtschaftlichen Depression viele großen Anwesen zum Verkauf anstanden. Bei klarer Sicht dürften sich die Cousins über die Dächer von Tring, Waddesdon, Mentmore, Ascott, Aston Clinton und Halten zugewunken haben. Wie Henry Hoare wollten auch die Rothschilds ihre Vergangenheit aufwerten. Der einzige Weg, um dieses Ziel zu verfolgen, bestand im Kauf königlicher Besitztümer. Sie erbauten Häuser wie Schlösser, hatten ihre Jagdgebiete und kultivierten ihre Gärten; vor allem aber sammelten sie schöne Dinge und gaben Gesellschaften, die so üppig waren, dass ihr Lebensstil als »le goût Rothschild« bald schon sprichwörtlich war.

Zu den bei Weitem bedeutendsten dieser Häuser gehörte Waddesdon, der einzige Landsitz, der bis heute in intaktem Zustand überlebt hat und mit ihm seine Sammlungen. Baron Ferdinand de Rothschild erwarb das Anwesen 1874 von dem Herzog von Marlborough. Tragischerweise hatte die 1865 geschlossene Ehe des Barons und seiner Cousine Evelina lediglich 18 Monate bestanden, bevor diese im Kindsbett starb. Er heiratete daraufhin nie mehr. Aber nach achtjähriger Trauerzeit gelang es ihm, seine Trübsal abzuschütteln, und sich in Waddesdon einen Märchenpalast im Stil eines französischen Renaissance-Schlosses zu errichten. Hier gedachte er, seine wachsenden Sammlungen unterzubringen und Gastlichkeiten für einen kleinen Kreis von Freunden zu geben. Der französische Architekt Gabriel-Hippolyte Destailleur wurde beauftragt, ein Haus auf einem der wenigen Hügel des Aylesbury-Tals zu entwerfen. Es war eingerahmt von Gärten, die Elie Lainé gestaltet hatte. Statuen, Fontänen und ein großes Vogelhaus wurden wie aus dem Nichts herbeigezaubert und ausgewachsene Bäume gepflanzt, die auf Wagen, von 16 *Percheron*-Pferden gezogen, aus Frankreich angekarrt worden waren. Rückblickend schrieb der Baron später: »Aber wenn ich all jenen einen Rat geben darf, die geneigt sein könnten, meinem Beispiel zu folgen, dann ist es der, von der Pflanzung alter Bäume abzusehen, Linden und Kastanien vielleicht ausgenommen.« Es ist noch immer vernünftiger, junge Bäume zu pflanzen als teure, reife

Exemplare. Baron Ferdinands verschwenderisch üppige Gartengestaltung machte jedoch nicht Halt bei den Bäumen. Man erzählte sich damals, dass die Zahl der Sommerblumen, die ein Grundbesitzer einzusetzen bereit war, eine Art Status-Indikator sei. Ein Gutsherr mochte 10 000 Pflanzen, ein einfacher Adeliger 20 000, ein Earl 30 000 und ein Herzog 40 000 Sommerblumen zählen, aber das riesige Parterre übertrumpfte alles. In Waddesdon kamen über Nacht 41 000 Pflanzen in den Boden, und das in wechselnder Besetzung viermal pro Jahr.

Im Zentrum dieses fabelhaften Ortes stand ein junger Mann von 35 Jahren, der, außer der Gesellschaft seiner jüngeren Schwester Alice, auf sich allein gestellt war. Nachdem Ferdinands Frau gestorben war, hatte Alice das Rothschild-Haus in Frankfurt verlassen, um bei ihm in England zu sein, wo beide die englische Staatsbürgerschaft annahmen. Nachdem Waddesdon erbaut war, sollten Bruder und Schwester über 20 Jahre lang in dem weitläufigen Haus wohnen bleiben.

Der Baron war ein Perfektionist, was, wie ein späterer Rothschild hervorhob, natürlich mit immensen Kosten verbunden war. Aber als er im Alter von 59 Jahren starb, würdigte man ihn als Mann, für den »Wohltätigkeit die Quintessenz seines Lebens« bedeutet hatte. Diese beiden Eigenschaften – Perfektionismus und Großzügigkeit – waren charakteristisch für viele Generationen der Rothschilds, und Ferdinands unverheiratete Schwester, die allgemein als »Miss Alice« bekannt war und nach seinem Tod zur Erbin von Waddesdon wurde, machte da keine Ausnahme. Lady Battersea (selbst eine geborene Rothschild) schrieb über Miss Alice: »In Waddesdon führte sie ein sehr exaktes, wenn auch großzügiges Regiment; sie verwaltete ihren Besitz, kümmerte sich um jedes noch so kleine Detail auf ihrem Anwesen und scheute keinerlei Hürden, die sich ihr in den Weg stellten.« Ihre hauswirtschaftlichen Gepflogenheiten – »die Regeln der Miss Alice« – gelten noch heute als das Nonplusultra sachgemäßer Konservierungsmaßnahmen. So bestand sie auf der Anbringung von Fensterläden und Jalousien, um den Lichteinfall zu reduzieren, und erlaubte niemandem, die Sammlungsexponate anzufassen, es sei denn mit größter Vorsicht und nur mit weißen Handschuhen. Sie war aber auch eine passionierte Gärtnerin. Die farbenfrohe dreidimensionale Beetbepflanzung, die man noch heute in Waddesdon sehen kann, war von Miss Alice initiiert worden. Im Übrigen ist es bezeichnend, dass der Nutzgarten zu ihren Lebzeiten unter den Gärtnern als *Paradise* bezeichnet wurde – ein Bereich, der ausschließlich der Anzucht von Obst, Gemüse und Blumen zur Versorgung des Herrenhauses gewidmet war.

Die Baulust scheint in den Genen der Rothschilds zu liegen. Während ihr Bruder die Arbeiten am Herrenhaus überwachte, kümmerte sich Miss Alice um das benachbarte Anwesen in Eythrope. Hier begann sie im Jahre 1875 ihr Trianon zu schaffen, den *Pavilion*, der für sie Rückzugsort vom Gepränge des brüderlichen Domizils war. Das Gelände, auf dem Lord Stanhopes altes Haus stand, das im Jahre 1810 abgerissen wurde, lag in unmittelbarer Nähe des Flusses; da Miss Alice aber sehr zart war und unter rheumatischem Fieber litt, beauftragte sie Devey, einen berühmten, aus einer wohlhabenden alten Familie stammenden und seinerzeit sehr erfolgreichen Architekten, ein kleines, etwas höher angesiedeltes Haus zu entwerfen. Deveys architektonische Präferenzen entsprachen der alt-englischen Tradition, der *Pavilion* aber, den er für Miss Alice schuf, folgte dem jakobinischen Stil mit zwei Türmchen und französischen Fenstern gleich jenen in ihres Bruders Haus, nur in wesentlich kleinerem Maßstab. Das Haus enthielt keine Schlafzimmer. Eythrope wurde für zu feucht erachtet, als dass Miss Alice dort hätte nächtigen können; so musste sie jeden Abend die 3 Meilen zurück nach Waddesdon

Frederick Tayler, *Miss Alice de Rothschild Hunting* (auf der Jagd), spätes 19. Jahrhundert.

Die Bepflanzung des Parterres in Waddesdon um 1910.

Einer von Miss Alices Drahtgeflechtvögeln in Waddesdon um 1910.

gebracht werden. Der *Pavilion* war ein bewusst bescheiden gestalteter Ort, an dem sie tagsüber weilte und vor allem ihren eigenen Garten schaffen konnte. Später pflegte ihre Großnichte, die renommierte Naturwissenschaftlerin Miriam Rothschild, zu sagen, dass die Gärten für Miss Alice der Ersatz für die Kinder waren, die sie nie bekommen hatte.

Um 1890 war ein 24 Hektar großer Park und Garten in Eythrope geschaffen worden, und das, wie das *Journal of Horticulture* es beschrieb »aus ehedem wenig mehr als einem Sumpfgebiet und einer Wildnis«. Da gab es 8 Hektar »einer zarten frischgrünen Rasenfläche in makellos gepflegtem Zustand«. Es gab Gehölzbereiche, Rhododendren-Horste, schöne Bäume und Blumenbeete. Miss Alice hatte einen Rosengarten, einen holländischen Garten, einen mexikanischen Garten, eine Grotte in der Nähe eines Sees sowie einen naturbelassenen Bereich und Wildblumengärten. Der *Pavilion* war eingehüllt in Kletterpflanzen wie Rosen, Klematis, Wilder Wein und Efeu. Es gab ein winziges Parterre, dem großen in Waddesdon nachempfunden; und dann gab es auch noch den 1,6 Hektar großen ummauerten Nutzgarten, mit drei riesigen Gewächshäusern für Blütenpflanzen und fünf kleineren Gewächshäusern für die Vermehrung der Kulturen. »Eythrope«, schrieb Edward Hamilton, Gladstones Sekretär im Jahre 1898, »ist das großartigste gärtnerische Spielfeld, das man je irgendwo zu sehen bekommt. Sie [Miss Alice] zeichnet sich durch vorzüglichen Geschmack und profunde Pflanzen- und Blumenkenntnisse aus.« (Das war höchstes Lob von einem Mann, der einst die Schwülstigkeit in einem anderen Rothschild-Haus beklagt hatte: nach einem Besuch in Halton war seine Reaktion: »Diese Protzerei! Dieser verschwenderische Reichtum, der dir überall unter die Nase gehalten wird!«)

Nach dem Tod ihres Bruders übernahm Miss Alice die Verantwortung für das Herrenhaus, was bedeutete, dass sie immer weniger Zeit im *Pavilion* verbrachte. Im Laufe des Ersten Weltkriegs wurden die Gärten von Waddesdon und Eythrope dann zwangsläufig für den Anbau von Gemüse genutzt, um den Hunger zu lindern. Selbst das große Parterre vor dem Herrenhaus wurde umgegraben, um Kartoffeln zu pflanzen. Nach dem Krieg, als Miss Alice gesundheitlich immer anfälliger wurde, verbrachte sie die Wintermonate auf ihrem Landsitz in Grasse in der Villa Victoria, wo sie einen weiteren berühmten Garten geschaffen hatte, einen, der mehr als ½ Million Pfund im Jahr verschlang und einen Stab von 100 Gärtnern für die Pflege erforderte. Marcel Gaucher, der Sohn ihres Obergärtners, erinnerte sich, dass alle 20 Schritt ein Gärtner zur Stelle war, um die herabfallenden Blätter aufzufangen. Sie selbst trug ständig einen angespitzten Stock bei sich, mit dem sie jederzeit Blätter oder Zigarettenstummel aufspießen konnte. Königin Viktoria, eine enge Freundin, bezeichnete Miss Alice stets als die »Herrscherin *per se*«. Die Königin war wiederholt zu Besuch in der Villa in Südfrankreich, aber als sie versehentlich einmal über ein Blumenbeet stolperte, wurde sie für diesen Verstoß heftig gerügt. In späteren Jahren wurde ihr Sohn, König Edward VII., in Waddesdon auf ähnliche Weise angeherrscht, das Mobiliar nicht zu berühren.

Während Miss Alices Zeiten in Grasse schrieb sie ihrem englischen Obergärtner Johnson immer wieder mit beachtlichem Sachverstand, dass er doch von allem nur das Beste kultivieren solle; sie gab ihm Empfehlungen zu spezifischen Düngern, schickte ihm Artikel über Schädlinge und Krankheiten, beriet ihn hinsichtlich der Bestellung bestimmter Obst- und Gemüsesorten oder ließ ihn wissen, wie viele Trauben er an Freunde und Verwandte zu schicken habe. Ihre Beziehung zu Johnson war aber nicht allein auf Gartenthemen beschränkt. In ihren

Heuernte auf der Wiese vor den Gehöften in Eythrope im ausgehenden 19. Jahrhundert.

Miss Alice auf ihrem Spaziergang um den kleinen Teich im Parterre des *Pavilion*.

Miss Alice als Gastgeberin einer Tee-Gesellschaft vor dem *Pavilion*. Baron Ferdinand, sitzend als zweiter von links.

G.F. Johnson, Miss Alices' geschätzter Obergärtner und Freund.

Mrs James de Rothschild.

bemerkenswert lebhaft gehaltenen Briefen äußert sie sich gleichermaßen fürsorglich zu den Lebensumständen der Gärtner, seien es zahnende Kleinkinder oder die Ermahnung, sich nach einer Grippe unbedingt zu schonen. Sie ermutigte ihren Obergärtner, der Französisch, Deutsch und Englisch sprach, auch über die weltpolitischen Ereignisse auf dem Laufenden zu bleiben. Wie der folgende Brief zeigt, schrieb sie an ihn wie an einen Freund, dessen Interessen sie teilt, mitnichten wie an ihren Angestellten.

> Johnson
> Schicke die Kartoffeln, sobald es die Witterung erlaubt. Der Koch kommt gegenwärtig noch damit aus.
>
> Das »My Magazine« ist recht interessant und der kurze Überblick über den Krieg sehr aufschlussreich.
>
> Ein Freund schreibt mir, dass Präsident Wilson ein mittelmäßiger Politiker sei und unter dem, was die Deutschen »Größenwahn« nennen, leide. Ich muss schon sagen, dass ich es für eine beachtliche Verschwendung von Kohle halte, dass er sich von den Azoren von 20 Zerstörern begleiten lässt.
>
> Armer Clémenceau! Ich hoffe, er erholt sich bald wieder – wir brauchen ihn so dringend, wie mir gesagt wurde.
>
> Die Alliierten sind erpicht darauf, den Friedenvertrag bald zu unterzeichnen. Die Kampfeslust erfasst die am Rhein stationierte Armee; auch dieses Geschäft ist äußerst bedrohlich! Ich bin froh, dass der Junge, der für Staunton arbeitet, auf dem Weg der Genesung ist, auch dass sich Mrs Johnson wieder wohler fühlt. Das Wetter ist heute Morgen ganz herrlich hier!

Als Miss Alice 1922 starb, gingen Waddesdon und Eythrope auf ihren Großneffen über, den französischen James de Rothschild, der, wie Baron Ferdinand und seine Schwester, die englische Staatsbürgerschaft erwarb. Er und seine junge Frau – Dorothy oder Dolly – bezogen das Herrenhaus, und Eythrope wurde verpachtet. Während dieser Zeit verschwand Miss Alices Garten nahezu vollkommen. Als James de Rothschild 1957 starb, vermachte er *Waddesdon Manor* und dessen Ländereien samt eines beachtlichen Stiftungskapitals dem *National Trust*. Seine Witwe, die allgemein als Mrs James bekannt war, baute den *Pavilion* aus, um nach Eythrope ziehen zu können. Von hier aus setzte sie sich weiterhin als Präsidentin in dem vom *National Trust* gegründeten *Management Trust for Waddesdon* ein. Ihre Hingabe für das Anwesen war bewundernswert, und sie war eine große Liebhaberin des Gartens. Tim Hicks, der von seinem 14. Lebensjahr an in den Außenanlagen von Waddesdon tätig war, erinnert sich, dass die Gewächshäuser nie vor 7 Uhr abends geschlossen werden konnten, weil Mrs James sich mit Vorliebe hier aufzuhalten pflegte, bis die Dämmerung hereinbrach.

Von Miss Alices ambitioniertem Garten in Eythrope ist nur sehr wenig übrig geblieben, nachdem er über 30 Jahre sich selbst überlassen geblieben war (viktorianische Gärten waren nach dem Krieg gänzlich aus der Mode gekommen); außerdem war es in der schwierigen Nachkriegszeit kaum vorstellbar, dass jemals wieder auf so hohem Niveau Gärten gestalten werden würden. Aber Mrs James hielt das Anwesen zusammen und tat ihr Bestes. Wenn Eythrope mit seinem traditionell hohen Anspruch erhalten bleiben sollte, mussten viele Dinge vereinfacht werden.

Als der derzeitige Lord Rothschild Eythrope im Jahre 1988 von seiner Cousine Dolly erbte, leitete er ein umfassendes Restaurierungsprogramm ein. Es galt der Wiederherstellung der vergangenen Pracht von *Waddesdon Manor*, sowohl im Inneren als auch in den Außenbereichen, und neben vielen anderen Dingen dem großen Parterre, das in den Kriegsjahren zu einer Wildnis verkommen war. Gleichzeitig kümmerte er sich eingehend um die Neugestaltung von Eythrope, wo er und seine Familie zu wohnen gedachten. Der neue Erbe träumte von einem Garten, der Miss Alices hohe gärtnerische Ansprüche widerspiegeln und bewahren würde; dies schien besonders naheliegend innerhalb des 1,6 Hektar großen mauerumzogenen Gartens, der einst ein Musterbeispiel viktorianischer Produktivität dargestellt hatte. Zuletzt war dieser Bereich des Gartens mehr oder weniger kommerziell genutzt worden. Mehrere Gewächshäuser drohten über kurz oder lang einzustürzen, einzelne Mauerbereiche fehlten und das ursprüngliche Wegenetz war verschwunden. Lord Rothschild hatte den Ehrgeiz, einen ertragreichen, dem alten mauerumzogenen *Paradise* in Waddesdon nachempfundenen Garten zu schaffen.

1991 bat mich die Familie Rothschild, einen Entwurf für diesen Gartenbereich vorzulegen. Es war ein wunderbarer Auftrag. Zu jener Zeit war ich mit den Gärten für das neue Opernhaus in Glyndebourne befasst und darüber hinaus mit den Gärten in *Daylesford House*. Beides waren große Projekte, aber in beiden Fällen arbeitete ich mit einem Architekten zusammen. Eythrope war anders. Ich wusste, dass es hier weniger auf einen Architekten oder Gestalter ankam, als vielmehr um die Einstellung eines Obergärtners, der bereit war, den perfektionistischen Ansprüchen von Miss Alice mit wirklicher Hingabe nachzukommen.

Je mehr ich darüber nachdachte, desto mehr kam ich zu der Überzeugung, dass Sue Dickinson als Gärtnerin die Idealbesetzung sein würde. Nach der Ausbildung in Waterperry unter der legendären Miss Havergal hatte Sue in *Malahide Castle* in Irland gearbeitet, war in Kalmthout in Belgien und in Sissinghurst tätig gewesen, wo sie drei Jahre mit Vita Sackville-Wests Gärtnerinnen Pam Schwerdt und Sibylle Kreutzberger gewirkt hatte. Darauf folgten sieben Jahre mit Esther Merton in *Burghfield Old Rectory*, wo ich sie kennenlernte – eine Blumengärtnerin sondersgleichen. Bedenken hatte ich lediglich, ob sie ebenso passioniert Gemüse anzubauen bereit war. Da ich aber wusste, dass ihre zweite Leidenschaft dem Kochen galt, erklärte sie sich nach kurzer Bedenkzeit bereit, die Herausforderung anzunehmen. So arbeiteten wir von Anfang an gemeinsam an der Gliederung und Gestaltung (in technischen Fragen mit der wertvollen Unterstützung von Alan Lesurf, dem Bauleiter von Waddesdon). Sue war der ideensprühende Geist, und ihr perfektionistischer Eifer und ihre Wertschätzung traditioneller Anbau-Methoden sind immer wieder beeindruckend.

Die ursprüngliche Vorgabe hieß, dass alles außerhalb des mauerumzogenen Gartens und des unmittelbar an das Haus angrenzenden Bereiches mehr Park als Garten bleiben sollte. Bäume wurden gepflanzt und Statuen sowie Skulpturen integriert. Lord Rothschild ist, ebenso wie seine Vorfahren, ein Sammler, und so schmücken inzwischen moderne wie alte Exponate das Anwesen.

In Hausnähe wurde Miss Alices kleines Parterre als eine Art Echo des großartigen Schauspiels in Waddesdon wiederbelebt. Sue und ich verbrachten einen ganzen Tag – immer wieder eine Handvoll Sand aufnehmend – mit der Übertragung der Konturen einer Zeichnung auf ein Schnur-Raster aus Linien und Stöcken, einem schlichten Entwurf aus Shirley Hibberds *The Amateur's Flower Garden* von 1871 nachempfunden.

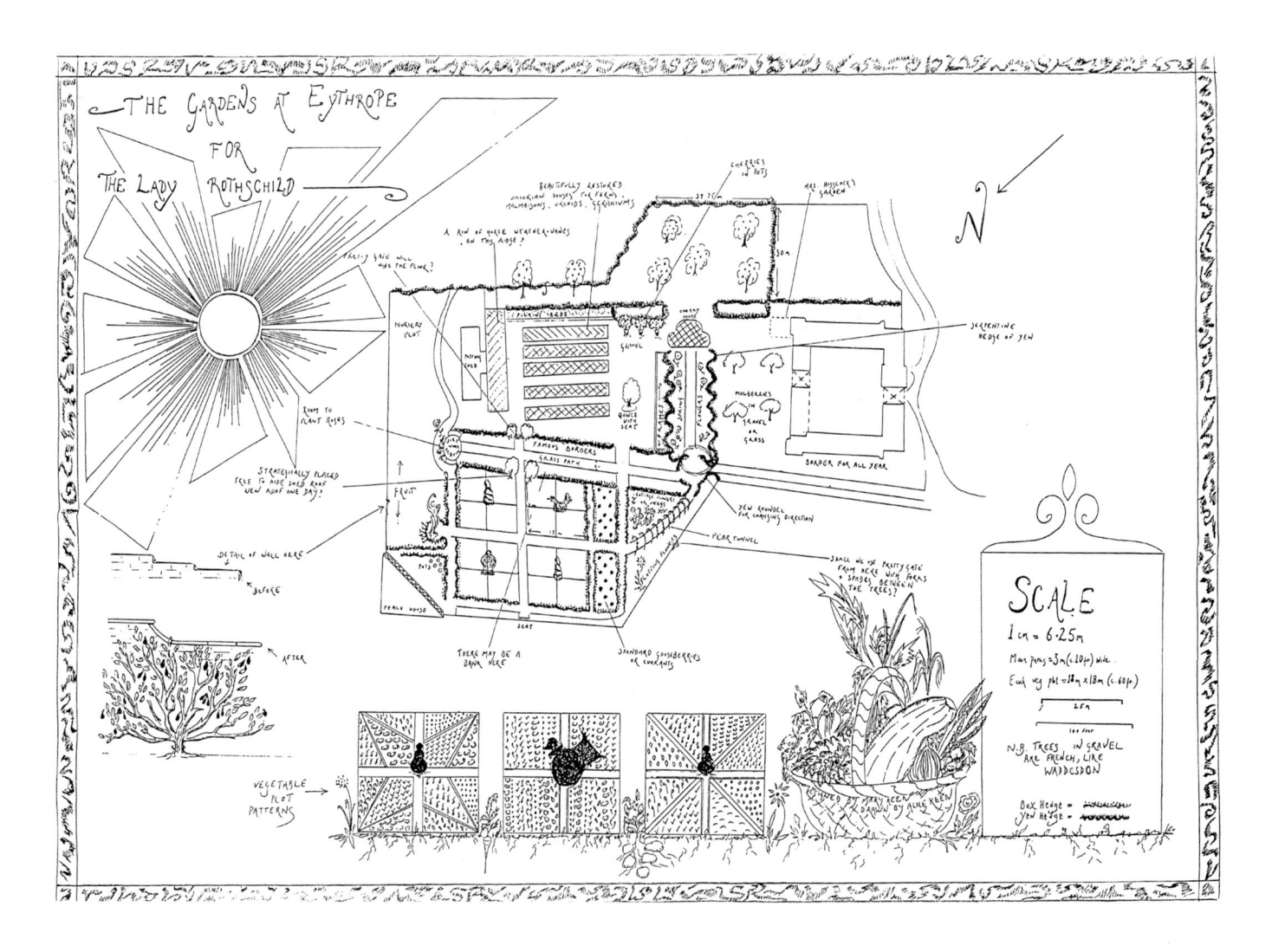

In dem neuen *Paradise*-Garten wurden die Mauern ausgebessert, ihre Höhen auf ein vernünftiges Maß gebracht und mit Ziegeln abgedeckt, genau wie der Dachfirst der Gebäude, die Devey für Miss Alice entworfen hatte. Dies verlieh dem Ort die erforderliche Distinguiertheit. Die Gewächshäuser wurden restauriert und die traditionelle Gliederung der vier durch Wege unterteilten Kompartimente für den Gemüseanbau wiederhergestellt. Es wurden Bereiche für Kräuter, Schnittblumen und spezielle Pflanzensammlungen entworfen. Das Dach des Topf-Schuppens wurde repariert und ein Obstgarten angefügt, ebenso Lauben aus Eisengestänge für Birnen und Rosen sowie zwei Staudenrabatten. Lord und Lady Rothschild verfolgten den Prozess mit Interesse und waren in jedem Stadium in die Entscheidungen involviert.

Ein viertel Jahrhundert später leuchten Blumen auf der Terrasse und der *Pavilion* ist erneut in Blüten eingehüllt, wobei der prachtvollste Ort in der Tat der mauerumzogene Bereich dieses wahren *Paradise*-Gartens ist. Er liefert genau wie das *Paradise* von Waddesdon Erträge und stellt überdies einen botanisch hoch interessanten Ziergarten dar. Wäre Miss Alice heute noch am Leben, dürfte selbst sie nicht minder beeindruckt sein.

Plan für die Restaurierung des Gartens in Eythrope, entworfen von Mary Keen und gezeichnet von Alice Keen, 1991.

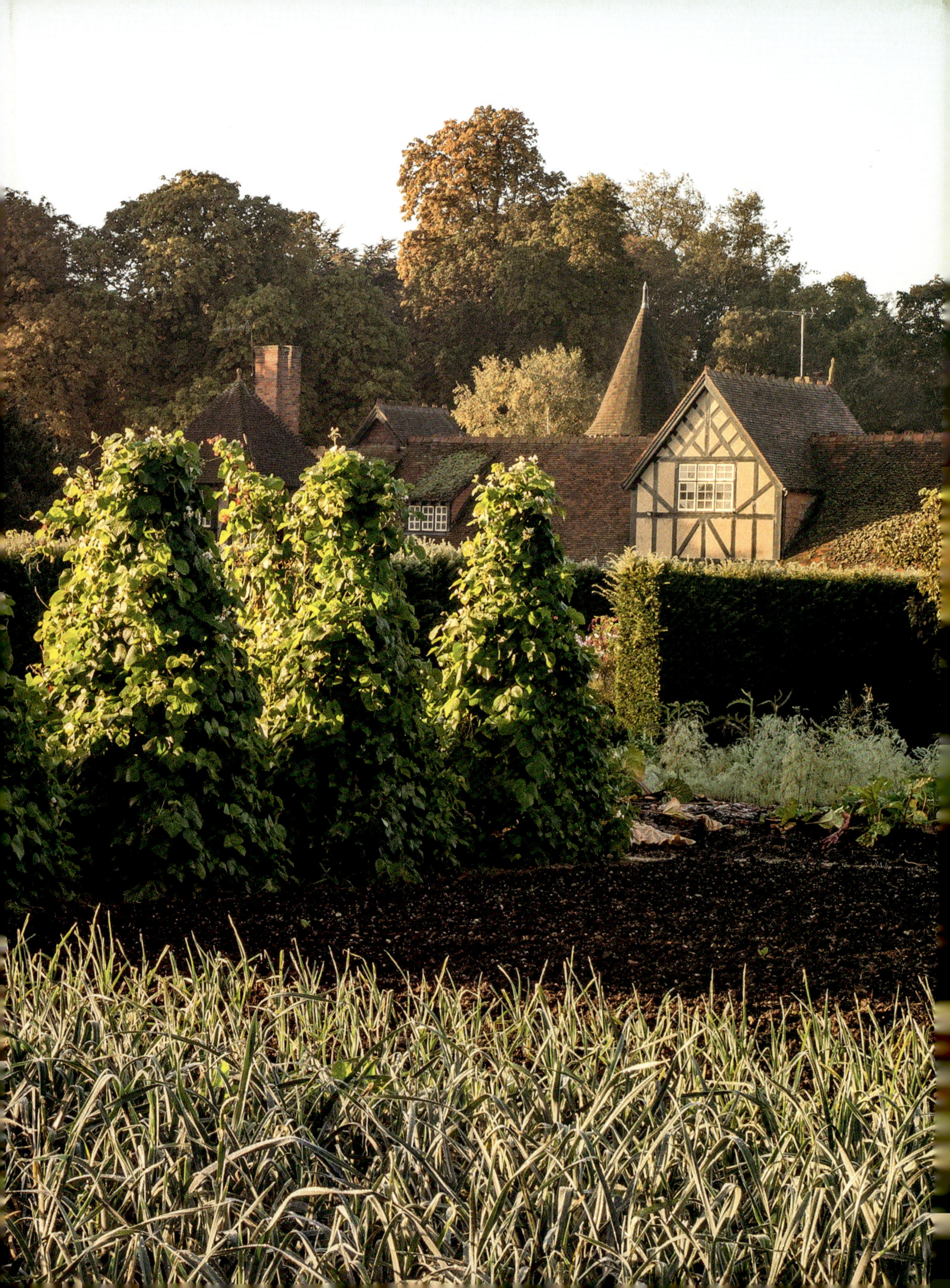

GEMÜSE

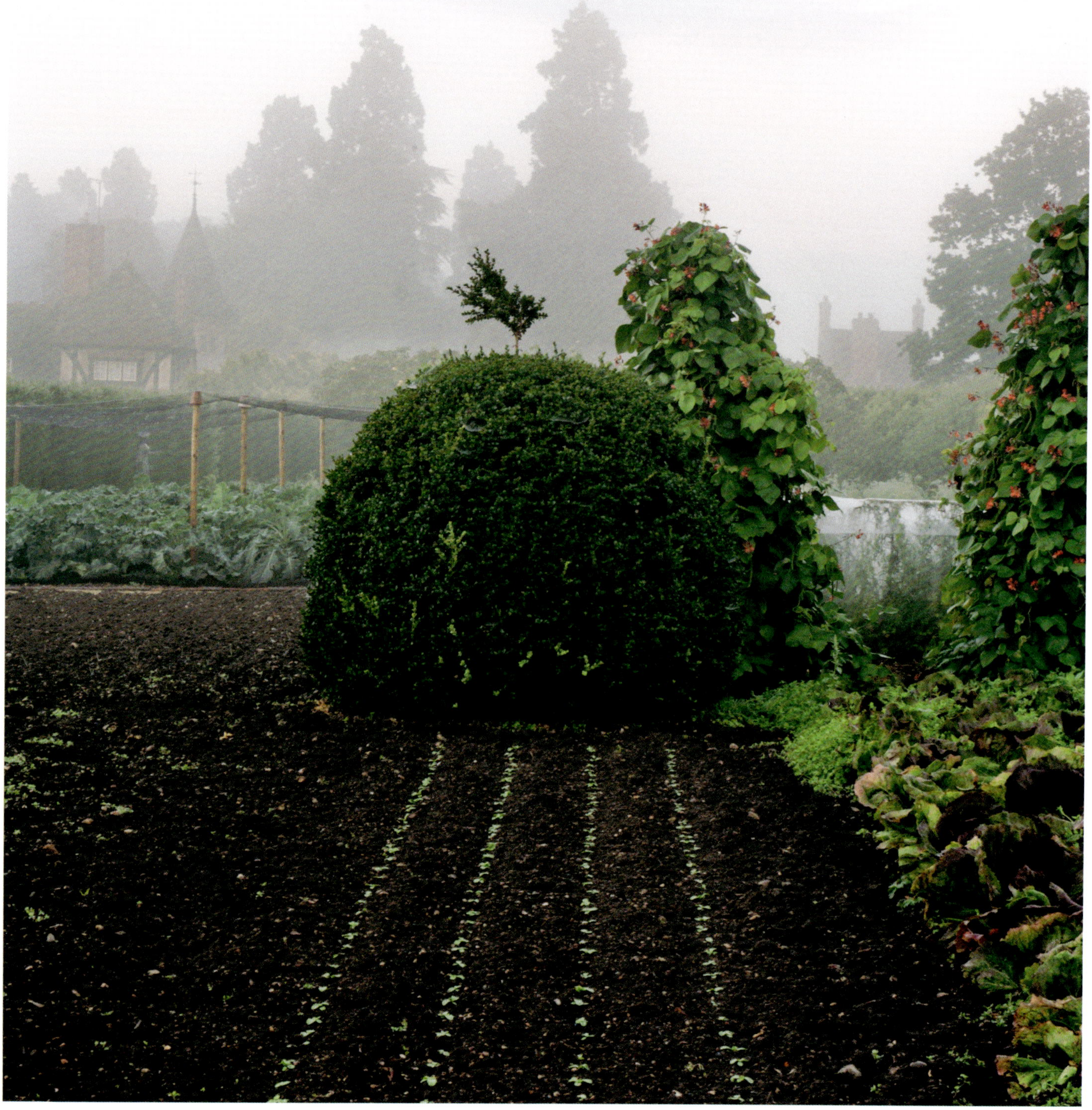

SELBSTVERSORGUNG

Passionierte Gärtner ziehen heute ihr Gemüse am liebsten selbst, sei es aus Sparsamkeit oder aus dem Bedürfnis zu wissen, was zum Essen auf den Tisch kommt – eine Rückbesinnung auf einstmals selbstverständliche Gepflogenheiten. Vor dem Ersten Weltkrieg war es nämlich allgemein üblich, dass die Leute ihr Obst und Gemüse selbst anbauten; dies galt mit Sicherheit für die in ihrer Versorgung einst nahezu autarken englischen Landsitze. Das gigantische Arbeitspensum innerhalb des ummauerten Gartens in Eythrope mag entmutigend erscheinen, aber es war im 19. und frühen 20. Jahrhundert Usus auf vielen englischen Landsitzen. Und die heutigen Gärtner haben, wie klein ihr Grundstück auch sein mag, die Möglichkeit, eine Fülle von Ideen und Ratschlägen der Gärtner von Eythrope aufzugreifen.

Zwar dürfte es für den durchschnittlichen Gemüsegärtner demotivierend sein, wenn er sieht, wie gesund und groß die Kohlköpfe sind, die in Eythrope gezogen werden, und dies selbst in einem schlechten Jahr; dennoch führt es uns vor Augen, dass jeder, der ausschließlich auf Selbstversorgung aus dem Garten setzt, auch genau wissen muss, was er tut. Gewiss, die Bedingungen sind von Ort zu Ort unterschiedlich, aber am besten wird man herausfinden, was auf dem eigenen Stück Land machbar ist, wenn man in Form eines Zeitplans aufzeichnet, wann welche Maßnahmen erfolgen, um sich im Laufe mehrerer Jahreszeiten einen Überblick über die bewährtesten Verfahren verschaffen zu können. Wer sich allein auf sein Gedächtnis verlässt, ist nämlich meist schlecht beraten. In Eythrope führt deshalb jeder Gärtner ein Tagebuch, in dem er genau festhält, was wann gesät wird und wie gut es sich entwickelte, und ob diese oder jene Sorte in einem feuchten oder trockenen Sommer Bestform erlangte. Wetterkarten zeigen auf, was im jeweiligen Jahr vor sich ging; täglich verzeichnet werden auch Niederschläge und Frostperioden.

Selbst in den Wintermonaten wird in Eythrope praktisch kein Gemüse hinzugekauft. Die Karotten werden nach den ersten Frösten mit Stroh abgedeckt und lassen sich somit bis Ende November ausgraben. Kartoffeln und Zwiebeln halten sich bis nach Weihnachten, und Kohl oder auch Rosenkohl werden noch bis Anfang Februar geerntet. Sellerie wird ausgegraben, geputzt und danach unter einer Lage Stroh in Holzkisten im offenen Schuppen gelagert. Bei Kohl- und Rotkohlköpfen werden die äußeren Blätter entfernt, bevor man sie an Nägeln im dunklen Schuppen aufhängt. Die meisten Gemüsearten werden nur saisonal gezogen, lediglich die Rauke als Wintersalat wird unter Glas ausgesät und Chicoree im Heizungsraum vorgetrieben. In einem milden Winter überleben Feldsalat und der Blattsalat 'Winter Density' ohne jeden Schutz.

Paul Callingham, dessen Vater Jack schon unter Mrs James de Rothschild in Eythrope Obergärtner war, ist inzwischen für die Gemüsegärten verantwortlich. Er ist stolz auf die Erträge, die auf 1,6 Hektar Land erzeugt werden und zur Versorgung so vieler Menschen beitragen. Vom *Pavilion* abgesehen, beliefert der Garten die *Dairy* (den Molkereibetrieb) in Waddesdon, und körbeweise geht Gemüse an Haus und Büro in London sowie an die Familie. Gäste verlassen den Ort nie ohne irgendein saisonales Produkt im Kofferraum. Großzügigkeit hat in der Familie Rothschild nämlich Tradition. In einem Brief an ihren Gärtner schrieb Miss Alice: »Geben Sie mir stets Bescheid, wenn Sie reife Erdbeeren zum Verschenken haben« und »Heben Sie die restlichen Trauben für Weihnachten und für Kranke

---

SEITE 26
Blick über die Gemüsefelder in Richtung Wirtschaftsgebäude.

GEGENÜBER
Sämlinge in akkurat ausgerichteten Reihen zu Beginn des Gartenjahrs – dahinter ein in Form geschnittener Buchs mit einer auswachsenden Spitze.

auf.« Jegliches überschüssige Gemüse wird an den *Five Arrows Pub* im Dorf Waddesdon oder an das Restaurant innerhalb des Herrensitzes verkauft.

Miss Alice bewies beachtliches Interesse an ihrem Nutzgarten und erinnerte ihren Gärtner Johnson stets: »Ich möchte, dass nur qualitativ Hochwertiges gezogen wird.« So wies sie ihn an, eine bestimmte französische Rübe, die sie an der Riviera verzehrt hatte, zu bestellen: »Schreiben Sie an die Firma Vilmorin und fragen Sie nach Samen für die inwendig weiße, lange Sorte. Ich glaube, dass sie in tiefgründigem, leichtem Boden sehr wüchsig sein wird.« Einschränkend fügte sie aber hinzu: »Falls es sich nicht um Sommergemüse handelt, müssen wir darauf verzichten.«

Zu Beginn ihrer Laufbahn als Obergärtnerin in Eythrope war Sue Dickinson weniger vertraut mit der Anzucht von Gemüse und Obst als vielmehr mit Blumen, hatte aber immer schon Interesse am Kochen gehabt. So machte sie es sich zur Aufgabe, alles Wissenswerte über die Anzucht dieser Produkte zu erlernen, und beteuert inzwischen, dass sie nach 20 Jahren in dieser Sparte noch immer dazulernt und nicht davor zurückscheut, andere, die sich mit einem bestimmten Produkt besonders gut auskennen, auch heute noch um Rat zu fragen. Regelmäßiges Optimieren und Experimentieren mit Anzuchtmethoden sowie neue Forschungserkenntnisse über Sorten, die besonders aromatisch sind oder sich als besonders haltbar erweisen, stellen eine Quelle unschätzbaren Wissens dar und untermauern den hohen Anspruch von Miss Alice.

Zu den ersten Besuchern und Beratern der neuen Belegschaft in Eythrope gehörte Raymond Blanc, der als Besitzer des Restaurants *Le Manoir aux Quat' Saison* in Oxfordshire mit seinen Empfehlungen zu den bewährtesten Varietäten eine große Hilfe war. Seitdem sind, in Absprache mit dem Geschäftsführer von Eythrope, auch andere Gemüsearten getestet worden. Beliebt sind kleine Artischocken, die, wie in Italien üblich, als Ganzes gekocht werden, wenngleich man eine ganze Menge davon benötigt. Chinesische Artischocken, die winzig sind und sich nur schwer schälen lassen, eignen sich für schmackhafte winterliche Suppen, ebenso die knubbeligen Jerusalem-Artischocken. Puffbohnen und Erbsen werden ganz jung geerntet, und jedermann ergötzt sich an den reichlichen Spargelerträgen sowie an den unterschiedlichsten Blattsalaten. Einen Versuch wert waren Zuckerschoten; sie erwiesen sich aber als weniger gefragt als junge Erbsen, die bis vor Kurzem für den Amateurgärtner nur schwer aufzutreiben waren. Die in Eythrope gezogenen Sorten 'Ceresa' und 'Peawee 65' sind inzwischen breiter erhältlich.

Obwohl man hinsichtlich der Auswahl der Varietäten und Techniken in Eythrope am neuesten Stand orientiert ist, hat man sich mit den für den Anbau von Gemüse und Obst inzwischen so beliebten Hochbeeten nicht angefreundet. Dies liegt an Sues fester Überzeugung, dass das traditionelle Zwei-Spaten-tiefe-Umgraben und reichlich Mist – sowie selbst aufbereiteter Kompost und eine zusätzliche Lage Seetang im März – die besten Erträge sichern. Die Hühner im Obstgarten tragen ebenfalls zu der nährstoffhaltigen und krümeligen Beschaffenheit des Bodens bei, denn die Gärtner geben nach dem Säubern der Hühnerhäuser die alte Streu auf die Komposthaufen. Die Geflügelhaltung erfreut sich zunehmender Beliebtheit, selbst unter Städtern, und Hühnermist kommt grundsätzlich jedem Garten zugute; allerdings braucht er Zeit zum Verrotten, weil er frisch sehr scharf ist. Das Umgraben im Winter ist eine langwierige Prozedur, aber jeder übernimmt ein bestimmtes Pensum beim Ausheben der Reihen – eine Arbeit, die möglichst abgeschlossen sein sollte, bevor strenger Frost einsetzt. Wenn der Boden in großen Schollen umgebrochen liegen bleibt, erledigt die Witterung den Rest der Arbeit,

GEGENÜBER
Über Pfähle gespannte Maurerschnur für das Aufbringen von Schutznetzen.

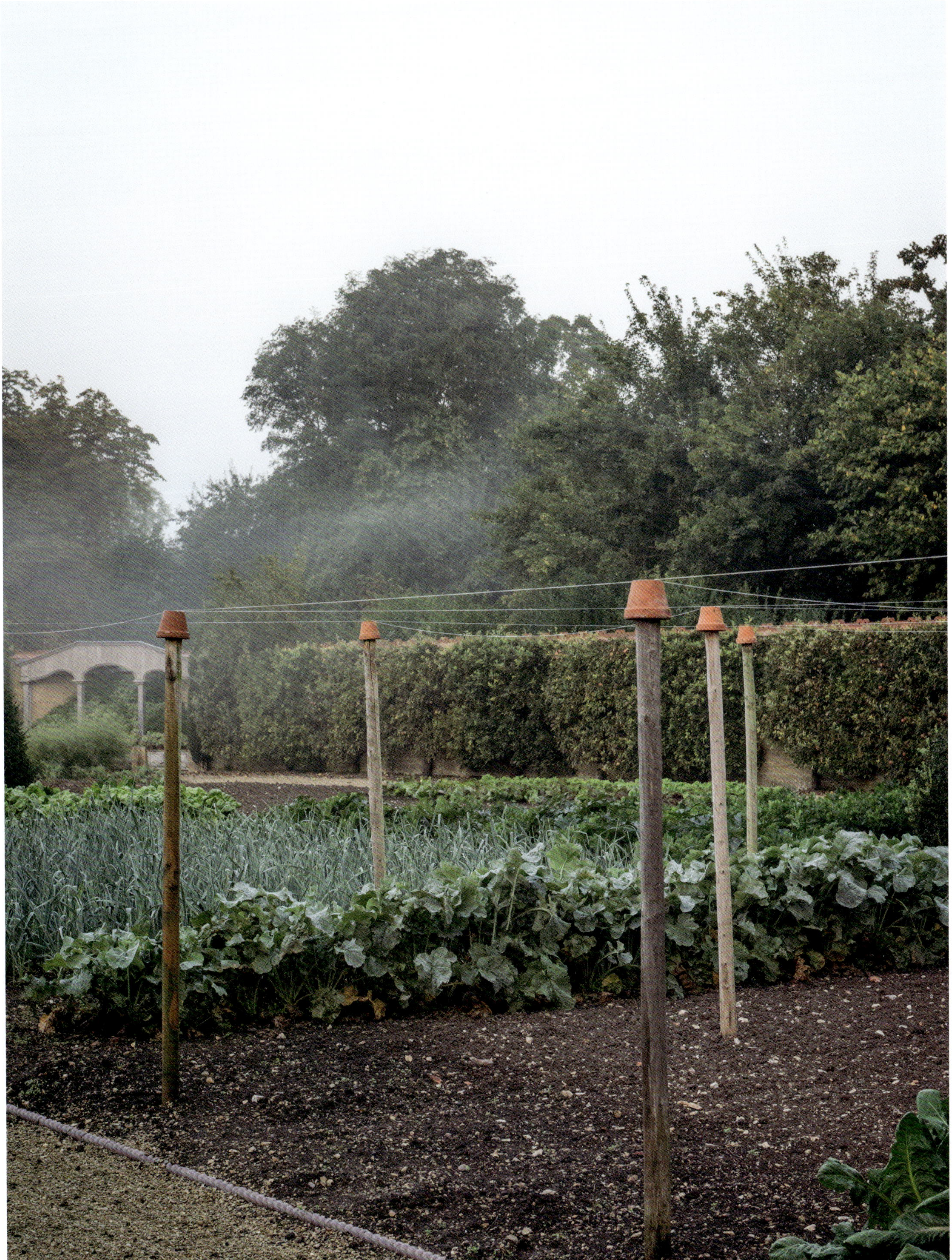

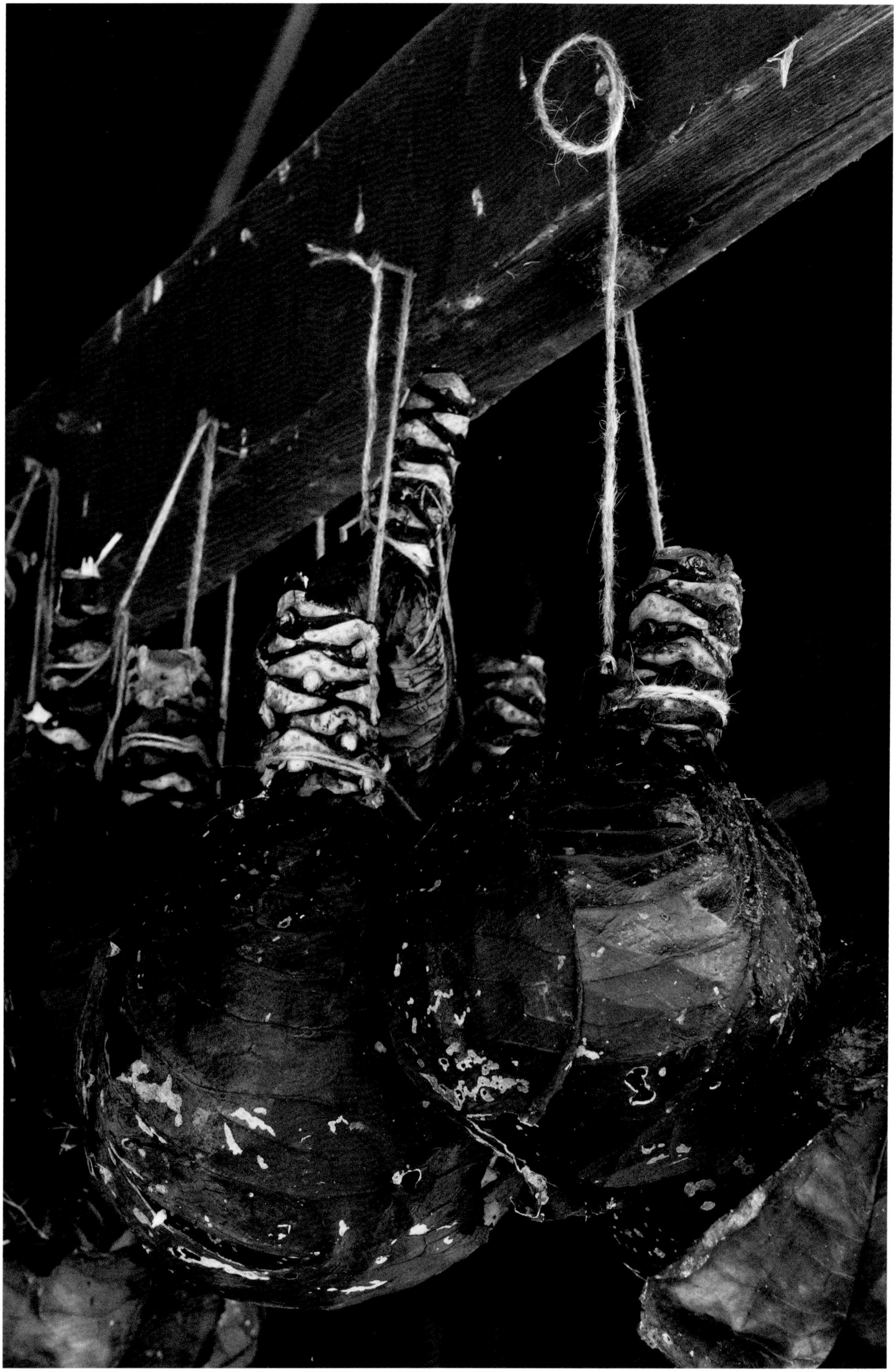

denn so kann er im zeitigen Frühjahr leicht gefräst und glatt gerecht werden. Im ummauerten Garten wurden mehrere moderne Verfahrenstechniken aufgegriffen. So wird Salat etwa immer aus pilliertem Saatgut gezogen. Dieses Saatgut ist zwar etwas teurer, spart aber Zeit beim Pikieren und Ausdünnen, und sorgt außerdem immer für volle Reihen ohne Pflanzlücken. Die Sämlinge gedeihen besser in Torfquell-Töpfchen als in Anzuchtplatten. Karotten, Rote Bete und Petersilie werden direkt in den Gartenboden ausgesät. Gewebefolie als Schutz vor der Möhrenfliege zählt zu den Neuheiten, mit denen Miss Alices Gärtner vormals nicht vertraut waren. Sämtliche Kohlpflanzen werden durch auch in der Forstwirtschaft verwendete Netze geschützt, die auf 1,8 Meter hohen Rundpfählen mit einem Durchmesser von 9 Zentimetern aufliegen. Im Abstand von 3 Metern aufgereiht, ist jeder Pfahl am oberen Ende mit einem Nagel versehen, an dem sich ein Stück Maurerschnur fixieren lässt. Anders als normale Schnur, verzieht sich diese nicht beim Verspannen zwischen den Pfählen, sodass das Netz garantiert nie durchhängt. Der heraus ragende Nagel über jedem Pfosten wird durch einen 13-Zentimeter-Tontopf abgedeckt, der zugleich ein Aufreißen des Netzes verhindert. Das Ganze wirkt in seiner Effektivität sehr ansehnlich und hält überdies die Tauben von den Kohlköpfen fern. Zwischen Produkten, die regelmäßig geerntet werden wie Erbsen, Bohnen und Artischocken, wird auf den Wegen entlang der Reihen eine 10 Zentimeter hohe Lage Stroh aufgebracht; diese verhindert, dass der Boden unnötig verdichtet wird und beim Ernten zu viel Erde an den Schuhen hängen bleibt, die dann auf die Kieswege getragen wird. Diese Mulchschicht hält den Boden überdies feucht und unterdrückt das Unkraut. Zwar dürften gegen Ende des Sommers dennoch einige Wildkräuter aufgehen, aber sie lassen sich mühelos ausreißen. Gärtner, die mit schwerem, kompaktem Boden zu kämpfen haben, könnten dies ausprobieren und ein, zwei Ballen Stroh anschaffen. Man darf aber nicht vergessen, dass Stroh genau wie Rinde, die sich gleichermaßen als Mulch eignet, dem Boden im Laufe des Dekompostierens Stickstoff entzieht. Am Ende des Jahres wird das Stroh dann untergegraben, um den Boden zu lockern.

 Krankheiten lassen sich auf ein Minimum reduzieren, wenn die Pflanzen ausreichend gewässert und gedüngt werden, Kohlgemüse jedoch wird Mitte August einmalig gegen Raupen gespritzt. Das Geheimnis einer einmaligen Spritzung besteht im richtigen Timing. Die beste Vorsorge gegen die Schwarze Bohnen- oder Rübenlaus, die sich über Bohnen hermacht, sowie gegen den Erdfloh, der die Rauke schädigt, ist zu wässern. Regelmäßige zweimal wöchentliche Bewässerung gegen Abend mit einem Sprinkler fördert auch das Wachstum der riesigen Kohlköpfe. Angesichts derart guter Bodenvorbereitung wird als einziger zusätzlicher Dünger beim Pflanzen etwas Vitax Q4 benötigt. Im März wird dann im ganzen Garten eine Lage Seetang aufgebracht, der allerdings weniger als Dünger, sondern vielmehr der Bodenverbesserung dient und Spurenelemente einbringt, die vor Krankheiten schützen und dem Wachstum der Gemüsekulturen zugute kommen.

 Das Ernten und Ausputzen der Produkte erfordert viel Zeit. Geerntet wird dann, wenn das Gemüse am frischesten ist. Wem es je vergönnt war, Spargel oder neue Kartoffeln unmittelbar nach dem Ernten zu verzehren, weiß, wie köstlich und schmackhaft sie sein können. Es bleibt den Gärtnern überlassen, ob sie den gröbsten Schmutz vom Gemüse abwaschen, bevor alles in blauen Saatkisten verstaut und im hinteren Teil des Lieferwagens zu den unterschiedlichen Zielorten ausgefahren wird. Eier, Kräuter, Schnittblumen und Topfpflanzen werden mit einer anderen Fuhre ausgeliefert.

GEGENÜBER
Rotkohlköpfe werden dunkel gelagert. Hier wurden sie an Schlingen aus Schnur an Nägeln aufgehängt.

SEITEN 34 & 39
Schnee auf dem Birnen-Tunnel und den Dächern der Hofgebäude

SEITE 35
Kohlköpfe, durch Netze gegen Tauben geschützt

SEITEN 36 & 37
Erdbeeren, im Wechsel mit Gemüsekulturen, erfordern gleichermaßen Schutz.

SEITE 38
Nach dem Vortreiben werden die *Cloches* (schützende Pflanzenglocken, hier aus Terrakotta) über dem Meerkohl abgenommen.

SEITEN 40/41
Im Lieferwagen werden Gemüse, Kräuter und Frauenhaar-Farn hinauf zum Haus befördert.

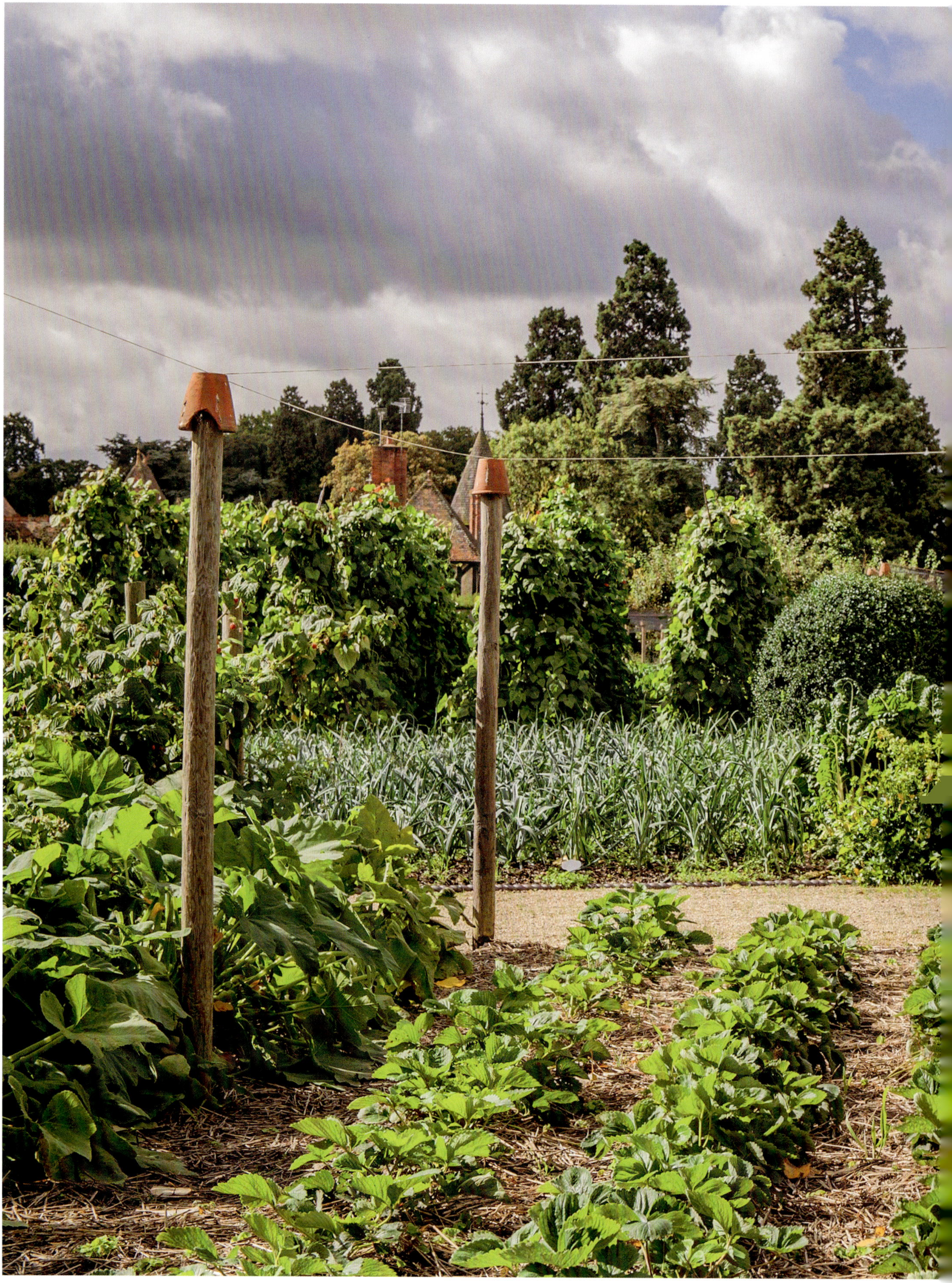

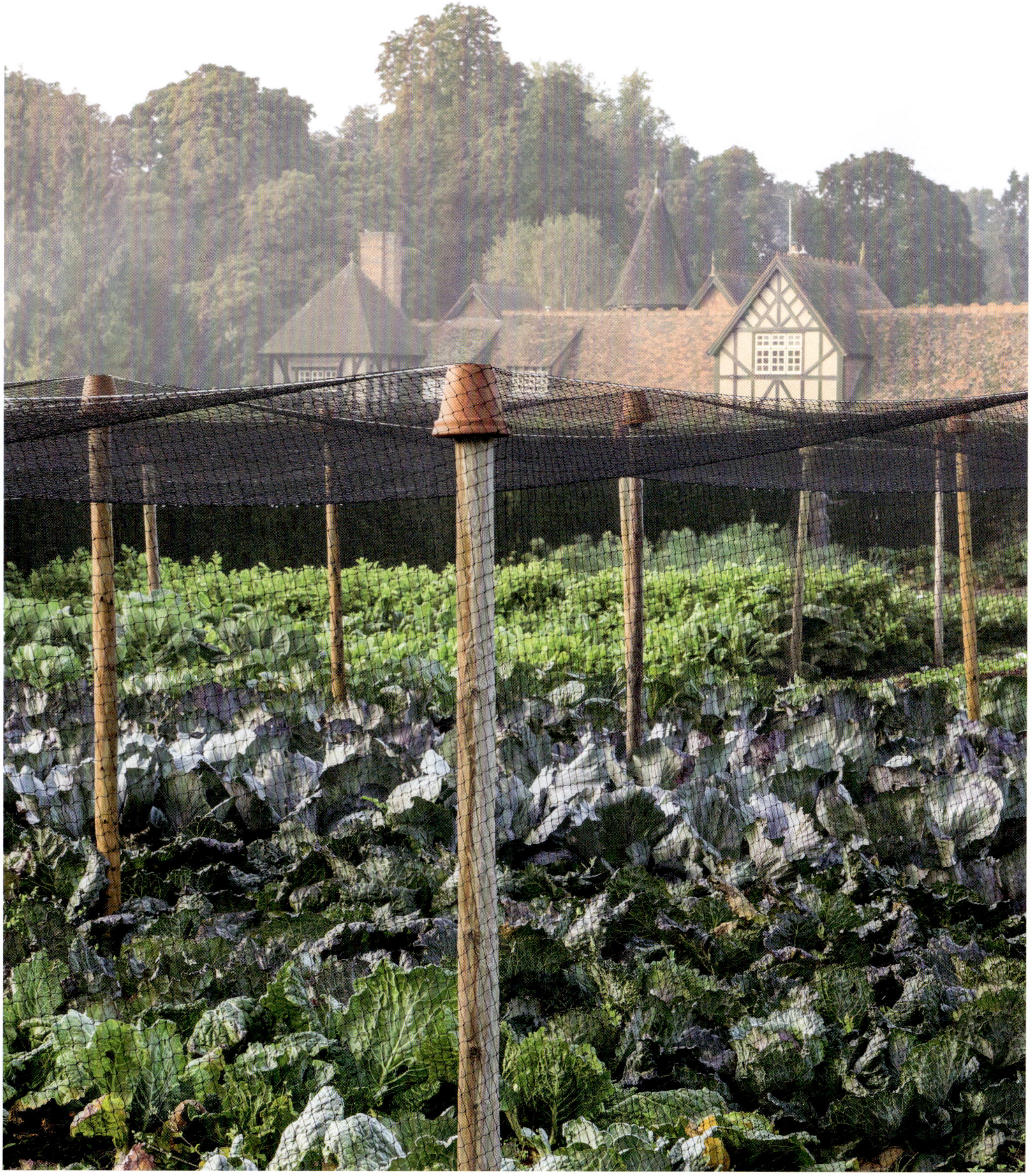

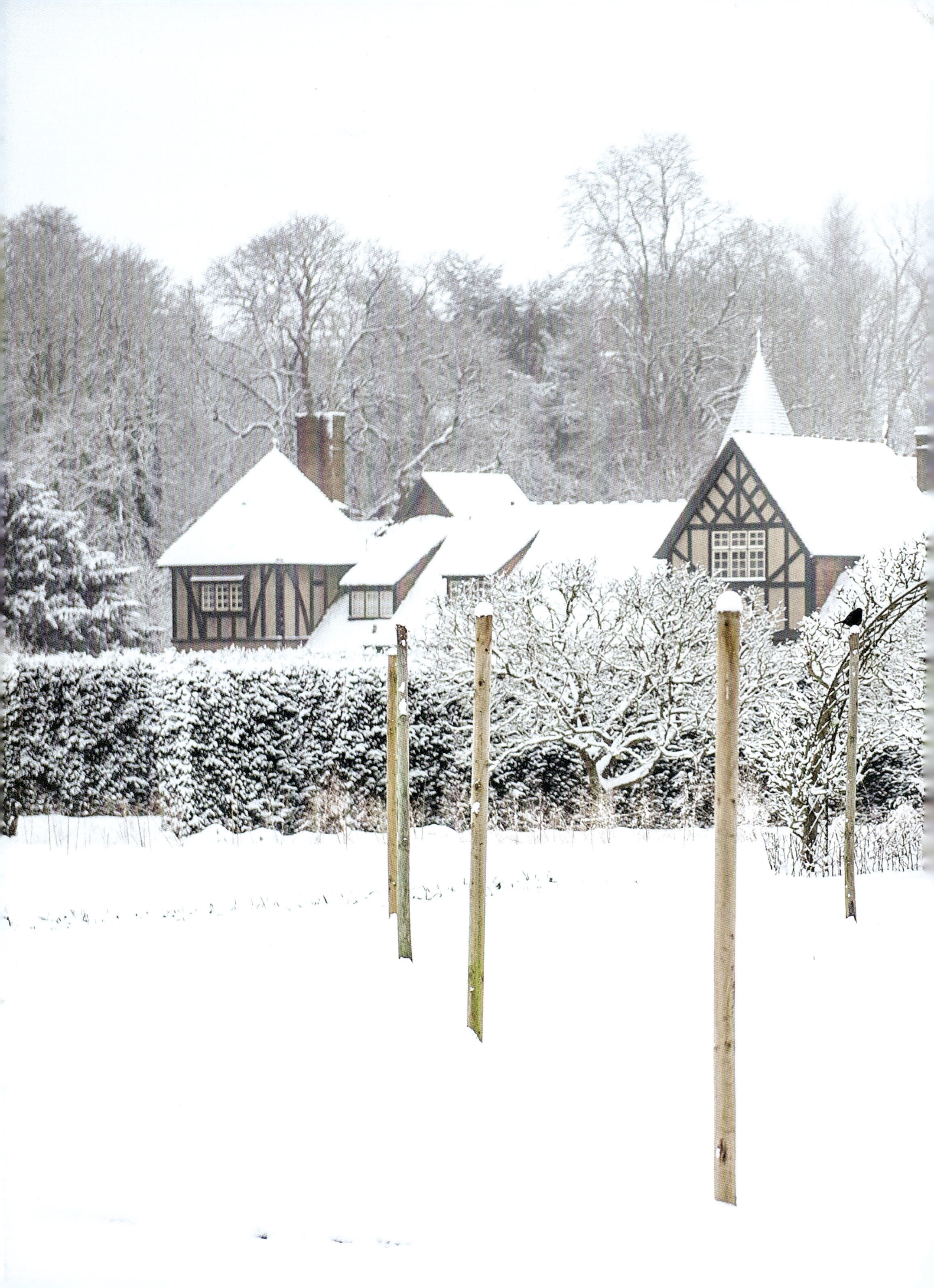

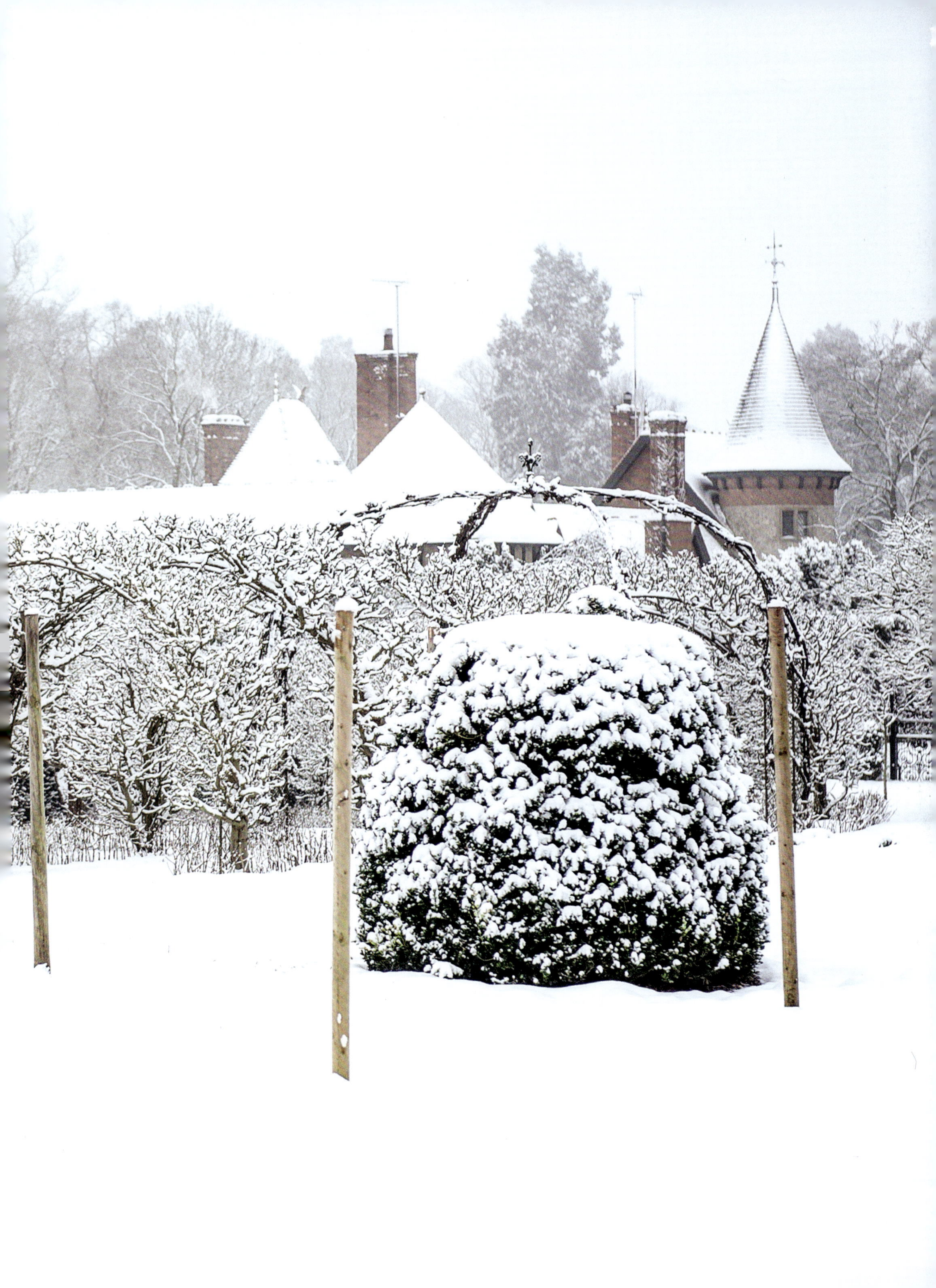

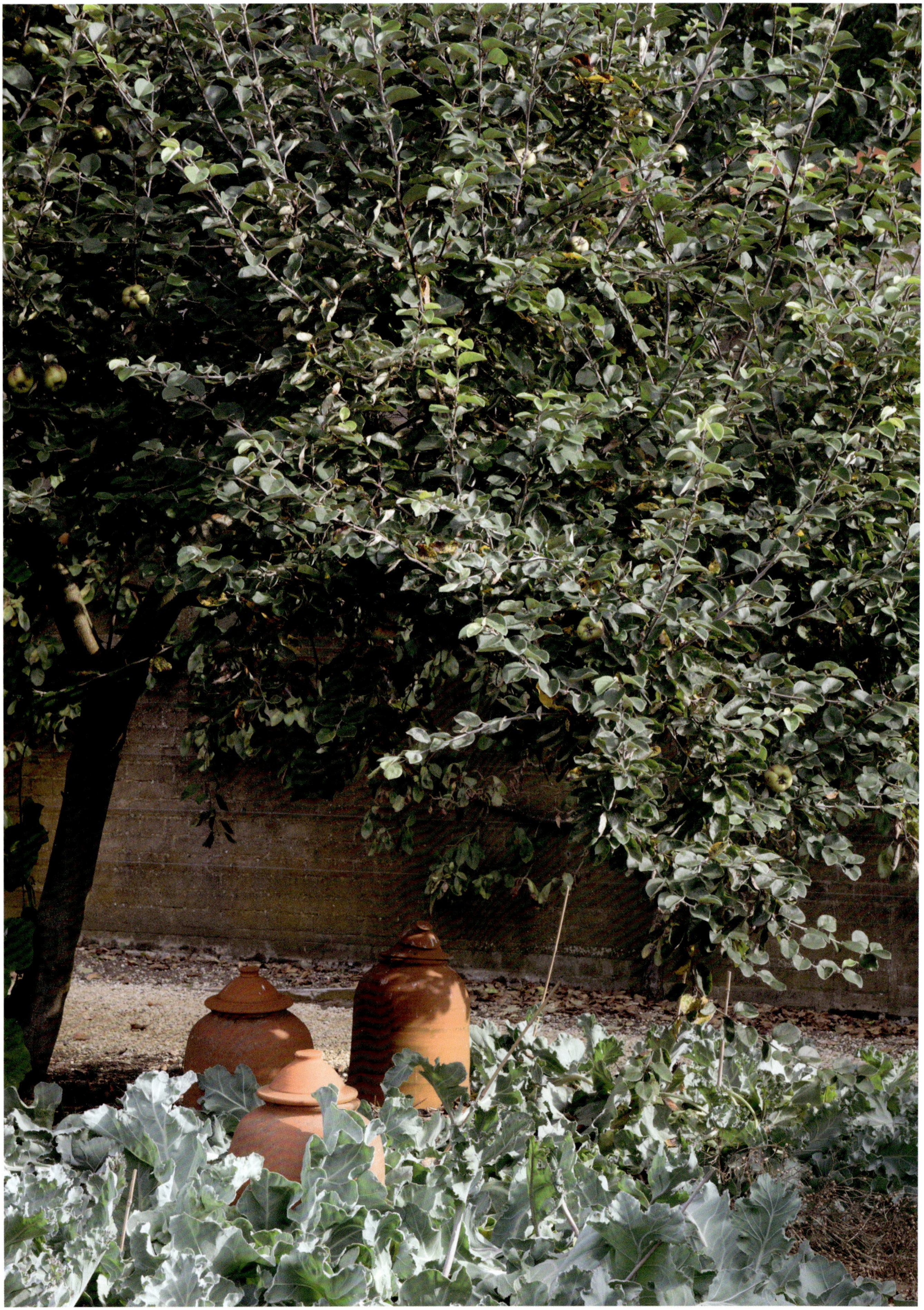

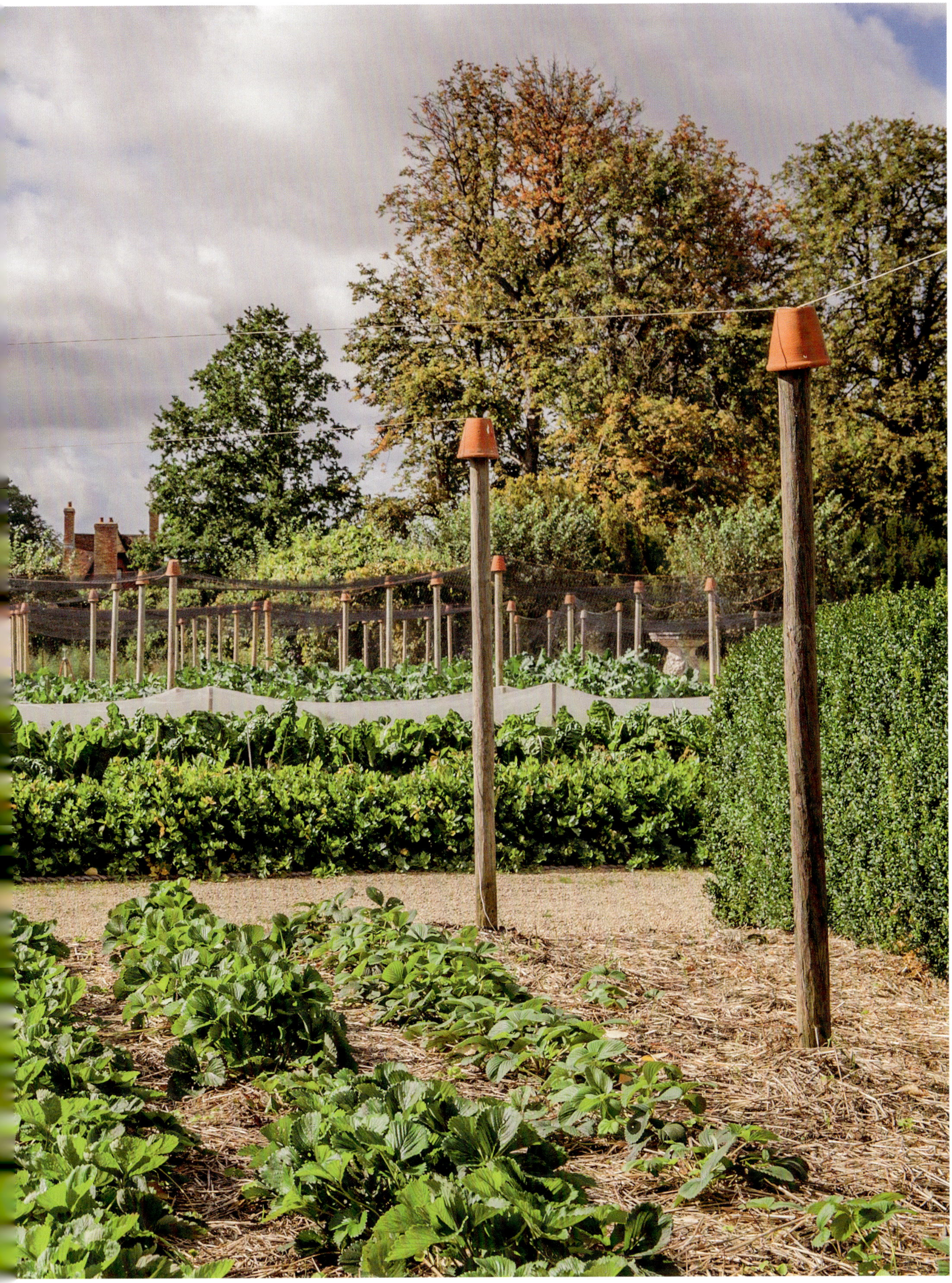

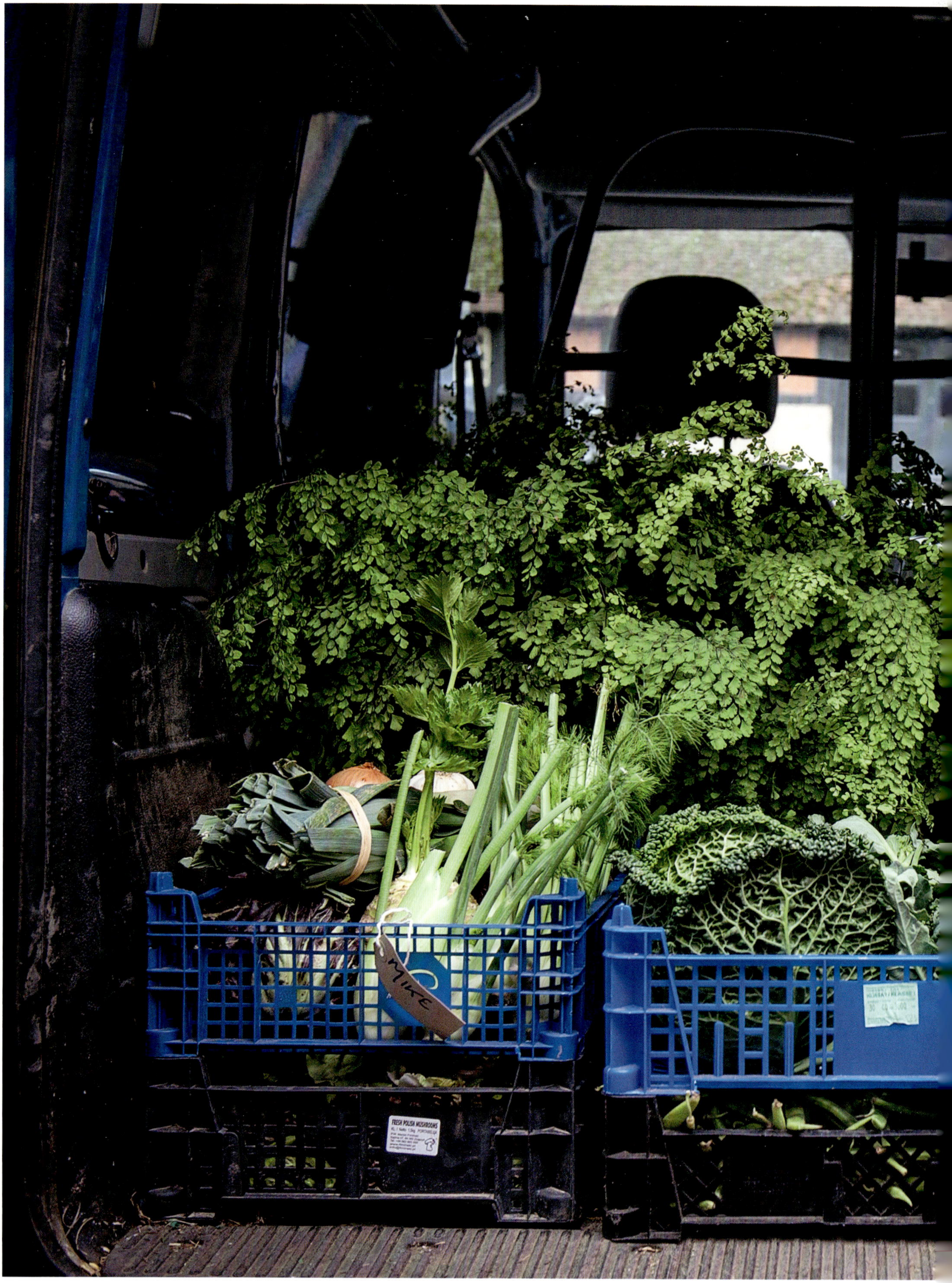
MIKE
FRESH POLISH MUSHROOMS

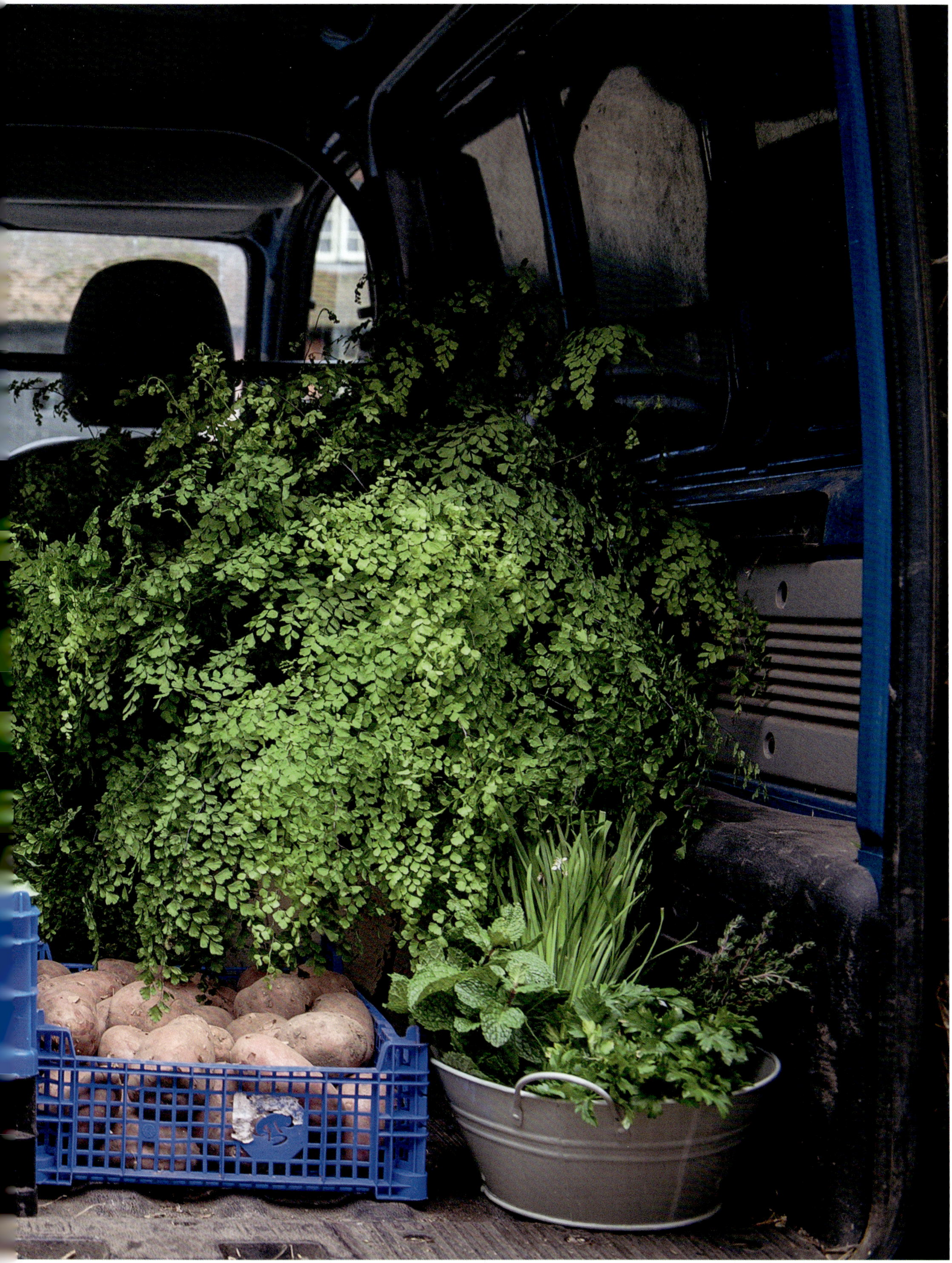

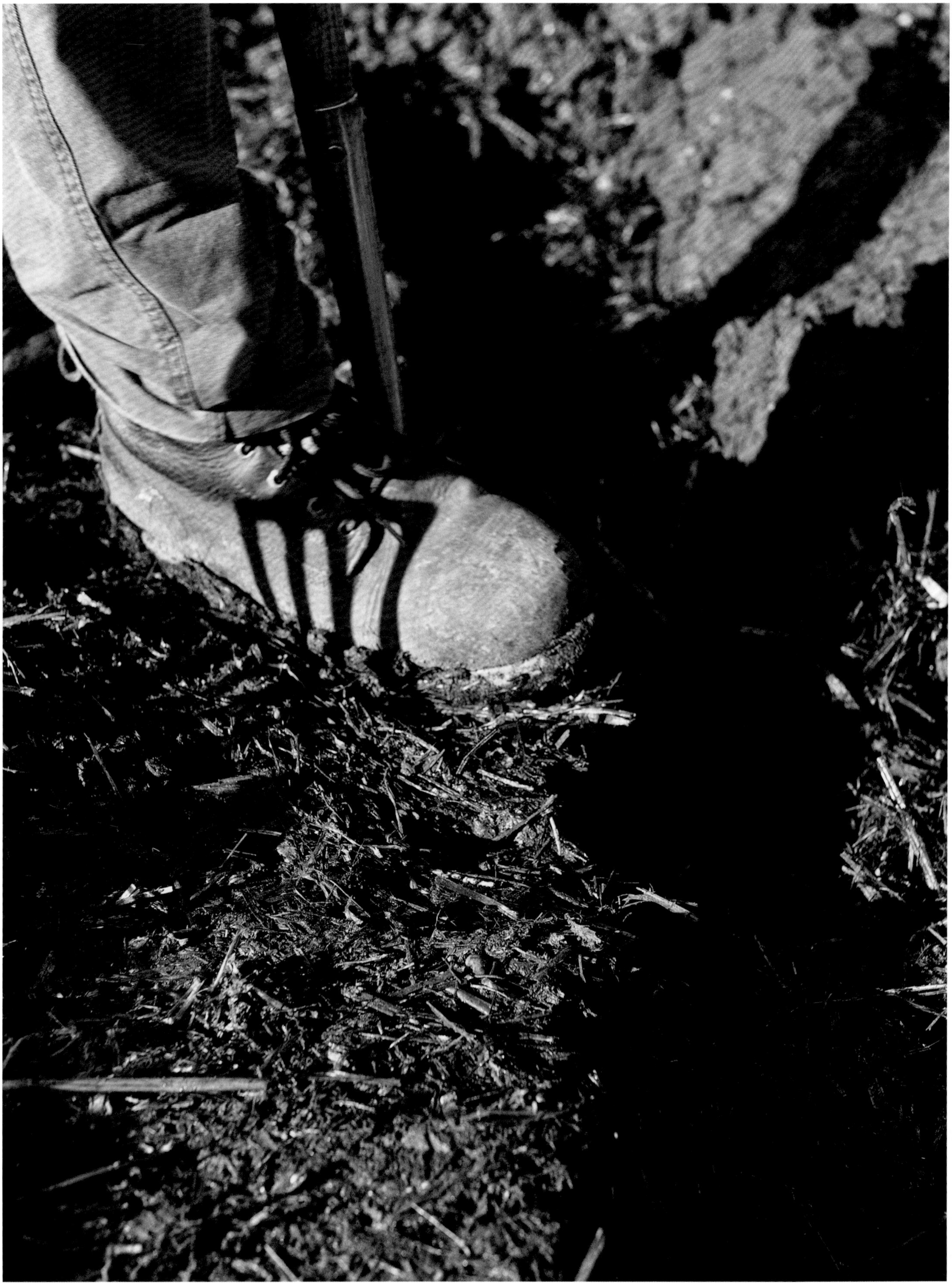

BODENVORBEREITUNG

Die Vorbereitung des Bodens ist der Schlüssel zum Erfolg für alle Pflanzen, insbesondere für die Anzucht von Gemüse. Der Boden in Eythrope besteht aus schwerem Ton, der sich nur mühsam bearbeiten lässt, denn bei Feuchtigkeit ist er klebrig und bei Trockenheit knochenhart. Viele moderne Gemüsegärtner, die dieses Problem haben, sind deshalb dazu übergegangen, in Hochbeeten zu pflanzen – nicht so in Eythrope. Dies mag daran liegen, dass in diesem Garten von jeher Wert darauf gelegt wird, sämtliche Gepflogenheiten von Gärtnergeneration zu Gärtnergeneration weiterzugeben – eine Wahrung der Tradition, wie sie für den Garten ohnehin gilt. Woran es auch immer liegen mag – die Früchte, die in Eythrope nach altmodischem zwei Spaten tiefem Umgraben heranreifen, sind beneidenswert groß, gesund und im Überfluss vorhanden. Auch wenn die Vorteile des Zwei-Spaten-tiefen-Umgrabens immer wieder infrage gestellt werden, weil es ist in der Tat durchaus mühsam ist, sind Gärtner heute eher geneigt, den Boden aufzubauen als ihn tiefgründig umzuspaten. Aber selbst der beste Boden kann in den unteren Schichten verdichtet sein, und tiefes Umgraben sorgt für eine tiefer gehende Wasserzufuhr und gewährt den Pflanzen überdies eine verbesserte Nährstoffaufnahme in den oberen Schichten, wofür feuchter Boden wiederum existenziell ist. Eine Untersuchung der Universität Missouri kommt zu dem Ergebnis, dass sachgerechtes Zwei-Spaten-tiefes-Umgraben die Mühe lohnt, insbesondere für Pflanzen mit tiefer reichenden Wurzeln oder Pfahlwurzeln. Leichtere Böden, die weniger anfällig für Verdichtung sind, gräbt man besser im Frühjahr um.

Mit dem jährlichen Umgraben wird Anfang Dezember begonnen, indem jeder Gärtner seinen Flecken Erde eigenverantwortlich vorbereitet. Zu Miss Alices Lebzeiten pflegten die Männer (damals wirklich nur Männer) den Garten Streifen für Streifen umzugraben. Heute wird die Sache lockerer gehandhabt, zumal es sich nur schwer abschätzen lässt, wie schnell oder langsam der eine oder andere arbeitet; deshalb bleibt jedem selbst überlassen, wie er mit dem ihm zugewiesenen Bereich zurande kommt. Im Herbst wird überall im Garten Mist verteilt, sodass sich der Boden selbst bei strengem Frost noch bearbeiten lässt. Das Terrain gliedert sich in vier Bereiche, jeder 180 Quadratmeter groß. Zwei Spaten tief umgegraben wird aber nur der für Bohnen vorgesehene Bereich. Die streifenförmigen Gräben sind 3 Meter lang und 75 Zentimeter breit. Diese werden, jeweils drei auf einmal, umgegraben. Als Erstes nimmt man den Oberboden und die darauf folgende Schicht Unterboden (beide getrennt halten) aus dem ersten Streifen und den Oberboden aus dem zweiten Streifen (der sich gemeinsam mit dem Oberboden aus dem ersten Streifen aufhäufen lässt). Dann wird der Untergrund des tieferen (zwei Spaten tiefen) Grabens aufgebrochen, der in den ersten Streifen geschaufelt wurde. Nun legt man den Unterboden vom zweiten Streifen auf die Basis des ersten tiefen Grabens und bedeckt ihn mit dem Oberboden des dritten Streifens. Danach kann man den Untergrund des zweiten Streifens aufbrechen, den Unterboden vom dritten auf diesen Untergrund geben und mit dem Oberboden vom vierten Streifen abdecken. Auf diese Weise fährt man fort, bis der letzte Streifen erreicht ist, der mit dem zurückbehaltenen Unter- und Oberboden vom ersten Graben gefüllt wird. Wenn für das Blattgemüse, das reichlich Nährstoffe

GEGENÜBER
Umgraben vor dem Winter – der erste Spatenstich.

Jetzt geht es ans Umspaten.

Selbst im Winter eine schweißtreibende Arbeit.

Ein Spaten mit scharfem Blatt schafft einen sauberen Graben.

Seetang-Mehl verbessert den Boden.

Fräsen vor dem Glattziehen des Bodens.

So entsteht eine feine Krümelstruktur.

Mithilfe von Schnur und einer Messlatte erhält man gerade Reihen.

Lohn der Arbeit: schöne Kartoffeln.

benötigt, etwa Mist eingearbeitet werden soll, so wird dieser, bevor der Oberboden darüber kommt, in den Graben gegeben. Individuellen Arbeitsprotokollen zufolge sind für das Umgraben vor dem Winter im Dezember sechs bis acht Tage veranschlagt, aber vor Weihnachten ist die Prozedur dann abgeschlossen. Im Frühjahr wird der Boden leicht gefräst und gerecht, bis er eine feine Krümelstruktur zeigt; dann kann gesät werden.

Kompost ist ebenso entscheidend wie Umgraben. Es gibt an die sechs Haufen unmittelbar vor dem ummauerten Garten. Diese sind durch hölzerne Pfähle begrenzt, ohne Seitenwände, damit Luft an die Haufen kommt. 1,8 Quadratmeter groß, werden sie mit Gartenabfällen gefüllt, dazwischen alle 30 Zentimeter eine Lage Stroh. Auch der Grasschnitt kommt hinein, allerdings nicht zu viel. Sämtliche Gartenabfälle und sperriges mehrjähriges Staudenkraut eignen sich zum Kompostieren, genau wie Gemüseabfälle aus der Küche. Und wenn das Hühnerhaus gesäubert wird, kommen mit dem Mist auch Stroh- und Holzspäne hinzu. Sobald ein Haufen etwa 1,2 Meter hoch ist, wird er mit Stroh abgedeckt. Die Haufen werden nie umgewendet, sondern verrotten im Lauf von ein paar Jahren von selbst. Die entstehende Erwärmung dürfte zwar nicht so hoch sein wie bei Haufen, die mit Rottebeschleunigern versetzt sind, und Sue sorgt sich immer, dass aufgrund dieses etwas entspannteren Vorgehens nicht sämtliche Samen der einjährigen Unkräuter abgetötet sein könnten, aber der Kompost sieht gut aus und bietet im zweiten Sommer Platz für Kürbisse, die in die Strohschicht über dem fertigen Haufen gepflanzt werden. Im Herbst dann, wenn die Früchte reif sind, wird der fertige Kompost in den Winterbeeten um die Christrosen und in den Rabatten um die Rosen herum verteilt.

GEGENÜBER
Verteilen von Kompost und Laubmoder.

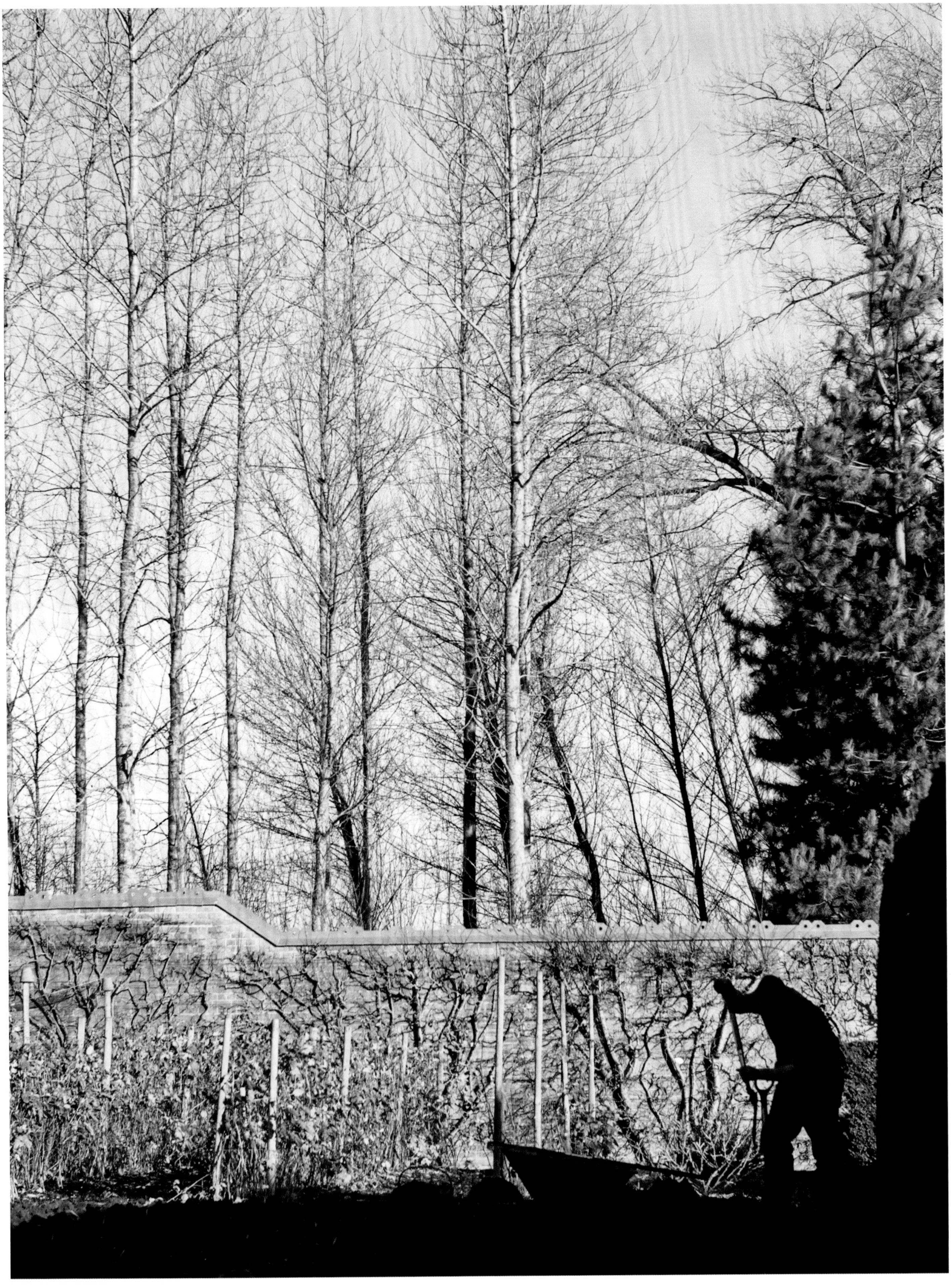

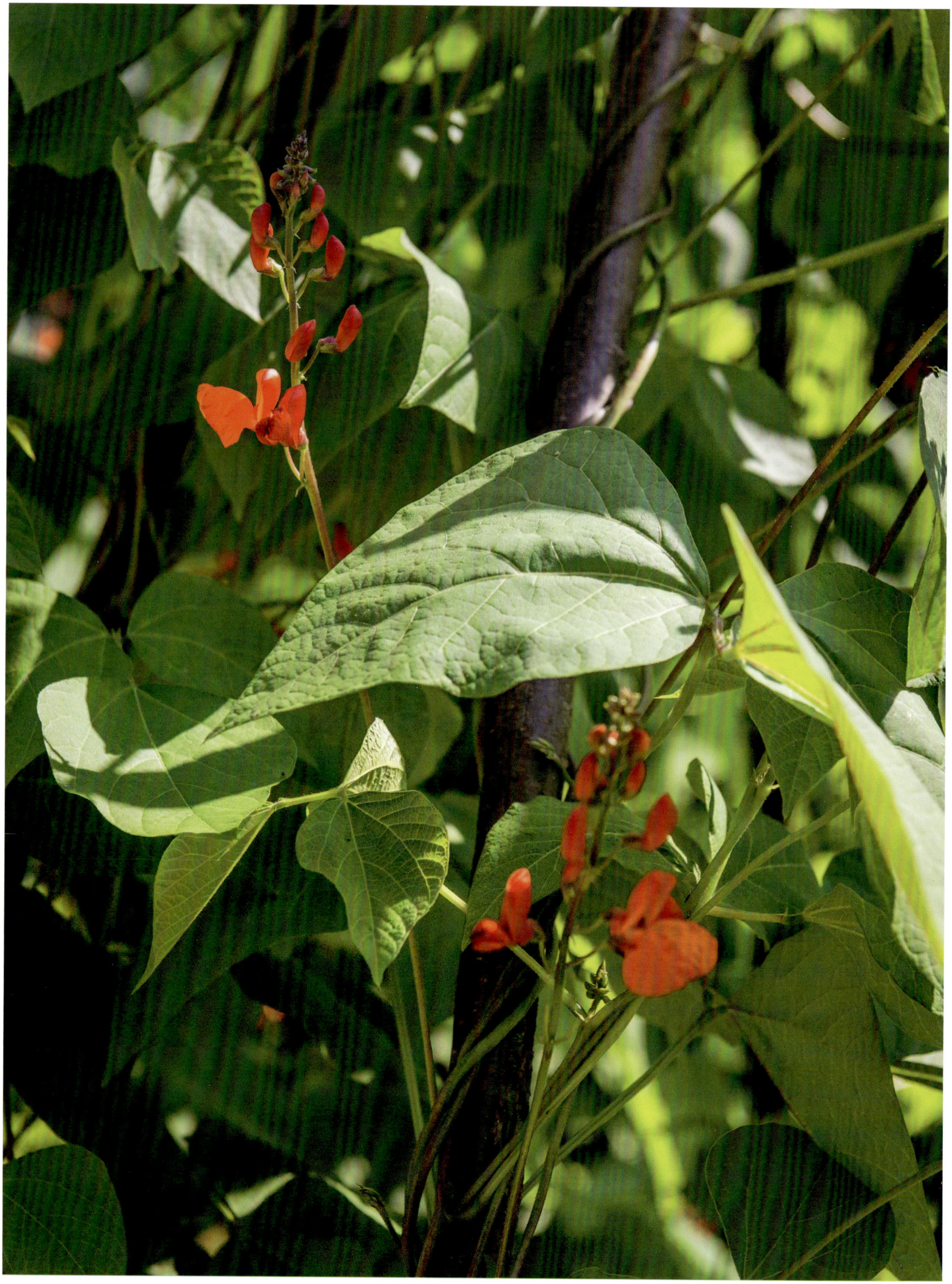

ERBSENREISER & STÄBE

Heutige Gärtner geben sich in der Regel mit Bambusstäben als Stützen für Erbsen und Bohnen zufrieden, es sei denn, sie hätten das Glück, bei einem Anbieter vor Ort an Haselstöcke und Reisig zu kommen, wie sie traditionell in den Nutzgärten eingesetzt wurden. Erbsenreiser und Bohnenstangen von auf den Stock geschnittenen Gehölzen sind den Bambusstangen vorzuziehen, weil sie sich leichter handhaben lassen und passender wirken. Für den Garten in Eythrope werden die Stützen im Februar, bevor der Saft zu steigen beginnt, geschnitten, wobei natürlich immer die Gefahr besteht, dass Blätter erscheinen. Das macht im Grunde zwar nichts, aber tote Blätter wirken nun einmal nicht reizvoll; von daher ist es vernünftig, die Arbeit zu erledigen, solange der Boden im Garten noch zu kalt oder zu feucht zum Bearbeiten ist.

Vier der Gärtner machen sich in den Sheepcote-Wald auf, der 1991 auf einer Fläche von 40 Ar mit Haselsträuchern bepflanzt wurde. Die Hasel-Bohnenstangen, die in diesem schattigen Bereich geschnitten werden, sind gerade und stark. Beim Auf-den-Stock-Setzen wird die Hälfte der Triebe jedes Jahr mithilfe von Handsägen geschnitten. So erhält man 2–4 Meter hohe Bohnenstangen sowie 1,8 Meter lange Ruten zum Erziehen der Strauchrosen. Sämtliche vom Stamm abzweigenden Triebe werden entfernt und die Enden der Stangen angespitzt, damit sie sich leichter in den Boden stecken lassen.

Obwohl sich die Zweige vermutlich länger als nur eine Saison halten würden, beginnen sie bald schon brüchig zu werden. Aber selbst in Eythrope, wo reichlich Nachschub vorhanden ist, werden die Stangen ein Jahr lang aufbewahrt, falls im darauffolgenden Jahr nicht genügend verfügbar sein sollten. Sobald man sie nicht mehr benötigt, werden sie verbrannt; die Pottasche vom offenen Feuer wird dem Komposthaufen beigegeben. Im Übrigen werden die Triebe als gut abgelagertes Anfeuerholz für den Kamin geschätzt.

In anderen weniger schattigen Waldgründen des Anwesens wurden neuere Haselbestände gepflanzt, und diese – sie werden im Drei-Jahres-Turnus auf den Stock gesetzt – sind nützlich, wo buschigeres Material gefragt ist. Erbsenreiser müssen sorgfältig ausgewählt werden: sie sollten im oberen Abschnitt, wo viel Stütze benötigt wird, verzweigt sein. Im unteren Abschnitt müssen sie mit einem Messer angespitzt werden, damit sie sich ohne größere Mühe etwa 10 Zentimeter tief in den Boden treiben lassen. Die geschnittenen Erbsenreiser werden mit Schnur zu gut handhabbaren Bündeln zusammengefasst und dann in den Arbeitsbereich des Gartens hinter dem Topf-Schuppen transportiert. 2,4 Meter lange verzweigte Erbsenreiser werden für Duftwicken verwendet, 1,5–1,8 Meter lange für Stauden und 1,2 Meter lange für die kleinen Erbsensorten, die allen hier besonders gut schmecken.

Das Gebiet um Waddesdon verfügt über zahlreiche Stellen, an denen Erbsenreiser und Bohnenstangen gesammelt werden können, aber selbst in mittelgroßen Gärten lässt sich oft Raum für eine Reihe Haselsträucher finden, die sich als Stütze für alles Mögliche eignen. Bewohner ländlicher Gegenden haben vielleicht Zugang zu Waldbereichen, in denen abgeholzt wird, denn wo Hasel und Birken wachsen, muss alljährlich geschnitten werden, um die Randbepflanzung zu verjüngen und

Gegenüber
Feuerbohnen werden an Stangen aus dem Wald vor Ort gezogen.

dafür zu sorgen, dass Licht für die Flora wie Orchideen und Hasenglöckchen verfügbar ist.

Im April, wenn die Bohnenstangen gebraucht werden, sollte der Boden weich genug sein, damit sie sich problemlos stecken lassen. Wenn nicht, muss er vorher aufgeweicht werden. Jeder Wigwam besteht aus acht Bohnenstangen, die 1 Quadratmeter Bodenfläche einnehmen; insgesamt sind es 24 Wigwams, die Sommer für Sommer das für die Bohnen vorgesehene Feld füllen. (Sue bemängelt, dass die Wigwams oft zu eng geraten und dann an Stabilität einbüßen.) Über der Stelle, an der sich die Stangen kreuzen, werden sie mehrfach mit Schnur umwickelt und dann fest zusammengebunden. All dies geschieht, bevor überhaupt Bohnen gepflanzt sind.

Die erste Ladung kletternder Brechbohnen wird Ende April ausgesät. Die kleinen Pflanzen werden Ende Mai ausgepflanzt. Selbst bestäubende Feuerbohnen (das Ergebnis einer Kreuzung zwischen Feuerbohne und Brechbohne) werden ebenfalls Ende Mai ausgesät, und dann folgen weitere Bohnen, die alle zwei Wochen bis Ende Juni nachgesät werden, sodass stets genügend Pflanzen für fünf Wigwams gleichzeitig verfügbar sind. Entgegen der herrschenden Meinung werden echte Feuerbohnen spät ausgesät. Feuerbohnen werden durch Hummeln befruchtet und benötigen Feuchtigkeit in der Luft, um richtig anzuwachsen – die Voraussetzungen für die Bestäubung im September und Oktober sind somit ideal –, im Übrigen wird man selbst von spät ausgesäten Pflanzen noch Feuerbohnen ernten können, bis der Frost einsetzt. Sobald die Pflanzen kaum noch Erträge bringen, werden sie an einem frischen Wigwam durch eine weitere Folge von Sämlingen ersetzt. Die Bohnenernte ist überreich, aber sie fällt auch in eine Zeit, in der Gemüse vonnöten sind, und im Fall eines Überschusses lassen sich Feuerbohnen gut einfrieren; man wird sie dann im April des folgenden Jahres schätzen, wenn Gemüse noch immer rar ist.

Wenn die Bohnen zu wachsen anfangen, brauchen sie meist etwas Hilfe beim Ranken, bis sie sich von selbst (im Gegenuhrzeigersinn) um die Stangen wickeln. Wenn die Bohnen erst einmal ausgewachsen sind, ist unter dem dichten Blattwerk kein Holz mehr zu sehen. Gärtner, die Bohnen in Reihen ziehen – selbst an Bohnenstangen mit Querstützen, wie ich es in meinem eigenen Garten mache –, werden feststellen, dass die Pflanzen sehr viel stärker dem Wind ausgesetzt sind als die Pflanzen an zeltartigen Wigwams: dieses Verfahren bietet nämlich nicht nur mehr Halt, sondern es lässt dank der Lücken dazwischen den Wind auch optimal passieren. Außerdem lässt sich eine größere Sortenvielfalt ziehen.

Der Arbeitsablauf mit Erbsenreisern unterscheidet sich geringfügig von dem mit Bohnenstangen, denn die Erbsen werden gepflanzt, bevor man die Reiser steckt. Diese lassen sich, weil sie wesentlich leichter sind als Bohnenstangen, problemlos in den Boden einbringen. Sie werden außerhalb einer Doppelreihe von Erbsen integriert, sobald die Sämlinge abgehärtet und bereits ein paar Wochen an ihrem endgültigen Standort im Boden sind – in Eythrope also gewöhnlich im April.

Es gibt Gärtner, die ihre Erbsen vor einem durch Bambusstangen gestützten Netz pflanzen, was die jungen Pflanzen aber den Vögeln aussetzt. Wenn die Erbsen indes zwischen die Stockreihen gesetzt werden, und dies gilt insbesondere bei im unteren Bereich reich verzweigten Reisern, haben es die Tauben schwerer, an die Wachstumsspitzen zu kommen. Allerdings werden in Eythrope auch die Erbsen unter Netzen gezogen, weil Eichelhäher und Rebhühner sowie Tauben in der Vergangenheit Probleme bereitet haben. Falls Sie aber auf Netze verzichten wollen,

GEGENÜBER Bohnenstangen müssen lang sein, weil sie um der Stabilität willen allein schon 60 Zentimeter tief in den Boden eingegraben werden müssen.

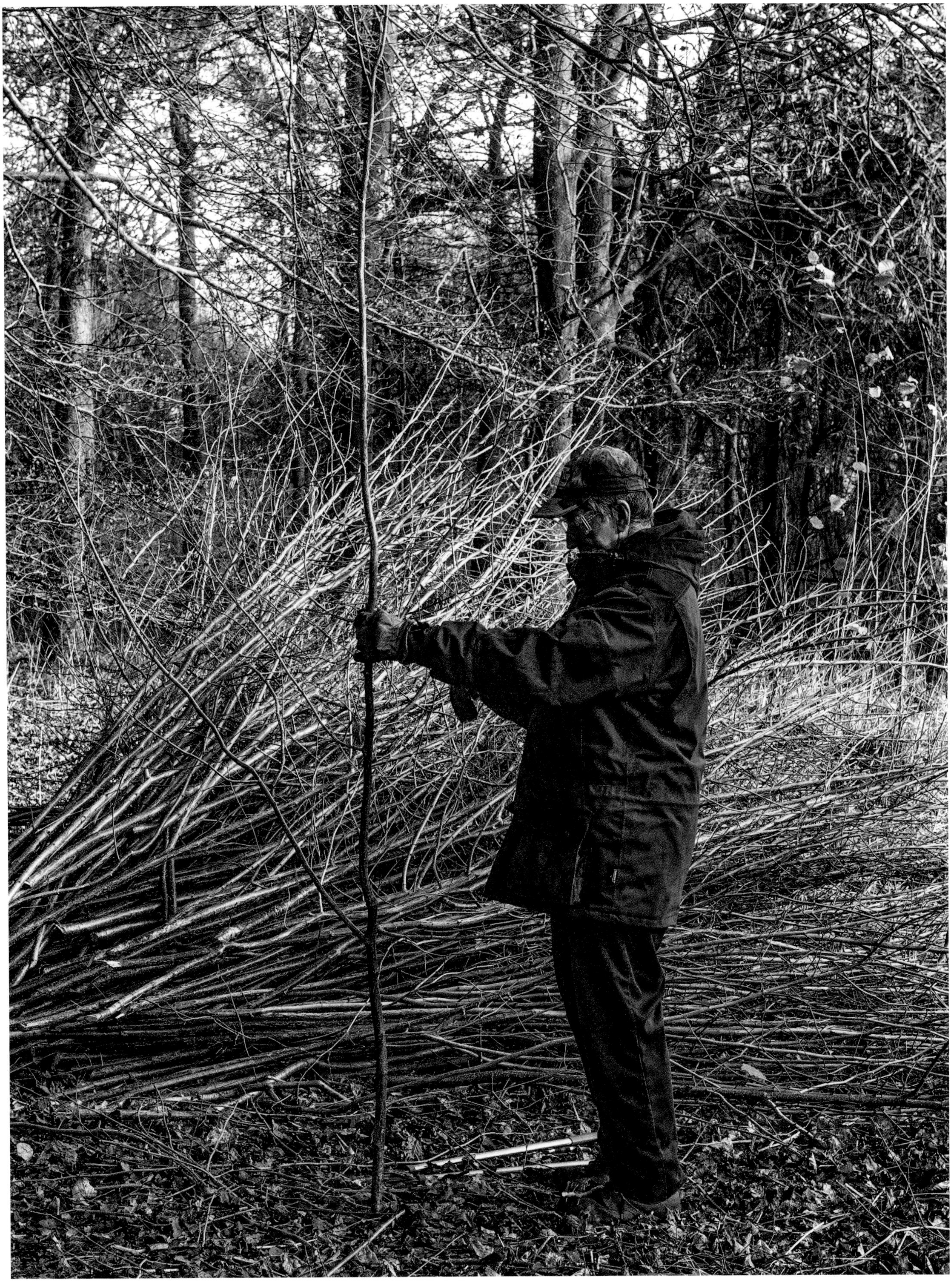

So werden die Bohnenstangen transportiert.

Entfernen sämtlicher Seitentriebe.

Wigwams, in akkuraten Reihen ausgerichtet.

An der Spitze werden die Stangen fest zusammengebunden.

Bohnen werden hier Ende Mai gepflanzt.

Verzweigte Reiser, dazwischen die Erbsen.

Überprüfen der Standfestigkeit.

wäre es sinnvoll, zunächst eine Reihe Stöcke und dann die Pflanzen zu integrieren und danach erst die äußere Reihe zu stecken.

In Eythrope werden Erbsen in Doppelreihen im 15-Zentimeter-Abstand gesetzt und die verzweigten Reiser schräg dazwischen gesteckt, damit sie sich aneinanderlehnen und stützen können. Weniger stark verzweigte Reiser können für mehr Halt zusammengebunden oder zu einer Kuppel verwoben werden. Die Zweige sind meist so biegsam, dass sie sich leicht handhaben lassen. Falls sie auseinanderfallen, kann man sie mit einem Stück Schnur fixieren. Erbsen und Duftwicken, die ebenfalls an diesen Reisern gezogen werden, haben Rankstiele, die sich am Holz festklammern. Wie den kletternden Bohnen aber wird man ihnen anfangs etwas helfen müssen, insbesondere, wenn die Pflanzen beim Setzen bereits größer sind. Die jungen Triebe sind sehr zart, sodass man beim Einbinden ganz vorsichtig sein muss, aber die raue Oberfläche des Holzes ist für die Ranken hilfreich, denn an glatten Bambusstöcken rutschen sie viel eher ab und müssen dann immer wieder aufgebunden werden.

Verzweigte Reiser kommen auch in den Staudenrabatten zum Einsatz, so etwa als Stütze für Asternhorste und Phlox. Die kleineren Zweigchen werden im Frühjahr als eine Art Barriere eingesetzt, die die Tulpen im Birnentunnel vor Fasanen schützt. Auch freilaufende Hühner, die viel Schaden im Garten anrichten können, lassen sich auf diese Weise fernhalten.

Heimische Haselstangen wirken für das Auge unbestritten weitaus ansehnlicher, denn im Gegensatz zu Bambusstäben verschmelzen sie mit dem Hintergrund, sobald sie im Boden stecken.

GEGENÜBER
Kletternde Bohnen überziehen bald schon die Stützen, und gegen Ende des Sommers sind die Wigwams vollständig überwachsen.

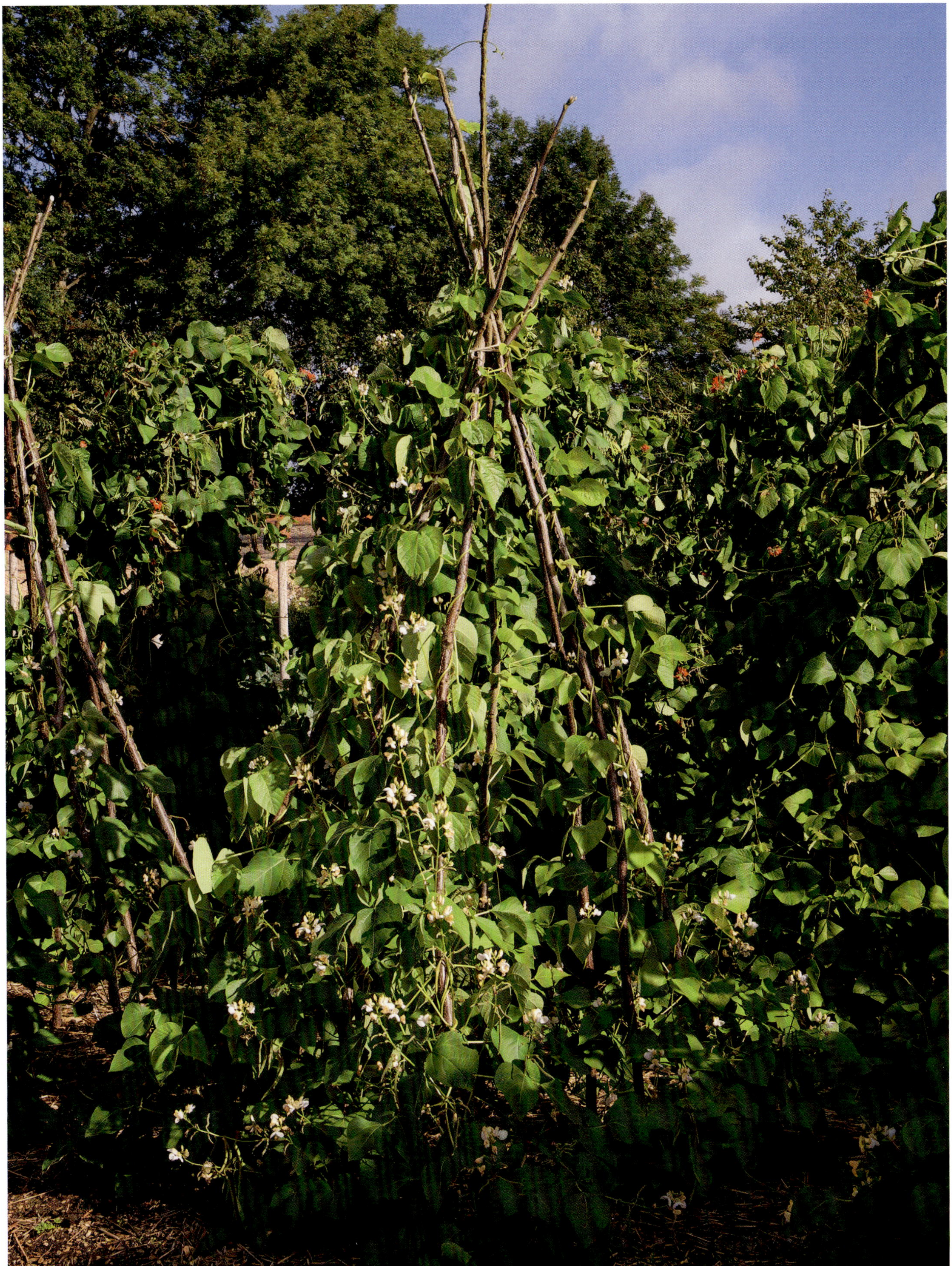

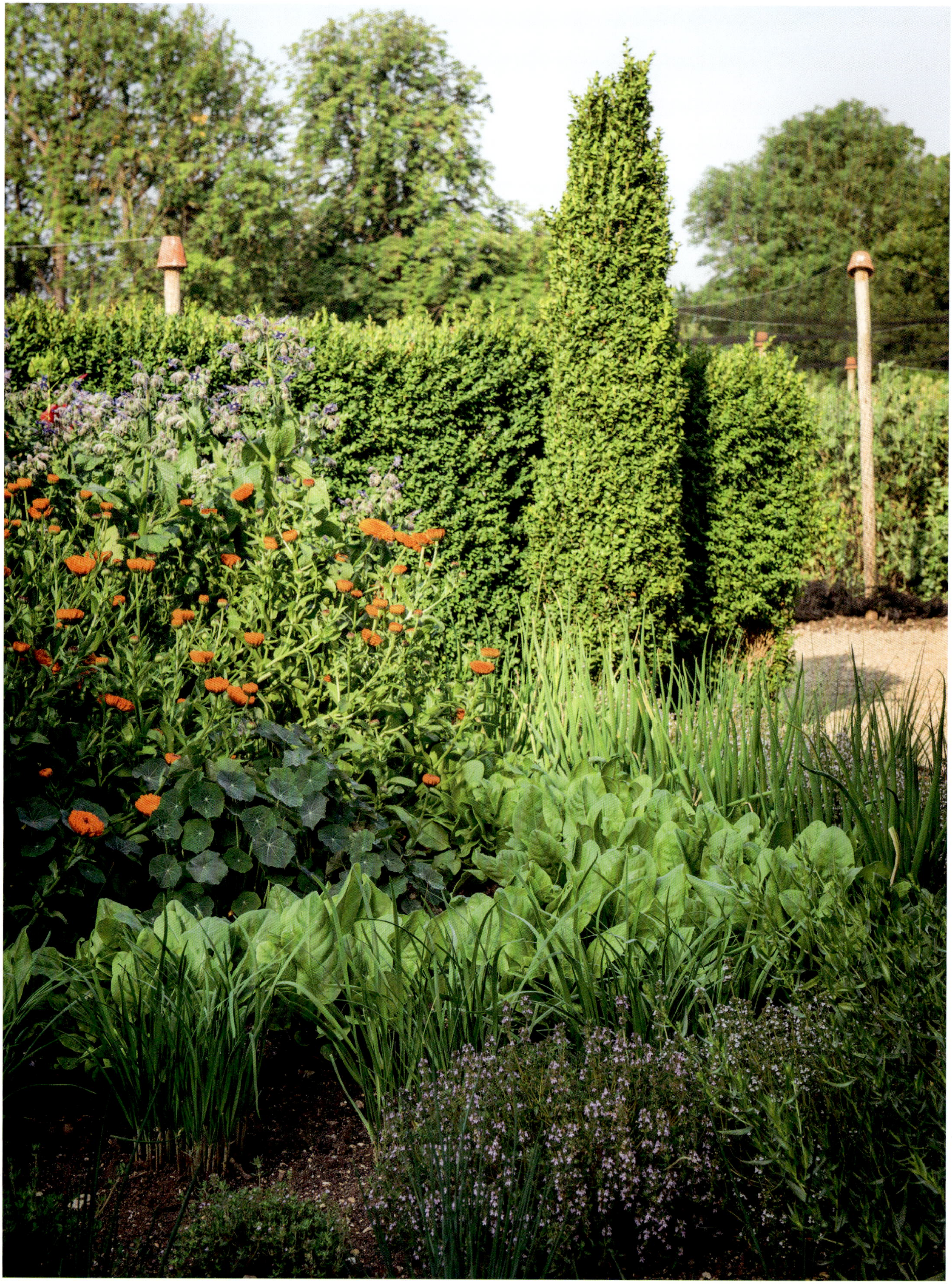

DER KRÄUTERGARTEN

Der Kräutergarten in der oberen, nach Süden gehenden Ecke des ummauerten Gartens enthält vier Beete, die rund um einen Mispelbaum abwechselnd mit essbaren Kräutern und einjährigen essbaren Blumen in der Mitte des Beetes bepflanzt sind.

Entgegen der weit verbreiteten Ansicht, dass Kräuter leicht zu ziehen sind und kaum Zuwendung benötigen, stammen die aromatischsten Kräuter von Pflanzen, deren Wachstum immer wieder aufs Neue angeregt wird. Schnittlauch muss geteilt, Thymian und Salbei kompakt in Form gehalten und die blattreichen Kräuter bis auf Bodenhöhe zurückgeschnitten werden, um den Neuaustrieb zu fördern, und dann muss nachgesät werden, bevor sie schließlich Samen ansetzen.

Eine immergrüne Form der Minze, die der unlängst verstorbene Tom Harris, Botanik-Professor an der Universität Reading, einst selektiert hatte, wird jedes zweite Jahr nachgepflanzt, damit sie sich mit dem für sie vorgesehenen Raum begnügt. Einige Töpfe werden im Gewächshaus überwintert, damit im neuen Jahr Stecklinge geschnitten werden können.

Der Sauerampfer hat ovale Blätter und setzt keine Samen an; Esther Merton hatte ihn 1950 aus Frankreich mitgebracht. Er lässt sich nur durch Teilung vermehren und muss zurückgeschnitten werden, um frische, zarte Blätter zu bilden.

Der aus Frankreich stammende Estragon – der höher aufgeschossene russische Estragon ist weniger schmackhaft und duftet nicht –, kommt in der Küche häufig zum Einsatz. Er ist jedoch nicht zuverlässig winterhart. Deshalb werden Stecklinge geschnitten, die im Gewächshaus überwintern.

Zwei Arten von Schnittlauch, eine besonders große Form und ein Knoblauch-Schnittlauch fassen, in akkuraten Reihen gepflanzt, den Rand der Beete ein.

Außerdem gibt es zahlreiche traditionell englische Kräuter. Eine nichtblühende Form des Salbeis wird, ebenso wie der Thymian, bereits im Jugendstadium zu ansehnlichen kleinen Knoten getrimmt. Salbei-Stecklinge werden im Herbst geschnitten, wenn sie mehr als den für sie vorgesehenen Raum einzunehmen drohen, aber der Gemeine Thymian, in der Küche für sein intensives Aroma geschätzt, wird aus Samen erneuert, weil Hecken aus Thymian einen kalten Winter meist nicht überstehen, zumal wenn zu viele Triebe abgepflückt wurden. Auch Bohnenkraut bildet eine hübsche kleine Hecke im inneren Kreis; traditionell wird es gern als Zugabe zu Bohnen verzehrt.

Unter den einjährigen Kräutern sind zwei Arten von Petersilie zu nennen: die glatte, die der Küchenchef um des Aromas willen schätzt, und die krause, die sich hervorragend zum Garnieren eignet. Petersilie wird im Februar unter Glas ausgesät und im März ins Freiland gepflanzt; im Juli wird dann erneut gesät für die Pflanzung im September. Seit dem vermehrten Aufkommen der Möhrenfliege wird die Petersilie im Nutzgarten gezogen, wo Fruchtwechsel praktiziert wird, während der für die Kräuter vorgesehene Boden unbearbeitet liegen bleibt, solange nicht ein weiterer Befall droht (die Möhrenfliege kann sich ein ganzes Jahr lang im Boden halten). Die krause Petersilie der Sorte 'Bravour' ist dunkelgrün und langstielig, sodass sie sich leicht zu einem Bund zusammenfassen lässt, die glattblättrige Sorte heißt 'Gigante di Napoli' (syn. 'Italian Giant'). Koriander 'Calypso' und

GEGENÜBER
Der Kräutergarten liefert essbare Blüten sowie Blätter. Ringelblumen, Kapuzinerkresse und Borretsch werden alle in Salaten verwendet.

Die Krause Petersilie 'Bravour' wird zum Garnieren gezogen.

Das Ernten von Sauerampfer.

Schnittlauch wird wie alle Kräuter regelmäßig zurückgeschnitten.

Die geernteten Kräuter werden in Körben hinauf zur Küche gebracht.

Basilikum in Töpfen unter Glas.

Dill 'Dukat' (der Küchenchef gibt sie gern zu Fenchel) werden im Hauptteil des Nutzgartens in dem für Salat vorgesehenen Feld sukzessive ausgesät.

Ringelblume *(Calendula)* oder Studentenblumen *(Tagetes)*, deren orangefarbene Blütenblätter seit dem Mittelalter zum Würzen von Salaten und Suppen verwendet werden, bringen einen Schuss Farbe ein; hinzu kommt das Blau der Borretschblüten, die obligatorisch in Englands traditionellem sommerlichem Getränk *Pimms* schwimmen. Borretsch und Ringelblumen werden mit Erbsenreisern gestützt, damit sie nicht vornüberkippen, für die tief purpurviolette Trichtermalve 'Vulkan' aber sind als Halt Stöcke erforderlich. Die Kapuzinerkresse 'Peach Melba', deren pfeffrige Blätter und Blüten essbar sind, wird ebenfalls als Farbfleck für Salate gezogen.

Einige Kräuter schießen zu rasch, wenn sie im Freiland ausgesät werden. Oregano (Majoran) und Kerbel, die zum Garnieren ebenfalls beliebt sind, werden in Körbchen im Gewächshaus den ganzen Sommer über immer wieder ausgesät. Basilikum 'Napolitano' (syn. 'Lettuce Leaf') wird nie ausgepflanzt, weil die Sommer kaum je warm genug sind, um gute Wachstumsmöglichkeiten zu bieten. Es ist eine Gewächshauspflanze, die in 13-Zentimeter-Töpfen gezogen wird und das ganze Jahr über drinnen bleibt. Weil sie schwer zu ernten ist, wird sie bei Bedarf im Topf in die Küche geliefert. Sobald die Vermehrung im Frühjahr abgeschlossen ist, wird die Hälfte eines Gewächshauses ausschließlich für Basilikum genutzt. Es duftet köstlich, sobald man über die Schwelle tritt.

Wie der restliche Nutzgarten, wird der Kräutergarten im Frühjahr mit Seetang-Mehl und Vitax Q4 gedüngt und im Sommer mit Growmore. Das Geheimnis der erfolgreichen Kräuteranzucht ist kontinuierliches Verjüngen. Dies bedeutet, dass den Sommer hindurch jede Woche ein anderes Kräuterbeet zurückgeschnitten wird. So verhindert man, dass die Pflanzen verholzen oder aussamen. Der Rückschnitt schwächt allerdings die Pflanzen, sodass sie unmittelbar danach gewässert werden müssen. Der Hochsommer-Dünger verpasst ihnen noch einmal einen Wachstumsschub. Frische Kräuter sind dank der Aussaat im Gewächshaus ganzjährig verfügbar. Koriander, Kerbel und Rauke, die rasch Samen ansetzen, werden alle sechs Wochen in Pflanzschalen ausgesät und dann in 9-Zentimeter-Töpfen mit John Innes No. 2 Kokosfaser-Substrat pikiert. So verfügt man im Winter garantiert über Minze, Petersilie, Koriander, Dill und Rauke, denn sie alle werden unter Glas in 12,5-Zentimeter-Töpfen angezogen und bei einer Temperatur von 5 °C gehalten. Dadurch können selbst an trüben Tagen frische Kräuter gesammelt werden.

GEGENÜBER Schnittlauch, Petersilie, Thymian und Ampfer werden vor der Blüte regelmäßig zurückgeschnitten.

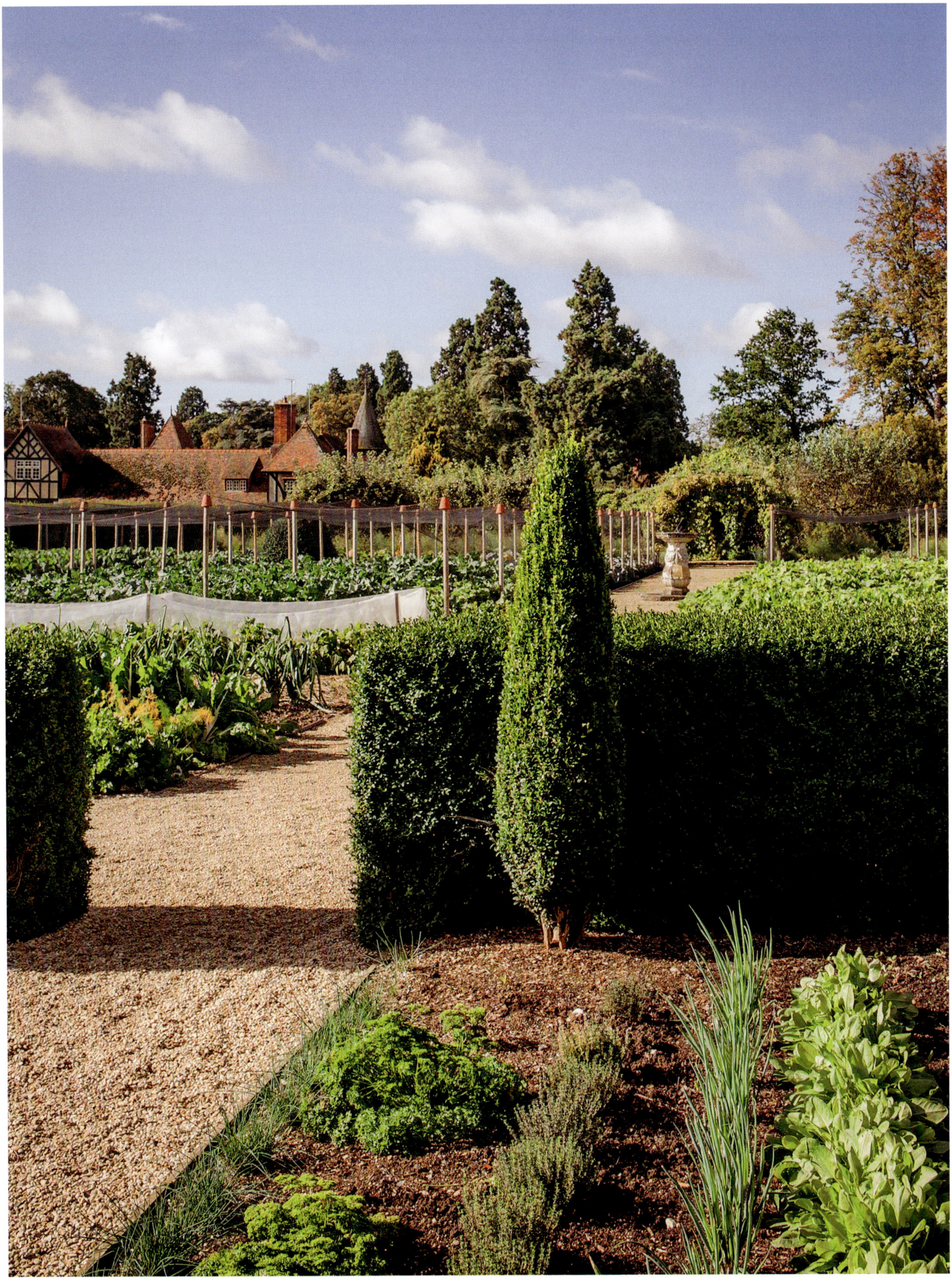

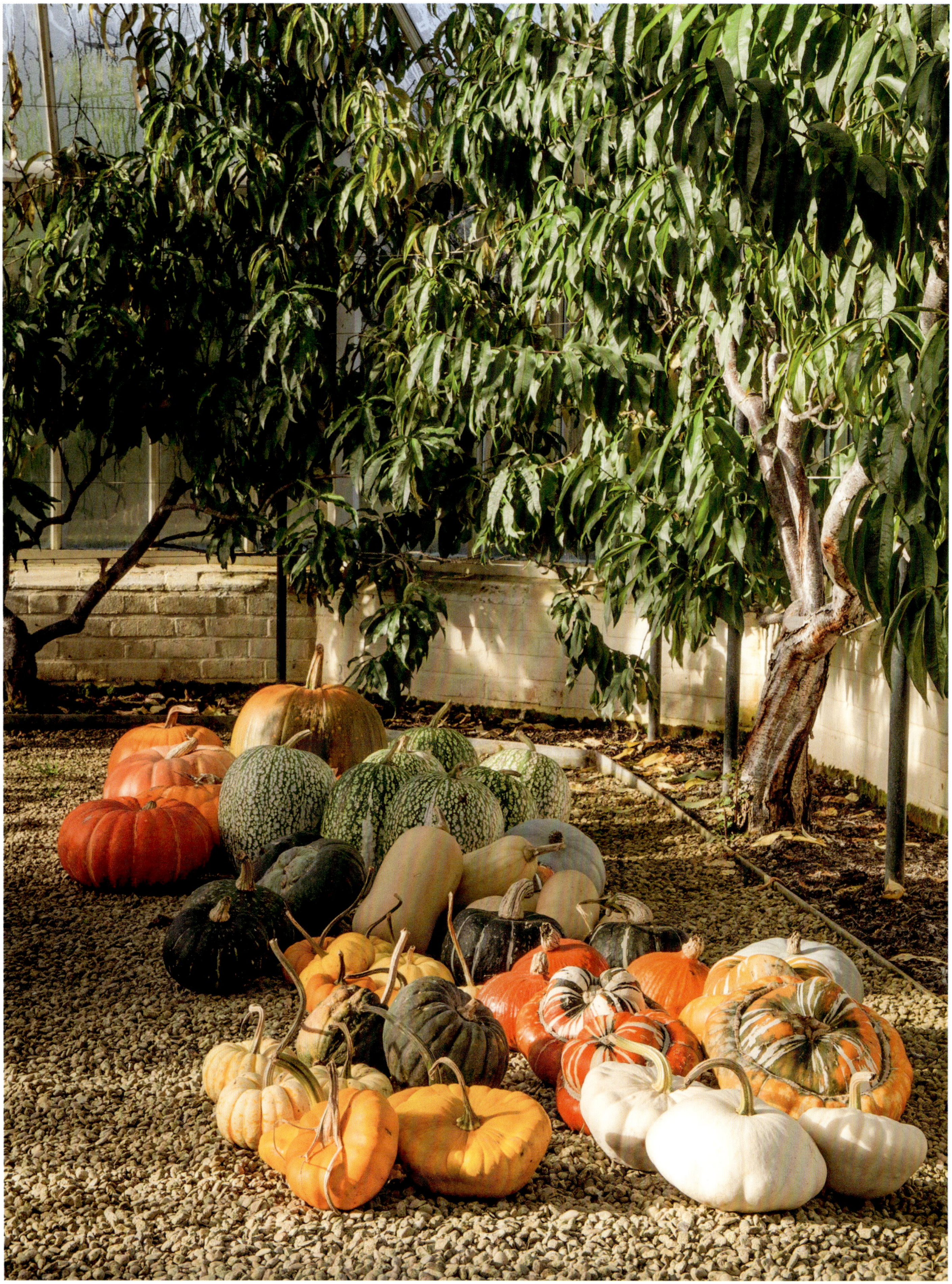

ZIER- UND SPEISEKÜRBISSE

Kürbisse werden zur Dekoration und zum Verzehr angebaut. Im Herbst stellen sie im *Auricula*-Theater in Eythrope eine Augenweide dar, und dies bis zu den ersten Frösten. Manchmal säumen sie den laubengangartigen Zugangsweg zum Garten, wo sie unter Alice Oswalds auf Schiefertafeln festgehaltenen Gedichten zur Schau gestellt werden, und ein paar liegen auf dem Fensterbrett des Topf-Schuppens. Sie bieten an dunklen Tagen ein fröhliches Bild, viele dienen auch als Schmuck für Herbstfeste oder werden den Kindern im Ort für Halloween geschenkt.

Der Küchenchef und Sue haben herausgefunden, welche Sorten am schmackhaftesten sind; es sind vor allem die trockenen orangefleischigen Sorten: die Butternüsse, der Zwiebelkürbis 'Uchiki Kuri', 'Buttercup', 'Crown Prince' und 'Pumpkin Rouge Vif d'Etampes'. Ein besonderer Genuss ist der Spaghetti-Kürbis, der sich, gekocht, wie von Zauberhand in die unterschiedlichsten Gemüsepasta-Gerichte verwandelt. Er schmeckt köstlich mit Kräutern, Olivenöl und Parmesan oder einfach nur mit Butter und Pfeffer.

Sämtliche Kürbisse werden im April in einem auf Kokosfaser basierenden John Innes No. 2 Substrat, gemischt mit gleichen Teilen Kakao-Faser, unter Glas ausgesät. Die runden Gartenkürbisse und die länglichen Flaschenkürbisse werden einzeln in 9-Zentimeter-Plastiktöpfe gesät, wobei der Samen auf die Seite gedreht wird, damit er nicht fault. Sobald es wärmer wird, werden die Sämlinge einige Wochen außerhalb des Gewächshauses abgehärtet, bevor man sie Anfang Juni auspflanzt. Viele der wüchsigeren Sorten werden auf die Komposthaufen vom Vorjahr hinter dem Hof mit den Frühbeeten gepflanzt, aber ein paar wenige – die frühen und besonders beliebten Sorten wie etwa die Butternüsse 'Hunter' und 'Sprinter' nehmen ein Viertel des Gemüsegartens ein. Butternuss-Kürbisse sind absolut auf Wärme angewiesen, um zu gedeihen. Wie alle Gemüsearten erhalten die Kürbisse als oberste Bodenauflage eine Schicht Seetang und zur Pflanzzeit wachstumsförderndes Vitax Q4. Sue fand heraus, dass die Kürbisse besonders üppig gedeihen, wenn sie durch Mypexfolie wachsen, die Wärme und Feuchtigkeit im Boden hält.

Allerdings können sämtliche Familienmitglieder der *Cucurbitaceae* im Garten mächtig wuchern. Wo es an Platz fehlt, dürfte es einfacher sein, sie über Laubengängen zu ziehen, vorausgesetzt, dass die Stützen für die schweren Früchte stabil genug sind – ausgewachsene Kürbisse können leicht 4,5 Kilogramm wiegen. Am besten geeignet für Laubengänge sind die Sorten 'Giraumon Turban' (syn. 'Turks Turban'), 'Mini Squash' und 'Buttercup'. In Eythrope wird zur Eindämmung ab August regelmäßig die Spitze des Haupttriebs ausgebrochen. Dieses Verfahren fördert zugleich den Fruchtansatz, sodass gegen Ende September leuchtende und schöne Kürbisse geerntet werden können. In einem guten Jahr dürften rund 200 Stück zusammenkommen.

Garten- und Flaschenkürbisse halten sich nicht, sobald Frost eingesetzt hat. Am besten lässt sich die Lagerfähigkeit der Butternuss-Kürbisse fördern, indem man sie erntet und im Hausinneren bei einer Temperatur von 20 °C etwa zwei Wochen lang liegen lässt, damit die Schale aushärten kann. In Eythrope werden sie in eines der Gewächshäuser einquartiert, aber ein warmes Fensterbrett eignet sich genauso gut. Sobald die Schale hart ist, halten sich die Garten- und Spaghetti-Kürbisse in einem frostfreien Schuppen bis Weihnachten.

GEGENÜBER
Die Kürbisse werden nach der Ernte im Kirschenhaus getrocknet, bevor sie eingelagert werden.

SEITEN 66/67
Das *Auricula*-Theater dient als später Schauraum für Gartenkürbisse in den unterschiedlichsten Erscheinungsformen.

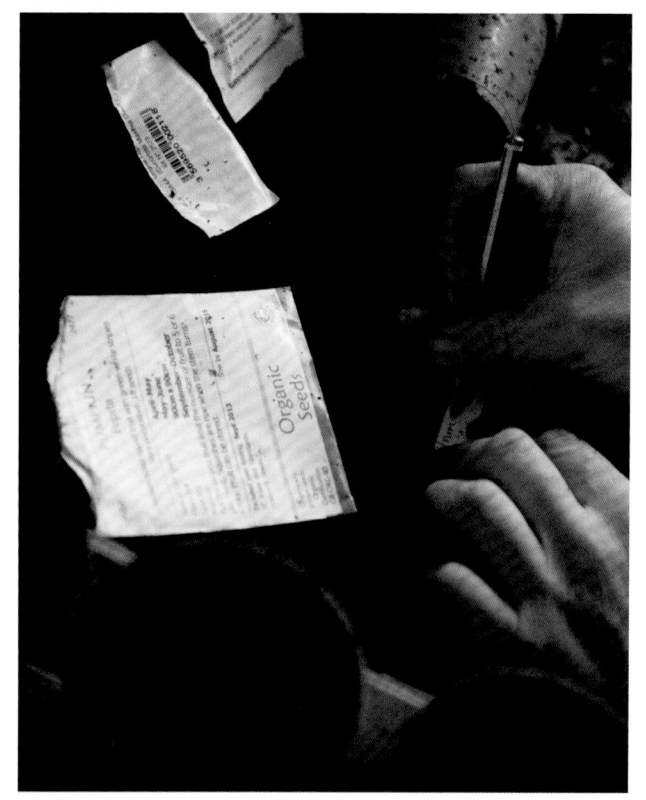

Die Töpfe werden klar gekennzeichnet.

Die Samen werden auf ihre Seite gedreht, damit sie nicht faulen.

Ein Schildchen pro Pflanzschale genügt.

Der Komposthaufen bietet ideale Wachstumsbedingungen.

Sie müssen beim Pflanzen fest angedrückt werden.

Selbst auf dem Komposthaufen wird in Reihen gepflanzt.

Der ideale Standort für Kürbisse.

Im Spätsommer ist der Haufen dicht mit Blättern bedeckt.

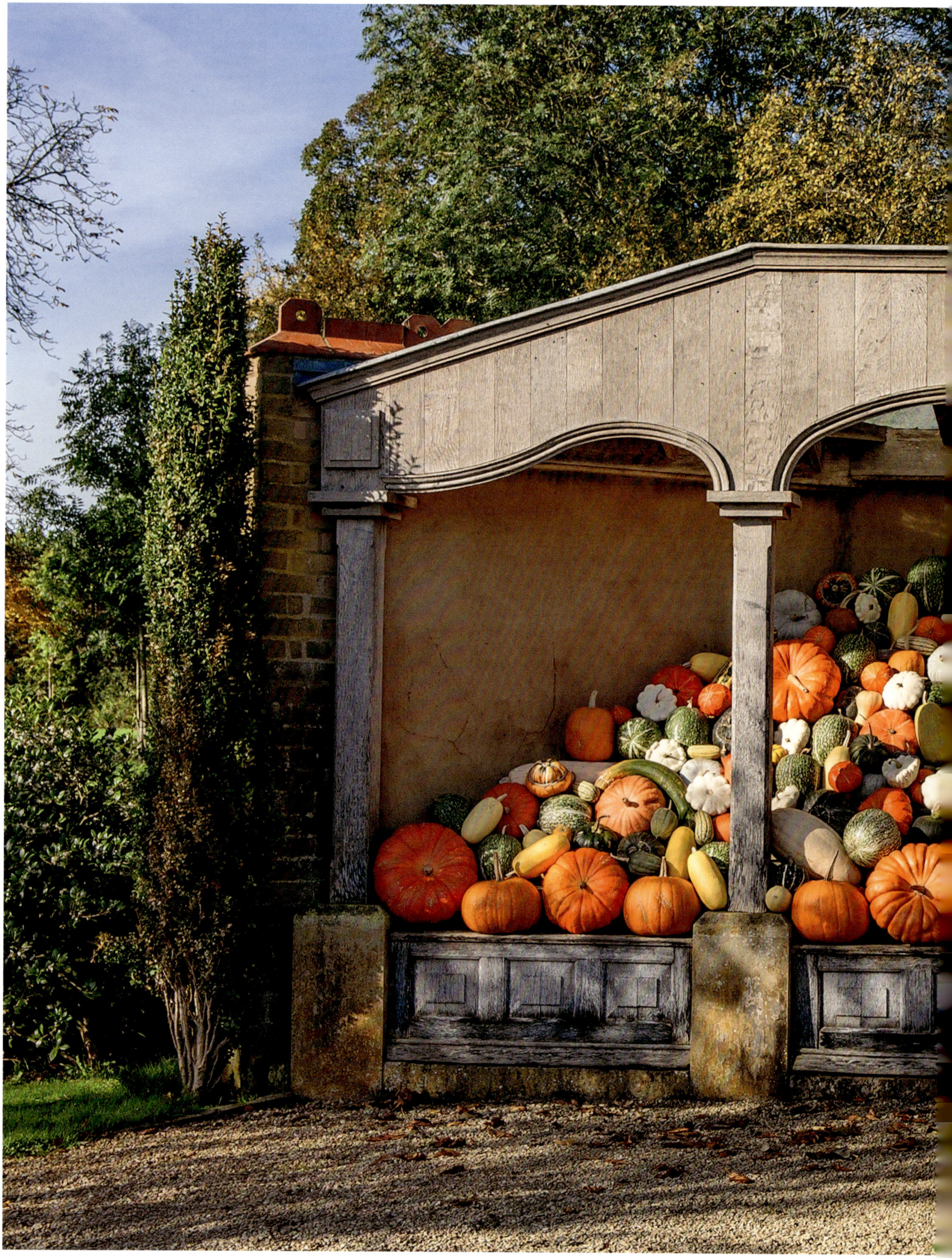

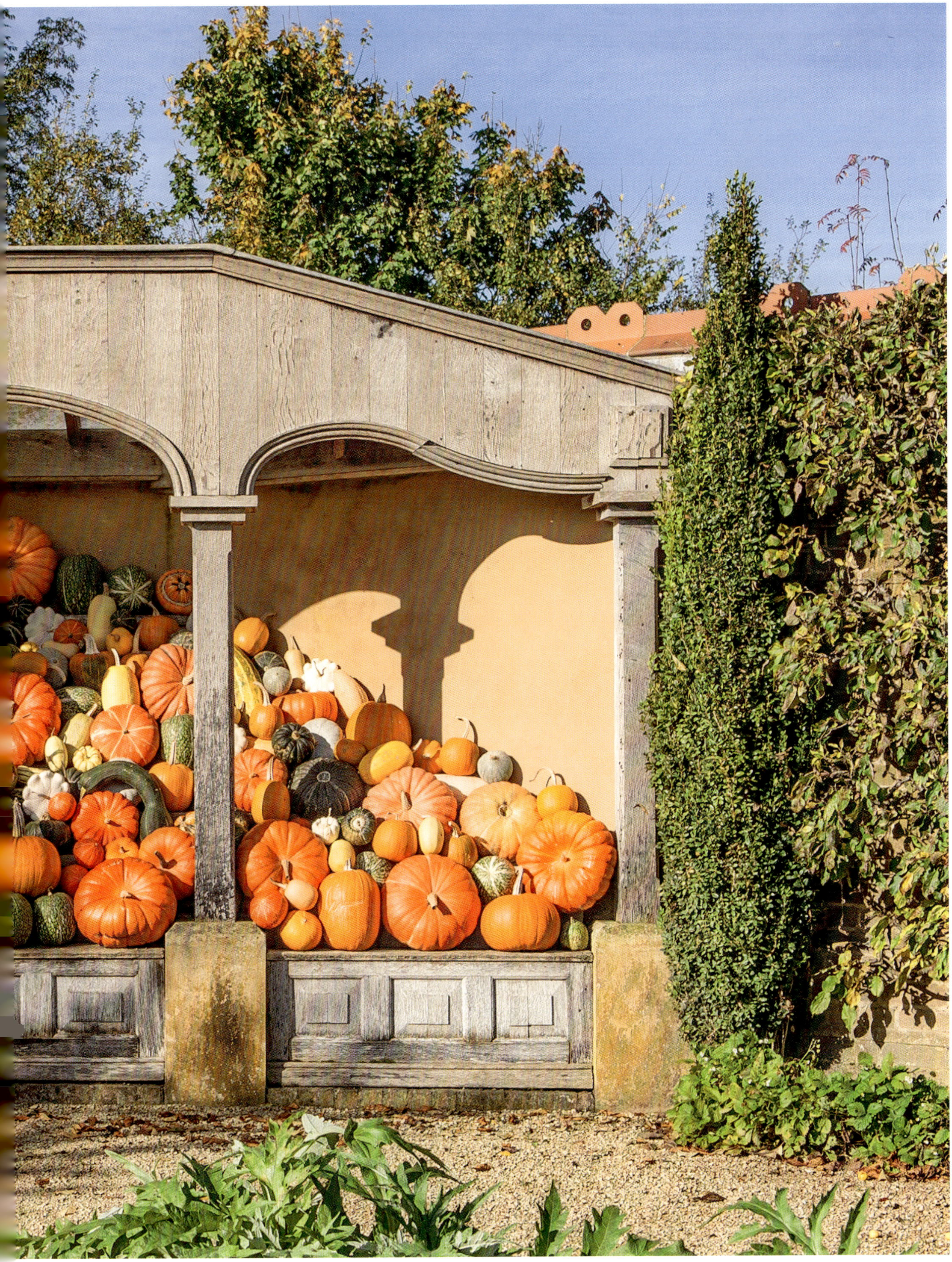

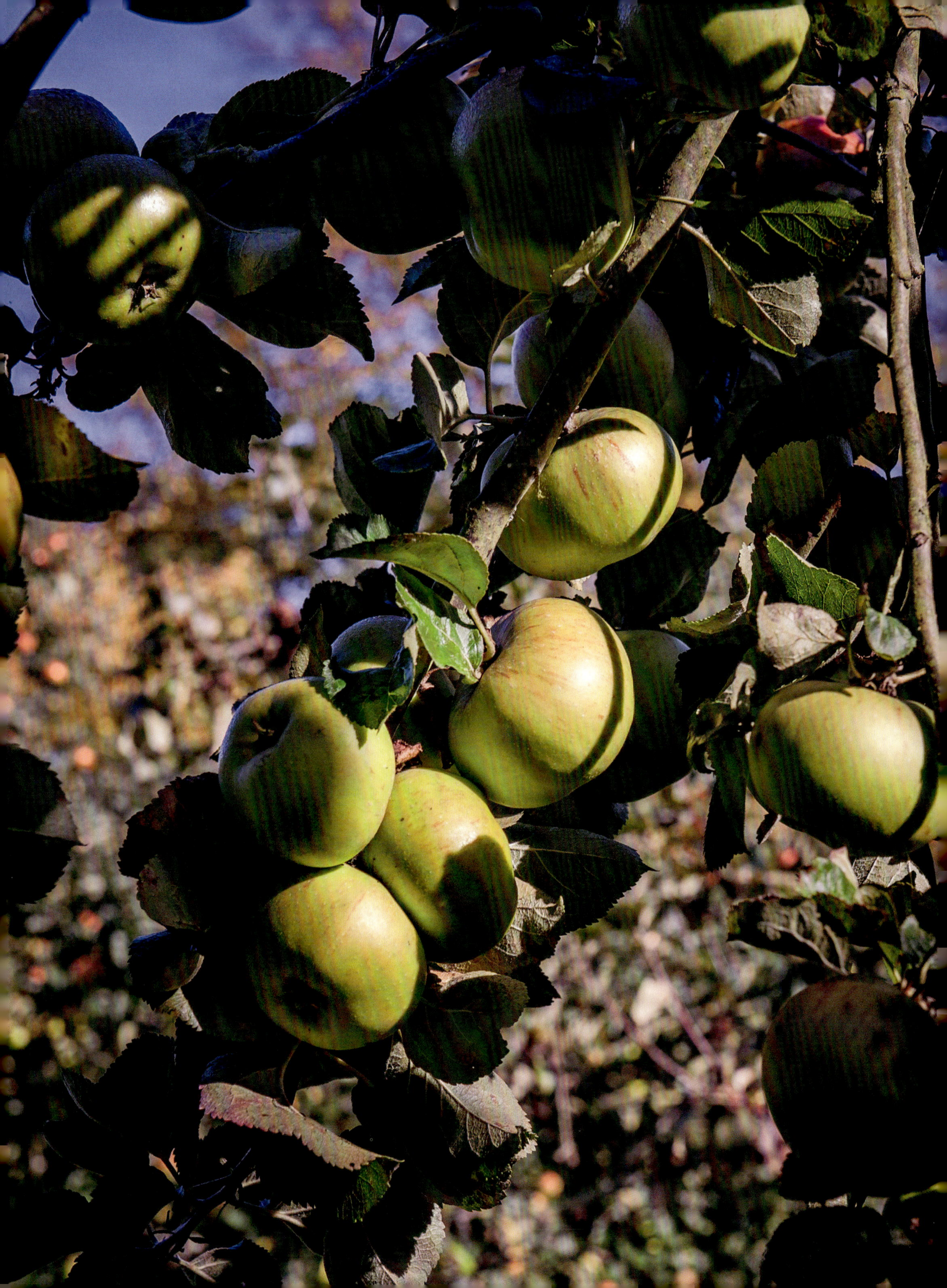

OBST

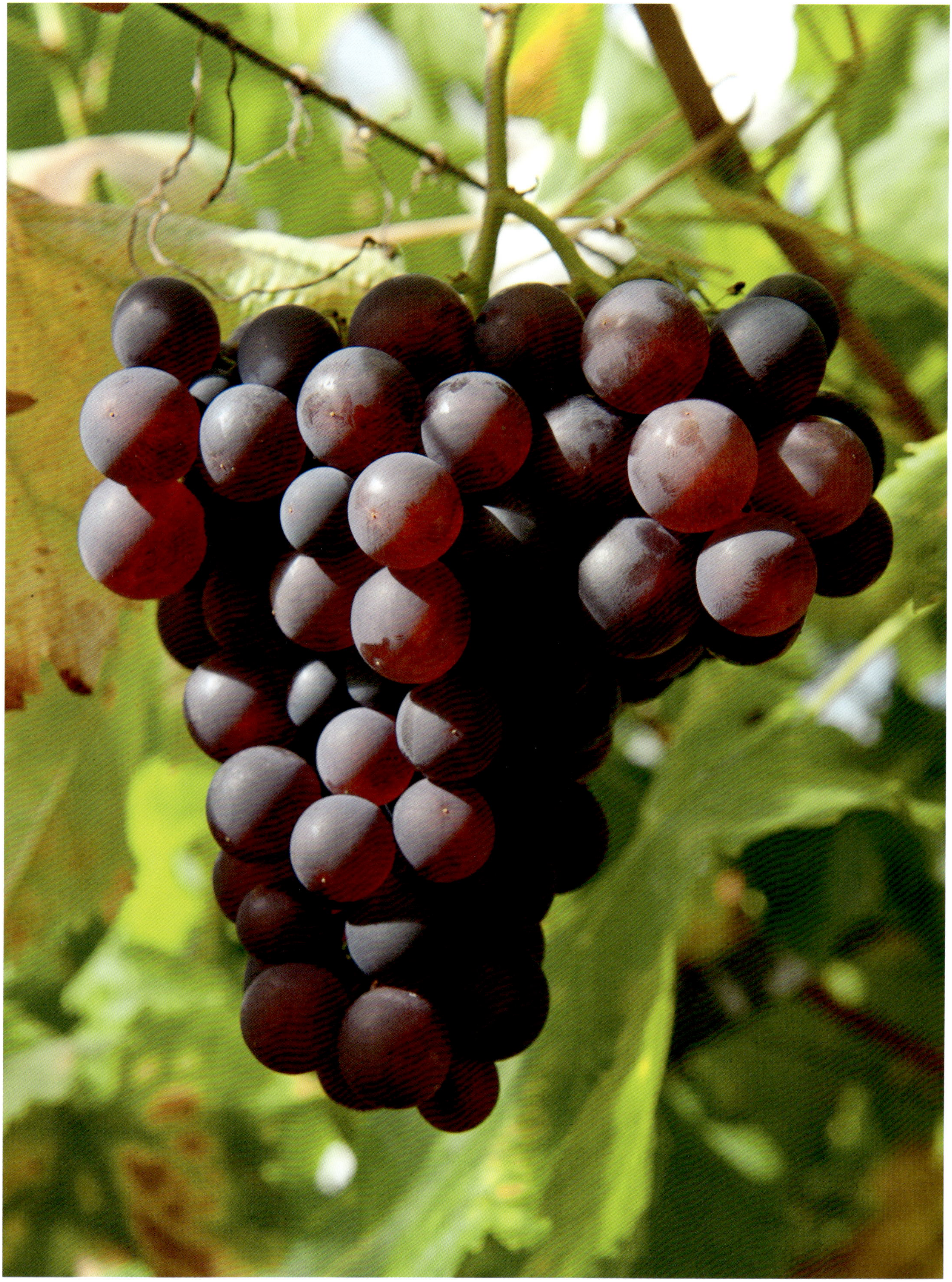

DER ANBAU VON OBST

Als es noch keine global agierende Logistik gab und noch keine Tiefkühlschränke in den Haushalten – zu einer Zeit also, in der die Herrensitze noch weitgehend Selbstversorger waren, setzten die Obergärtner ihren ganzen Stolz daran, makellose Früchte zu kultivieren. Der Preis einer solchen Perfektion – aufwändige Pflegemaßnahmen und hohe Kosten – ließ sich nur dadurch rechtfertigen, dass die Früchte spektakulär zur Schau gestellt wurden. Im viktorianischen Landhaus gehörten auf den Tisch nämlich oft auch Früchte als Dekoration, und es war nun einmal Ehrensache, diese bereits Wochen, bevor sie im Freien reif geworden wären, zu präsentieren. Noch heute konkurrieren die Herzöge von Devonshire und Marlborough anlässlich der *Royal Horticultural Show* Jahr für Jahr um die besten unter Glas gezogenen Muskatellertrauben.

Zu Lebzeiten von Miss Alice reichte niemand an die Rothschilds heran, denn sowohl in den Gärten von Waddesdon als auch von Eythrope wurde auf höchstem Niveau gearbeitet. Wann immer die Herrin ihren Gärtner von Frankreich aus kontaktierte, galt ihr Interesse vorrangig dem Obst. Sie schrieb über französische Pfirsich-Sorten, die wohlschmeckender waren als die englischen, über Pflaumen, die mit kalkhaltigem Wasser zu gießen seien, und legte neuerlich veröffentlichte Artikel über Krankheiten der Schwarzen Johannisbeeren oder Rezepte für hausgemachte Düngemittel bei.

Sämtliches gängige Beerenobst wird im ummauerten Garten angebaut, wobei für die Wahl der Sorten allein ausschlaggebend ist, welche sich für die Kultur im Privatgarten eignen. Erdbeeren und Himbeeren, die im Supermarkt erhältlich sind, werden mehr um ihrer Haltbarkeit als um des Aromas willen entwickelt. Die Erdbeere 'Mara des Bois', die anhaltend Früchte trägt und mit ihrem zarten Bouquet an das Aroma einer Walderdbeere heranreicht, wird man im Handel nie bekommen. Echte Walderdbeer-Sorten sind 'Baron Solemacher', 'Alexandra' und 'Mignonette', die beim Pflücken allerdings reichlich Geduld erfordern. 'Glen Ample' ist eine bewährte Sommer-Himbeere, und die im Herbst tragenden Sorten scheinen besonders gut zu gedeihen: dazu gehört der Neuling 'Joan J' mit fingerhutgroßen Früchten und dornenlosen Ruten, aber auch die bewährte Sorte 'Autumn Bliss'. Die Himbeer-Saison reicht von Juli bis Oktober, wobei die Pflanzen nie unter Netzen gezogen werden, weil sie so reichlich Früchte tragen, dass für die Menschen wie auch die Vögel genügend Beeren heranreifen (zum Glück scheinen die Vögel weniger erpicht auf die Herbst-Varietäten zu sein als auf die des Sommers). Die Himbeer-Ruten werden mit Laubmoder gemulcht, der den Boden etwas saurer macht und den Himbeeren somit sehr zugute kommt. Spurenelemente für sämtliche Beerenfrüchte werden im Frühjahr in Form von Vitax Q4 verabreicht. Rote und Schwarze Johannisbeerbüsche sowie Stachelbeeren werden zum Einkochen und für Desserts gezogen.

Pflaumen, Reineclauden, die dornenlose Oregon-Brombeere (*Rubus fruticosus* 'Oregon-Thornless') und einige Tafeläpfel werden als Kordon (Schnurbaum), Fächer oder Spaliergehölz an den Mauern gezogen, die den Nutzgarten umschließen. Äpfel und Birnen werden über dem aus einem Eisengerüst bestehenden Laubengang, dem so genannten Birnen-Tunnel gezogen, an den Kreuzungspunkten der Bögen begleitet von freilandtauglichen Weintrauben und unterhalb der

Seite 68
Apfel 'Court Pendu Plat'.

Gegenüber
Eine im Gewächshaus gezogene Tafeltraube der Sorte 'Black Hamburgh'.

Früchte gesäumt von Blumen. Die blühenden Beerensträucher über den bonbonfarbenen Tulpen bieten ein berauschendes Frühlingsbild, während im Winter die Struktur der sachgemäß geschnittenen Gehölze ein sprechendes architektonisches Element darstellt. Beidseitig des Birnen-Tunnels sind die kleinen Rasenflächen mit Quittenbäumen bepflanzt, die im Oktober Unmengen schwerer goldgelber Früchte tragen. Eine einzige Quitte genügt bereits, um den Geschmack gekochter Äpfel in eine Delikatesse zu verwandeln.

Der Obstgarten in Eythrope enthält jenes breite Spektrum an Äpfeln, das John Loudon, der Alan Titchmarsh der Viktorianer, zu pflanzen empfahl, um die Saison von August bis Juni im darauf folgenden Jahr auszudehnen. In Kisten verteilt und mit Namensschildchen versehen, werden sie an ein bis zwei Wochenenden unter dem Laubengang, der in den Garten führt, ausgestellt, um Gärtnern und interessierten Gäste nahezubringen, was den einen Apfel vom anderen unterscheidet.

Die Bäume werden in einem großzügigen Abstand von 6 Metern gepflanzt, und zwar als Halbstamm, was das Pflücken wesentlich einfacher macht als die riesigen traditionellen Bäume, die zu Loudons Lebzeiten überwogen haben dürften. Große Kochäpfel, die sich im Topf bald schon in ein Blasen werfendes saftiges Kompott verwandeln, gehörten zu Loudons Lieblingsäpfeln, und Sue hält 'Peasgood Nonesuch' und 'Reverend W. Wilkes' – beide erfüllen dieses Kriterium – für zwei der besten Sorten, und dies sowohl zum Reinbeißen als auch zum Kochen; der schaumigen Masse wird ganz wenig Zucker zugegeben. Ein besonders beliebter Apfel ist der Boskop – ein Grund, fünf Jahre nachdem der Obstgarten 1991 bepflanzt wurde, noch weitere Bäume dieser Sorte zu integrieren. Die Mitte der Baumkrone bleibt frei. Im Obstgarten haben die Hühner freien Auslauf. Die *Burford Browns*, die tagsüber im Gras des Obstgartens herumpicken und wohlschmeckende braune Eier legen, müssen nachts in den Hühnerstall, wenn sie vor dem ständig lauernden Fuchs sicher sein wollen.

Die Anzucht von Obst unter Glas war dereinst ein Charakteristikum aller herrschaftlichen Nutzgärten, und so gibt es in Eythrope separate Häuser für Kirschen, Muskatellertrauben, Aprikosen und Feigen. Bis ins Jahr 2012 gab es in einer Mauerecke im hinteren Teil des Topfpflanzengartens ein Gewächshaus für Pfirsiche, aber dieses war bereits so baufällig, dass es einstürzte und nicht mehr zu retten war. Seither teilen sich die Pfirsiche und Nektarinen das Kirschenhaus. Ananas werden in Eythrope heute nicht mehr kultiviert, obwohl eine Sorte, die zu Miss Alices' Lebzeiten unter dem Namen 'Charlotte de Rothschild' noch verfügbar war, nicht so sehr um ihres Aromas als vielmehr als Tischdekoration gerühmt wurde.

Das Feigenhaus wird täglich mehrmals benebelt, und obwohl es nicht beheizt wird, entfaltet der feuchtwarme Duft der Feigen im Sommer einen exotischen Reiz. Sämtliches Obst, das in Eythrope gezogen wird, gedeiht im unbeheizten Gewächshaus. Besitzer eines Gewächshauses, das sich aufgrund zu hoher Kosten nicht mehr als frostfreier Raum halten lässt, könnten sich überlegen, ob es sich nicht zur Anzucht von Obst nutzen ließe. Der zusätzliche Schutz fördert den Reifungsprozess; dennoch ist jegliches Obst unter Glas auf sorgfältige Belüftungsmaßnahmen und regelmäßiges Wässern sowie ein wachsames Auge angewiesen, um etwaige Schwierigkeiten unverzüglich beim Schopf packen zu können. Weintrauben, die im unbeheizten Gewächshaus kultiviert werden, sind weitaus anfälliger für Botrytis als solche, denen ein bisschen zusätzliche Wärme vergönnt ist. Wenn das Obst nicht gespritzt wird, heißt es, ständig auf der Hut sein. Für Steinobst spielt auch der Zeitpunkt des Wässerns eine Rolle.

GEGENÜBER
Pflaumen sind so schwer, dass unter der Last einer guten Ernte die Zweige des Baums brechen können. An einer Mauer gezogen, erhalten sie zusätzlichen Halt.

SEITEN 74 & 79
Der Birnentunnel (auch Spalier-Apfelbäume wachsen hier) im Winter. In den Boden gesteckte Haselstöcke schützen die Tulpenzwiebeln vor Fasanen.

SEITE 75
Apfel 'Cox' Orange Pippin'.

SEITEN 76/77
Der Birnen-Tunnel im Sommer

SEITE 78
Apfel 'Cornish Gilliflower'.

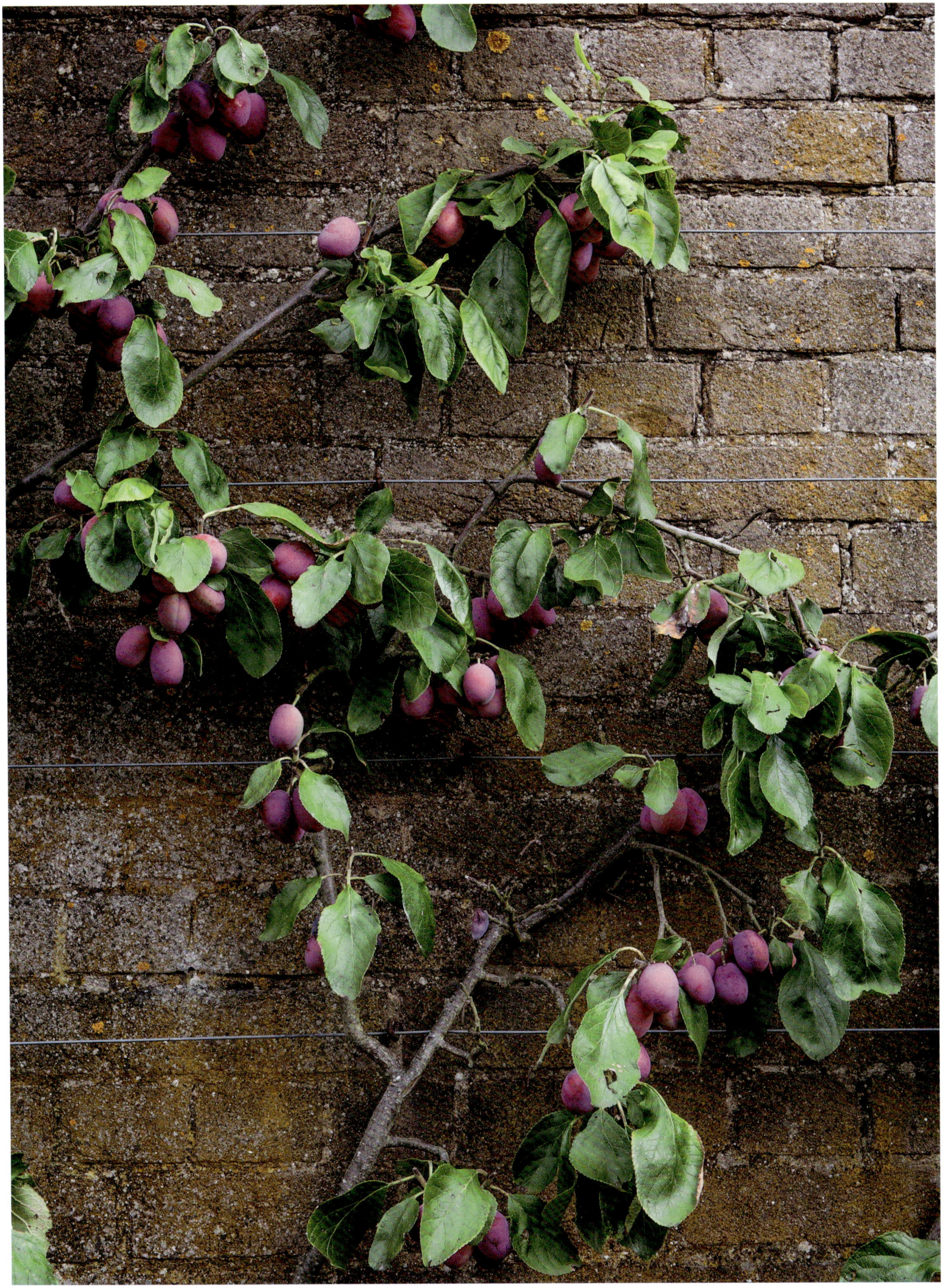

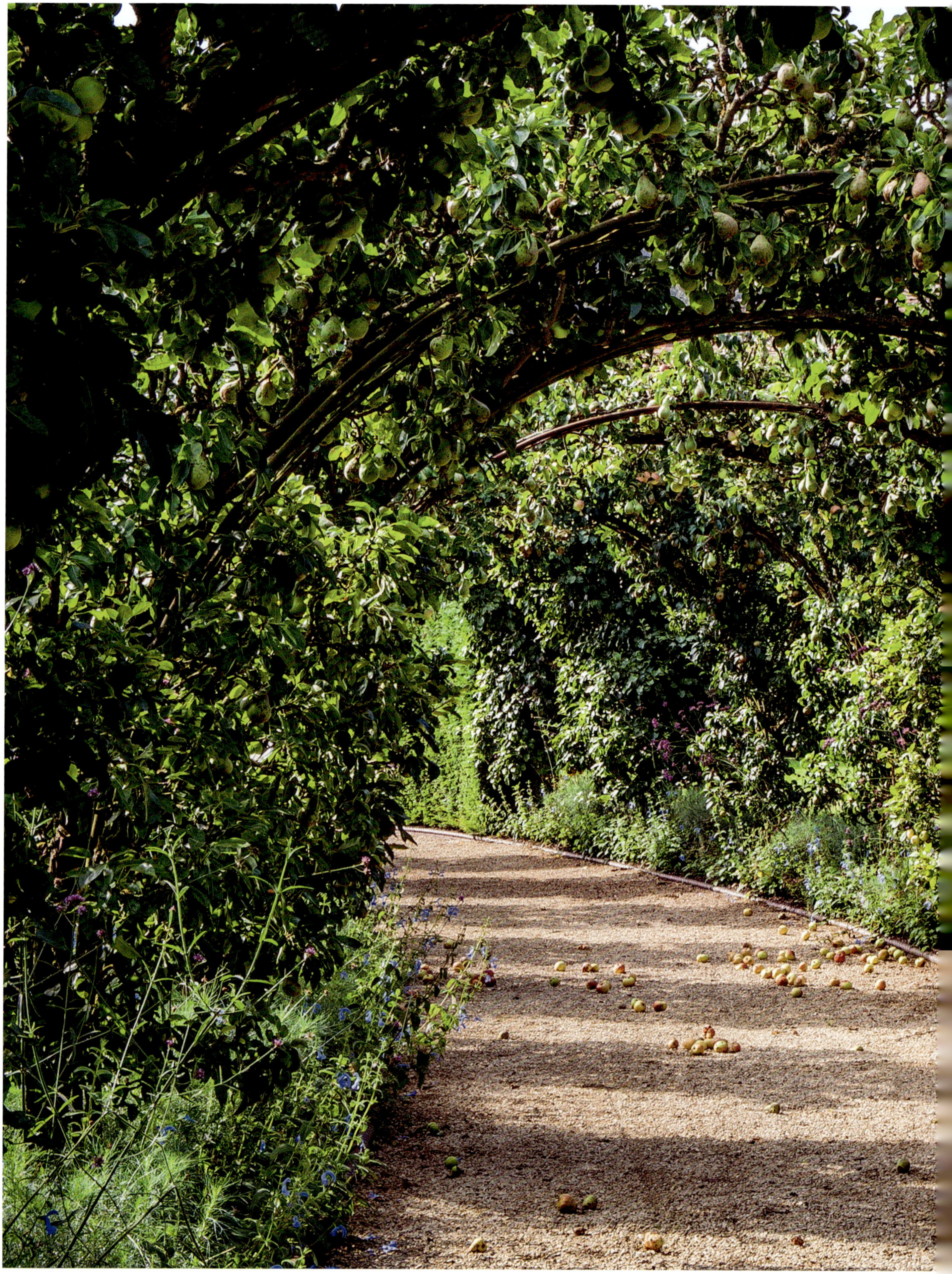

APPLE
COX'S ORANGE
PIPPIN

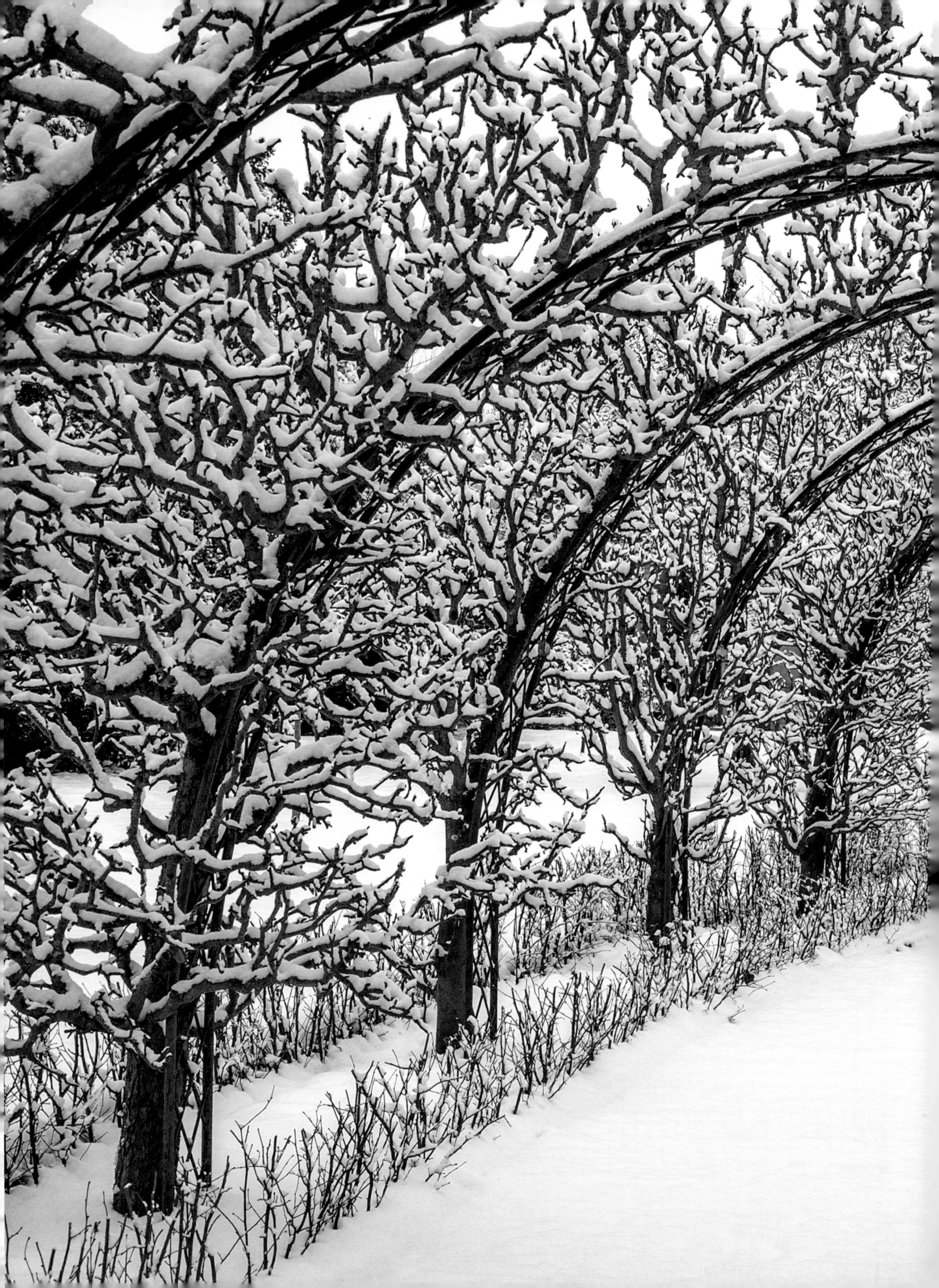

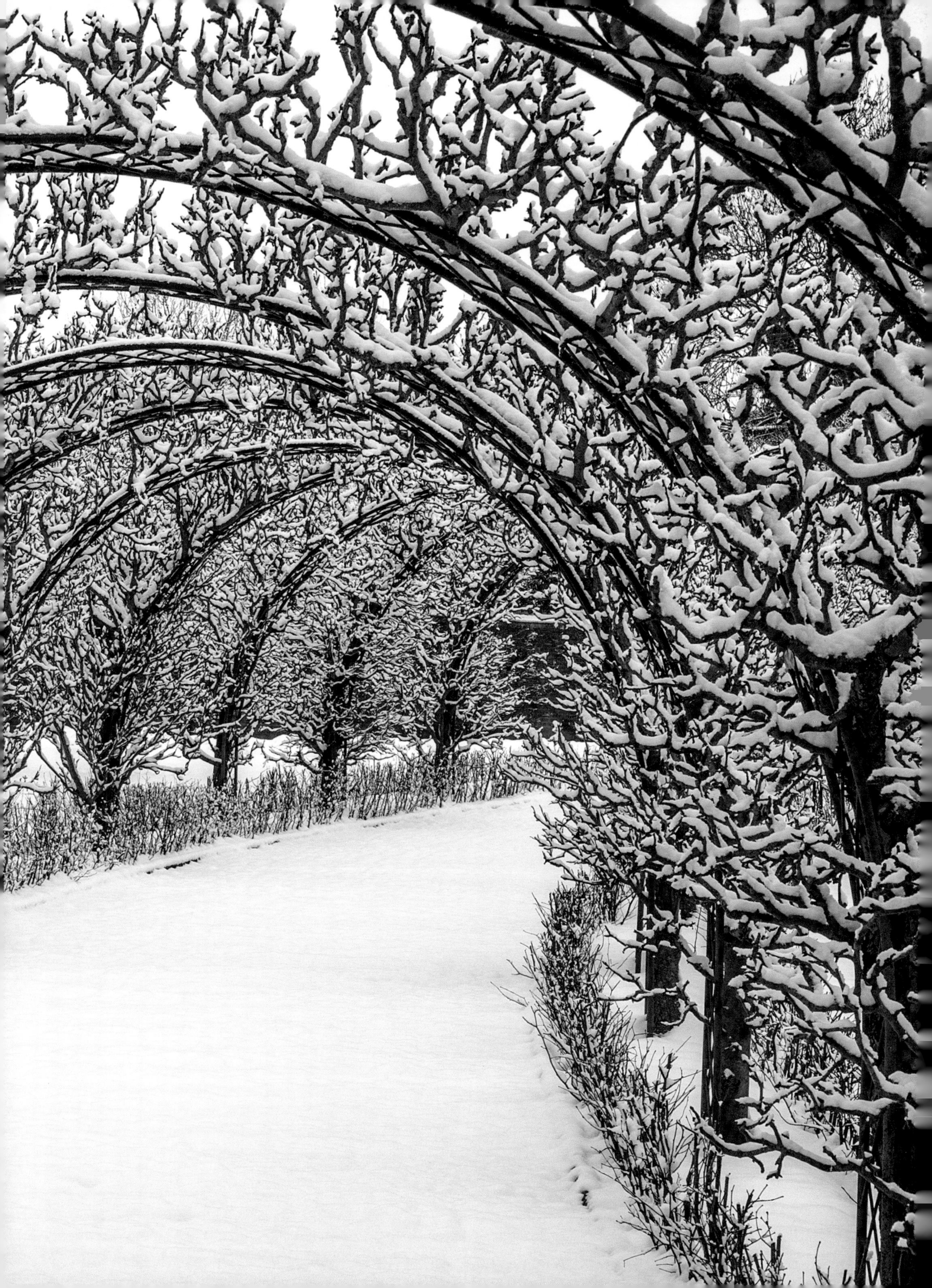

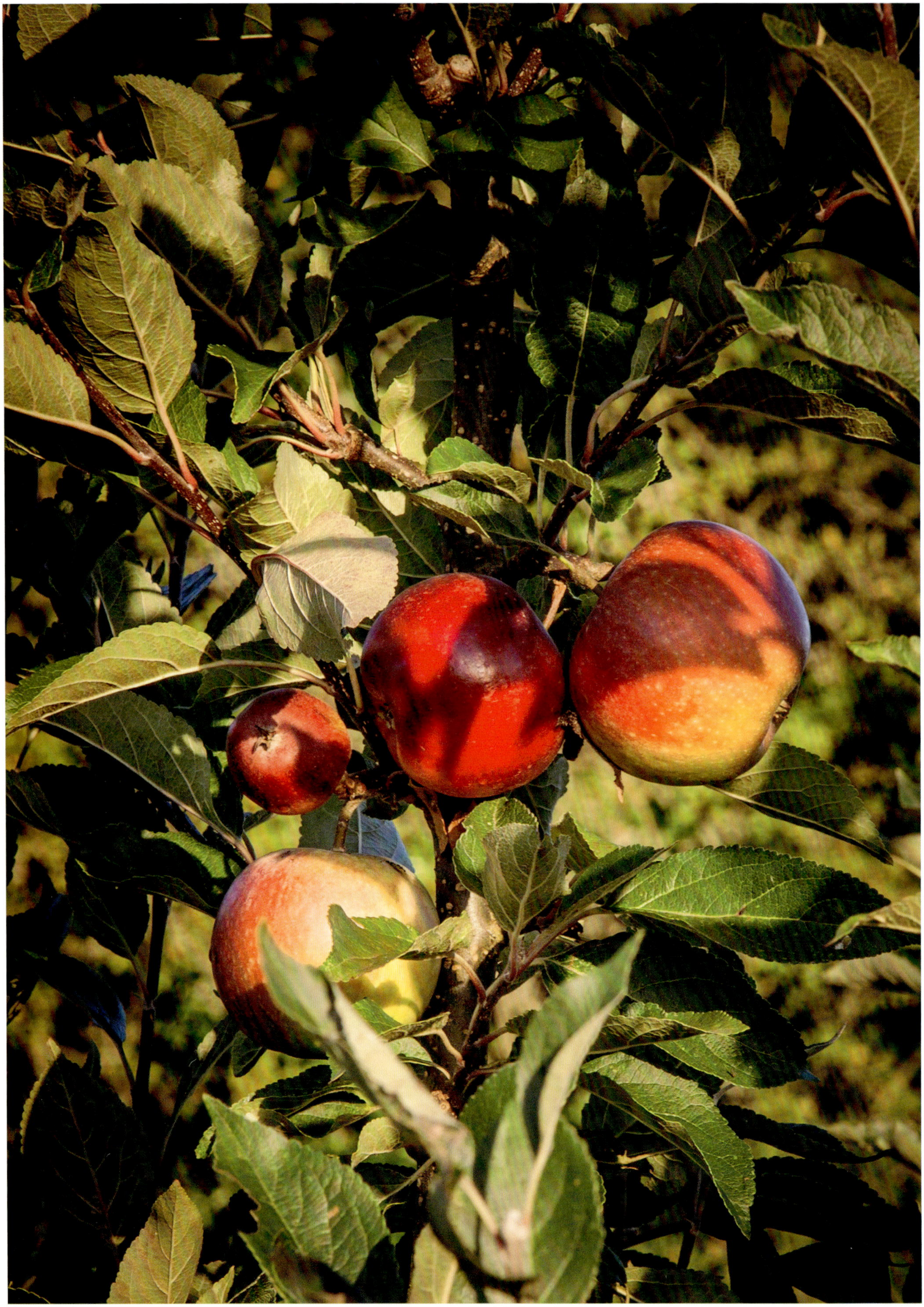

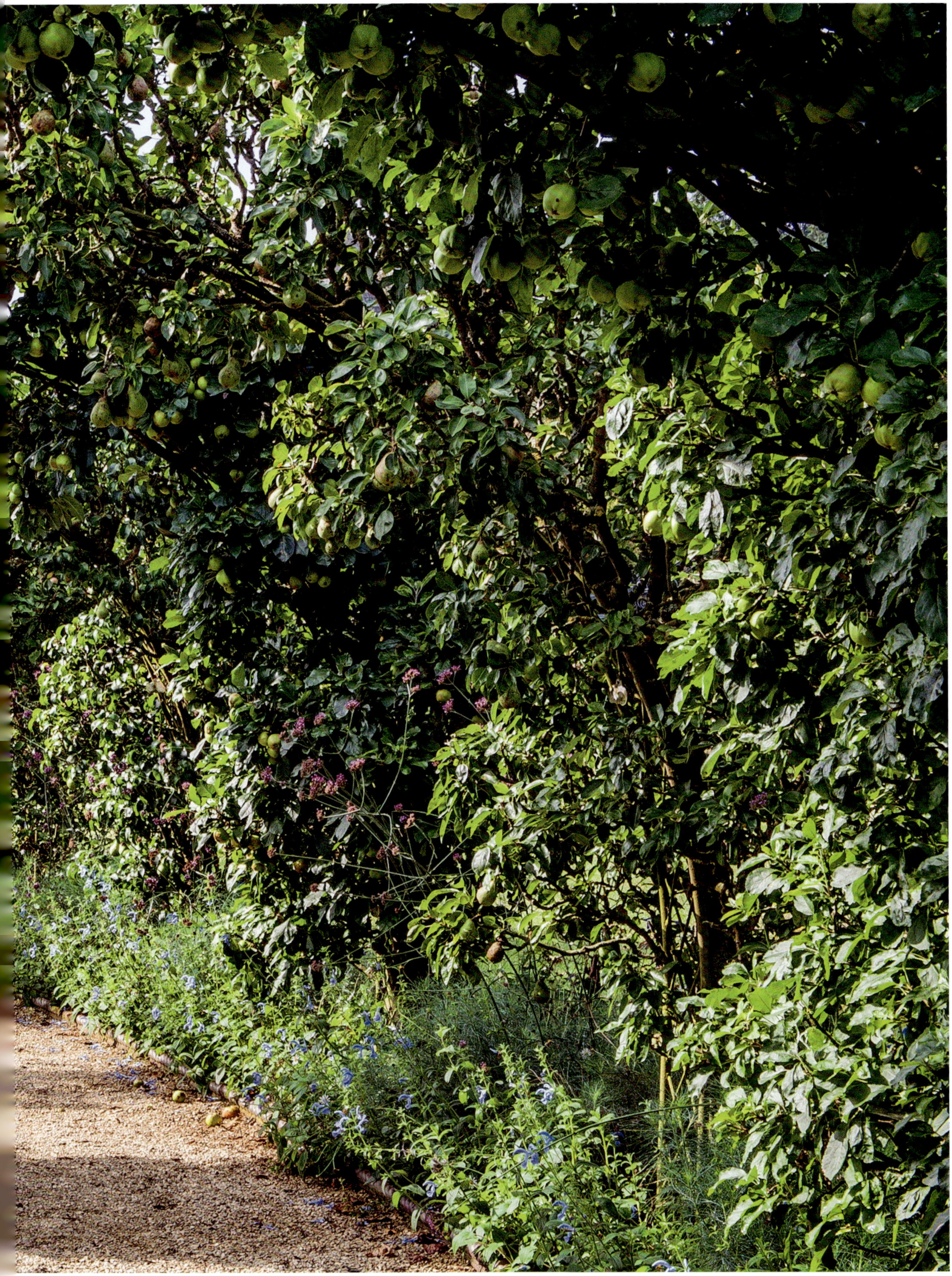

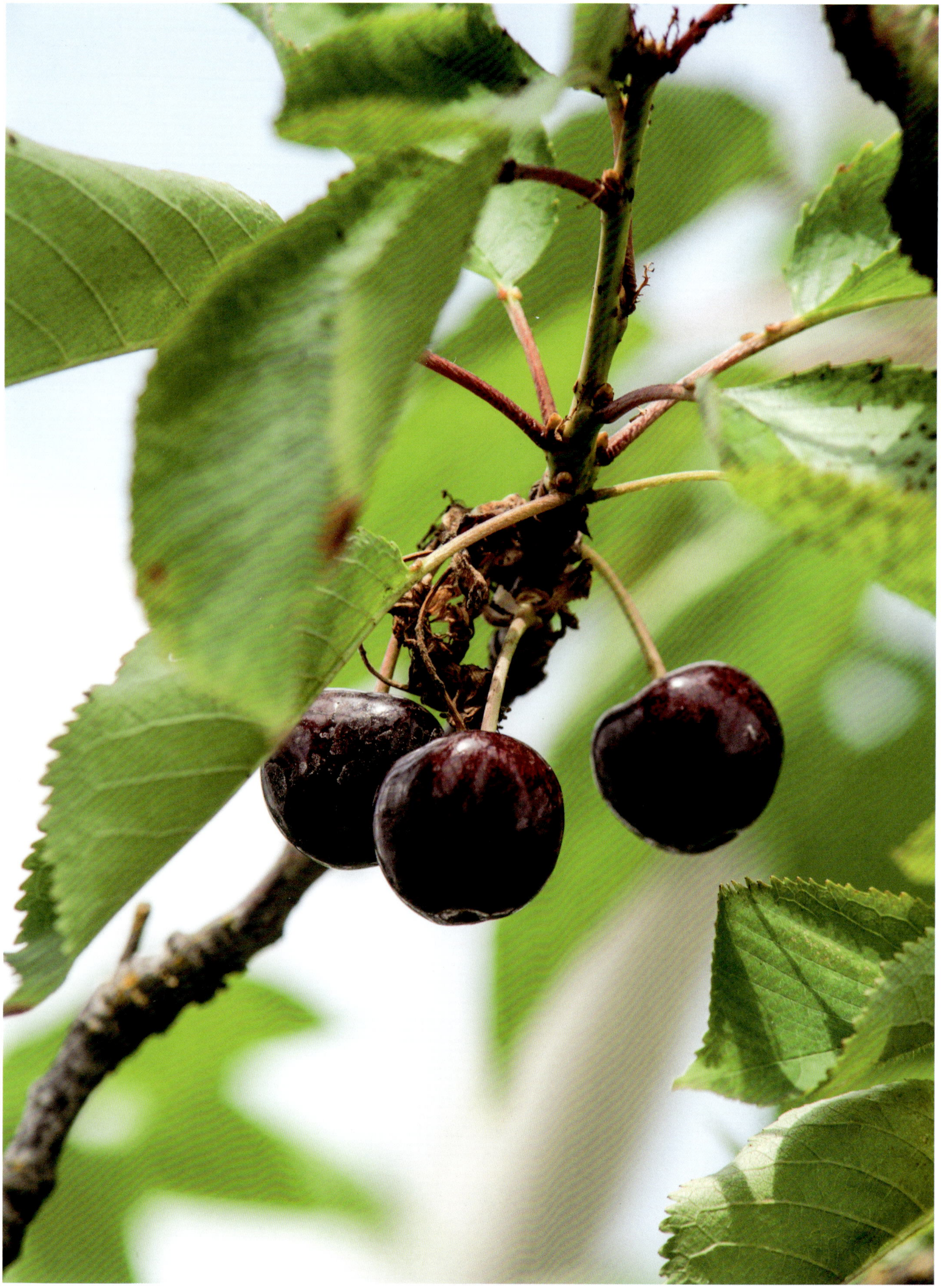

KIRSCHEN IN TÖPFEN

Die bemerkenswerteste Aufgabe im Garten, die ein Höchstmaß an Zuwendung erfordert, ist die Anzucht von Dessert-Kirschen in Töpfen im heute als Kirschenhaus bezeichneten Gewächshaus. Die achteckige Struktur, in der sie heranwachsen, war einstmals den Rosen gewidmet, aber als das Kirschenhaus des Herrensitzes in den 1950er Jahren einstürzte, wurden einige der Bäume, die dort wuchsen, in den Garten von Eythrope gebracht.

Als Sue den Garten übernahm, konnte sie auf einem reichen Erfahrungsschatz aufbauen, denn Jack Callingham, der damals am Ende seines Arbeitslebens als Obergärtner stand, lehrte sie, was er dereinst von Miss Alices Gärtner, Mr Johnson, gelernt hatte, der anfangs des 20. Jahrhunderts sein Lehrmeister war. Diese speziellen Informationen waren nie schriftlich fixiert, sondern vielmehr mündlich über Generationen von Gärtnern weitergegeben worden. Einige wenige Methoden wurden im Laufe der Zeit dem Stand der Technik angepasst, die Prinzipien aber sind seit den Tagen von Miss Alice die gleichen geblieben.

Vier verschiedene Sorten Kirschbäume ('Napoleon', 'Early Rivers', 'Hedelfinger Riesenkirsche' und 'Merton Glory') werden in 60 Zentimeter großen Tontöpfen gezogen und mit einem nährstoffhaltigen Substrat abgedeckt, das sich wie ein weiter Kragen um die Stämme legt. Dieses bewährte Verfahren wurde im 19. Jahrhundert bereits von dem Obstzüchter Thomas Rivers angewandt. Die Bäume stehen im Winter im Freien, kommen im Februar aber, wenn die alten Nährstoff-Auflagen abgenommen werden, in das Kirschenhaus. Dann nämlich werden aus der lehmhaltigen Erde von Maulwurfshügeln und strohhaltigem Mist, jeweils zu gleichen Teilen, neue Kragen geformt, die, der Rundung der Töpfe angepasst, als umlaufender Wulst abschließen. Die Wurzeln der Bäume streben nach und nach in diese Kragen (die sich wie eine Untertasse um den Rand des Topfes legen), sodass Wasser und Dünger sich wesentlich effizienter verabreichen lassen. Zuletzt wird als zusätzlicher Dünger Seetang und Vitax Q4 aufgebracht. (Früher wurden die Kirschen mit der Flüssigkeit, die aus einem Sack Schafskot tropfte, gedüngt, aber dieses Verfahren erwies sich als zu aufwendig, um längerfristig angewandt zu werden.)

Dieses Gewächshaus, an dessen Seiten rundum Pfirsiche und Nektarinen aufgeleitet sind, wird nicht beheizt; im März müssen nachts dann die Ausstellfenster geschlossen werden, um die Kirschbäume zu vorzeitiger Blütenbildung anzuregen. Sobald sich die Blüten formen, müssen sie bestäubt werden. Da aber um diese Zeit des Jahres nur ganz wenige Insekten zu sehen sind, erfolgt die Bestäubung künstlich. Die Fremdbestäubung zwischen den Sorten ist in diesem Stadium kritisch. Jeden Tag um 12 Uhr wird mit einem Kaninchenschwanz die Bestäubung vorgenommen (ebenso gut eignet sich ein Pinsel aus Eichhörnchenhaar). Nach der Bestäubung wird der Boden benebelt, um die entsprechend feuchte Atmosphäre für die Befruchtung zu schaffen.

Sobald im April der Fruchtansatz sichtbar ist, muss das Gewächshaus kühl gehalten werden, damit die Kerne durchhärten. Deshalb bleiben die Ausstellfenster bei warmen Temperaturen Tag und Nacht offen. Beim Wässern heißt es gewissenhaft vorzugehen. Wenn man die Töpfe gänzlich austrocknen lässt und dann plötzlich eine Menge Wasser verabreicht, spaltet sich die Frucht; zu viel Wasser hingegen ertränkt die Wurzeln. Von daher ist die Balance äußerst kritisch. Außerdem

GEGENÜBER
Reife Kirschen
'Early Rivers'.

Die alten Kragen an Bäumen für das Kirschenhaus.

Die alten Kragen werden vorsichtig entfernt.

Ausgelegte Säcke fangen den herabfallenden Mist auf.

Der Kragen wird aus Mist und Erde von Maulwurfshügeln geformt.

Der Kragen wird Schicht für Schicht aufgebaut.

Der Kragen versorgt mit Nährstoffen und erleichtert das Gießen.

Dreckspritzer werden mit einer feuchten Bürste abgeschrubbt.

Jeder Baum erhält ein Schildchen mit dem Sortennamen.

muss einmal wöchentlich kalkhaltiges Wasser, kein Regenwasser, verabreicht werden, denn dieses fördert die Bildung der Kirschkerne. Sobald die Kerne angelegt sind und die Frucht zu schwellen beginnt, wird jede Woche zusätzlich ein kaliumkarbonatreicher Flüssigdünger (Pottasche) gegeben. In diesem Zustand sollten die Kirschen bereits einen leichten Glanz zeigen. Wenn sie sich gelblich verfärben und bereits auszutrocknen beginnen, werden sie nie richtig ausreifen, sondern bald schon vom Baum fallen.

In derart großen Töpfen lässt sich nur schwer abschätzen, ob genügend gewässert wurde. Um zu prüfen, ob noch Wasser fehlt, klopft man am besten mit einem kleinen Hammer aus Buchsbaumholz gegen den Topf. Ein dumpfer Ton zeigt an, dass der Topf feucht genug ist, wenn der Ton allerdings hell wie eine Glocke klingt, wird es höchste Zeit zum Gießen.

An heißen Tagen muss das Gewächshaus dreimal täglich benebelt werden, was mit einem kurzen Abbrausen der Bäume mit dem Schlauch beginnt, solange die Sonne noch nicht darauf brennt. (Zum Glück kommt diese Maßnahme auch den Pfirsichen und Nektarinen zugute, die entlang der Ränder des Kirschenhauses wachsen.) Trockene Luft fördert das Aufkommen von Schädlingen – die Schwarze Bohnenlaus und die Rote Spinne können immer auftreten –, sodass Wachsamkeit vonnöten ist; wer immer an den Wochenenden Dienst hat, muss mit derselben Aufmerksamkeit dabei sein wie am Werktag. Die neuen Triebe der Kirschbäume müssen bis auf drei Knospen entspitzt (pinziert) werden, um einem Befall durch die Schwarze Bohnenlaus entgegenzuwirken, die sich gern über die Wachstumsspitzen hermacht. Wenn Bäume befallen sind, müssen die Früchte abgestreift werden, denn Spritzen ist absolut keine Option. Das Pinzieren der Wachstumsspitzen gewährleistet zugleich, dass die Bäume nicht zu groß werden.

Geerntet werden kann ab Ende Mai bis Mitte Juli. In einem guten Jahr (was gleichbedeutend ist mit einem kühlen Frühjahr, wie wir es nach dem kalten April im Jahre 2013 hatten) erbringt jeder Baum 3,5–4,5 Kilogramm Früchte, die auf Meißner Porzellan oder Silberplatten den Tisch schmücken. Wie es Miss Alice in bester Manier einst vorlebte, werden Körbe mit Kirschen an Freunde gesandt, insbesondere an Besucher aus dem Ausland.

Sobald die Saison Mitte Juli vorüber ist, bleiben die Bäume für den Rest des Jahres bis im Februar des darauffolgenden Jahres in ihren Töpfen im Freien; dann beginnt die ganze Prozedur von Neuem. Allerdings müssen die Gehölze im Spätsommer geschnitten werden, damit man sie weiterhin in Töpfen halten kann: wieder wird jeder Trieb auf drei bis vier Augen zurückgenommen.

Gegenüber
Im Kirschenhaus blühen die Kirschbäume; die Türen stehen zur Belüftung offen.

Seiten 86/87
'Napoleon'-Kirschen reifen an den Bäumen.

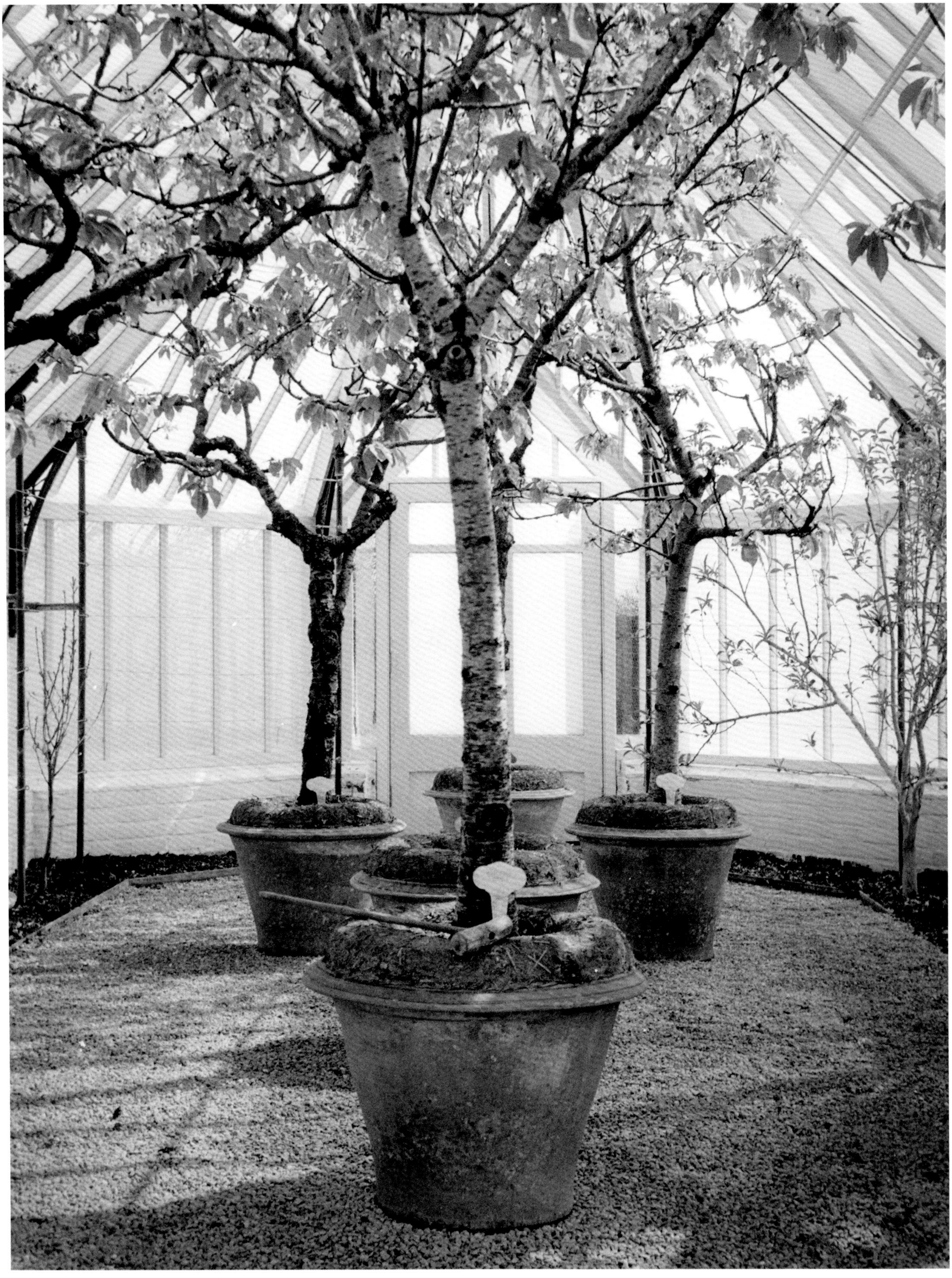

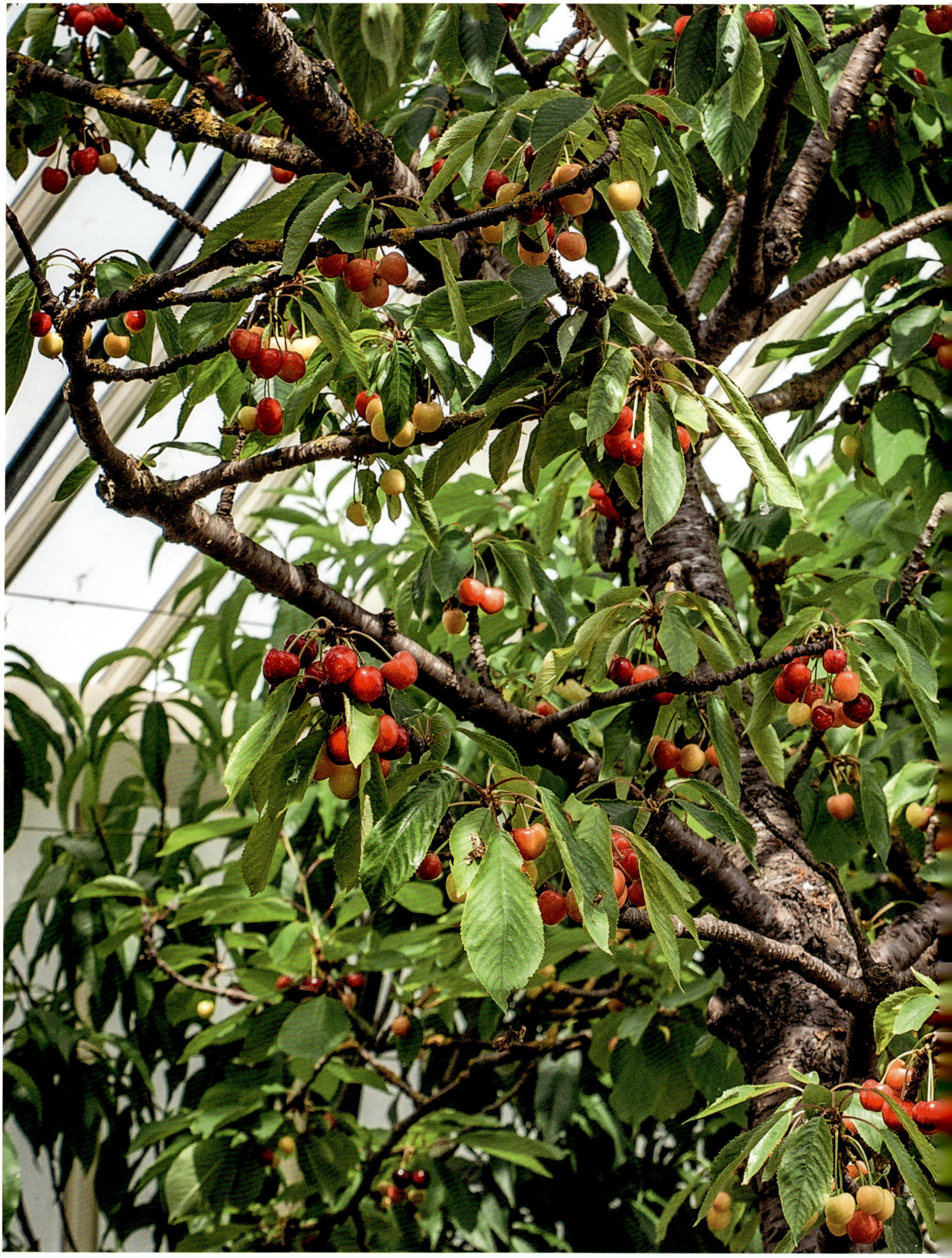

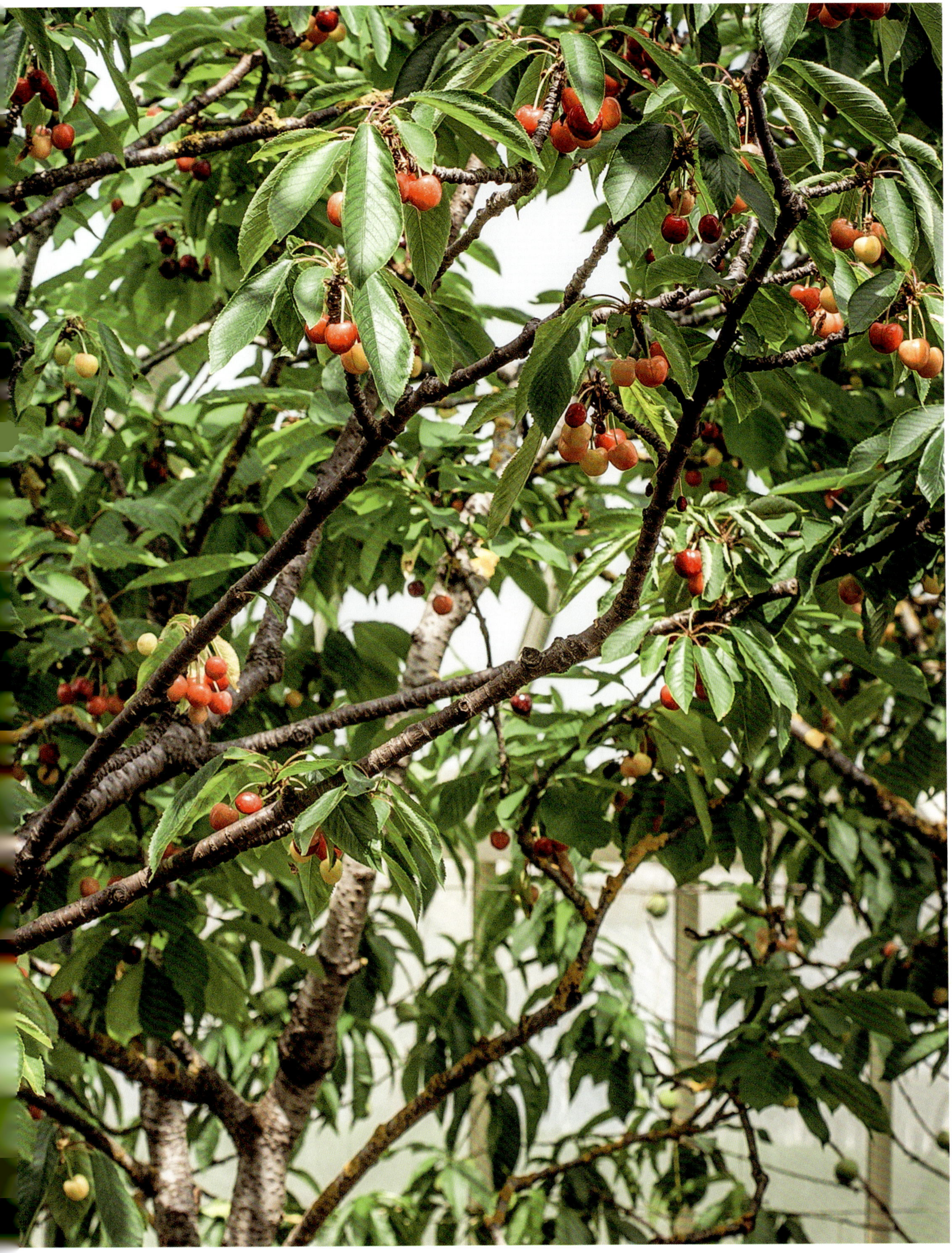

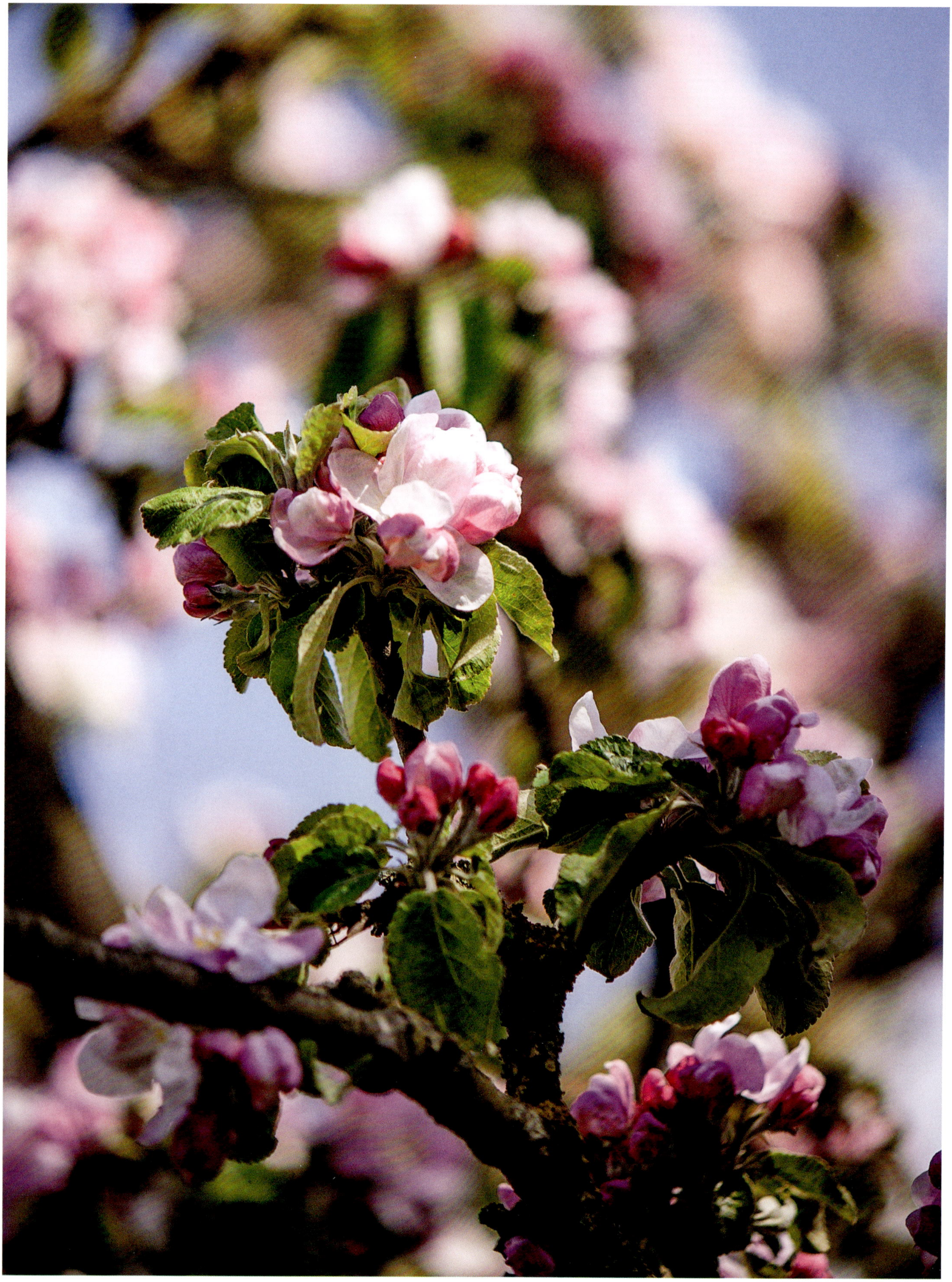

ÄPFEL UND BIRNEN

Als im Jahre 1883 der erste *National Apple Congress* in Chiswick stattfand – damals Sitz der *Royal Horticultural Society* –, war an der wachsenden Bedeutung, die der Apfel für die viktorianischen Gärtner hatte, nicht mehr zu zweifeln. Über 1000 Sorten wurden ausgestellt, von denen viele auf die Züchtungsergebnisse der Obergärtner großer Landsitze zurückgingen.

Zu dieser Zeit wurde bereits ein Tafelapfel kultiviert, der über sechs Monate genießbar war. Der Appetit der Briten und ihr gemäßigtes Klima waren dem Apfel von jeher wohl gesonnen. In den ersten Jahren des 20. Jahrhunderts schrieb der Züchter und Apfel-Spezialist Edward Bunyard: »Keine Frucht entspricht mehr dem Geschmack der Engländer als der Apfel. Mag der Franzose seine Birne behalten, der Italiener seine Feige, der Jamaikaner seine mehlige Banane und der Malaysier seine Durian-Frucht – der Apfel aber gehört uns.«

Apfelbäume, die als Spalierobst die Wege der Nutzgärten säumten oder an den Mauern als Fächer erzogen wurden, waren ein Charakteristikum des *Paradise*-Gartens von Waddesdon. Als Mrs James nach Eythrope umsiedelte, war der Obstgarten weiterhin ihr ganzer Stolz, und das Vermächtnis ihrer Apfelgehölze lebt noch heute an manchen der Mauern fort. Die als Fächer erzogene Sorte 'Holstein', ein 'Cox Orange' aus den frühen Jahren des 20. Jahrhunderts, und 'Discovery' (eine wesentlich neuere, 1948 eingeführte Sorte) wurden beide von Jack Callingham, Obergärtner zu Lebzeiten von Mrs James und Vater von Paul, der heute für den Gemüsegarten sorgt, gepflanzt.

Der Birnen-Tunnel verfügt gegenwärtig abwechselnd über Reihen mit Kordon- oder Säulen-Apfelbäumen sowie Birnbäumen – Sorten, die aus einem Spektrum ausgewählt wurden, das Miss Alice mit Sicherheit vertraut war. Sie wurden aber auch um ihrer Blüten willen ausgewählt. 'Irish Peach' ist ein sehr früher Tafelapfel, der 1820 eingeführt wurde. Wie der moderne frühe Apfel 'Discovery' lässt er sich nicht lagern, aber genau wie 'Discovery' besitzt er herrliche Blüten. 'Brownlee's Russet', ein weiterer viktorianischer Apfel, der an den Bögen des Laubengangs wächst, hat Blüten in einem leuchtenden Pinkton. Für kleine Gärten sind Apfelbäume, in welcher Form auch immer, eine gute Empfehlung, nicht nur um der Früchte, sondern auch um der Schönheit ihrer Blüten willen.

Der Obstgarten enthält mehrere alte Sorten, die aber als Halbstammbäume, nicht als Hochstämme gezogen werden, vor allem, weil das Ernten und Schneiden von Halbstammbäumen wesentlich einfacher ist. Viele der Äpfel im Obstgarten, insbesondere die altmodischen Typen wie 'Lord Derby' und 'Newton Wonder', werden zu Kompott verarbeitet. Aber 'Newton Wonder' ist auch ein guter Tafelapfel, der lagerfähig ist. Ein kaum bekannter 1920 gezüchteter Tafelapfel ist 'Chivers Delight', der ursprünglich wegen des ergiebigen Fruchtfleischs als Zugabe in Marmeladen gezüchtet wurde, hat sich aber auch als köstlicher Tafelapfel erwiesen. 'Orleans Reinette' ist ein weiterer beliebter Tafelapfel. Die Früchte werden für den Verzehr in Lattenkisten im kühlen Schuppen gelagert und halten sich somit den ganzen Winter über. Früher war auch Apfelsaft ausgesprochen beliebt. Die Tafelapfel-Saison beginnt im August mit 'Discovery' und 'Irish Peach' und endet im April mit 'Tydeman's Late Orange'. Auch die Birnen wurden um ihrer historischen Bedeutung und der wunderschönen Blüten willen ausgewählt. Die französische

GEGENÜBER
Blüte des 'Brownlee's Russet'-Apfels.

Die Obstbäume werden mit einer Säge an einem Stiel geschnitten.

Die Birnen an den Laubenbögen werden gestutzt.

Die Spitzen der Apfelbäume werden gestutzt.

Schneidwerkzeug, gebrauchsfertig in einem Korb gerichtet.

Apfelbäume benötigen Raum zwischen ihren Zweigen.

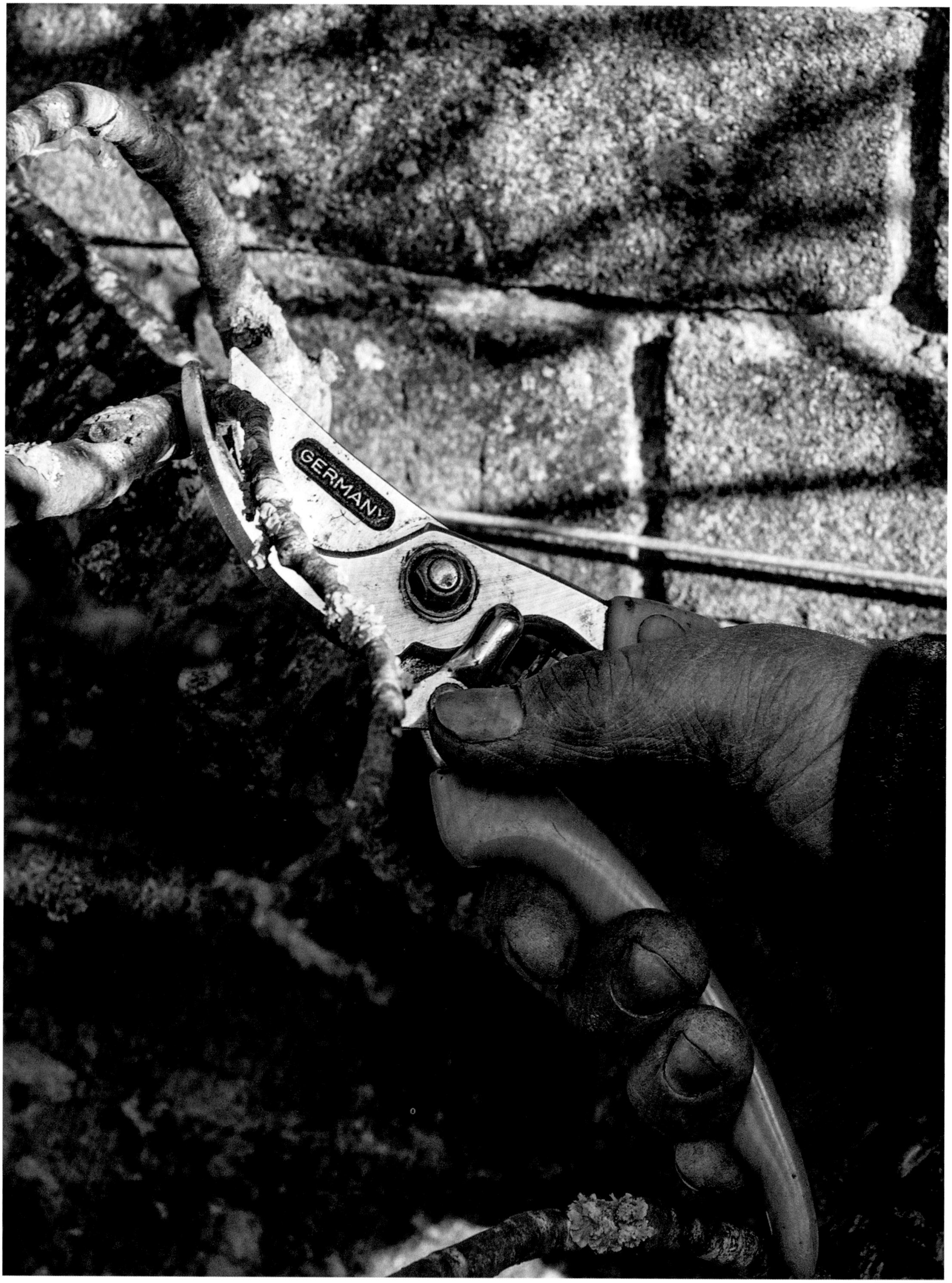
GERMANY

Birne 'Catillac', die ebenfalls am Laubengang gezogen wird, wurde bereits am Hof von Ludwig XIV. verzehrt. Sie besitzt die größte Blüte unter den Birnen sowie die größten Früchte. Eine einzelne Birne kann schon einmal fast 1 Kilogramm schwer sein. Allerdings eignet sie sich eher für Kompott als zum frisch Essen. (Selbst wenn man sie direkt vom Baum essen wollte, hätte es zu Miss Alices Lebzeiten als unschicklich gegolten, etwas so Großes zu verzehren, wo schließlich schon das Teilen einer Frucht mit einem Tischnachbarn nicht toleriert wurde, zumal die bevorzugten Äpfel und Birnen extrem klein zu sein hatten.)

Andere, schon von den Viktorianern an den eisernen Bögen gezogene Birnen sind 'Williams Bon Chrétien', eine Sorte aus dem 19. Jahrhundert, und 'Doyenné du Comice', eine Einführung aus Frankreich aus der Mitte des 19. Jahrhunderts, sowie die vielseitig verwendbare 'Conference', die bereits um 1880 in Umlauf war. 'Beth' und 'Concorde' sind modernere Varietäten. Sue empfiehlt für Gärten, die nur für einen Birnbaum Platz haben, die Sorte 'Concorde', eine Tafelbirne aus der Kreuzung 'Comice' und 'Conference', weil sie selbstbestäubend ist und nie Schorf entwickelt.

Raumsparende Erziehungsformen wie Fächer, Spalierbaumreihen oder Kordons über Laubenbögen können hochwertigere Früchte liefern als Solitäre. An einer Mauer gezogene Tafeläpfel oder Birnen profitieren von dem verfügbaren Licht und der Wärme. Durch das Zurücknehmen der Blattmasse kommen die gesamten Energie-Ressourcen des Busches der Produktion der Früchte zugute, sodass das Aroma intensiver ist und die Früchte meist größer ausfallen. (Allerdings eignen sich im Spitzenbereich der Zweige fruchtende Apfelbäume nicht zur Erziehung als Spalierbäume.) Nachdem durch den anfänglichen Erziehungsschnitt im Winter die Form vorgegeben ist, werden die als Fächer und Kordon erzogenen Früchte im August, wenn das Wachstum nachlässt, geschnitten. Sämtliche Seitentriebe, die von den Hauptzweigen ausgehen, werden auf 7,5 Zentimeter Länge eingekürzt, und alle, die nachwachsen, im September ein zweites Mal zurückgeschnitten. Der »Juni-Abwurf« entspricht dem natürlichen Verhalten der Apfelbäume, ihre eigenen Früchte auszulichten, wobei an Mauern gezogenes Obst weniger dem Wind ausgesetzt ist. Wenn die Früchte schwer sind, müssen sie von Hand ausgeglichtet werden, denn nur so wird man im Herbst qualitativ hochwertige Früchte ernten können und auf verbesserte Ertragschancen im darauf folgenden Jahr hoffen dürfen. Die ergiebigen Apfel- und Birnenerträge in Eythrope beweisen, dass auf diese Weise nicht nur köstliche Früchte erzeugt werden, sondern auch Gartenelemente entstehen, die sehr dekorativ wirken.

GEGENÜBER
Die Werkzeuge müssen für einen sauberen Schnitt gut geschärft sein.

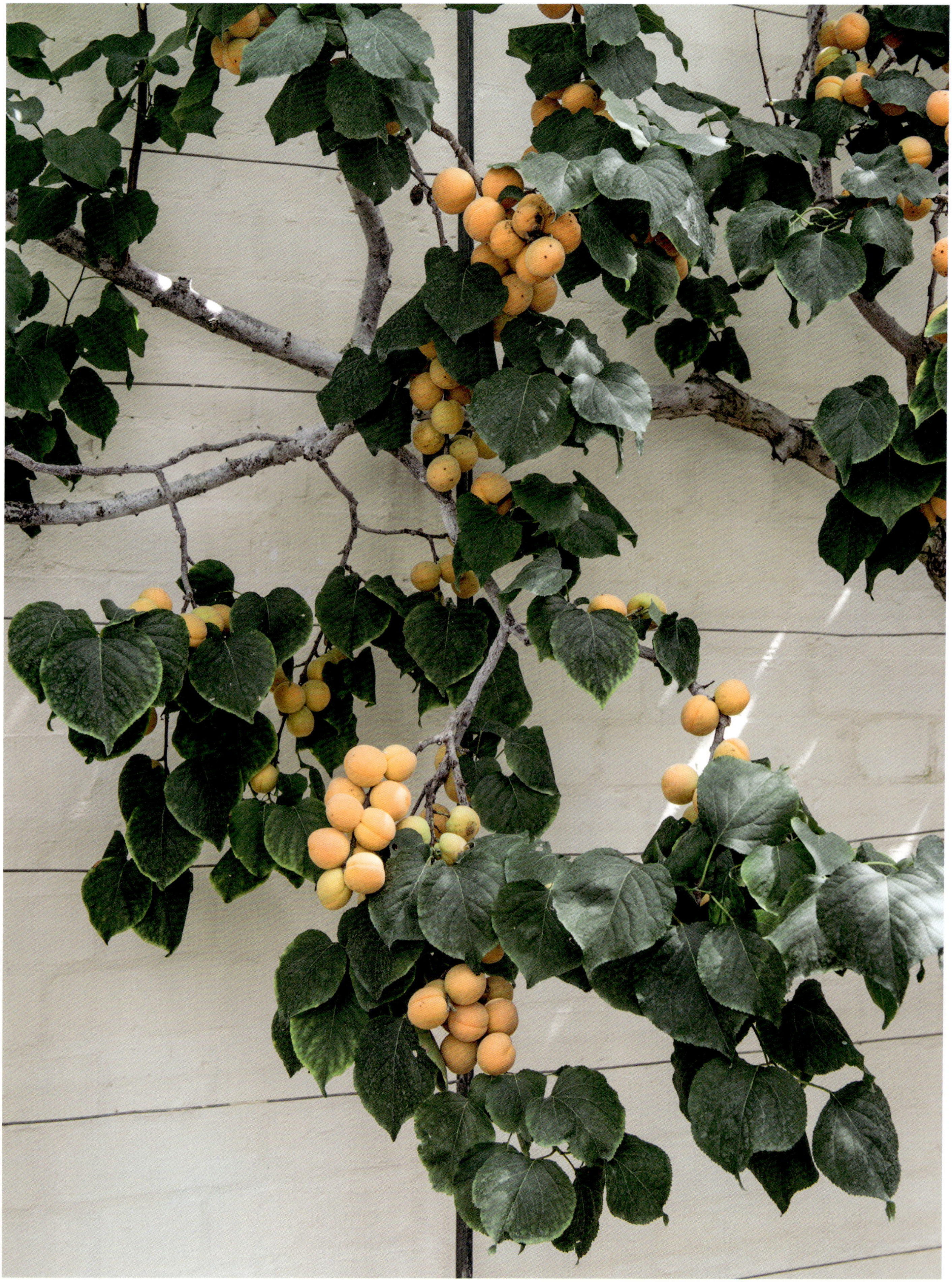

APRIKOSEN

Aprikosen, Pfirsiche und Nektarinen machen eine Menge Arbeit. Sie lassen sich im Freien an einer warmen Mauer ziehen; in Eythrope aber werden sie, zu Fächern erzogen, in unbeheizten Gewächshäusern kultiviert. Alle liefern sie Obst am Holz des Vorjahres, sodass sie im Winter sorgfältig geschnitten und eingebunden werden müssen. Diese Vorkehrungen sollten abgeschlossen sein, bevor sich früh schon im neuen Jahr die Knospen entwickeln. Aprikosen stellen zusätzliche Ansprüche, weil sie auch an Kurztrieben des älteren Holzes fruchten. Deshalb müssen sie zunächst bis auf drei Blätter und dann ein zweites Mal etwa drei Wochen später bis auf ein Blatt zurückgenommen werden. In Eythrope werden die Aprikosen nach dem Kurztrieb-System geschnitten (dabei bleiben die Haupttriebe stehen und die Seitentriebe oder äußeren Verzweigungen werden entspitzt). All dies gelingt am besten mit Finger und Daumen. Das Zurücknehmen der Gerüstäste erfolgt üblicherweise im August, und das Einbinden der neuen Triebe, die die Fächerform bilden, im Laufe der Wachstumsphase – Maßnahmen, die in Eythrope aber alle im Winter getätigt werden, von dem Auslichten der Triebe im Sommer einmal abgesehen.

Aprikosen sind wuchsfreudig. Sie benötigen eine Mauer, die mindestens 2,5 Meter hoch ist, wobei sie an die 4,5 Meter Breite einnehmen. 'Moor Park' und 'New Large Early' sind beides alte Sorten, und in einem guten Sommer kann jeder Baum bis zu 55 Kilogramm Früchte tragen. Viele Obstbauern lichten ihre Früchte aus, was in Eythrope aber nicht gemacht wird, denn einige Früchte fallen immer von selbst ab.

Die Blüte wird jeden Mittag mit einem über einem Stock fixierten Kaninchenschwanz von Hand bestäubt. Wenn die Luft trocken ist, müssen die Bäume besprüht werden; die Wurzeln dürfen nie austrocknen. (Miss Alice wusste um den Wert von kalkhaltigem Wasser für Pflaumen, auch dass sämtliches Steinobst auf kalkhaltigem Boden besser gedeiht.) Allerdings kann zu starkes Wässern gleichermaßen Schaden anrichten. Aprikosen sind auf großzügige Belüftung angewiesen und lassen sich nicht gern vortreiben. Schildläuse können Probleme bereiten, sodass ein Besprühen mit einer milden Seifenlauge oder einem auf Pyrethrum basierenden Insektizid erforderlich sein kann. Die Früchte sind in der Regel im August erntereif und können als Kompott für den Winter eingefroren werden.

GEGENÜBER
Die Aprikose 'Moor Park'.

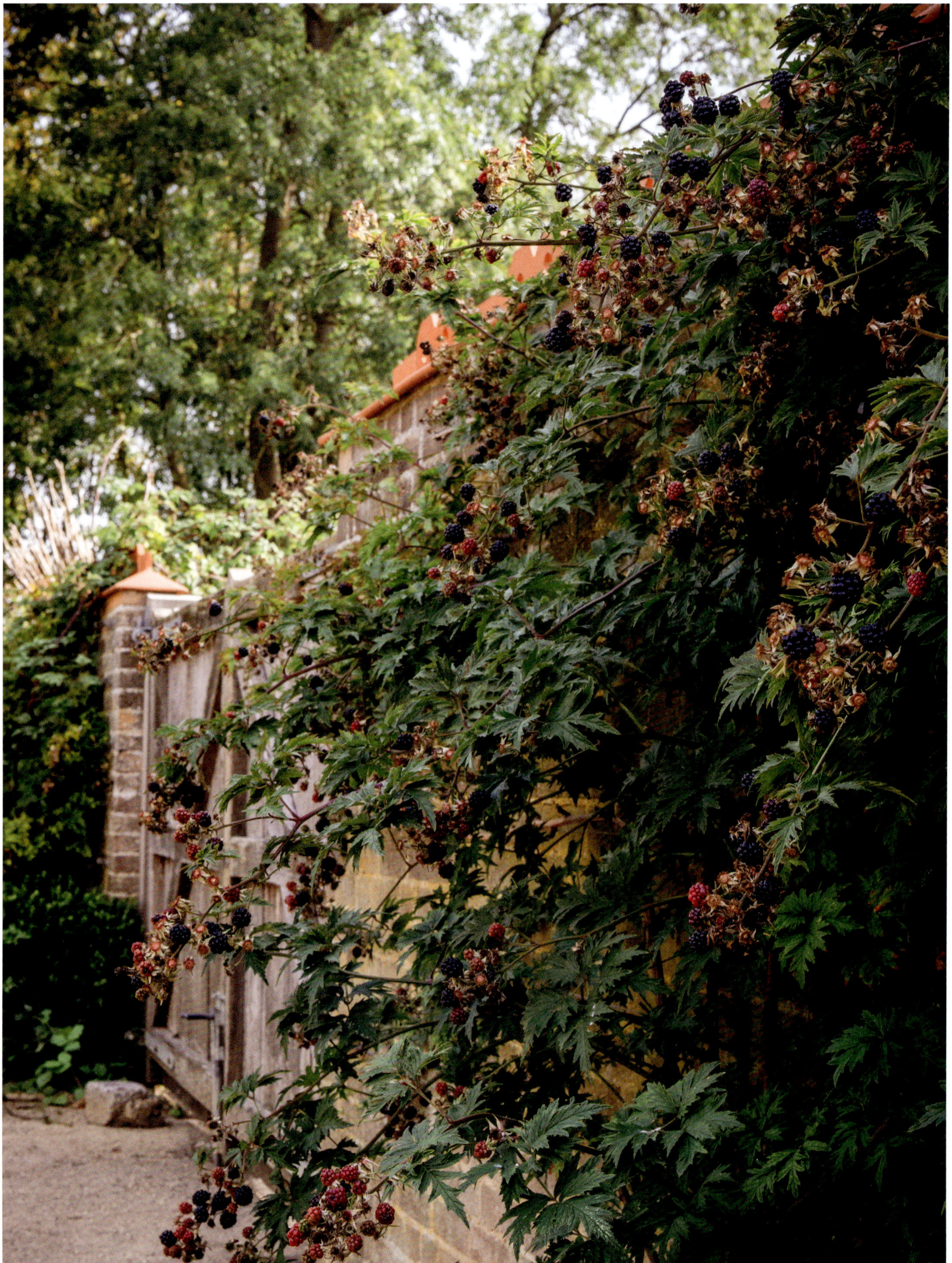

BROMBEEREN

Zucht-Brombeeren sind etwas gänzlich anderes als das dornenbesetzte Dickicht, das man von den Heckenrainen kennt. Es mag unsinnig erscheinen, dass man einer Pflanze, die in der Natur überall wild wächst und nach Belieben gepflückt werden kann, im Garten überhaupt Platz einräumt, aber der Unterschied zwischen den verbesserten Varietäten und den sich selbst überlassenen ist riesig. Die Zuchtformen erbringen größere Beeren, die schmackhafter und saftiger sind und weniger Samen enthalten; außerdem sind die Erträge üppiger. Ein aufgeleiteter Busch der dornenlosen Oregon-Brombeere (*Rubus fruticosus* 'Oregon Thornless'), die in Eythrope gezogen wird, liefert bis zu 10 Kilogramm Beeren im Jahr. Wenn die Büsche alle zwei Wochen großzügig gewässert werden, sobald die Beeren rot zu werden beginnen, fallen die Früchte sogar noch größer aus. In der Regel breiten sich Zucht-Brombeeren über 3 Meter aus und benötigen somit viel Raum. Vorausgesetzt, man hat ein Rahmengerüst aus Drähten, die sich im Abstand von etwa 30 Zentimetern über die Mauer spannen, lassen sich die Triebe in unzähligen dekorativen Strukturen ausrichten. Zu Beginn des Sommers wirken die Brombeerbüsche an den Mauern von Eythrope optisch so ansehnlich, dass man meinen könnte, sie dienten ausschließlich als Zierde. Die zunehmend länger werdenden Sommertriebe müssen jedoch eingebunden und aufgrund ihres ungestümen Wachstums regelmäßig eingedämmt werden. Während die Früchte an den neuen Trieben des Sommers heranreifen, schießen auch die Triebe, die im darauffolgenden Jahr Früchte tragen. Diese lassen sich als Bündel zusammenfassen, um der diesjährigen Ernte optimale Reifungschancen zu bieten. Sobald die Früchte gepflückt sind, empfiehlt es sich, die alten Triebe herauszunehmen, damit die neuen aufgeleitet und entsprechend ausgerichtet werden können. Obwohl Brombeeren an zweijährigen Trieben fruchten, wird die Ernte nie so üppig ausfallen wie die Erträge an den neueren Trieben.

GEGENÜBER
Die Brombeerbüsche der Sorte 'Oregon Thornless' im ummauerten Garten zeigen zu Beginn des Sommers ein Bild präziser Erziehung und Ausrichtung, das sich angesichts der ungestümen Wuchsfreude aber rasch wandelt, bis sie schließlich Früchte tragen.

Schnitt der dornenlosen 'Oregon'-Brombeeren.

Brombeeren sind wuchsfreudig.

Kräftige Haupttriebe werden von Zeit zu Zeit eingebunden.

Das endgültige Anordnen und Ausrichten erfolgt mit größter Präzision.

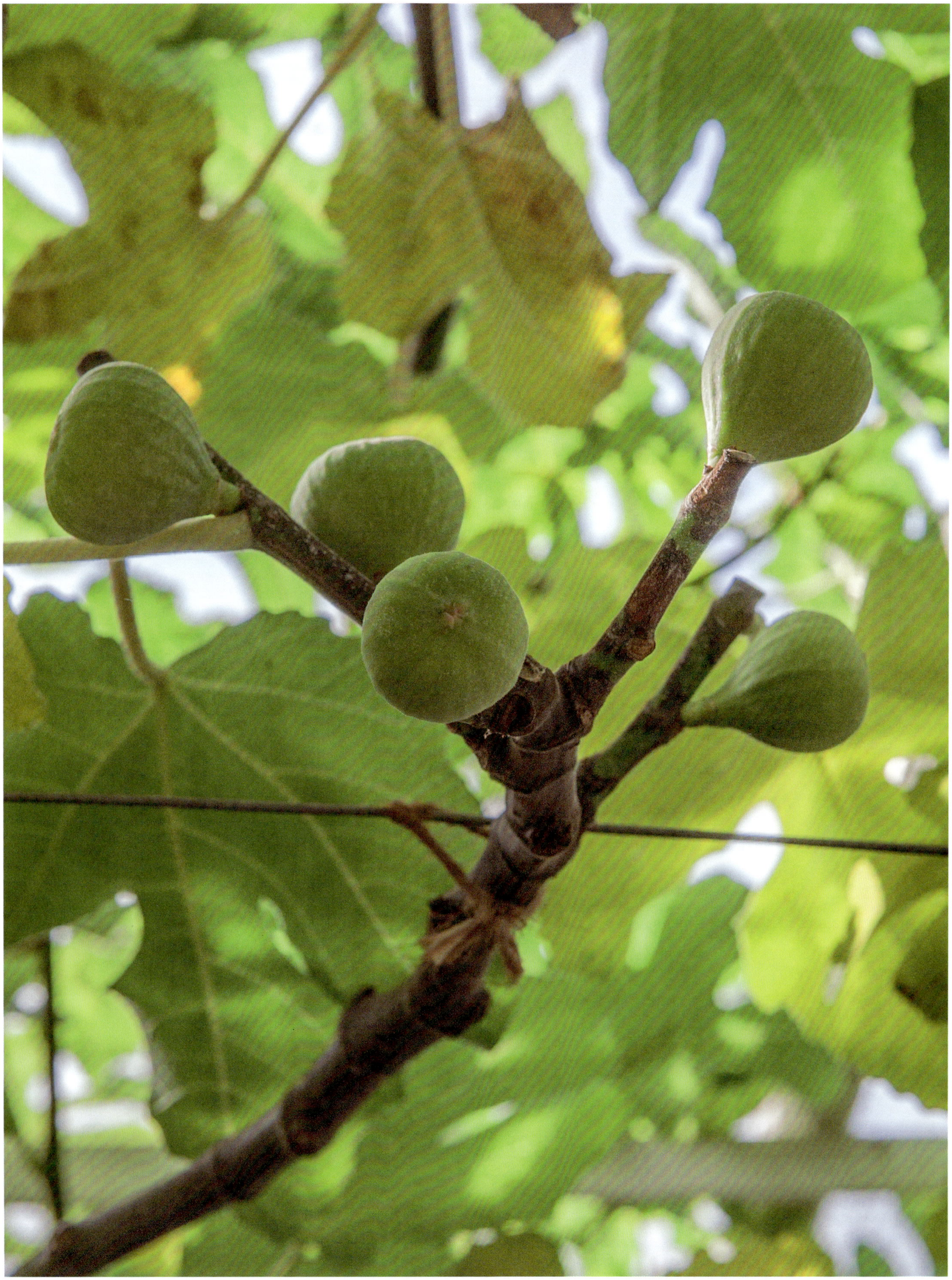

FEIGEN UND WEIN

Die Feigen am Ende des Weintraubenhauses in Eythrope sind Schösslinge von der Feige, die Miss Alice einst aus Grasse mitgebracht hatte. Stecklinge der französischen Frucht wurden nach Waddesdon gebracht und dort kultiviert; als Mrs James dann in den *Pavilion* zog, wurde eine Reihe Stecklinge in das Gewächshaus-Beet in Eythrope gepflanzt. Diese vieltriebige namenlose Feige wird nicht, wie die meisten Feigen, aus einem einzelnen Stamm gezogen; stattdessen werden die Schösslinge als Fächer erzogen und an Drähten unter dem Dach aufgebunden, sodass sie den Anschein eines einzelnen Baumes erwecken. Das Gewächshaus ist unbeheizt, aber in England benötigen sämtliche Feigen etwas Frostschutz, um im darauffolgenden Sommer üppig zu tragen.

Damit Feigen gut fruchten, müssen sie zurückgenommen werden, denn sie tendieren zu übermäßig starkem Wachstum. Das Einkürzen ihrer Wurzeln kann den Wuchs einschränken helfen; traditionell werden Feigen an eine Mauer in möglichst nährstoffarmen, steinigen Boden gepflanzt. In Eythrope wachsen sie in einem Beet, dem keinerlei Dünger zugesetzt wurde. Das Schneiden der Zweige erfolgt gleichermaßen rigoros, so als wollte man die gesamte Energie des Baums in die Produktion der einjährigen Kurztriebe lenken, die an den Spitzen im darauffolgenden Sommer Früchte tragen. Die Triebe müssen reifen, bevor es Winter wird, wenn sie stark genug sein sollen, um die Feigen zu tragen. Deshalb ist es wichtig, Blätter und Schosse abzunehmen, die den Einfall von Licht behindern.

Mit dem Ausputzen der Triebe beginnt man am besten, bevor der Saft steigt. Alles, was die austreibenden Schosse bedrängen könnte, muss herausgenommen und eingebunden werden. Im Freien setzt der Wachstumsschub etwas später ein. Unter Glas ist der Prozess vor Weihnachten abgeschlossen. Einige Früchte entwickeln sich in den Blattachseln; weil sie im Freien im selben Jahr aber nie ausreifen und sich den Winter über auch nicht halten, müssen sie entfernt werden. Diejenigen, die an den Spitzen der fußlangen, im vorhergehenden Sommer gebildeten Schosse stehen, gehören zu den ertragreichsten Trieben, und dies sowohl im Gewächshaus als auch im Freiland. In Eythrope werden die neuen Schosse im Mai/Juni auf Zweidrittel ihrer Länge zurückgeschnitten – in der Regel bis auf vier Knospen – und dann eingebunden. Alles, was später austreibt, wird auf zwei Knospen zurückgeschnitten. Feigen, die im Freien gezogen werden, müssen im August bis zum fünften Blatt gestutzt und jegliche kleinen Feigen, die sich im Bereich der Basis des Triebes bilden, entfernt werden, damit sich die winzigen Früchte im Bereich der Spitzen entwickeln, überwintern lassen und im darauffolgenden Jahr ausreifen können. Unter Glas darf man sich auf zwei Ernten freuen. Die überwinterten Früchte, die angesichts der Temperaturen im Freien nicht überleben würden, können im August verzehrt werden, die kleineren, an den Spitzen stehenden dann im September. Feigen wollen in der Wachstumsphase feucht gehalten werden, und der bittere Geruch ihrer Blätter, den man im geschlossenen Feigenhaus wahrnimmt, ist exotisch. Ende August sind die Früchte schließlich bereit zum Pflücken, bleiben aber immer noch am Baum, um auszureifen, bis sie schon leicht aufzuplatzen beginnen.

Weintrauben waren eine weitere Spezialität von Miss Alice. Als sie noch lebte,

GEGENÜBER
Ein Trieb von Miss Alices Feige aus dem französischen Grasse.

wurden sie bis an Weihnachten aufgehoben; dann nämlich erteilte sie Anweisungen, an welche Freunde und Angehörige die Trauben gesandt werden sollten. »Vereinbaren Sie mit Sims, drei Trauben mit seinem Truthahn an Miss Phipps zu senden; senden Sie eine Traube an Mrs Adcock nach Brighton; senden Sie vier Trauben an Mrs Watkin und eine an Miss Wadham in Streatham« – so weit ihre Order an Obergärtner Johnson im Jahre 1905.

Im Garten des 21. Jahrhunderts findet sich eine 'Schiava Grossa' von Hampton Court, eine 'Muscat of Alexandria' aus Chatsworth und eine weitere Muskatellertraube, die, wie ihr Name schon sagt, aus Waddesdon kam. Die Obergärtner dieser Anwesen widmeten der Kultur makelloser Früchte jegliche Zeit und Zuwendung. Das Weintraubenhaus in Eythrope ist, verglichen mit dem in Waddesdon, kaum beheizt, was die Früchte leider aber weitaus anfälliger für Mehltau macht. Deshalb heißt es gewissenhaft zu lüften und die Fenster den ganzen Winter über offen zu halten, damit die Augen im Januar/Februar die Samenruhe einhalten, solange noch Frostgefahr besteht. Ende Februar wird das Gewächshaus dann auf eine Temperatur von 10 °C gebracht, um das Wachstum der Triebe anzuregen.

Sobald das neue Wachstum eingesetzt hat, werden die Schosse auf zwei Augen pro Kurztrieb zurückgenommen und im Abstand von etwa 30 Zentimetern an den Drähten darüber aufgebunden. Wenn die Reben zu blühen beginnen, darf die Temperatur steigen, aber Belüftung ist nach wie vor wichtig, selbst nachts. Die Bestäubung erfolgt, indem man die Blüten um die Mittagszeit betupft und mit beiden Händen an den Blütentrauben entlangstreicht. Sobald sich die Trauben bilden, müssen sämtliche kümmernden Exemplare entfernt werden. Im Idealfall lässt man an jeder Rute Trauben im Abstand von 30 Zentimetern stehen. Wenn die Trauben zu schwellen beginnen, müssen sie mit der Schere ausgelichtet werden. Dies ist Fummelarbeit, die gute Augen erfordert, denn sämtliche samenlosen Beeren müssen entfernt werden. Als Faustregel gilt: 'Schiava Grossa' verliert in diesem Stadium zwei Beeren von dreien. Die Muskatellertrauben sind kniffliger beim Ansetzen von Früchten und werden deshalb auch weniger ausgelichtet. Jegliches Auslichten der Trauben muss aber abgeschlossen sein, bevor die Beeren zu ihrer vollen Größe angeschwollen sind, weil es sonst nicht mehr praktizierbar ist. Solange die Frucht heranreift, muss das Haus feucht gehalten werden, insbesondere an sonnigen Tagen; jegliche neu sprießenden Triebe an den fruchtenden Ruten müssen entfernt werden, weil sie ansonsten zu viel Platz beanspruchen.

In einem unbeheizten Haus können die Trauben bis im Oktober hängen bleiben. Wenn die Temperatur unter 10 °C absinkt, können sie abgenommen werden; dann kann das Haus mit reichlich Belüftung abkühlen, auf dass die Blätter abfallen und die Keimruhe der Reben einsetzt. Sobald die Blätter vor Weihnachten alle unten sind, werden sämtliche Seitentriebe auf zwei Augen zurückgeschnitten (alle kleineren Verzweigungen werden vollständig entfernt); die Ruten werden mit den Spitzen auf Bodenhöhe gebogen. Im Januar werden die oberen 5 Zentimeter des Bodens im Beet abgenommen, damit die Weinreben mit einer Schicht John Innes no 2 abgedeckt werden können. Der vordere Bereich der Rabatte wird leicht aufgerecht, dann wird Laubmoder, Vitax Q4 und Seetang-Mehl hinzugefügt und das Beet gewässert.

Das Abschaben der Rinde beginnt nach Weihnachten und muss Ende Januar abgeschlossen sein. Es ist eine zeitraubende Arbeit, dennoch aber die beste Möglichkeit, den Schildläusen zu Leibe zu rücken. Die silberne Rinde wird mit einem Messer entfernt, allerdings darf die grüne Schicht darunter nicht verletzt werden.

GEGENÜBER
An den Dachstreben gezogene Weintrauben, darunter Pelargonien.

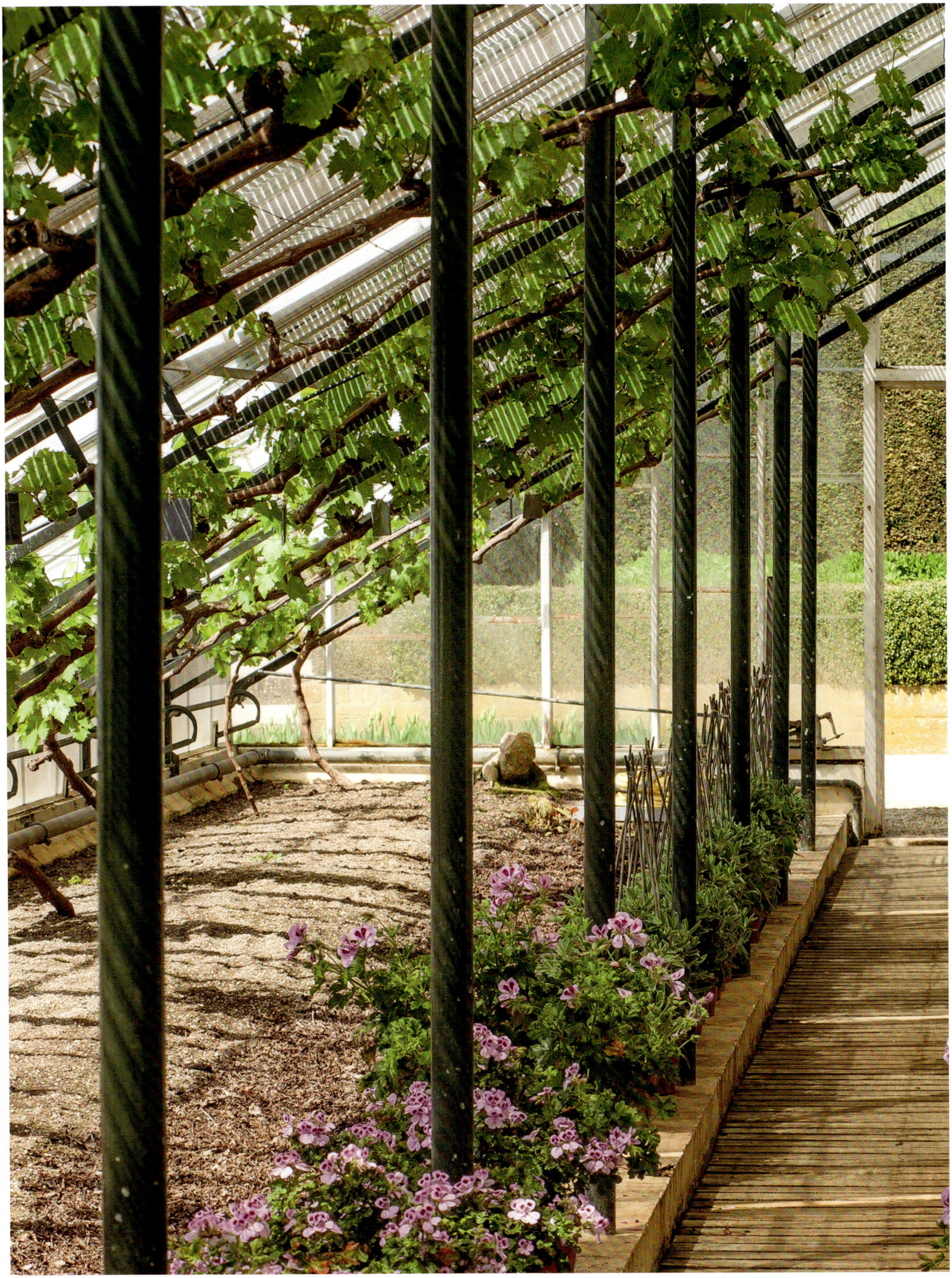

Als Werkzeug zum Aufleiten benötigt man Schere und Schnur.

Auch die Optik zählt: die Knoten werden sauber abgeschnitten.

Die Feigen werden unter dem Dach aufgeleitet.

Die Zweige stehen dicht beieinander.

Die Frucht ist reif, sobald sie aufzuplatzen beginnt.

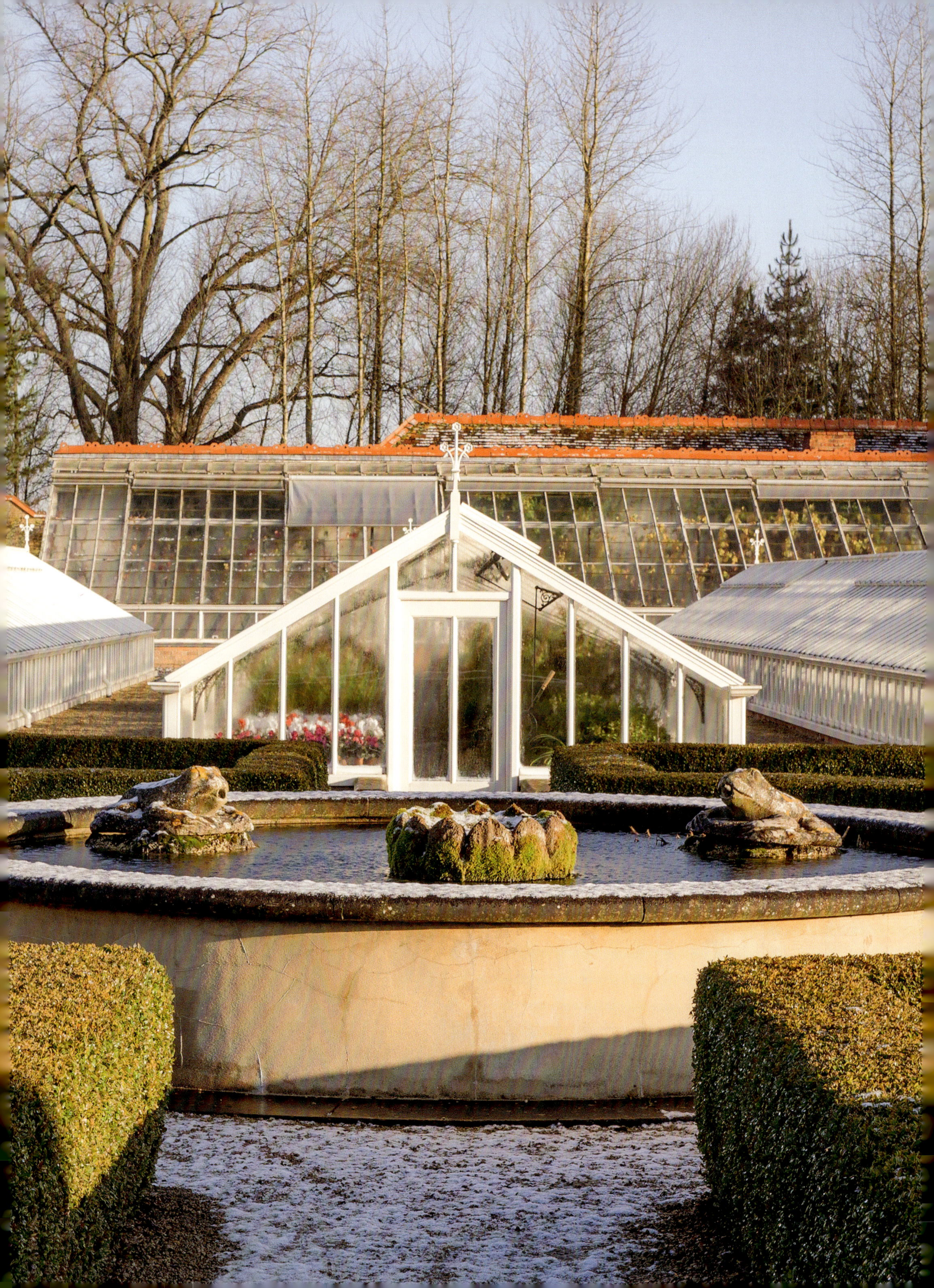

GEWÄCHSHÄUSER

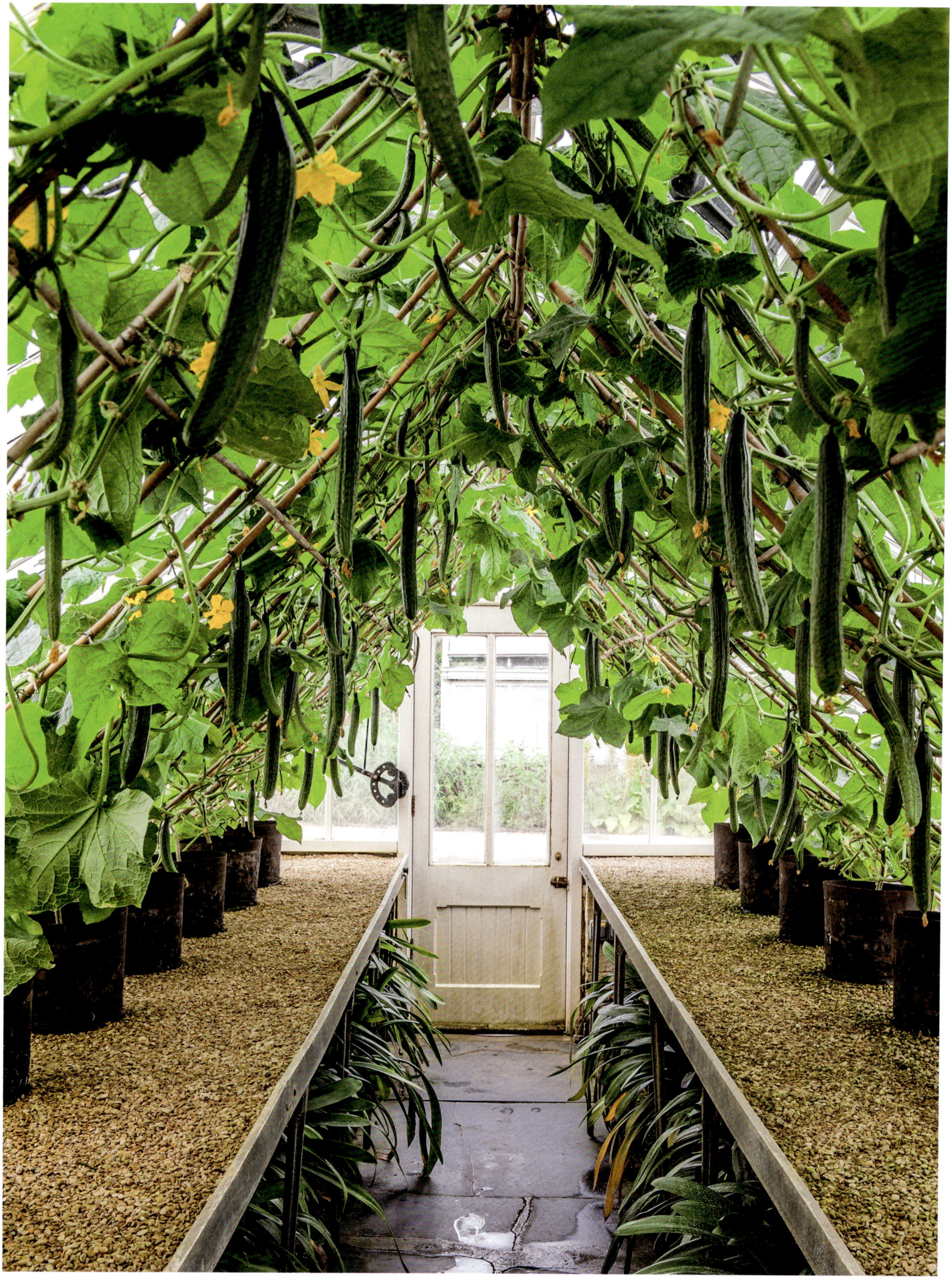

KULTUREN UNTER GLAS

Bevor die Glassteuer 1845 abgeschafft wurde, konnten es sich lediglich die wohlsituierten Herrenhäuser leisten, Obst und exotische Pflanzen im Gewächshaus zu ziehen. Erst als Glashäuser auch für Landsitze mit bescheidenerem Budget erschwinglich wurden, verdoppelten, ja, verdreifachten die Gutsbesitzer ihre Glasflächen, und Eythrope machte da keine Ausnahme. Ein Artikel über den *Pavilion* im Magazin *Bucks Herald* aus dem Jahr 1890 beschrieb »drei über ein weit gespanntes Sprossenwerk verfügende Bauwerke, jedes 100 Fuß lang und 18 Fuß breit, errichtet von Messrs Halliday aus Manchester und wunderbar ausgerüstet für die Kultivierung von Pflanzen«. Diese Glashäuser sind im Garten zwar nicht mehr erhalten, aber die fünf anderen großen überglasten Häuser, 28 Meter lang und 4,5 Meter breit, die eigens der Vermehrung dienen, standen noch, als im Jahr 1990 der jetzige Lord Rothschild das Anwesen übernahm. Diese sockeltief in der Erde verankerten Häuser mit Fußböden und Bänken aus edlem Schiefer waren in so beklagenswertem Zustand, dass sie einer gründlichen Sanierung bedurften – eine der vordringlichsten Aufgaben, die im Garten zu schultern waren. Die maroden Häuser wurden mit neuen Holzsprossen ausgebessert und weiß gestrichen, aber als sich die Kosten für das erneute Streichen und die Konservierung des Holzes nach drei Jahren als untragbar hoch erwiesen, wurde beschlossen, das Sprossengerüst durch modernes Aluminium zu ersetzen. Die Firma Alitex lieferte die den Holzrahmen entsprechenden Alu-Profile, verwertete sämtliche Kurbeln und Beschläge und bewahrte die Schieferböden, sodass heute nur das geschulte Auge zu unterscheiden vermag, was nun alt oder was modern ist. Außerdem erfordern sie nur ein Minimum an Wartung. Die mit einer Ölheizung ausgestatteten Häuser besitzen zwei bis drei Klimazonen und bieten mehreren Kulturen pro Jahr Raum. Hier erfolgt die gesamte Vermehrung der Beetpflanzen und diverser Gemüsearten. Wer verfügt heutzutage denn noch über die Möglichkeit, sämtliches »Material«, das im Garten für die spektakuläre Beetbepflanzung vonnöten ist, angefangen bei den Schnittblumen über die Topfpflanzen als Schmuck für das Haus bis zu Gemüse und Obst, selbst anzuziehen? Ein Glücksfall! Im Herbst sind zwei Gärtner sechs Wochen lang mit der Stecklingsvermehrung für die Bepflanzung der Beete mit Sommerblumen befasst. Nach Weihnachten werden weitere Beetpflanzen und Schnittblumen aus Samen gezogen. Jahr für Jahr werden die Verfahren zur Anzucht von Pflanzen aus Saatgut oder Stecklingen, neueren Erfahrungen gemäß, weiterentwickelt.

Es gibt ein eigens für Tomaten und Gurken vorgesehenes Haus und ein weiteres für Pelargonien, die in Beetgestaltungen integriert werden oder die für die vielfältigsten Dekorationswünsche der diversen Familiensitze der Rothschilds gefragt sind. Das Geranienhaus war offenbar bereits 1890 ein Charakteristikum, als die efeublättrige Form 'Souvenir de Charles Turner' die Bewunderung eines Autors des Magazins *Bucks Herald* erregte. Für die Beetbepflanzung vor dem *Pavilion* werden alljährlich 300 der im viktorianischen Garten beliebten Pelargonien-Sorten 'Paul Crampel' und 'Crystal Palace Gem' gezogen; hinzu kommen 700 Exemplare von 'Lady Ilchester' sowie 'Lady Plymouth' für das Parterre. Zu Miss Alices

Seite 106
Der Zugang zu den Gewächshäusern mit dem Wasserbecken im Vordergrund.

Gegenüber
Gurken werden an Rahmengerüsten im Giebel des Gewächshauses gezogen.

Lebzeiten wurden in Eythrope noch zahlreiche Orchideen kultiviert, heute allerdings nicht mehr. Aber die Malmaison-Nelken, die ihr so lieb waren, werden hier nach wie vor unter Glas kultiviert. Im späten 19. Jahrhundert waren es immerhin noch 1000 an der Zahl, und selbst heute ist diesen reichlich Zuwendung und Pflege erfordernden Blumen noch ein halbes Haus gewidmet.

Außer den fünf sockeltief in der Erde verankerten Gewächshäusern wurden ein Weintrauben- und ein Feigenhaus, das Kirschenhaus und ein kleineres Gewächshaus, das inzwischen den Aurikeln gewidmet ist, restauriert. Bedauerlicherweise wurde das Pfirsichhaus an der Südmauer 2012 abgerissen, aber Pfirsiche und Nektarinen werden noch immer im Kirschenhaus kultiviert.

In viktorianischen Gärten war das Gewächshaus, so die Nutzgarten-Expertin Susan Campbell, allein das Reich des Obergärtners und vielleicht noch seines zweiten Mannes; nicht daran zu denken, dass die im Freiland tätigen Arbeiter je einen Fuß über die Schwelle dieser hochheiligen Glashaustempel gesetzt hätten. Heute ist jeder Einzelne des Eythrope-Teams für eines der Häuser verantwortlich, und an den Wochenenden teilen sie sich das Gießen, Belüften und Sprühen – alles Maßnahmen, die in den Sommermonaten dreimal täglich in jedem Haus anfallen, um die Schädlingsgefahr zu reduzieren. Die überbordende Wuchsfreude der gesunden Pflanzen und die immer wieder anderen Gerüche, durch die man von einem zum anderen der verglasten Räume wandelt – die der Duft-Pelargonien, der reifen Tomaten, der Vanilleblumen *(Heliotropium)* oder der großblättrigen Basilikumpflanzen –, ist nahezu berauschend.

Nicht das kleinste Fleckchen Platz bleibt ungenutzt. Unter den Stellagen werden in Töpfen Clivien und Farne gezogen, und im Sommer liegen die Zwiebeln in einer der freien Zonen zum Trocknen aus. Die Kulturen in jedem der fünf Gewächshäuser werden im Mai ausgewechselt, nachdem die Heizung Ende April abgeschaltet wurde. Nur der mittlere Abschnitt des Vermehrungshauses (Nummer 1) wird ganzjährig auf einer konstanten Temperatur von 15 °C gehalten. Im Oktober findet ein weiterer Wechsel statt, wenn die Heizung für den Winter wieder eingeschaltet wird. Im April werden die Scheiben mit Schattierfarbe gestrichen, die Ende September dann wieder entfernt wird.

Gegenüber
In einem Gewächshaus, das im Sommer leer steht, sind Zwiebeln zum Trocknen ausgelegt.

Seiten 112 & 113
Eric Ravilious, *Das Gewächshaus: Cyclamen und Tomaten*, Aquarell, 1935. Die Gruppierung der Tomaten, die in Eythrope gezogen werden, ist von diesem Gemälde inspiriert.

Seiten 114/119
Tomaten in Töpfen mit Stäben als Stütze.

Seite 115
Beefsteak-Tomaten werden in der Küche als Füllung geschätzt.

Seiten 116/117
Akkurat erzogen, bieten sie im Sommer nicht nur ein Fest für das Auge, sondern auch für den Gaumen.

Seite 118
Pepperoni 'Nardello'.

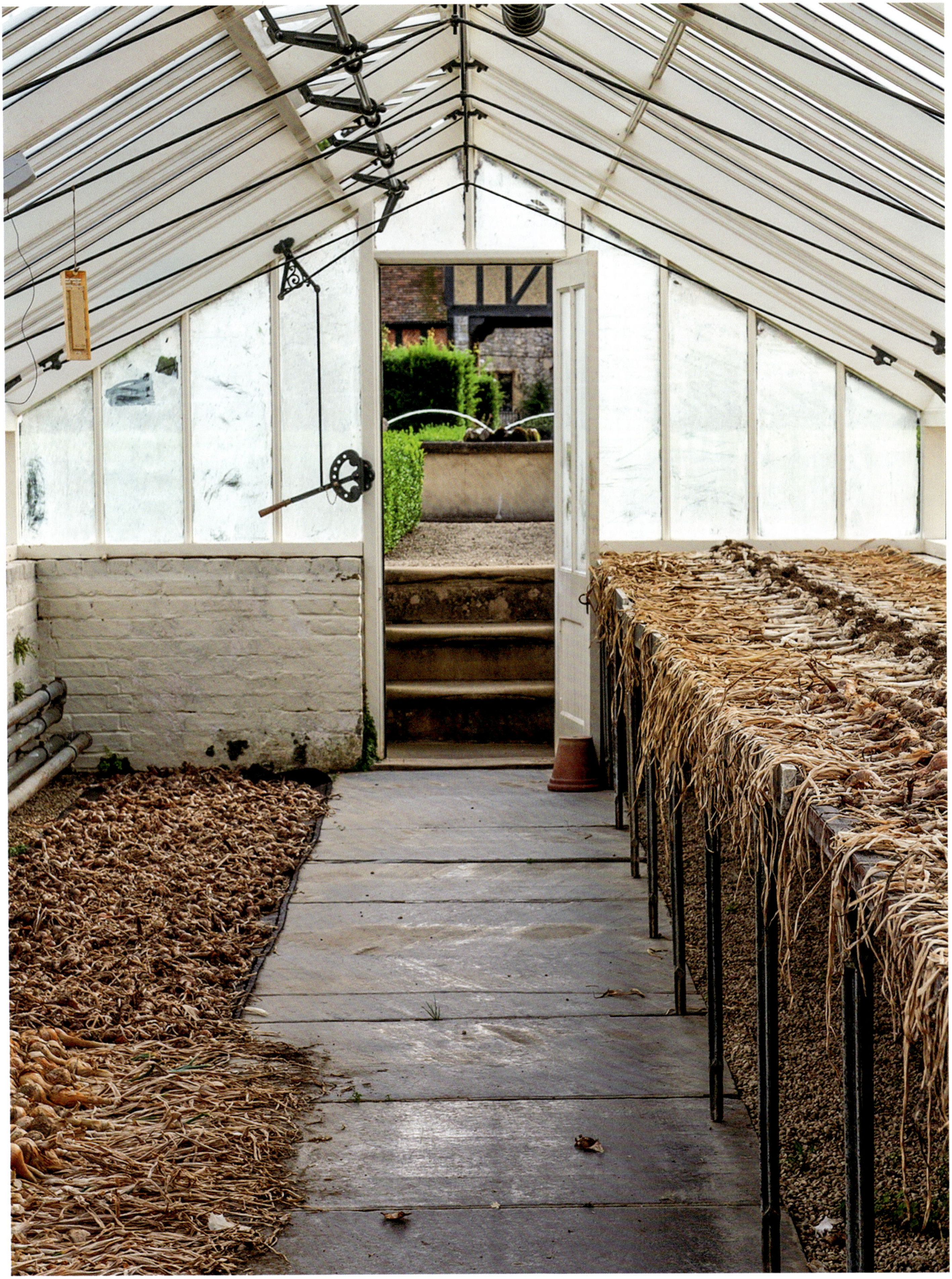

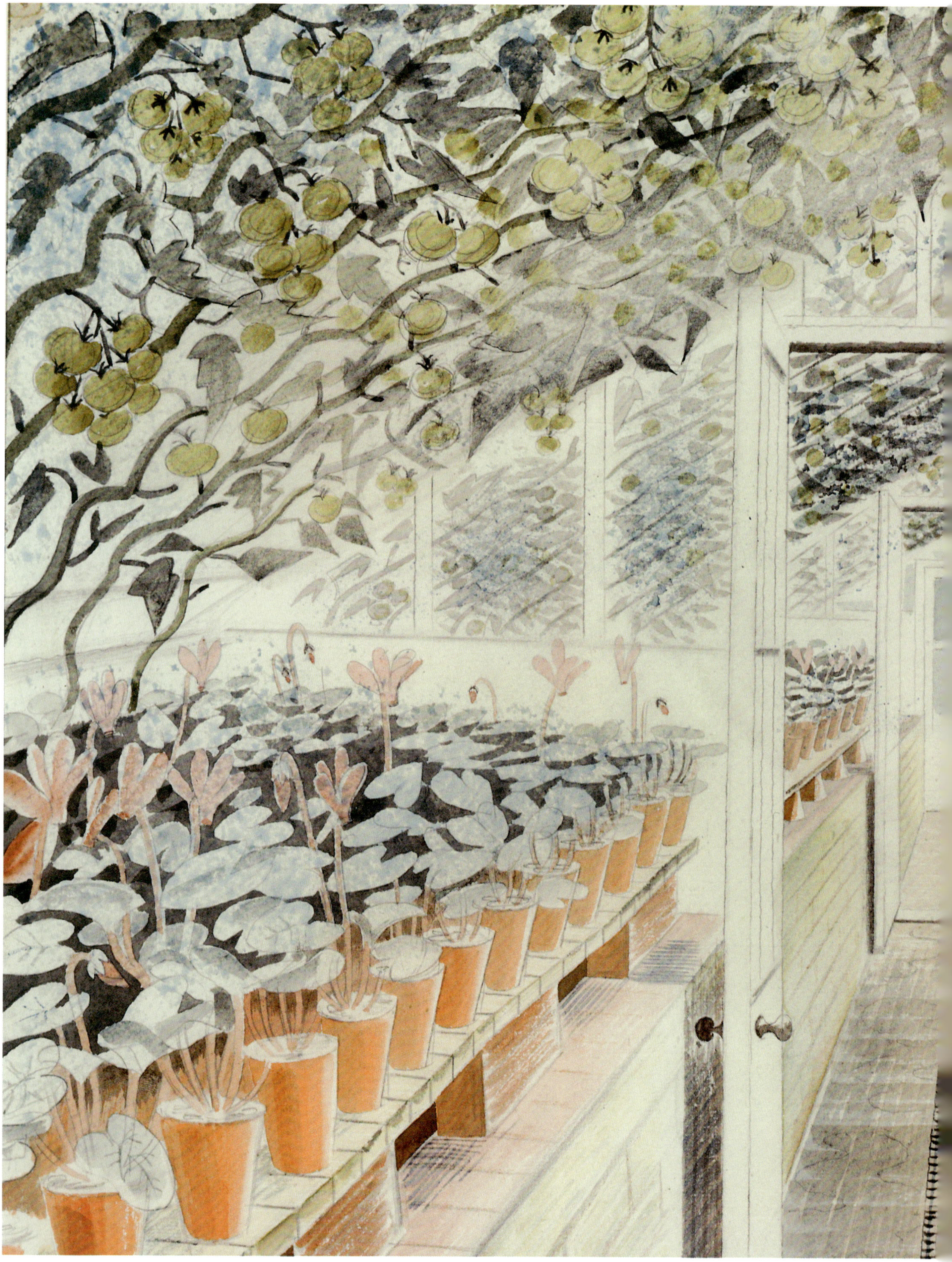

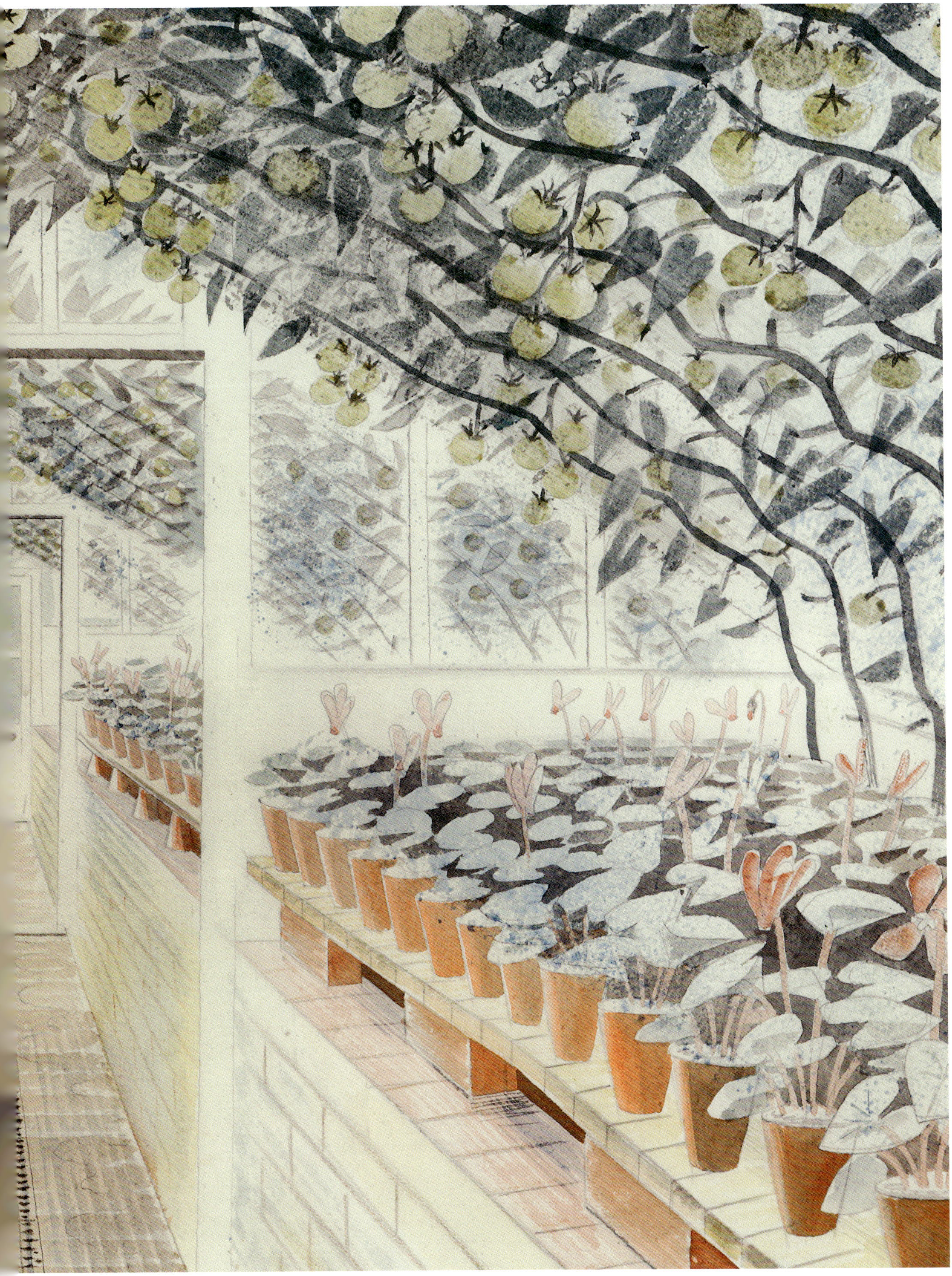

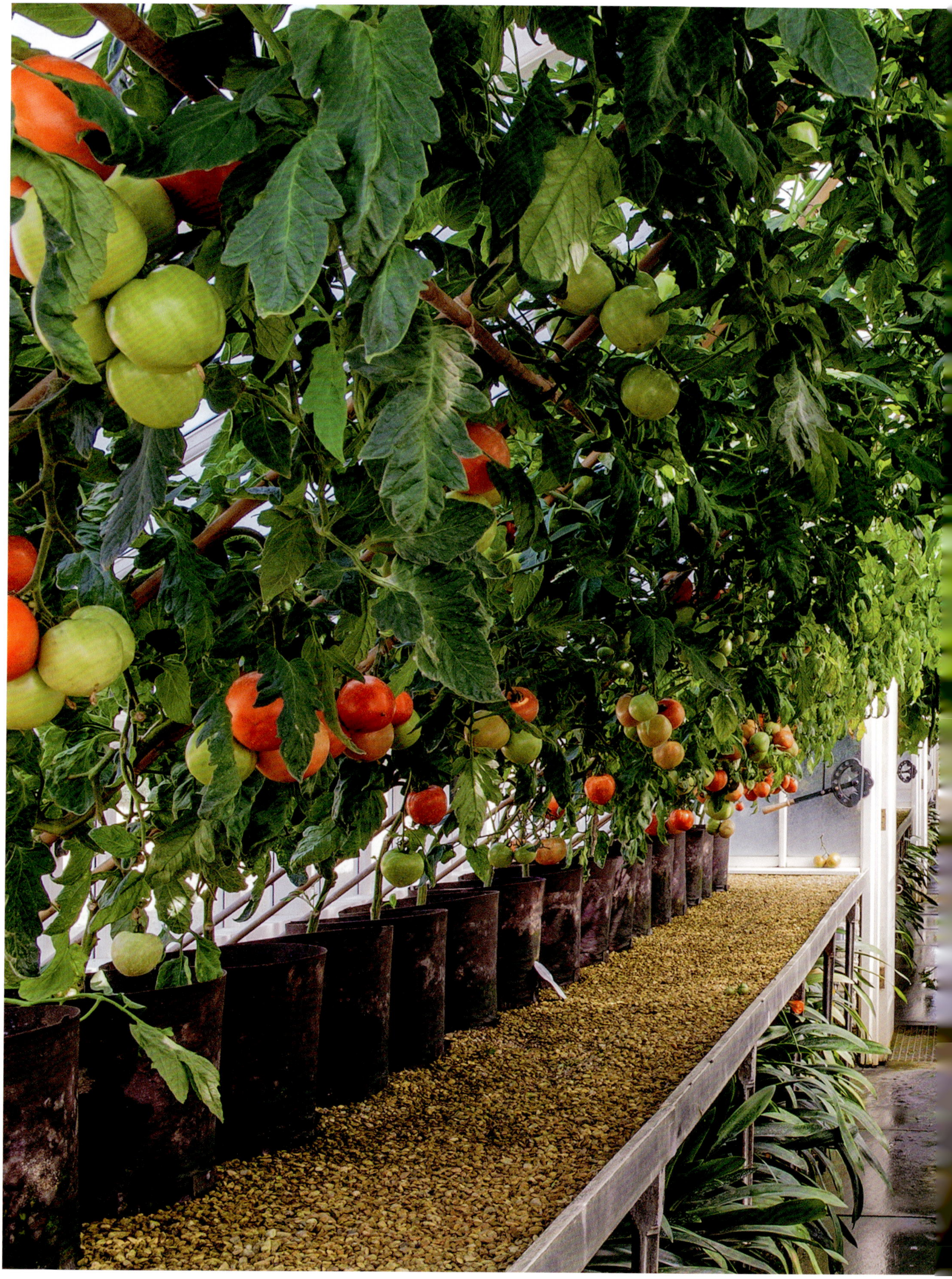

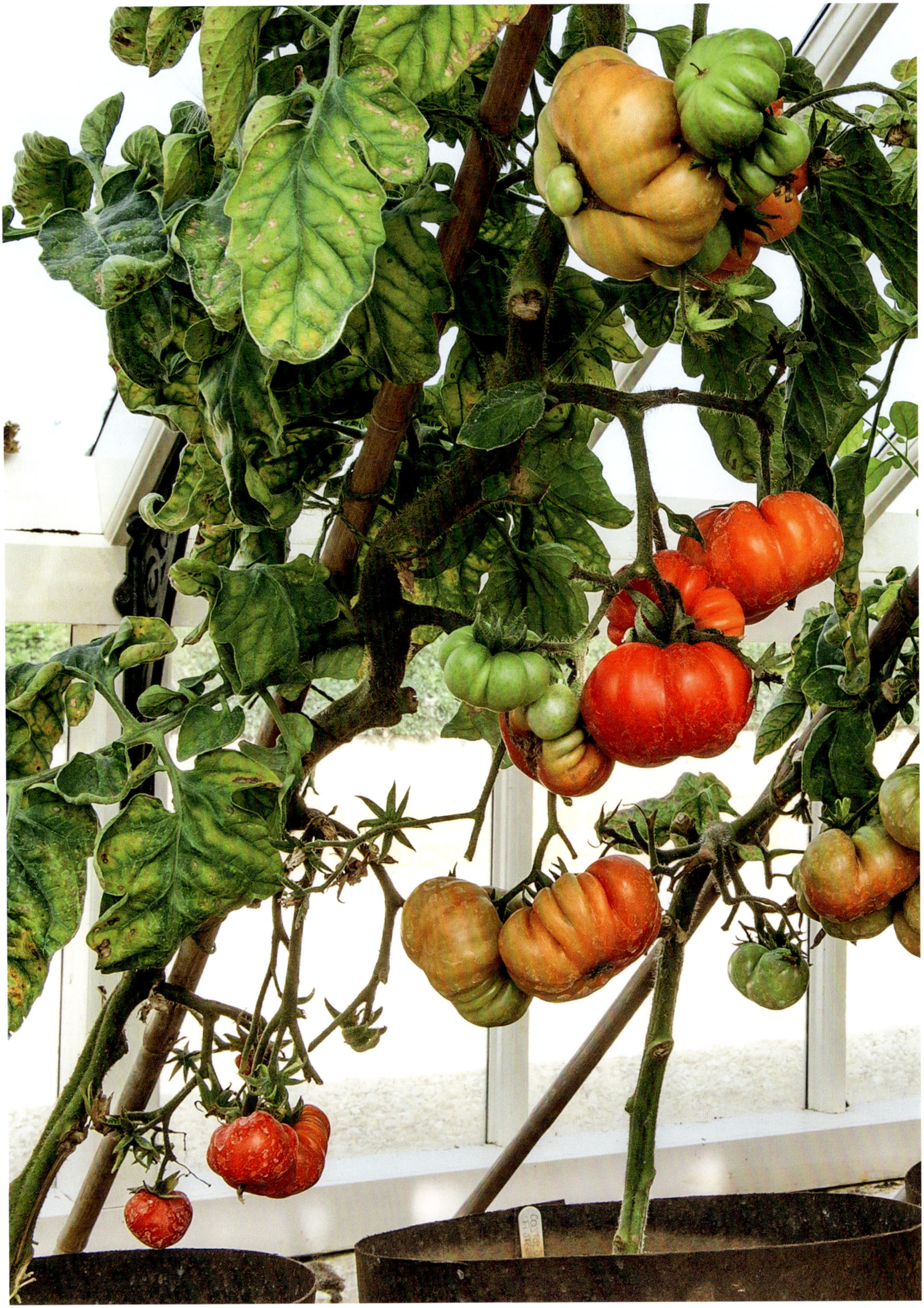

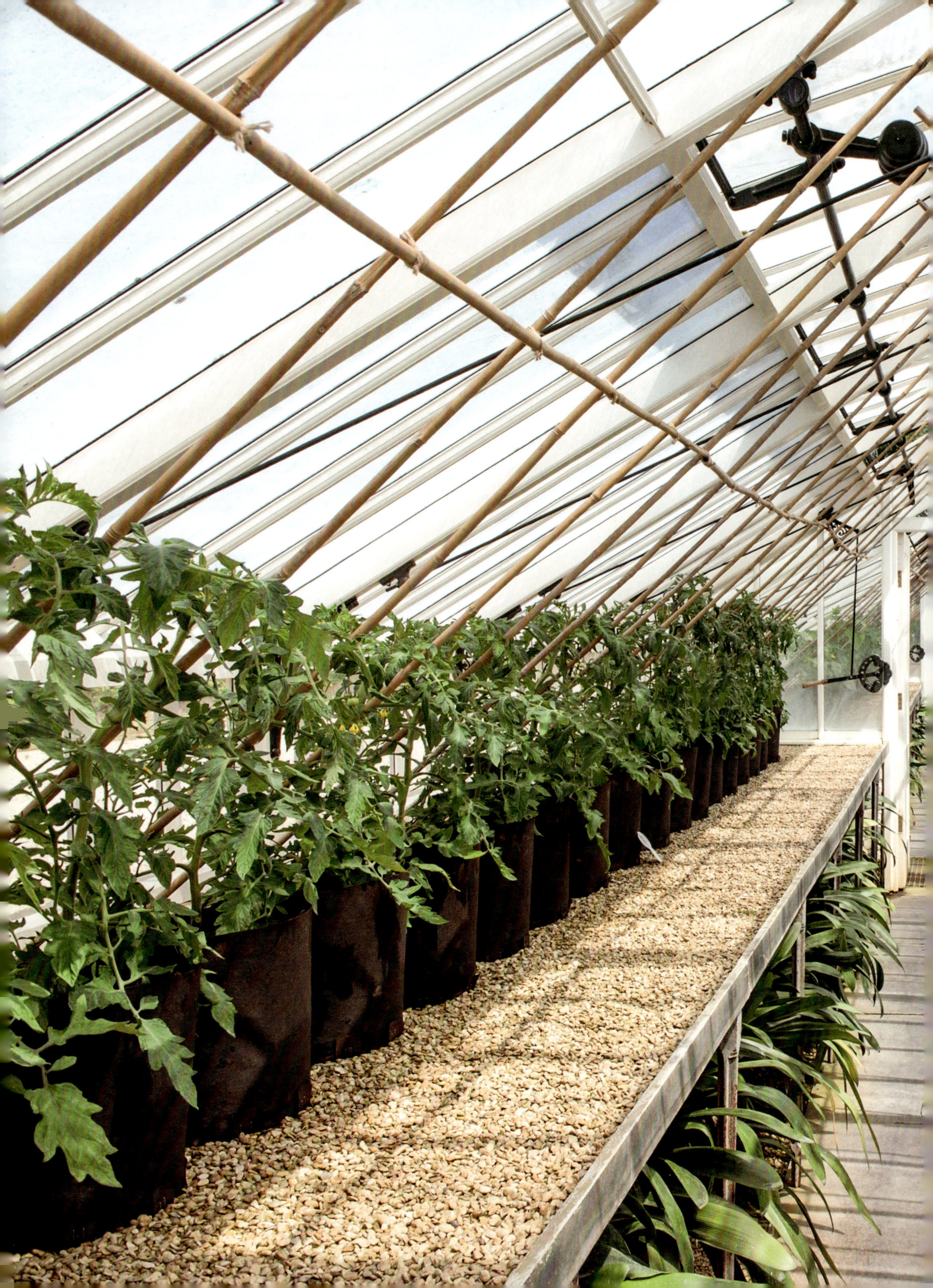

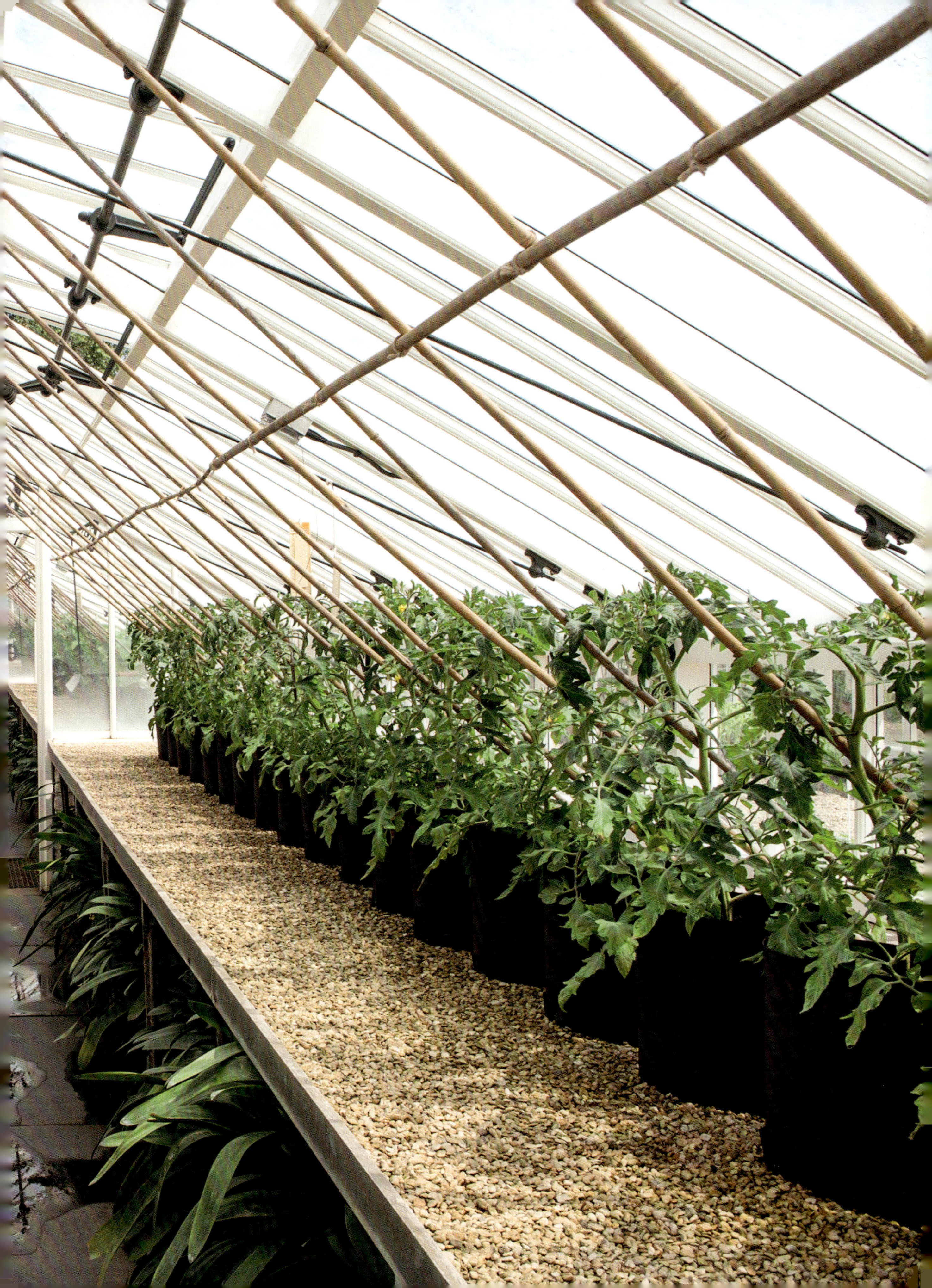

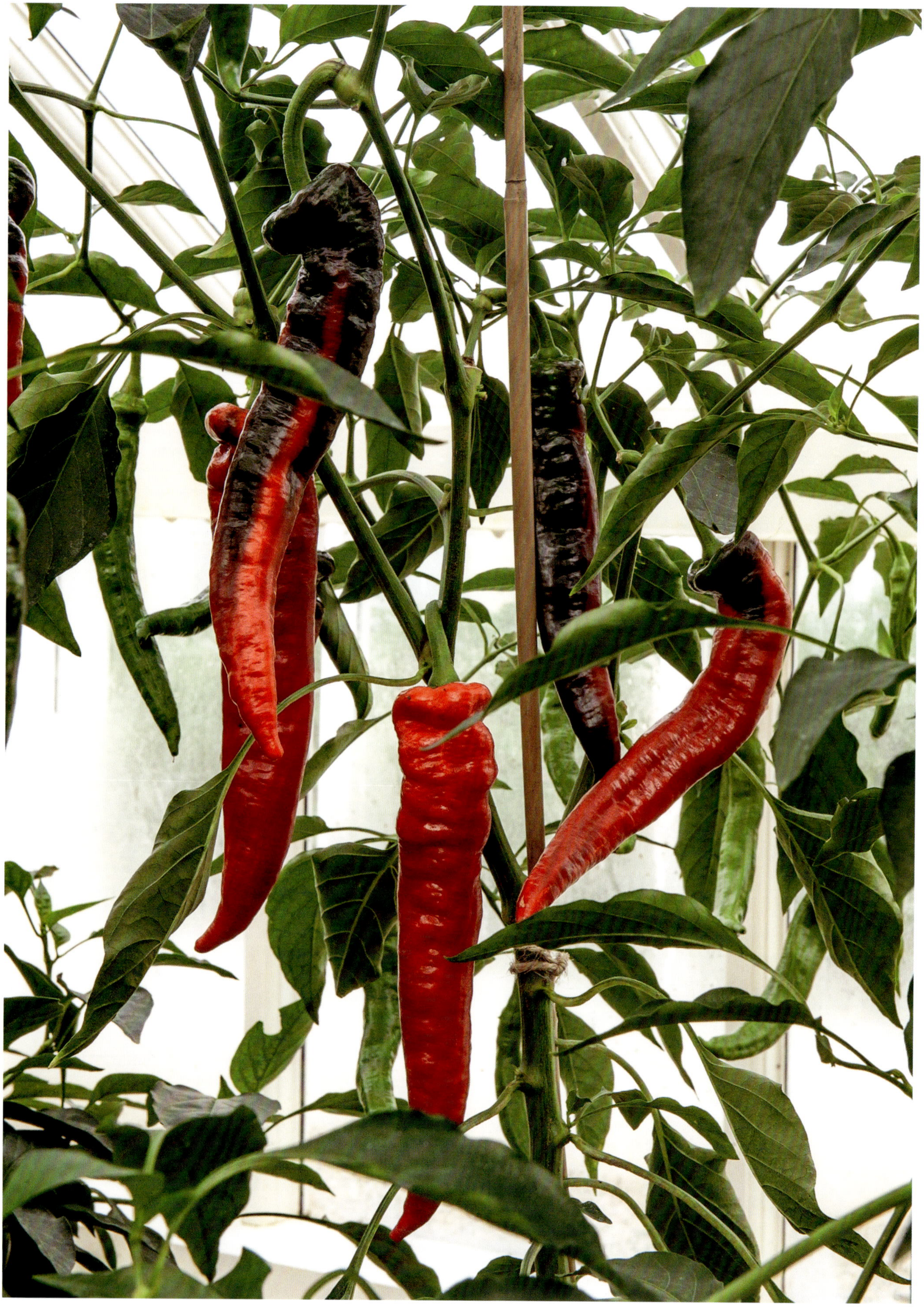

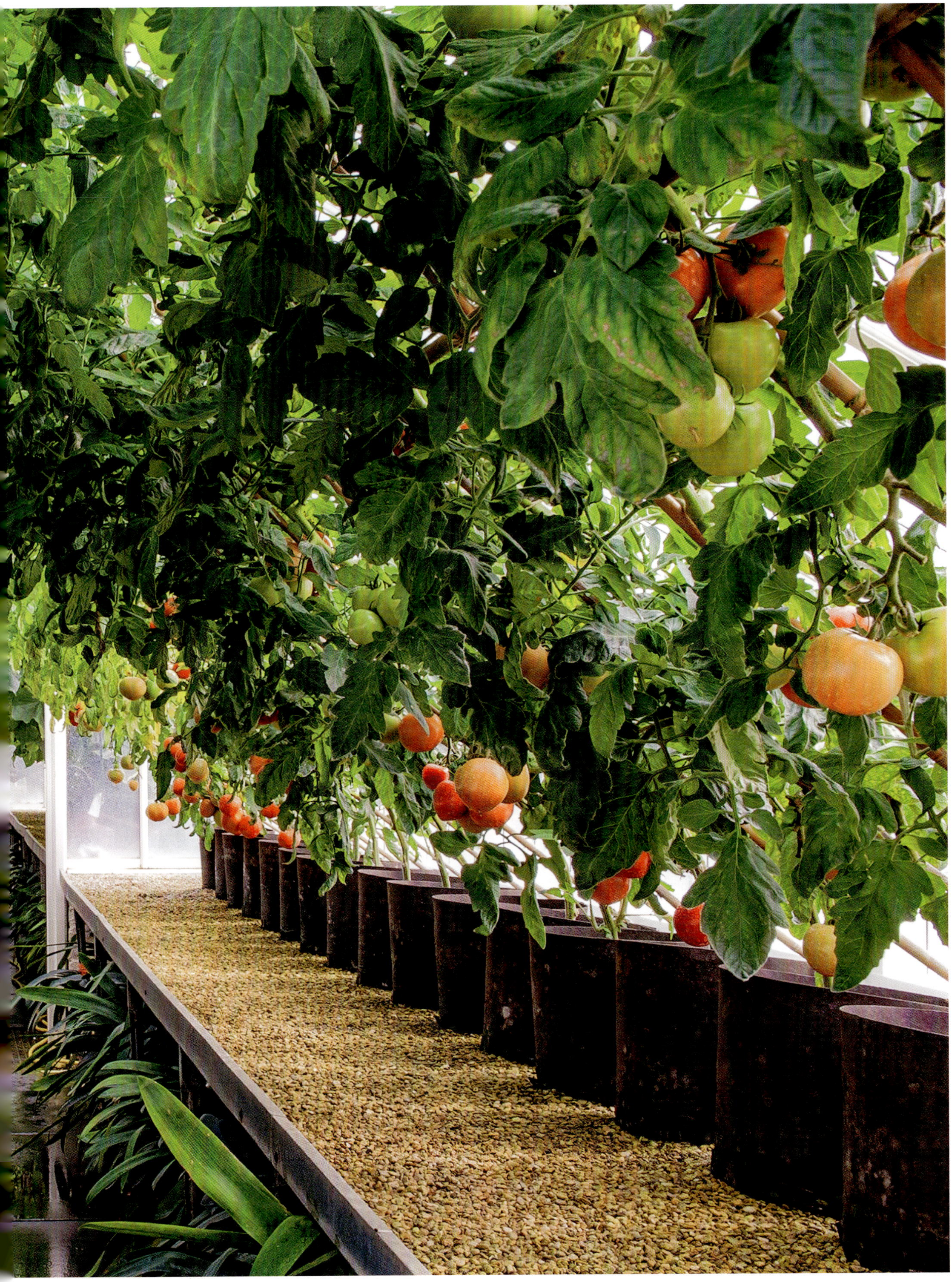

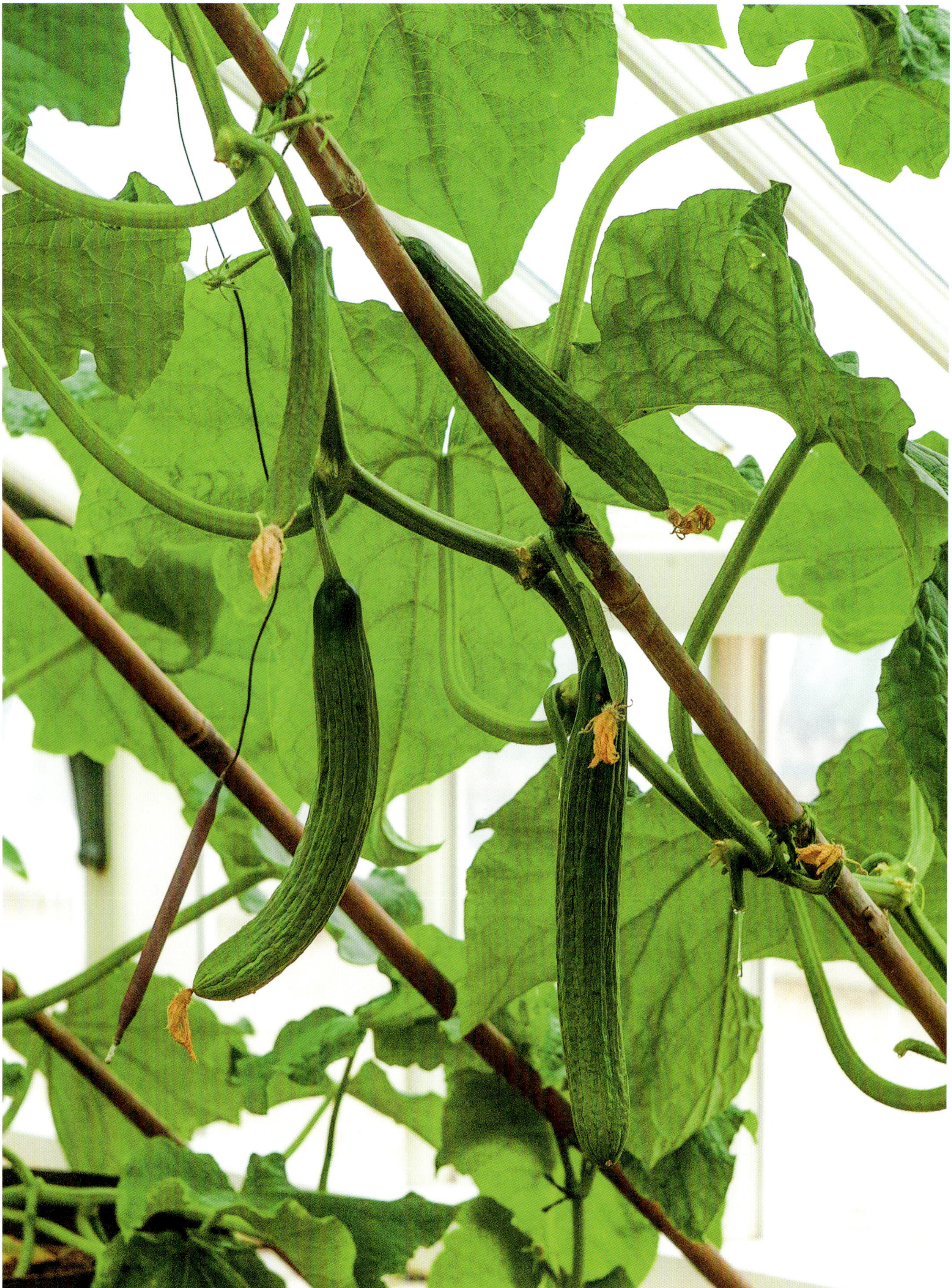

TOMATEN, PAPRIKA, AUBERGINEN UND GURKEN

Erst zu Miss Alices Lebzeiten begann man, Tomatengerichte in der Küche zuzubereiten und zu schätzen. In Mrs Beetons *Garden Management*, einem in den 1860er Jahren veröffentlichten Magazin, hieß es, dass die Tomate nicht nur für eine »köstliche Sauce« sorge. »Sie kann auch gekocht wie anderes Gemüse, auf unterschiedlichste Weise zubereitet, auf den Tisch kommen; oder man verzehrt sie roh in Scheiben geschnitten wie eine Gurke, nur wesentlich dicker, und würzt sie auf gleiche Weise mit Salz und Pfeffer, Öl und Essig. Außerdem ist sie wie Obst, in Zucker getaucht, äußerst wohlschmeckend. Jene, die ihre Eigenschaften untersucht haben, führen an, dass die Tomate außergewöhnlich bekömmlich sei, dennoch aber nicht, wie sie es eigentlich verdient hätte, entsprechend geschätzt und kultiviert werde.«

Im 21. Jahrhundert werden in Eythrope Tomaten im Überfluss gezogen, und zwar im Gewächshaus Nummer 5 und in der einen Hälfte von Nummer 3. Ins Freiland ausgepflanzt werden sie grundsätzlich nicht, weil die englischen Sommer selten warm genug sind, um sie ausreifen zu lassen, zumal die Gefahr von Knollen- und Braunfäule in regenreichen Jahreszeiten einfach zu groß ist. Amseln können an Tomaten im Freiland ebenfalls Schaden anrichten. Das Gewächshaus wird nicht mehr beheizt, denn die Heizung wird im Mai abgeschaltet. Wo mehr Wärme erforderlich ist (für Auberginen oder Gurken), wird das Haus einfach weniger belüftet.

Wie viele der zahlreichen unterschiedlichen Sorten ausgesät werden, hängt ganz vom verfügbaren Platz ab, zumal die sommerliche Beetbepflanzung grundsätzlich Vorrang hat. Die erste Aussaat der Kirschtomaten-Typen im Gewächshaus Nummer 3 beginnt Ende Februar, gemeinsam mit einigen der schwarzen russischen Varietät 'Black Krim'. Ende März werden 'Ferline' und 'Fantasio' ausgesät, die um ihres Aromas willen zu den roten Standard-Sorten gehören, und ein paar weitere späte Aussaat-Aktionen anderer Sorten sind in der ersten Aprilwoche fällig. 40 'Ferline'- und 'Fandango'-Pflanzen füllen den ganzen ersten Abschnitt von Nummer 5, und die »Experimentier-Sorten« nehmen den zweiten Abschnitt ein. Die erste Serie wird Anfang April in 9-Zentimeter-Töpfe gesetzt. Einen Monat später werden die Sämlinge in 12,5-Zentimeter-Töpfe, gefüllt mit der Standard-Substrat-Mischung, umgesetzt, bis es Ende Mai so weit ist, dass sie schließlich in 25-Zentimeter-Walhaut-Töpfe umziehen. In jeden Topf wird ein Stab gesteckt, der so lang ist, dass er bis in den First reicht. An diesem Stab lassen sich die Sprosse festbinden und als eintriebiger Kordon ziehen. Inspiration für dieses dekorative Arrangement war ein 1935 von Eric Ravilious gemaltes Aquarell in *Firle House* in Sussex. Es sind insgesamt 70 Pflanzen mit 20 unterschiedlichen Sorten, die unter Glas gezogen werden. Sie stehen den ganzen Sommer über für Salate und Tomatensaft sowie zum Kochen zur Verfügung. Die Seitentriebe werden regelmäßig ausgegeizt, ebenso einige der unteren Blätter, denn dies fördert die Luftzirkulation, die wiederum größere Blattlaus-Attacken verhindert. Ganz wichtig ist, sobald der Fruchtansatz erscheint, die wöchentliche Düngung mit einem kaliumkarbonatreichen Dünger (Pottasche), und gewässert wird mit einem Spritz-Gießstab. Abgeräumt werden die Tomaten dann in der letzten Septemberwoche.

GEGENÜBER
Alle hier kultivierten Gurken sind Varietäten der selbstbestäubenden weiblichen F1-Hybriden.

Auch Gemüsepaprika wird gern im Gewächshaus gezogen. Dabei handelt es sich hauptsächlich um die Sorten mit den länglicheren Früchten, mit Ausnahme der ihrem Namen gerecht werdenden 'Sweet Alice'. Paprika wird Ende März ausgesät und endet wie die Tomaten in 25-Zentimeter-Walhaut-Töpfen, nachdem sie zuvor sukzessive von kleineren Plastiktöpfen in die jeweils nächst größeren umgesetzt wurden. Sie gedeihen besser in trockenerer Luft als die Auberginen, die ein Haus mit hoher Luftfeuchtigkeit bevorzugen und den mittleren Abschnitt von Nummer 1 einnehmen. Paprikaschoten sind Selbstbestäuber und müssen nicht erzogen werden, aber ihre brüchigen Triebe können nicht zu viel Gewicht tragen; deshalb müssen an den Seitentrieben gegebenenfalls Früchte entfernt werden. Sobald Blüten und Fruchtansatz sich zeigen, wird einmal wöchentlich ein kaliumkarbonatreicher Dünger (Pottasche) verabreicht.

Die Aubergine 'Moneymaker' wird früh schon, bereits Ende Februar, ausgesät, weil sie eine lange Vegetationszeit benötigt. Die Kulturmaßnahmen für Auberginen sind die gleichen wie für Tomaten und Paprika; auch sie werden sukzessive vom kleinen in den nächst größeren Plastiktopf umgesetzt, bis sie dann endgültig in den 25-Zentimeter-Walhaut-Topf gesetzt werden. In der Regel fangen sie im Juli zu blühen an. Im Idealfall wird die Blüte von der immer seltener auftretenden Hummel befruchtet, aber wenn die Bienen ausfallen, kann man mit einem Marderhaarpinsel nachhelfen. Die Auberginen werden als Büsche kultiviert, die nicht erzogen werden müssen. Aber wenn die Früchte bisweilen zu schwer sind, benötigen die Seitentriebe eine Stütze. Blattläuse und die Weiße Fliege können Probleme bereiten, aber sie lassen sich durch Besprühen mit Seifenlauge und durch gelegentliche Besuche von Schwebfliegen eindämmen. Das Düng- und Gießprogramm entspricht demjenigen für Tomaten und Paprika, und wie in sämtlichen Gewächshäusern wird der Fußboden dreimal am Tag mit Wasser besprengt. Das Wässern gehört zu den Dingen, die sich im Gewächshaus am schwierigsten beurteilen lassen. Die meisten Leute, die nicht über einen Erfahrungsschatz wie die Gärtner in Eythrope verfügen, neigen eher zu übermäßigem Gießen, was zwangsläufig Trauermücken anzieht; auf der anderen Seite kann allzu sparsames Wässern das Aufkommen der Weißen Fliege fördern. Über den Daumen gepeilt gilt, dass bei sachgemäßem Wässern die oberen 12 Zentimeter des Erdsubstrats eines Topfes durchtränkt sein sollten.

Gurken werden Anfang März und danach noch einmal im April ausgesät. Die ausgewählten Sorten sind allesamt selbstbestäubende weibliche F1-Hybriden. Sie werden im 3. Abschnitt des Gewächshauses Nummer 5 gesondert gezogen, wo Tomaten die beiden anderen Zonen belegen. Die Gurken folgen dem gleichen Eintopfverfahren wie die anderen Glashaus-Kulturen und werden auf zwei Haupttriebe zurückgenommen, gestützt von einem bis hoch in den Dachfirst reichenden Stab, und dann wieder hinunter zum Pflanztisch gegenüber. Sie erhalten wöchentlich einen mit Stickstoff angereicherten Dünger, nicht die Kaliumkarbonatmischung, die den anderen Kulturen verabreicht wird.

GEGENÜBER
Die Aubergine 'Moneymaker' ist auf hohe Luftfeuchtigkeit angewiesen.

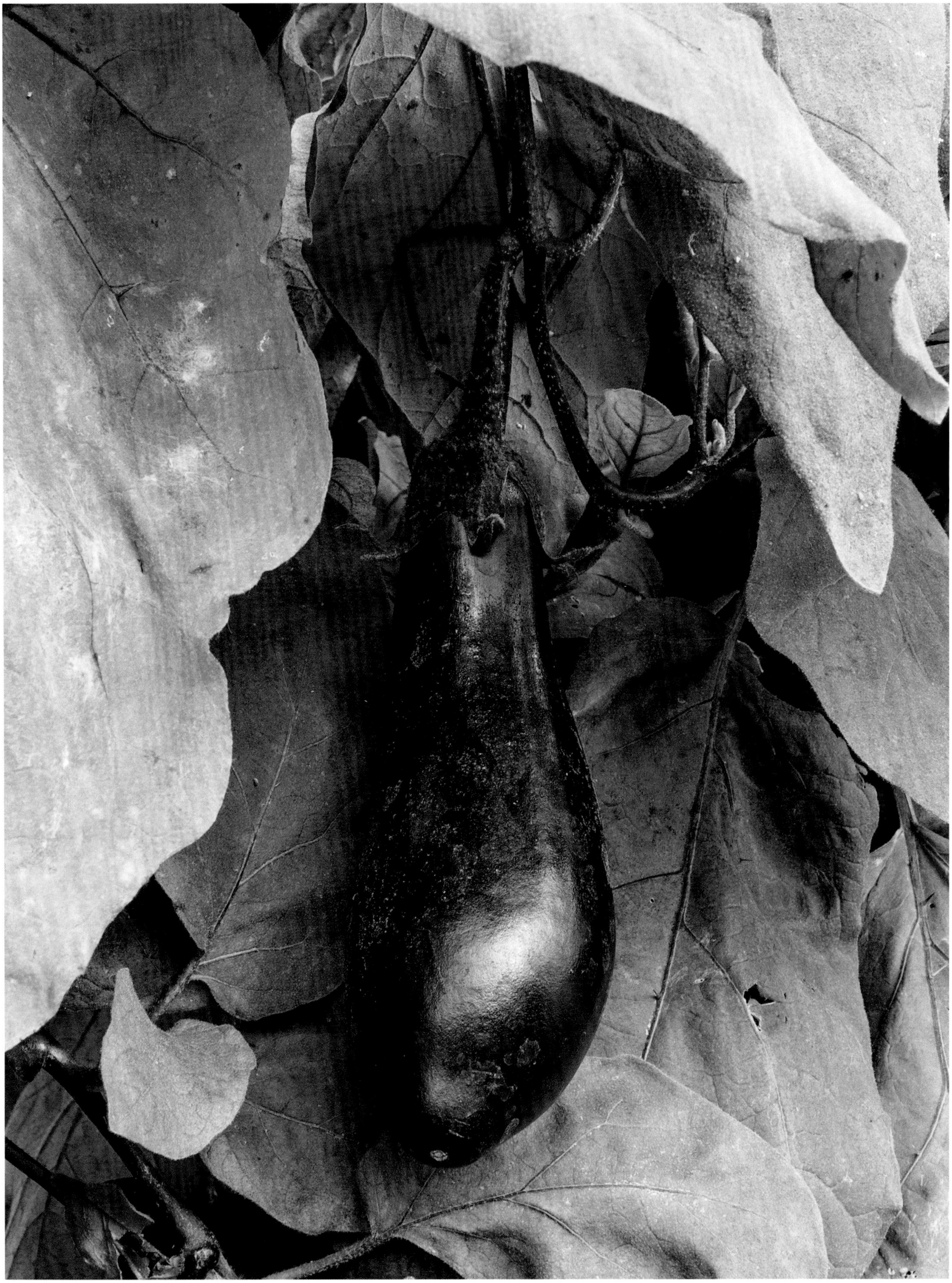

Die Triebe in den Blattachseln werden entspitzt.

Einige Blätter werden entfernt, um den Lichteinfall zu fördern.

Die Triebe werden an den Stäben aufgebunden.

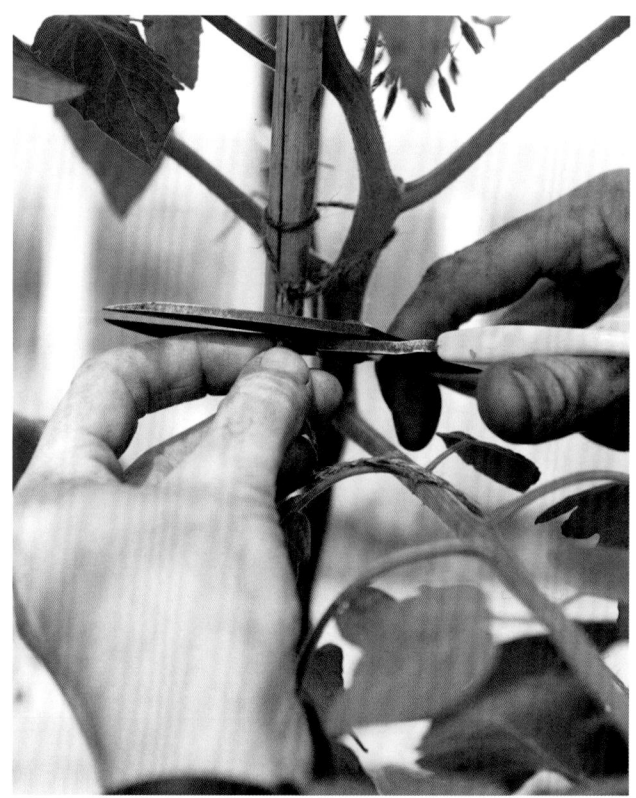

Die Enden der Knoten werden knapp abgeschnitten.

Tomaten, aufgereiht in ihren 25-Zentimeter-Walhaut-Töpfen.

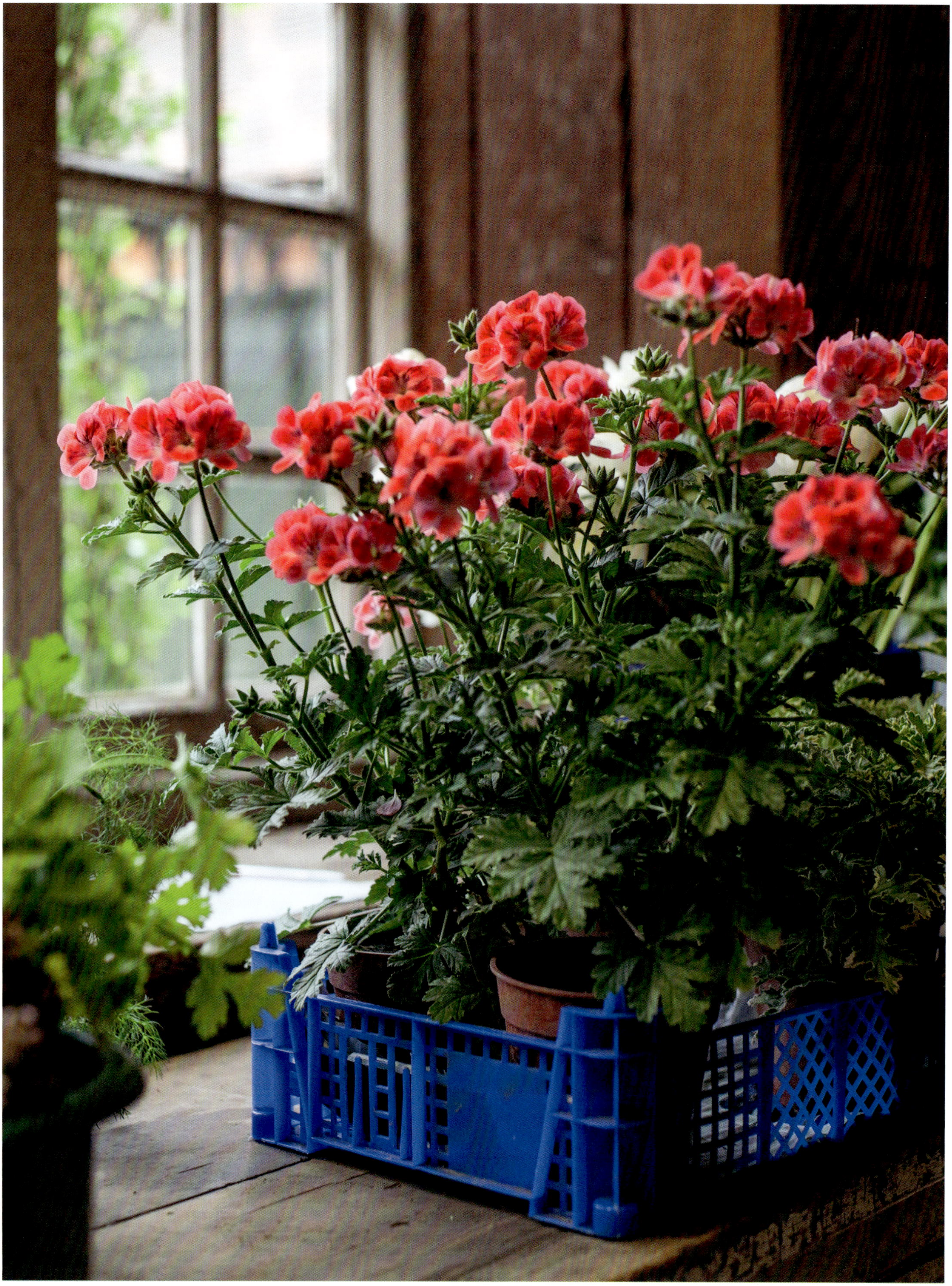

PELARGONIEN

»Die wenigsten Leute wissen im Vorhinein, was es heißt, einen großen Blumengarten dem Zeitgeschmack entsprechend auszustatten«, schrieb Robert Fish, Obergärtner, Mitte des 19. Jahrhunderts. Genügend Geranien für Parterres und Rabatten von der Größe derer in Eythrope zu ziehen, erfordert schon einen gewissen Einfallsreichtum, und dieser hat mit fortschreitender Zeit nicht nachgelassen. An die 1000 Pelargonien werden gezogen, um das Parterre zu füllen und die Amphoren und Töpfe im Umkreis des Hauses zu schmücken. Diese werden Mitte Mai bepflanzt und Ende September abgeräumt. Früher basierte das Parterre-Schema auf der scharlachroten 'Paul Crampel' und 'Crystal Palace Gem', beides alte viktorianische Varietäten. Heute werden sie nicht mehr für das Parterre gezogen, sondern vielmehr für die Beete vor dem Haus. Zartere Pastellfarben zeigen die neuerdings für das sommerliche Parterre bevorzugte panaschierte Sorte 'Grey Lady Plymouth' und als weitere Lieblingssorte der Viktorianer die silbern-pinkfarbene Zonal-Pelargonie 'Lady Ilchester', kombiniert mit dem duftenden *Heliotropium* 'Chatsworth'. Für die Rabatten im Eingangsbereich des ummauerten Gartens werden weitere Pelargonien benötigt, und hier kommt die kirschrote 'Vera Dillon' zum Einsatz, zusammen mit dunkellaubigem *Aeonium*. Zu diesen zum Auspflanzen ins Freie gezogenen Pflanzen gehören auch die duftblättrigen Pelargonien in Töpfen, die im *Auricula*-Theater ein sommerliches Gastspiel geben. Für den Blumenschmuck im Haus sind diese Geranien nicht weniger gefragt als zu Miss Alices Lebzeiten, wobei sich die Auswahl hier nicht auf historische Sorten beschränkt.

Stecklinge werden im Herbst unmittelbar von den Pflanzen im Freiland geschnitten. Von den Mutterpflanzen abgenommen, würde es wesentlich länger dauern, bis die erforderliche Anzahl Pflanzen herangewachsen wäre. Wo der Platz im Gewächshaus beschränkter ist als in Eythrope, könnte dies als Möglichkeit in Betracht gezogen werden; allerdings wären die Pflanzen dann im darauffolgenden Mai bedeutend kleiner. Die Pelargonien-Stecklinge werden, immer sieben zusammen, in einem 15-Zentimeter-Tontopf gezogen, und manche sind vor Weihnachten bereits so weit entwickelt, dass sie in 9 Zentimeter große Plastiktöpfe umgesetzt werden können. Die älteren Pflanzen können bereits in 12,5-Zentimeter-Töpfe integriert werden, und die größeren werden gedüngt. Diese Umtopf-Aktionen sowie das Entspitzen (Pinzieren) ziehen sich über den gesamten Januar und Februar hin; unterdessen wachsen die Pflanzen in Haus Nummer 5 bei einer konstant gehaltenen Temperatur von 10 °C zu dicht bestockten Exemplaren heran. Die größeren Mutterpflanzen kommen in Kübeln ins Haus, wo sie in Form gebracht und angestäbt werden. Wenn sie von der kurzen Zeit im Haus zurückkehren, müssen die toten Blätter abgezupft und ausgeputzt werden, eine Tätigkeit, die regelmäßig in den Arbeitstagebüchern der Gärtner verzeichnet ist. Wo so viele Pflanzen geschützt überwintert werden, ist Hygiene unverzichtbar.

Im März werden manche Geranien in 18-Zentimeter-Töpfe gesetzt, um besonders große Exemplare für das Haus zu gewinnen. Jene, die ins Freie ausgepflanzt werden sollen, sitzen um diese Zeit in 12,5-Zentimeter-Töpfen. Bis Anfang Mai wird immer wieder umgetopft; dann werden die Pflanzen, die nicht für die Beete oder das Schauspiel im *Auricula*-Theater benötigt werden, in ihre Sommerquartiere umgesiedelt, wo sie die gesamte Länge eines Hauses einnehmen. Im Lauf des

GEGENÜBER
'Paton's Unique'-Pelargonien warten nur darauf, ins Haus hinauf gebracht zu werden.

Sommers werden immer wieder die toten Blüten oder Blätter entfernt. Ein Gang durch die farbenfroh leuchtende Blütenpracht mit ihrem intensiven Minze- oder Zitronenduft gehört zu den größten Freuden des Jahres.

Ende September wird es Zeit, die ganze Prozedur von vorn zu beginnen: wieder werden Stecklinge genommen, um den Garten zu bestücken und das Haus im kommenden Jahr zu dekorieren.

Pelargonien galten von jeher als verlässlicher Zimmerschmuck, ob in bescheidenen Häuschen oder herrschaftlichen Landsitzen. Auf einem sonnigen Fensterbrett blühen sie selbst in den kältesten Monaten, und sogar die duftblättrigen Sorten, die keine Blüten hervorbringen, sind mit ihrem grünen Blattwerk den Winter über im Haus willkommen. *Pelargonium tomentosum* mit seinen hübschen pelzigen Blättern überlebt im Schatten. Die nach Zitronen duftende Form *P.* 'Mabel Grey' benötigt einen sonnigeren Platz. In Eythrope kommen die Töpfe mit den Pelargonien auf den Tischen in den Zimmern zwei bis drei Wochen lang zum Einsatz. Anschließend brauchen sie eine Regenerationszeit im Gewächshaus, bevor sie sich erneut einsetzen lassen. Einige der bevorzugten Varietäten, die als Zimmerschmuck gezogen werden, sind 'Apple Blossom Rosebud', eine 1870 gezüchtete Form, 'Fair Ellen', die eichenblättrige Pelargonie mit nach Mandeln duftenden Blättern, die hochrote 'Lord Bute', 'Copthorne', eine ausdauernd blühende duftblättrige Varietät mit größeren rosaviolettfarbenen Blüten und purpurvioletter Markierung, sowie die Zonal-Pelargonien. Eine ungewöhnliche Sorte ist die leuchtende 'Ardens' aus dem Jahre 1820. Sie besitzt lackrote winzige Blüten, zu acht oder noch zahlreicher an einem Trieb stehend, mit dunklerem Mittelstreifen. Allerdings lässt sie sich nur schwer vermehren, es sei denn aus sorgfältig selektierten Abschnitten der Sprossknolle.

GEGENÜBER
Pelargonien 'Frank Headley' mit lachsfarbenen Blüten und silbrig grünem Laub, die magentafarbene 'Vera Dillon' und 'Copthorne'.

SEITEN 132/133
Die Pelargonien 'Hederinum Variegatum', 'Carisbrooke', 'Copthorne', 'Vera Dillon' und 'Frank Headley'.

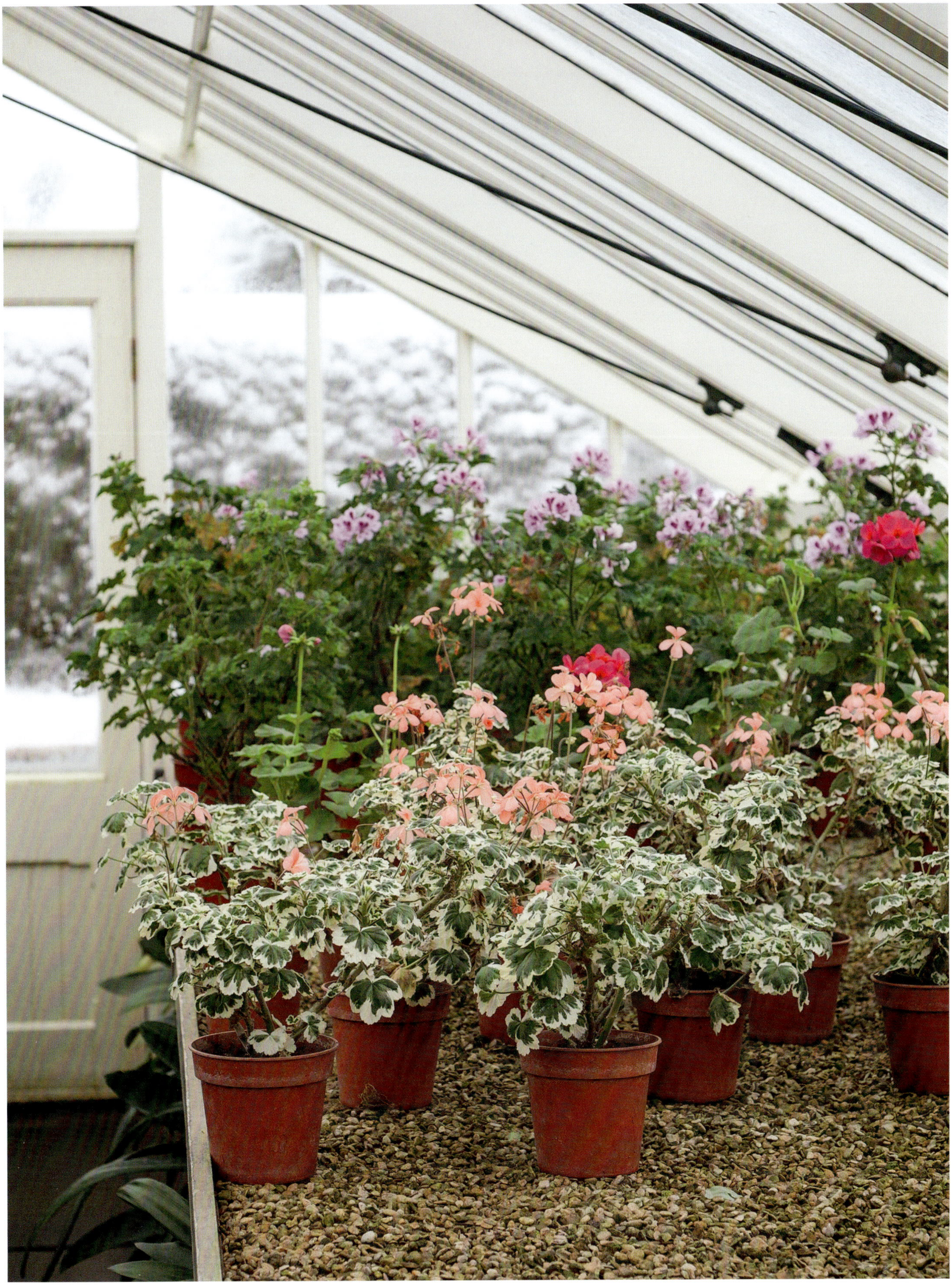

Tontöpfe mit jeweils sieben Pelargonien-Stecklingen.

Topfen eines gut bewurzelten Stecklings.

Zum zweiten Mal wird umgetopft.

Kompakthalten der Pflanze.

Die Stecklinge werden mit einem Stück Polyäthylen-Folie abgedeckt, das zweimal täglich gewendet wird, bis sie sich bewurzelt haben.

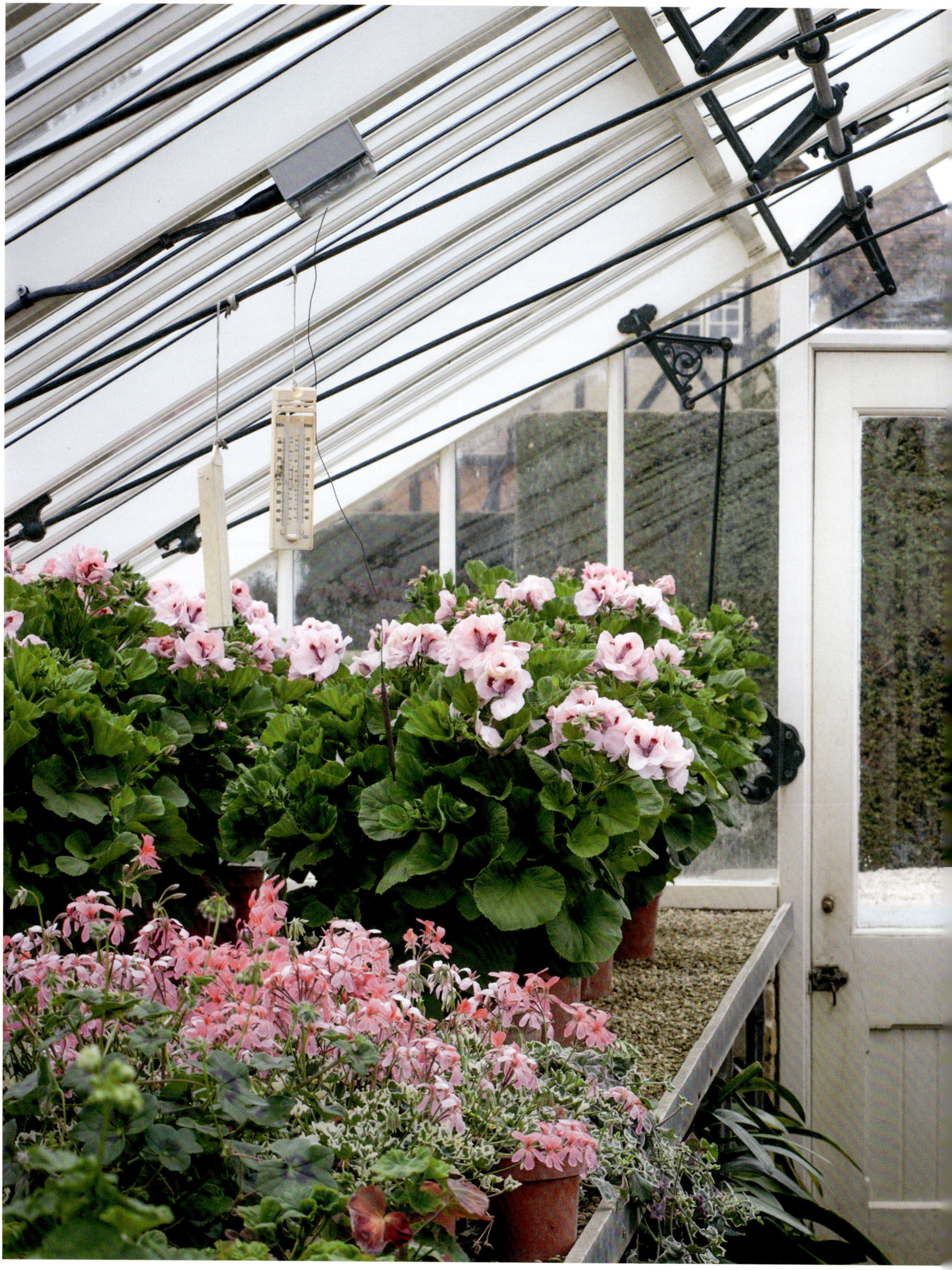

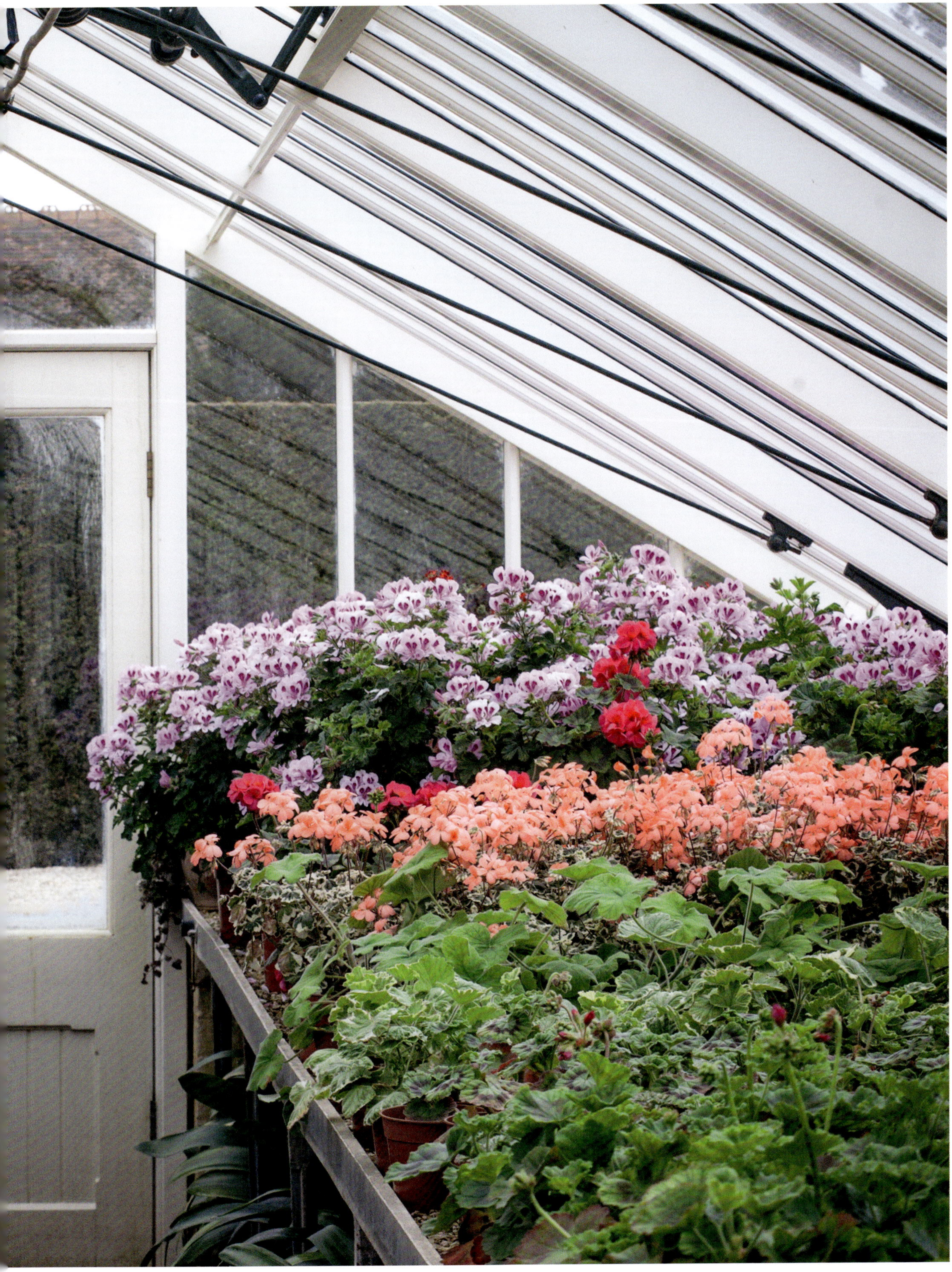

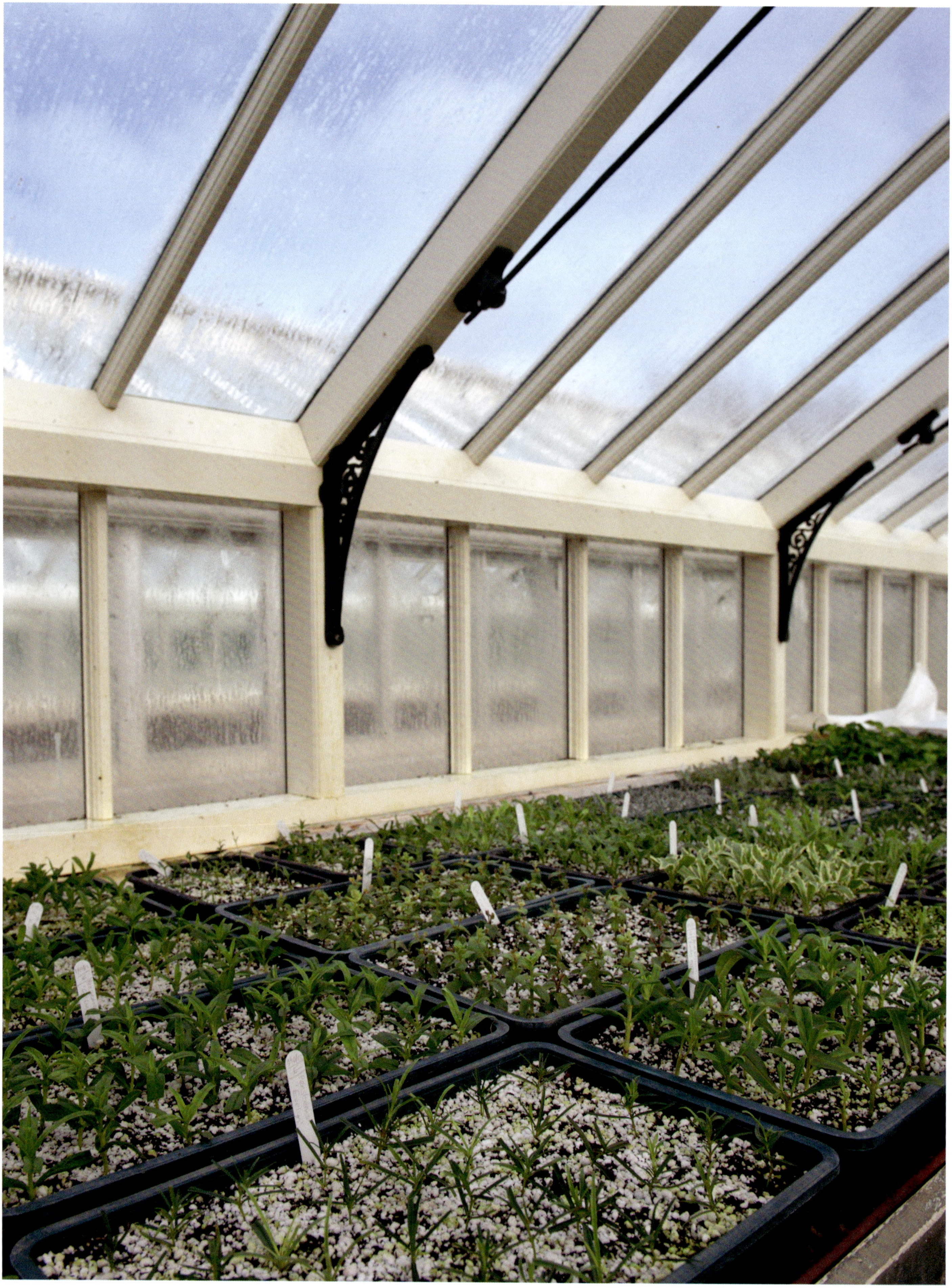

VERMEHRUNG

Ein ganzes Gewächshaus von 28 Metern Länge ist der Vermehrung gewidmet. Hier hält Jonathan die »Pflanzen-Fabrik« ganzjährig am Laufen, unterstützt von Naomi, die für die Blumen zuständig ist, und Paul, der für das Gemüse sorgt. Beim Aussäen und Pikieren wird streng methodisch vorgegangen, und wer den Gärtnern bei ihrer sorgfältigen und umsichtigen Arbeit einmal über die Schulter schaut, fühlt sich gänzlich in ihren Bann gezogen. Es lässt sich in etwa mit einem Töpfer vergleichen, der eine Schale dreht – man erkennt jene Konzentration und Souveränität, wie sie nur langjähriger Praxis entspringen. Zunächst einmal müssen die Töpfe und Pflanzschalen gereinigt werden. Als Pflanzsubstrat wird John Innes no.1 verwendet – versetzt mit Kokosfaser und angereichert mit einem Startdünger –, das aus einem Sack (so bleibt das Substrat feucht) auf den Topf-Tisch geschüttet wird. Die Saatschalen werden bis über den oberen Rand gefüllt. Sobald das Erdsubstrat mit einem Stück Holz in Form eines Lineals glattgestrichen ist, wird eine Schicht Vermiculit darüber gestreut; danach wird der Inhalt der Saatschale mit einem Holzblock, der Größe der Saatschale entsprechend, angedrückt. Beim Säen wird das Saatgut so sparsam wie möglich ausgebracht. Etwa elfmal wird die Kanne (mit einer feinen Düse versehen), von oben nach unten gießend, hin und her geschwenkt, dann folgt eine Woche ohne weiteres Gießen bis zur Keimung. Sobald die Sämlinge erscheinen, wird vorsichtig gewässert, denn oft schon haben unerfahrene Gärtner die jungen Sämlinge ertränkt. Nie wird mit dem Schlauch, sondern stets mit der Gießkanne gegossen. Zwar kommt das Wasser aus dem Wasserhahn, aber die Kannen werden gefüllt und bleiben innen stehen, damit sie die richtige Temperatur für die kleinen Pflanzen haben. Die offenen Tanks unter den Stellagen sorgen für die erforderliche Luftfeuchtigkeit, sind aber nicht zum Wässern vorgesehen.

Das Saatjahr beginnt Ende Februar mit den beiden Pflanzen, die für die Keimung auf kalte Temperaturen (oder Stratifikation) angewiesen sind. Gemeint sind *Francoa ramosa* und *Persicaria orientale*, die im unbeheizten, für die *Auricula* vorgesehenen Gewächshaus vorgetrieben werden. Sobald sie gekeimt haben, werden sie in einen Abschnitt des Vermehrungshauses umgesiedelt, der auf einer Temperatur von 10 °C gehalten wird. Die unzähligen Samen, die wärmere Temperaturen benötigen, wie beispielsweise *Nicotiana*, *Tithonia* und insbesondere das großblättrige Basilikum, werden bei 15 °C im Vermehrungshaus ausgesät. Das salatblättrige Basilikum von der Firma Suttons Seeds, das zu einer Spezialität des Gartens geworden ist, wird dann in vierzehntägigem Rhythmus den ganzen Sommer hindurch bis Ende Juli ausgesät. Es bleibt in Töpfen in dem warmen und feuchten Abschnitt des Vermehrungshauses, dem sogenannten *Basilry* oder Basilikum-Bereich, nachdem andere Pflanzen bereits ins Freie gestellt und abgehärtet worden sind.

Von Februar bis April, wenn ausgesät und pikiert wird, herrscht Hochbetrieb im Gewächshaus, aber auch im September und Oktober, wenn Stecklinge genommen werden. Pikiert wird, sobald die Pflanzen das zweite Blattpaar entwickelt haben, was in der Regel zwei bis drei Wochen nach der Aussaat der Fall ist. Es zielt darauf ab, den Wurzeln den erforderlichen Freiraum zu geben. Pflanzen, die absolut nicht umgetopft werden wollen, werden in Substratballen gezogen. Dazu gehören

GEGENÜBER
Die Stecklinge und Sämlinge in den Pflanzschalen sind sorgfältig beschriftet. Auf jede Pflanzschale wird eine Schicht Perlit aufgebracht.

Eingesammelte Samen werden getrocknet und in Tütchen gepackt.

Feinkrümeliges Erdsubstrat wird vorbereitet.

Die Erde wird mit einem Holzstück glattgestrichen.

In gleichem Abstand eingebrachte Löcher zum Pikieren der Pflanzen.

Manche Sämlinge gedeihen besonders gut in Substratballen.

Salat wird aus pilliertem Saatgut ausgesät.

Puffbohnen benötigen tiefe Töpfe.

Blattstecklinge im hinteren Bereich der Stellage.

einige der beschränkt winterharten Zweijährigen und Einjährigen, insbesondere die Doldenblütler *(Umbelliferae)*, die zum Schießen neigen, wenn sie im Frühjahr ausgesät werden. *Ammi majus* und *Orlaya grandiflora* sind »Kandidaten« für Substratballen, ebenso Mohnblumen, Gretchen-im-Heck, Lein, *Silene* und Zinnien.

Manchmal experimentieren die Gärtner mit Samen, die sie teils in Substratballen, teils in Saatschalen ziehen, um herauszufinden, welche Methode die besseren Ergebnisse erzielt, denn so sehen sie genau, was welcher Pflanze zugutekommt. Sämtliche in Saatschalen angezogenen Sämlinge werden danach in Saatschalen in ein Universal-Pflanzsubstrat mit Kokosfaseranteil umgesetzt und danach erst in 9-Zentimeter-Plastiktöpfe eingetopft. Die in Substratballen gezogenen Pflanzen werden direkt eingetopft. Alle werden sukzessive abgehärtet, indem man sie im Gewächshaus zunächst kühleren Bedingungen aussetzt, bis sie schließlich bereit sind für draußen. Jede Pflanze, die länger als einen Monat im Topf sitzen muss, wird mit einem Maxicrop- oder Vitax-Flüssigdünger versorgt.

Das Pikieren von Sämlingen in Saatschalen bedeutet, dass pro Gefäß 24 Pflänzchen in gleichmäßigem Abstand eingesetzt werden. Zunächst einmal werden die winzigen Sämlinge vorsichtig aus ihrer Saatschale gelöst. (Schweres Erdsubstrat erschwert diese Arbeit; es ist deshalb ganz wichtig, dass die Erde feinkrümelig ist und nicht an den Wurzeln klebt, denn sonst lassen sich die Pflanzen kaum herausheben.) Mit dem stumpfen Ende eines Setzholzes werden im Bereich des oberen Rands der neuen Saatschale vier Löcher pro Reihe markiert. Dann wird die erste Pflanze in ein Loch gehoben und mit dem Setzholz angedrückt, dabei aber so wenig wie möglich angefasst. »Zwei Handgriffe genügen«, sagt Jonathan und bringt rasch noch mehr Löcher ein, um zwei weitere Reihen zu bepflanzen, bis die Mitte erreicht ist. Und auf diese Weise fährt er fort, bis ein weiteres Dutzend den unteren Teil der Saatschale füllt. Es sieht täuschend einfach aus, aber das Bestücken einer Schale nach der anderen mit in gleichmäßigem Abstand gesetzten Sämlingen, die ohne jedes Missgeschick von der Wiege in den Kindergarten geleitet werden, erfordert Geschick.

Die ersten Stecklinge, die im September geschnitten werden, sind die Vanilleblumen *(Heliotropium)*, die ganz früh genommen werden müssen. Sie werden, jeweils 20 Stück, aus Grünstecklingen vermehrt, dann in frisches Bewurzelungspulver getaucht und über die Hälfte einer Anzuchtschale in ein zu gleichen Teilen aus Kokosfaser und Perlit bestehendes Substrat gesetzt, bevor man sie auf einem Pflanztisch im wärmsten Abschnitt des Gewächshauses abstellt. Es sind zehn *Heliotropium*-Sorten, die für die Beete oder Töpfe gezogen werden, einschließlich 400 der besonders intensiven Sorte 'Chatsworth', die für das Parterre und für Töpfe in Hausnähe vorgesehen sind. Die Schalen mit den Stecklingen werden mit einem Stück weißer Polyäthylen-Folie (sie wird zweimal täglich gewendet) abgedeckt, bis sie sich bewurzelt haben, was etwa 14 Tage dauert, wenn die Bedingungen stimmen. Stecklinge von *Salvia* und anderen frostempfindlichen Stauden werden auf die gleiche Weise genommen, aber nicht vor Oktober.

GEGENÜBER
Ziertabak *(Nicotiana)* und Löwenmäulchen *(Antirrhinum)* warten darauf, einzeln eingetopft zu werden.

SEITEN 140/141
Der leuchtend blaue Salbei *Salvia patens* und die grell pinkfarbene Form *S. microphylla* 'Cerro Potosí' mit *Dahlia australis*, allesamt aus Stecklingen unter Glas gezogen.

SEITEN 142–143
Sobald die Wachstumsphase einsetzt, ist das Vermehrungshaus voll mit Pflanzen. Wenn es dann wärmer wird, kommen die Sämlinge des Ziertabaks im Vordergrund zum Abhärten ins Freie, damit Platz für andere Pflanzen entsteht.

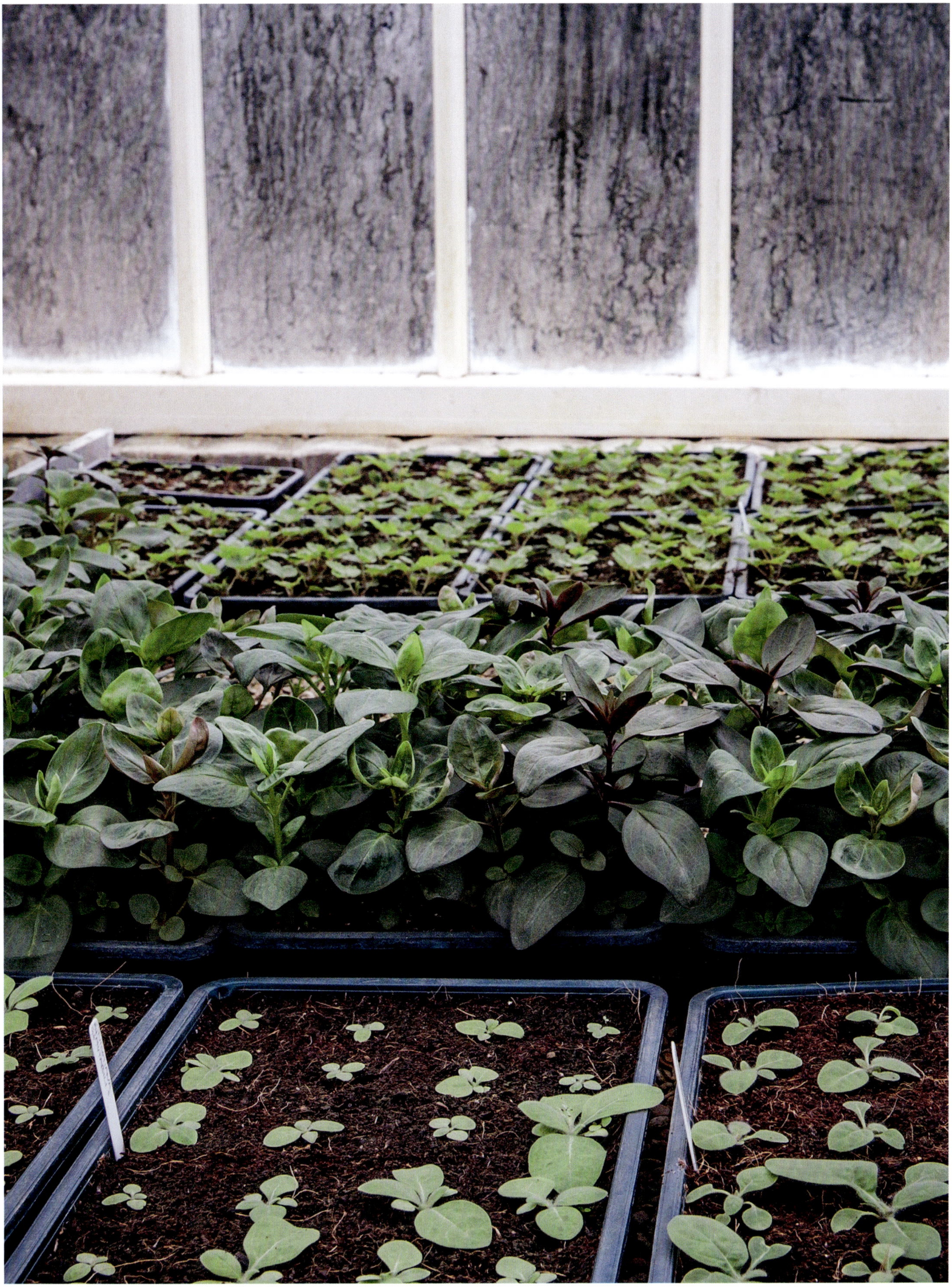

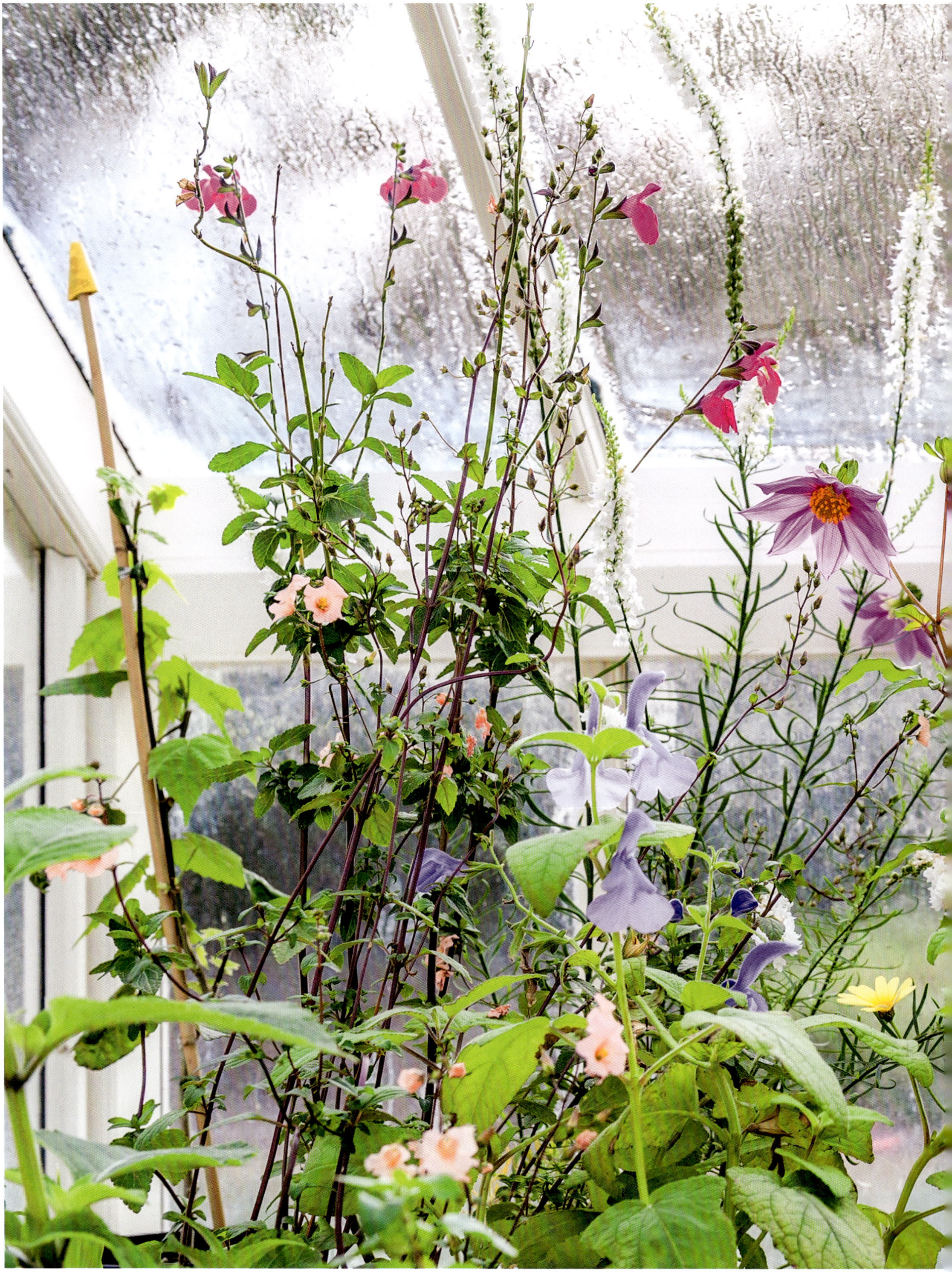

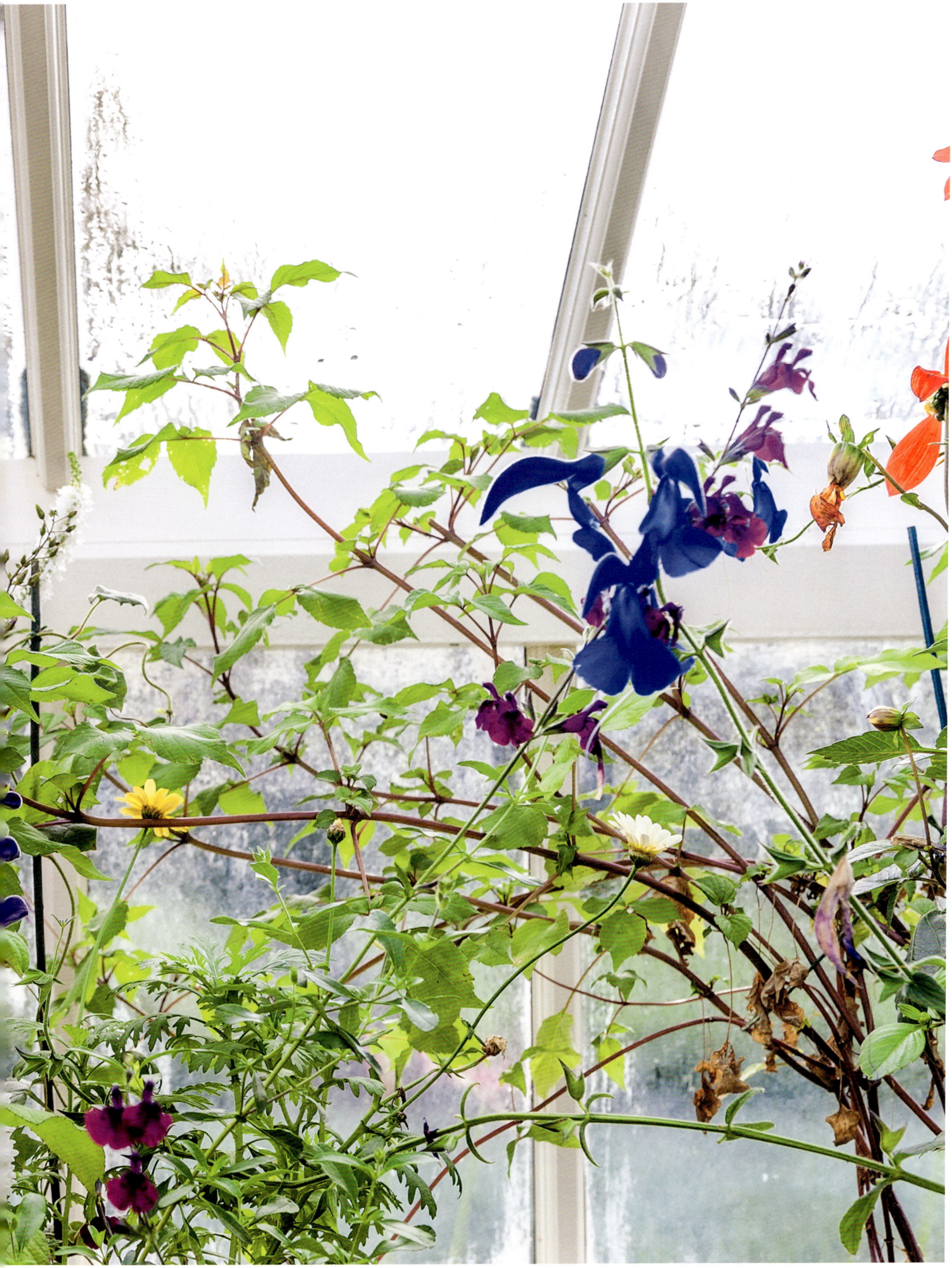

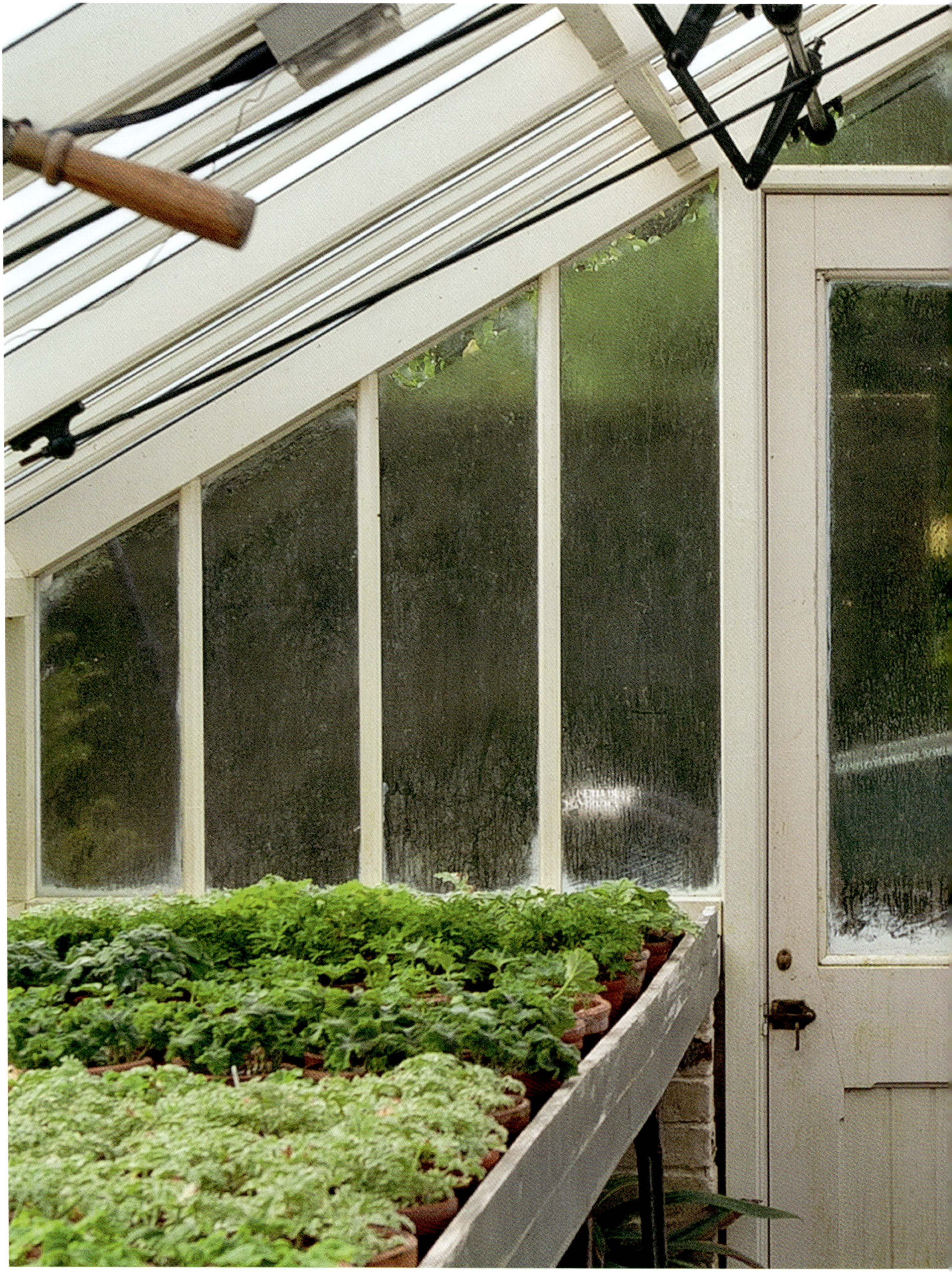

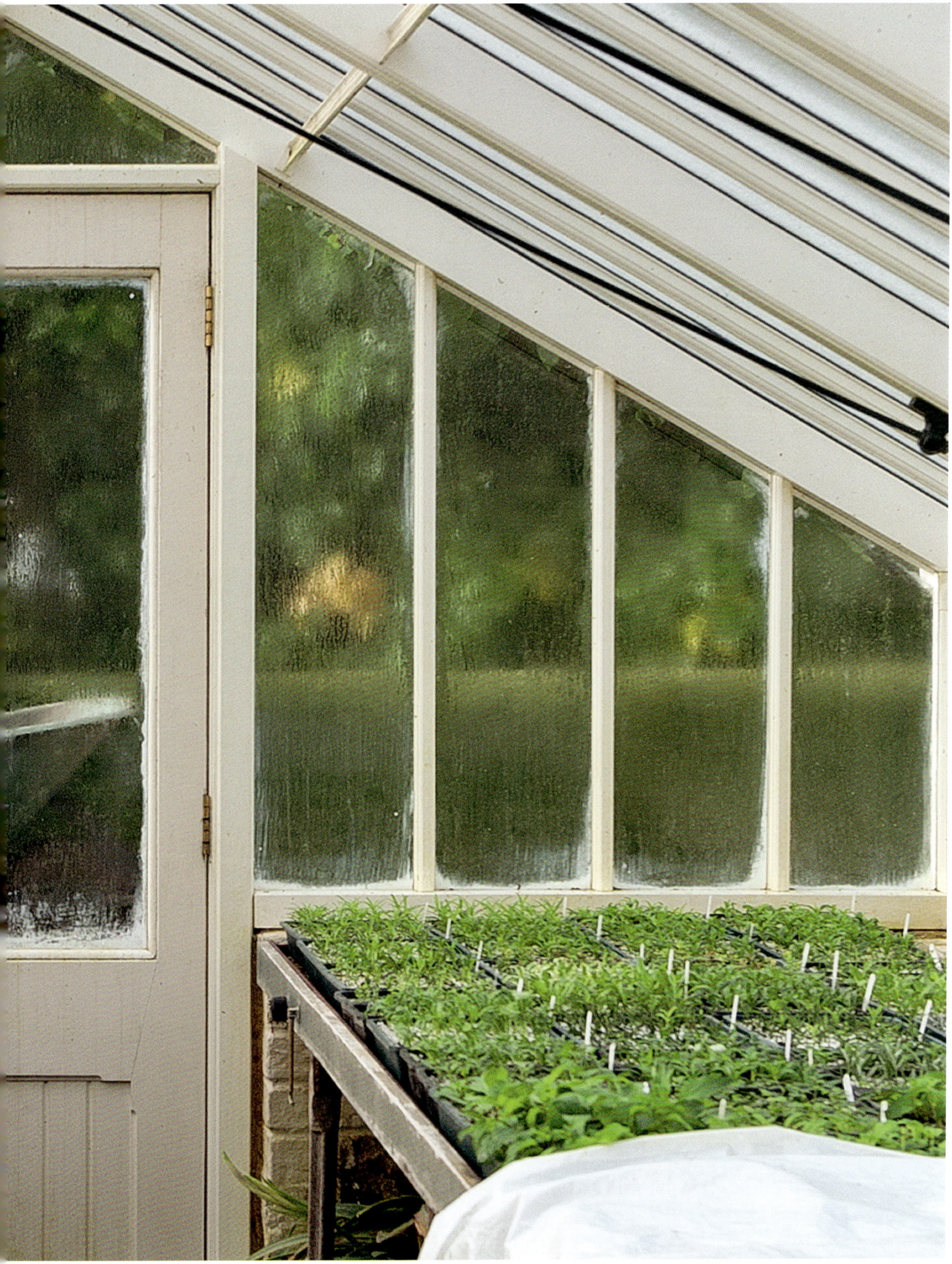

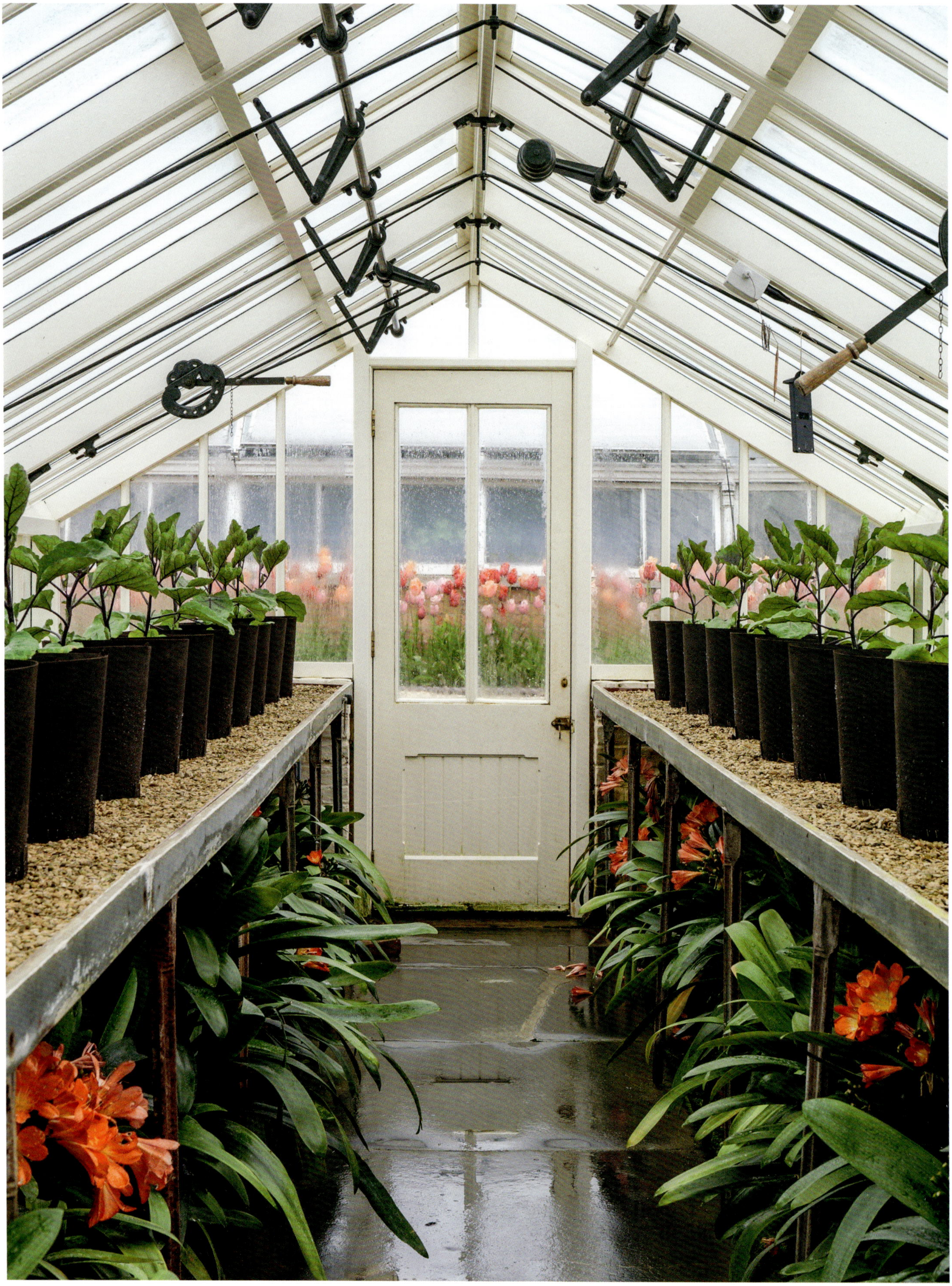

FARNE UND CLIVIEN

Obwohl die Obergärtner in den herrschaftlichen Häusern der Viktorianer den Speisesaal mit aufwendigen floralen Dekorationen zu schmücken pflegten, wurden in den anderen Räumen hauptsächlich Topfpflanzen wie die unverwüstlichen Schusterpalmen *(Aspidistra)*, aber auch andere Palmenarten und Farne eingesetzt. In Waddesdon waren auch Flamingoblumen *(Anthurium)* beliebt – ein ganzes Gewächshaus war der Kultur dieser farbenprächtigen tropischen *Arum*-Gewächse gewidmet. Die Räume der Viktorianer waren in der Regel dunkel und zugig, und die Ausdünstungen der Gaslampen und Heizungen sorgten für eine Atmosphäre, die vielen der Pflanzen, die heute im Haus in Töpfen blühen, keineswegs förderlich gewesen sein dürfte. Als Mrs James die Leitung von Waddesdon übernahm, schrieb sie, dass sich die einzige größere Veränderung im Erscheinungsbild der Räume zu Baron Ferdinands Lebzeiten in der vermehrten Einführung von Blütenpflanzen anstatt Palmen und Immergrünen äußere. Sie erwähnt zwar nicht ausdrücklich die Farne, aber wahrscheinlich hatten diese ebenso wie die Palmen und die unverwüstliche *Aspidistra* bislang die Dekoration des viktorianischen Herrenhauses bestimmt.

Farne waren in der zweiten Hälfte des 19. Jahrhunderts immens beliebt: überall sah man ihre Wedel, angefangen bei den Textilien über Keramiken bis zu den Gartenmöbeln. Das Sammeln von Farnen war derart *en vogue*, dass sich Charles Kingsley gar zu der Äußerung hinreißen ließ, junge Damen, die sich um Adlerfarne kümmerten *(Pteridomania)*, seien »aktiver, fröhlicher und gelöster als jene, die sich mit Romanen und Tratsch, Häkeln und Wollstickerei befassten«. Wir wissen zwar nicht, ob Baron Ferdinand und seine Schwester tatsächlich Farne sammelten, aber es ist zumindest anzunehmen, dass sie der Mode ihrer Zeit nicht gleichgültig gegenüberstanden.

Heutzutage werden Farne eher im Freien als im Haus geschätzt. Für schattige Stellen sind sie überaus wertvoll und, eine entsprechend sorgfältige Sortenwahl vorausgesetzt, bleiben ihre Wedel selbst in den kalten Wintermonaten grün. In Eythrope werden sie in einem Bereich zusammen mit Schneeglöckchen und winterblühenden Sträuchern eingesetzt. Diese Ecke des Gartens wird in diesem Buch nicht behandelt, dennoch aber sollte man sich merken, dass der Hirschzungenfarn, *Asplenium scolopendrium* und *Polystichum setiferum* 'Pulcherrimum Bevis' (*Divisilobum*-Gruppe) beides Schönheiten sind, die sich problemlos in den meisten Gärten ziehen lassen. Sie gedeihen im Schatten und erfordern keinen allzu feuchten Boden. Als winterliche Grünpflanze lassen sie sich selbst in Töpfen ziehen. Die markanten Silhouetten der Farne setzen im Blumengarten geschätzte Akzente; außerdem gibt es mehrere Formen, die selbst trockenen Schatten tolerieren.

Heute trägt auch Miss Alices *Pavilion* seinen Teil zur Farn-Dekoration bei – gemeinsam mit den Schnittblumen, die noch weitaus zahlreicher vertreten sind als zu ihren Lebzeiten –, oft aber sind es die abgeschnittenen Blätter von Frauenhaarfarn, die als Hintergrund in kleineren Vasen gut zur Geltung kommen. Farne, die in 17,5 Zentimeter großen Plastiktöpfen gezogen werden, halten sich, in große ovale Waschwannen aus Porzellan gestellt, wesentlich länger als Blumen in einer Vase.

Der Frauenhaarfarn *Adiantum venustum* mit seinen filigranen Blättern und den schwarzen Stielen ist eine bewunderswerte Pflanze aus dem Himalaja-Gebirge.

GEGENÜBER
Klivien fühlen sich unter dem Pflanztisch sichtlich wohl und blühen üppig.

Im Freien gezogen, wirft sie die Blätter ab; einen strengen Winter überlebt sie nicht. In Eythrope werden die Farne im Gewächshaus Nummer 3 gehalten, das im Sommer beschattet und (wie alle Gewächshäuser) regelmäßig besprüht wird. Die Farne werden im Sommer einmal pro Woche mit einem stickstoffhaltigen Dünger versorgt; im Winter fällt die Temperatur nie unter 10 °C. Wie bei den Pelargonien müssen ihre Blätter regelmäßig ausgeputzt werden. Die Vermehrung erfolgt durch Teilung bei einer Temperatur von 10–12 °C.

Clivien *(Clivia)* wurden im Jahr 1815 nach England eingeführt. Benannt wurden sie nach Lady Charlotte Clive, Herzogin von Northumberland, die sie als Erste in Britanien zog. In Gartenbüchern sucht man sie bis zum Ende des Jahrhunderts vergeblich, zumal sie über Jahre nahezu unerschwinglich blieben. Aber ihr exotisches Erscheinungsbild begeisterte die Viktorianer, die eine Vorliebe für alles Tropische hatten.

Sie sind in Südafrika heimisch, wo sie in schattigem Waldland wachsen. In Eythrope werden sie unter lichtarmen und frostfreien Bedingungen im Gewächshaus kultiviert. Sie fühlen sich unter dem Pflanztisch sichtlich wohl und werden einmal pro Woche gegossen, nie gedüngt und nur etwa alle fünf Jahre einmal umgetopft. Ihre bemerkenswerten glänzenden Blätter und das auffallende Orange ihrer Blüten bilden im zeitigen Frühjahr im Haus einen willkommenen Blickfang. Clivien lassen sich in wärmeren Klimazonen auch im Freien ziehen, aber sie gedeihen am besten, wenn man sie in 20,5 Zentimeter großen oder noch größeren Töpfen sich selbst überlässt, die Hälse der Zwiebeln sichtbar über der Erde. Besser als Umtopfen vertragen sie das Nachfüllen einer Schicht frischer Erde. Im Winter werden sie von November bis nach Weihnachten trocken, kühl und schattig gehalten; danach wird vermehrt gegossen, bis sie blühen. Nach der Blüte, in der Zeit der Samenruhe, wird dann wieder weniger gegossen, bis sie erneut Blüten anzusetzen beginnen. Im Sommer können sie draußen an einem schattigen Ort stehen, aber in Eythrope, wo im Gewächshaus genügend Platz ist, bleiben sie das ganze Jahr über unter dem Pflanztisch.

GEGENÜBER
Die Farne *Adiantum venustum* und *Nephrolepis exaltata*.

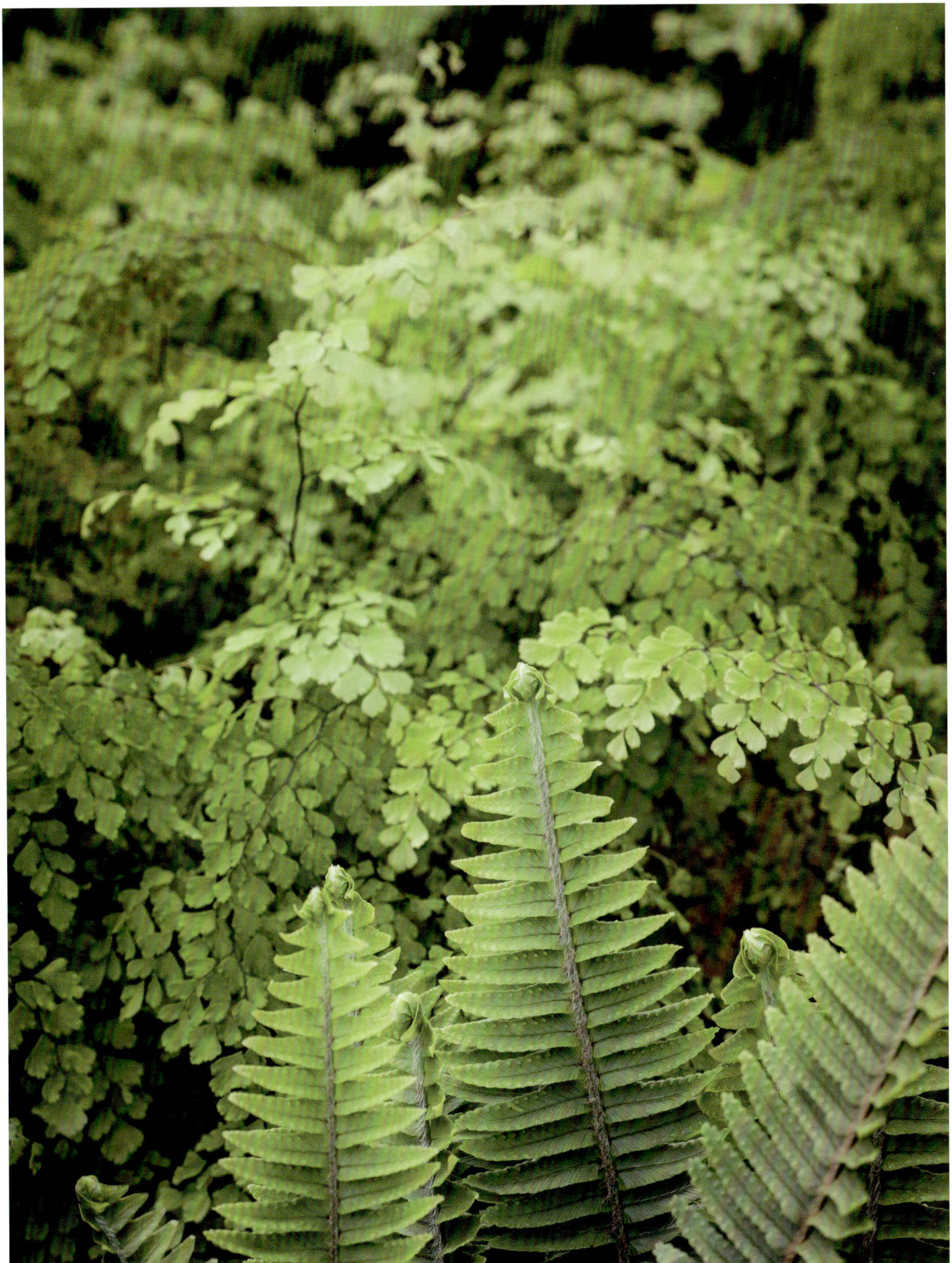

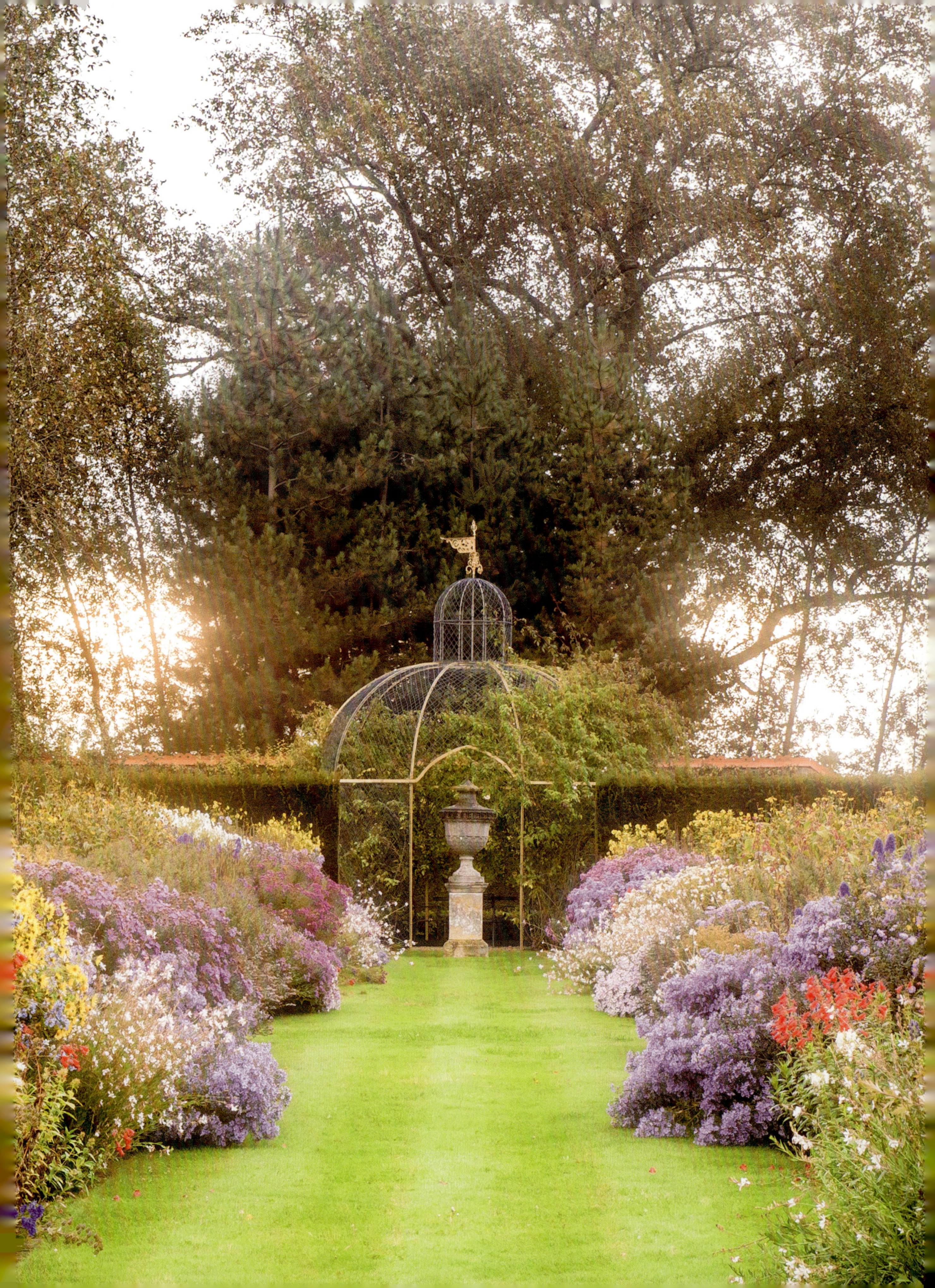

RABATTEN

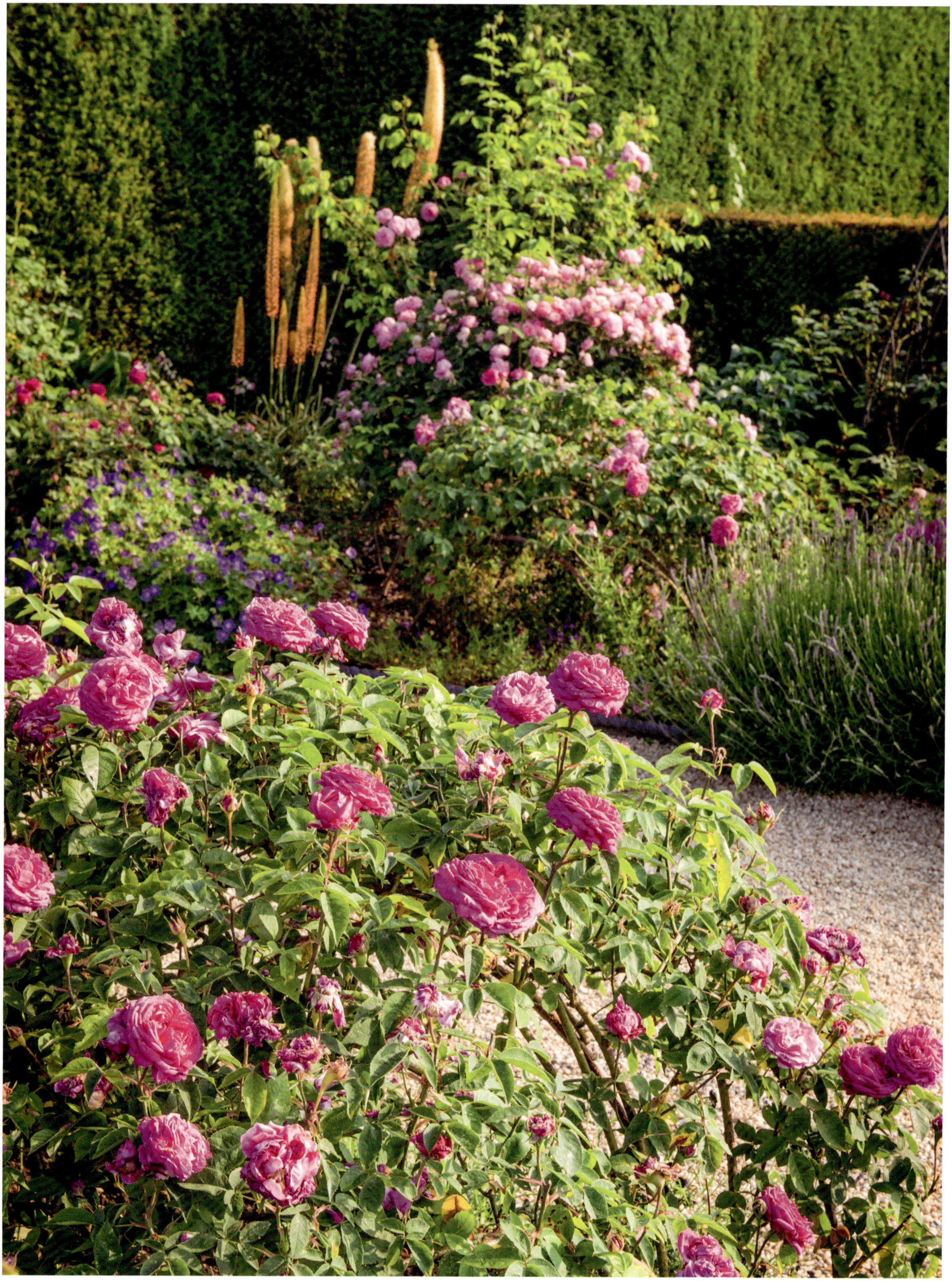

BLUMENRABATTEN

Im ummauerten Garten gibt es mehrere Rabatten. Wenn man ihn durch die Eisentore unter dem Laubengang betritt, sind da zunächst die paarweise angelegten Rabatten, die den Weg zu dem höher liegenden Wasserbecken säumen, an dem in Stein gehauene Kröten sich gegenseitig Wasser zuspeien – unmittelbar dahinter die Gewächshäuser. Die Bepflanzung dieser Beete steht ganz im Zeichen der Jahreszeiten; sie werden für den Frühling eigens mit Tulpen oder Hyazinthen und Goldlack bepflanzt und im Sommer mit Pelargonien und *Aeonium*, sodass dem Besucher gleich zu Beginn einer Gartenbesichtigung jederzeit etwas Besonderes ins Auge springt. Eine derart zielgerichtete Beetbepflanzung kann eine teure Angelegenheit sein, nicht aber, wenn sämtliche Pflanzen vor Ort gezogen werden. Die magenta-pinkfarbenen Pelargonien 'Vera Dillon' beispielsweise wurden alle aus Stecklingen einer Pflanze gezogen, die in Chatsworth Bewunderung erregte. Gärtner sind großzügige Menschen, und alle freuen sie sich über eine Pflanze mit Geschichte.

Es gibt so viel wahrzunehmen beim ersten Besuch, dass man unwillkürlich den Schritt verlangsamt. Solchermaßen abgelenkt, wird man womöglich den Weg in Richtung Kirschenhaus einschlagen, bevor man das Wasserbecken erreicht. In diesem Fall geht man zwischen einer eher zwanglos gestalteten gemischten Bepflanzung einher, die langlebiger ist als die nur für eine bestimmte Jahreszeit vorgesehene Beetbepflanzung. Die beidseits des Weges angelegten Rosenbeete ziehen sich über die Achse zu den in Reih und Glied stehenden Gewächshäusern, und diesen Weg wird man vor allem im Hochsommer genießen, zumal man im Vorbeistreifen ein paar Kirschen pflücken kann. Hier trifft man auf Alte Rosen, die an Kuppeln aus Eisengestänge – von einem Kunstschmied vor Ort gefertigt – wunderschön zur Geltung kommen und von Juni bis September in Schwaden von Blüten eingehüllt sind. Das Farbspektrum reicht von zarten Rosa- bis zu Purpurviolett-Tönen, darunter zitronengelbe Akeleien. Die Rosen sind zwar keine ausdauernd blühenden modernen Hybriden, aber freuen darf man sich auf eine Nachblüte im September. In der Blütezeit ist die ganze Luft von ihrem Duft erfüllt. Es gab schon Besucher, die vor dem Frühstück bereits in den Garten kamen und sich einen Spankorb schnappten, um im Vorbeigehen die verwelkten Rosenblüten auszubrechen. Diese Arbeit war von jeher den Damen des Hauses vorbehalten, die sich gern die Zeit damit vertrieben – wie würde man den Blüten auch näher kommen, als wenn sie mit ihren silbernen Petalen in den Korb flattern?

Wer den ummauerten Garten stattdessen lieber durch das größere Tor betritt, kommt unwillkürlich an den Gemischten Rabatten vorbei, die so gestaltet sind, dass sie das ganze Jahr über Aufsehen erregen. Diese befinden sich außerhalb der Wirtschaftsgebäude des Hofes, in denen einige der Gärtner leben und wo Blumen und Früchte auf Regalbrettern vor Sues Büro aufgereiht sind, bevor sie hinauf zum Haus gebracht werden.

Wer um den Hof herum geht, kommt zu einem Rondell aus Eibenhecken, von dem Wege nach außen abzweigen. Von hier aus könnte man sich dem Nutzgarten in Richtung Obst-Tunnel zuwenden oder den Weg nach rechts einschlagen und an den Rosenbeeten entlang zum Kirschenhaus wandeln, ja, am allerbesten entscheidet man sich für den breiten Rasenweg zwischen den beiden Staudenbeeten, für

SEITE 148
Die Staudenbeete im Frühsommer. Die Rosenlaube aus Eisengestänge stand einst im Vogelgehege in Waddesdon.

GEGENÜBER
Paarweise säumen Rosenrabatten den Weg zum Kirschenhaus. Im Vordergrund sieht man *Rosa* 'Baronne Prévost', aufgeleitet an Haselbögen.

die der Garten berühmt ist. Diese ziehen sich hinauf zu einer mit Rosen überwachsenen Laube aus Eisengestänge (die identische zweite Kuppel steht bei der *Dairy*), die aus dem Vogelgehege in Waddesdon stammt. Das Gelände steigt bis zu dieser Rosenlaube leicht an, aber hier finden sich Bänke unterhalb von prächtig erzogenen China-Rosen, die Miss Alice vertraut gewesen sein dürften.

Obwohl Sue Dickinson in jedem anderen Garten zur Einführung einer Gemischten Rabatte tendiert hätte, sah sie in Eythrope davon ab. Dieses Filetstück der Gartengestaltung war von jeher so konzipiert, dass es sich eher an einer exquisiten viktorianischen Rabatte orientiert als am Design eines modernen Schemas, das heute aber Sträucher einschließt. Man fühlt sich spontan an ein altes Aquarell oder eine der frühen sepiagetönten Fotografien von den Gärten in Waddesdon erinnert. Am Ende der Blickachse zwischen den Beeten spiegelt sich in der Rosenlaube ein weiteres Mal der alte Garten von Waddesdon, der Miss Alice einst so vertraut war.

Staudenrabatten waren Mitte des 19. Jahrhunderts ganz groß in Mode. Dies verwundert insofern, als man sich viktorianische Gärten immer als überquellend mit Blüten in Primärfarben vorstellt. Aber Staudenrabatten waren fraglos ein Charakteristikum von Landsitzen und somit auch von Eythrope, auch wenn sie ein gedämpfteres Farbschema bevorzugt und ein weniger klar konzipiertes, eher pastellig anmutendes Bild als die heute gefragten kräftigeren Farbklänge gezeigt haben dürften. Mehr Struktur, weniger Anstäben und eine über das ganze Gartenjahr ausgedehnte, leuchtendere Blütenpracht – so lassen sich die erklärten Vorlieben der Gärtner heute umschreiben. Ich kenne nur wenige Rabatten, die ausschließlich mit winterharten Blütenpflanzen gestaltet sind – vielmehr entspricht die Gemischte Rabatte, zu der Sträucher, Zwiebelblumen, beschränkt winterharte Gewächse und Gräser gehören, dem gemeinhin favorisierten Trend des 21. Jahrhunderts. Michael Calnan, Präsident des *National Trust*, bekennt freimütig, dass es ihm schwerfalle, aus der ihm anvertrauten Reihe viktorianischer Gärten angesichts dieser strengen Interpretation ein Beispiel einer reinen Staudenrabatte zu nennen. Die Rabatte des Privatgartens in *Arley Hall* in Cheshire war, als sie 1840 angelegt wurde, eine reine Staudenrabatte, enthält heute aber auch Sträucher. Die Rabatten in Eythrope sind seltene Beispiele einer authentisch historischen Gestaltung.

Bei einem Herbstspaziergang durch den Garten, wenn der pfefferartige Duft von Phlox in der Luft hängt, kommen die Asternhorste mit ihrem verwaschenen Blau in voller Schönheit zur Geltung. Wenn die Blätter sich allmählich rostrot und golden färben, gehört ein Gang zwischen den Rabatten auf dem breiten Rasenweg zu den größten Freuden des Oktobers. Vielleicht kommt man dabei ja gar in den Genuss einiger Muskatellertrauben oder findet einen knackigen Apfel. Wer würde sich nicht hinreißen lassen von dieser einzigartigen Kombination aus Schönheit, Duft und Geschmack, die dieses *Paradise* bereithält? Manchmal schallt das Gegacker eines Huhns vom Obstgarten herüber, und wenn man sich dann hinter der Rosenlaube nach links wendet in Richtung Topfgarten, wartet dieser mit einer Vielfalt von Blättern in den unterschiedlichsten Texturen und Düften auf. Die Verbenen *(Aloysia citriodora)* mit ihren rauen Blättern verströmen einen Zitronenduft, der selbst Stunden danach an den Händen noch wahrnehmbar ist. Interessierte Besucher werden genau wie Gärtner immer wieder sagen: »Ich hätte nur zu gern ein kleines Stück jener Aster oder wünschte den Namen dieses köstlichen Apfels zu erfahren«, und dank der Großzügigkeit, die vor Ort herrscht, gehen die wenigsten Besucher mit leeren Händen von hier fort.

GEGENÜBER
Die Rabatten am Eingang zu dem mauerumzogenen Garten. *Salvia involucrata* 'Boutin' blüht beidseitig des Weges.

SEITE 154 & 159
Eine dünne Schneedecke hebt die Konturen der Staudenrabattten und das Eisengestänge der Rosenlaube plastisch hervor.

SEITE 155
Gaura lindheimeri

SEITEN 156/157
Die Staudenrabatten im Spätsommer

SEITE 158
Aster novae-angliae

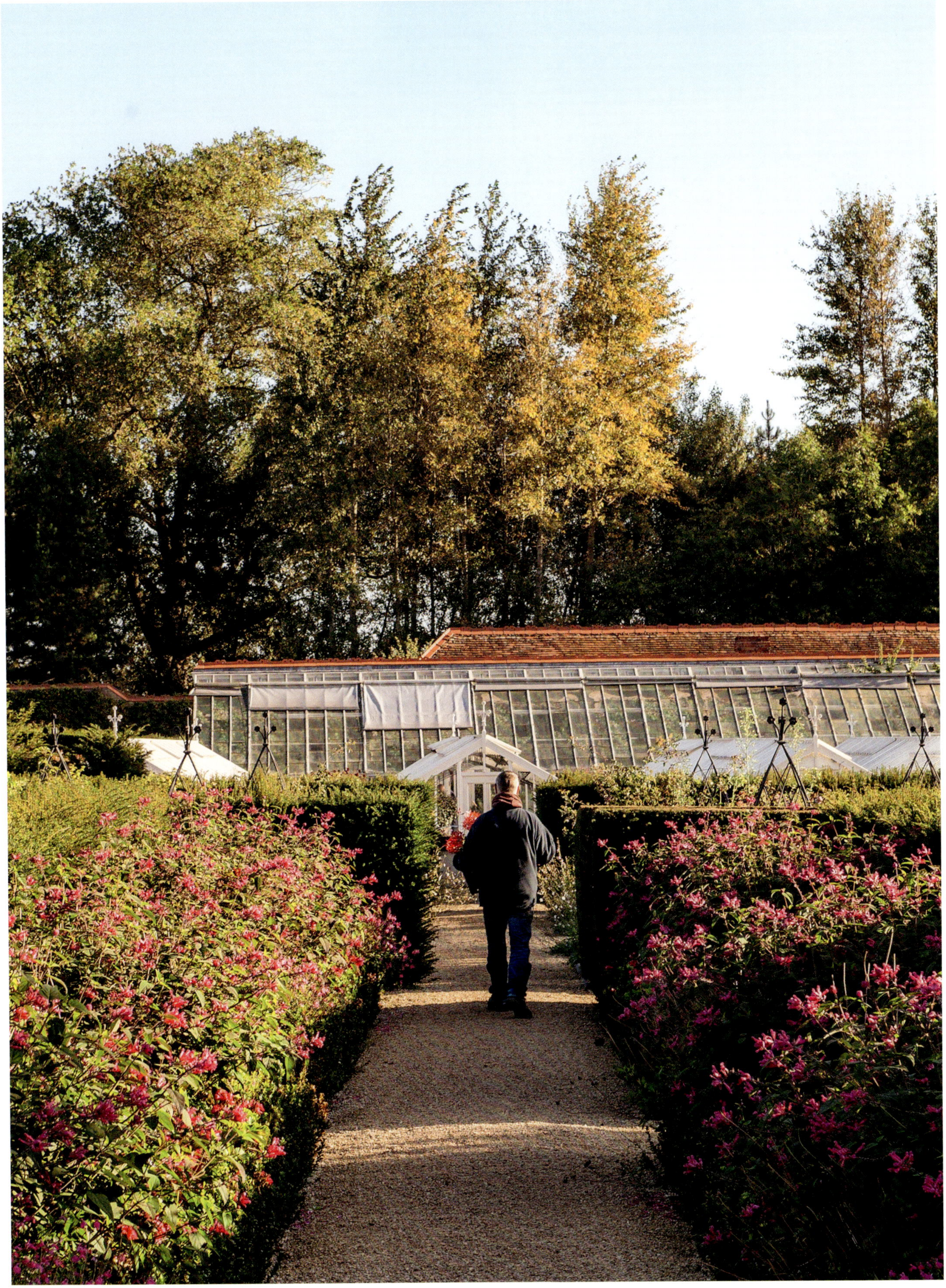

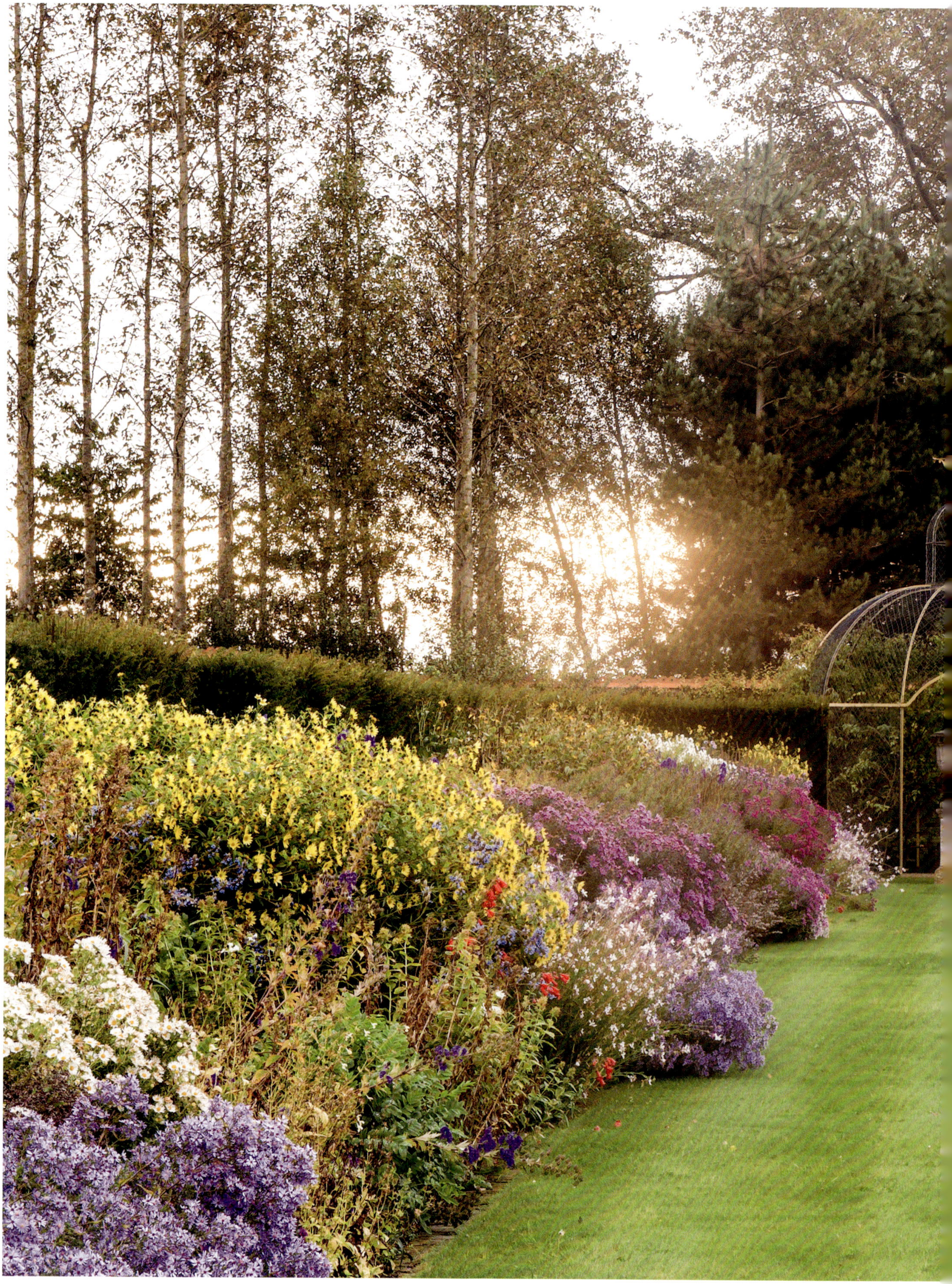

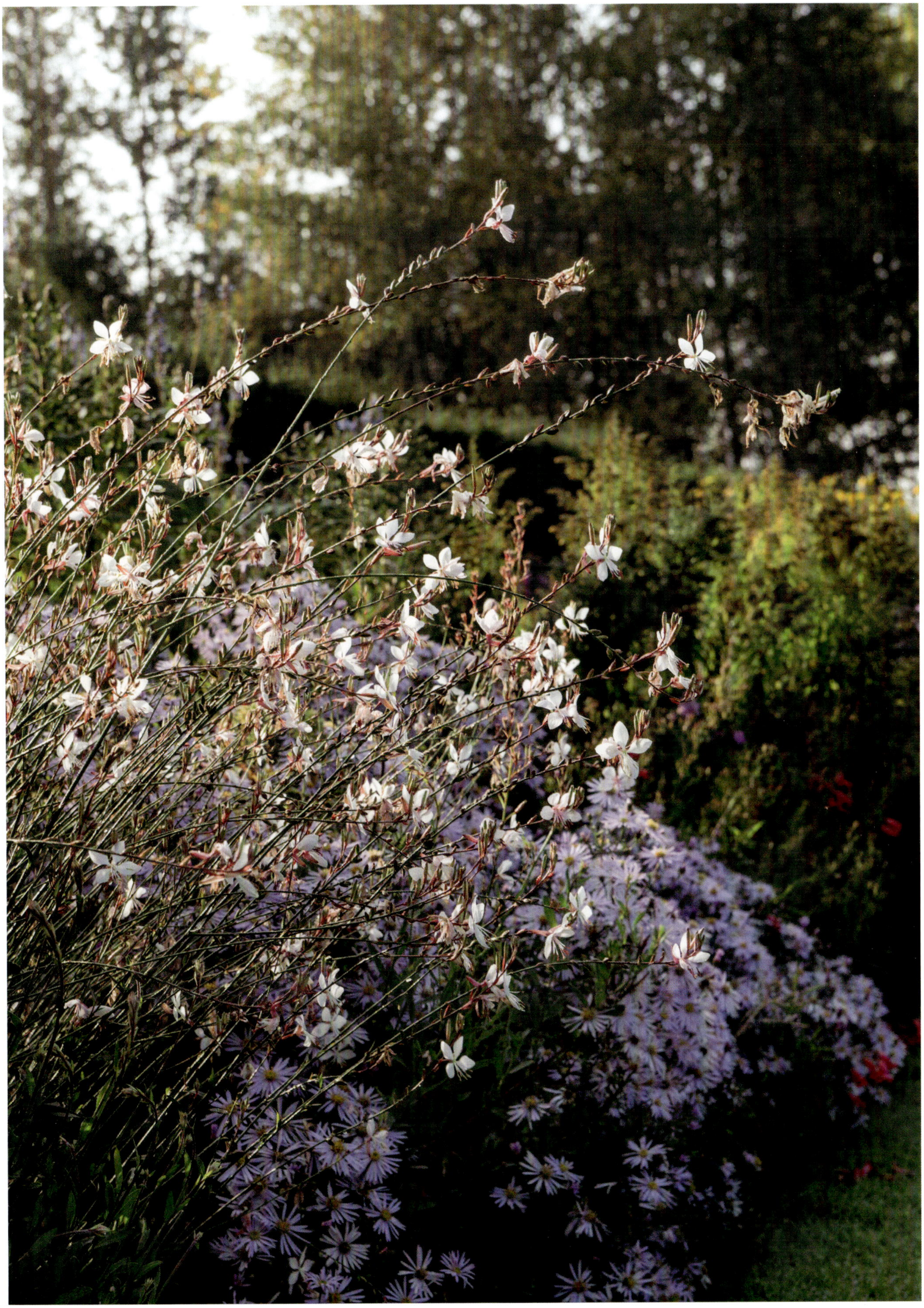

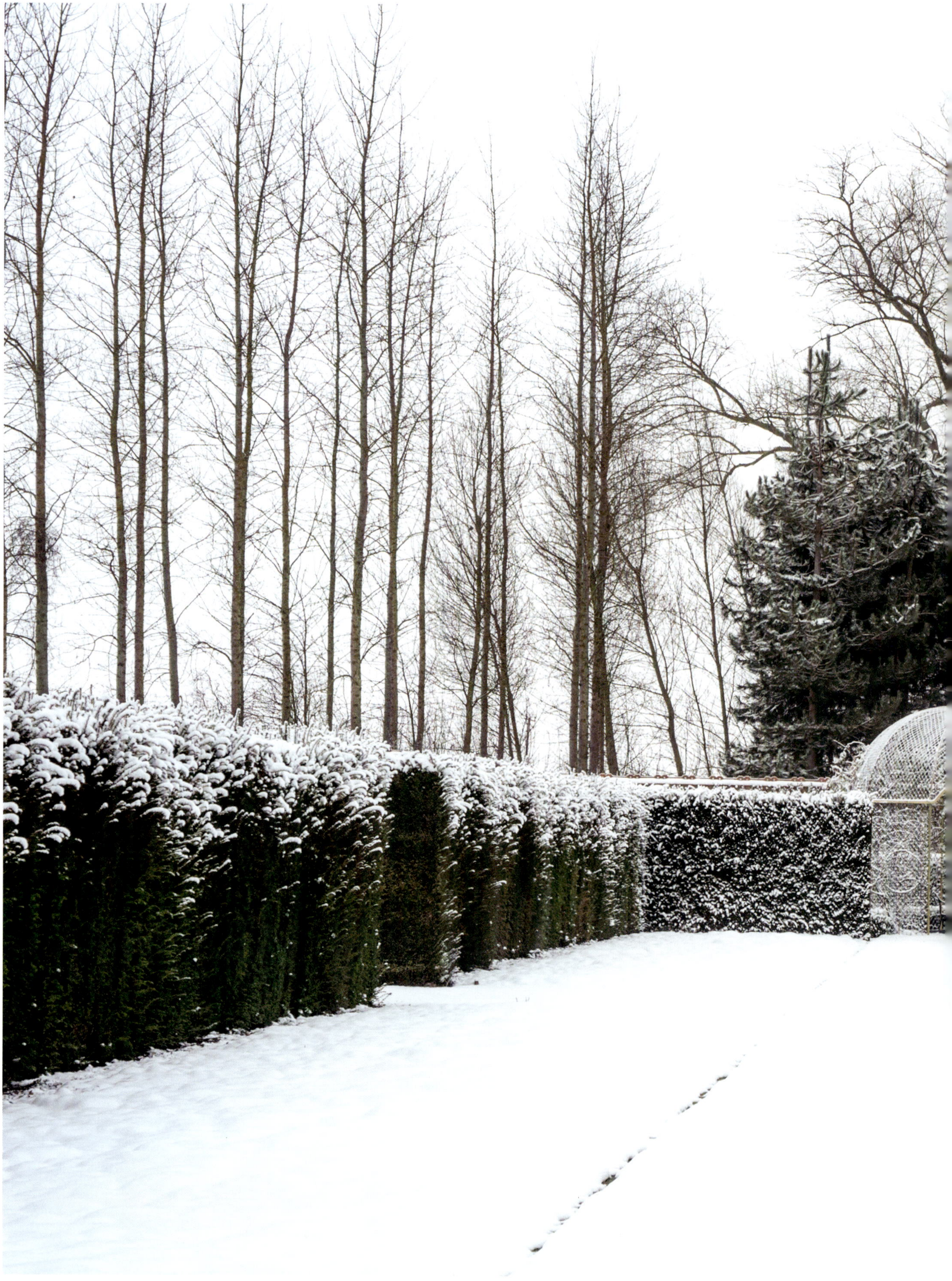

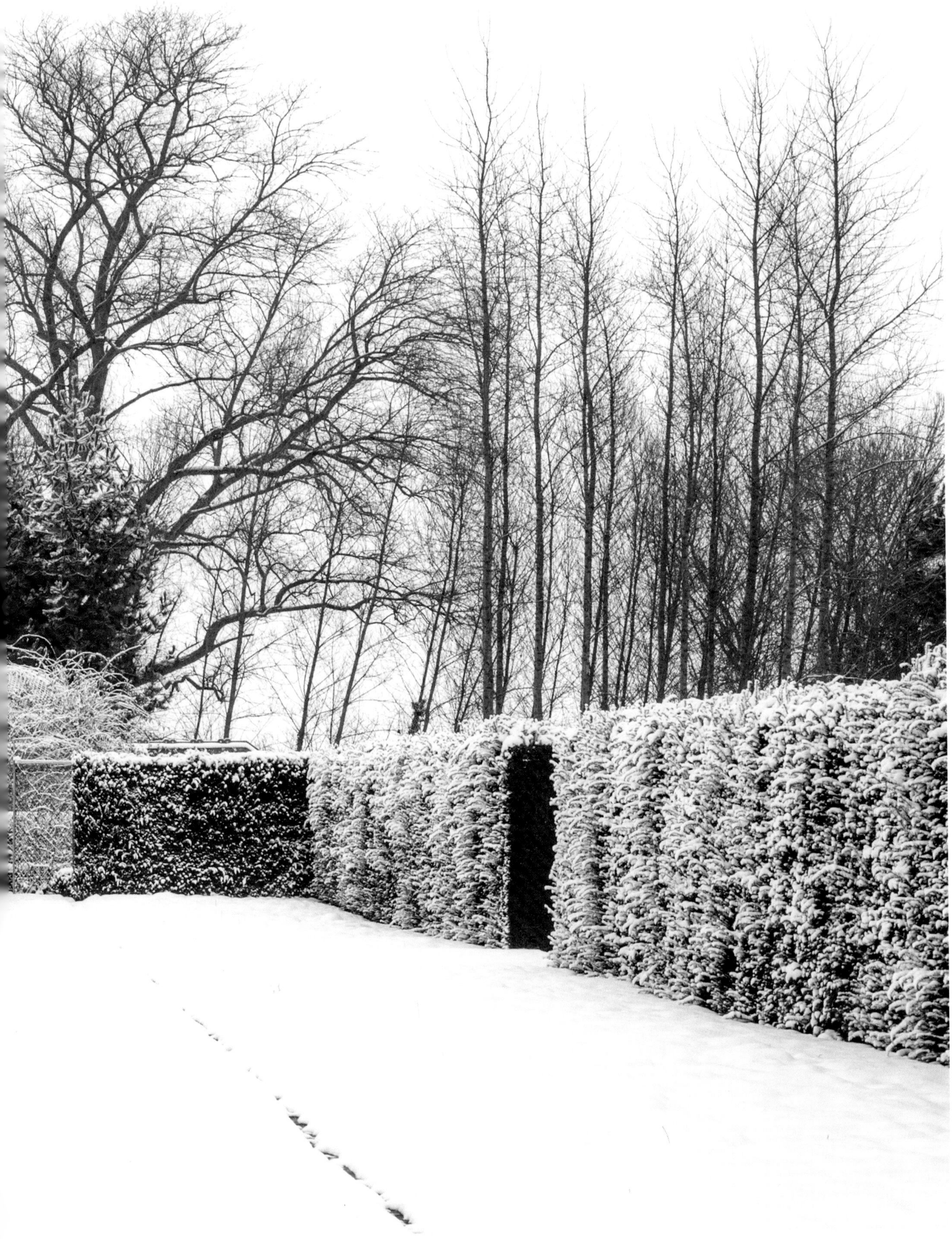

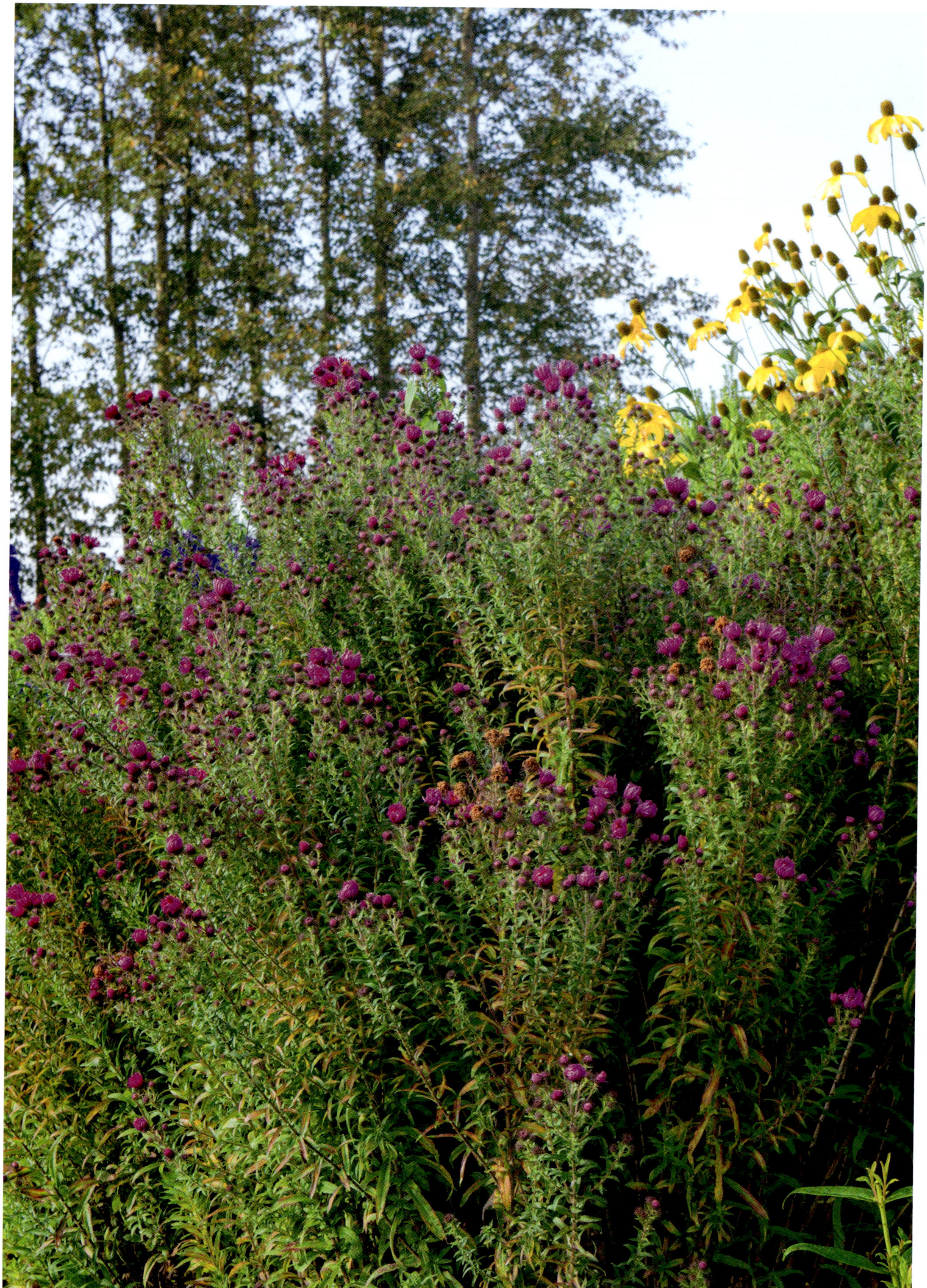

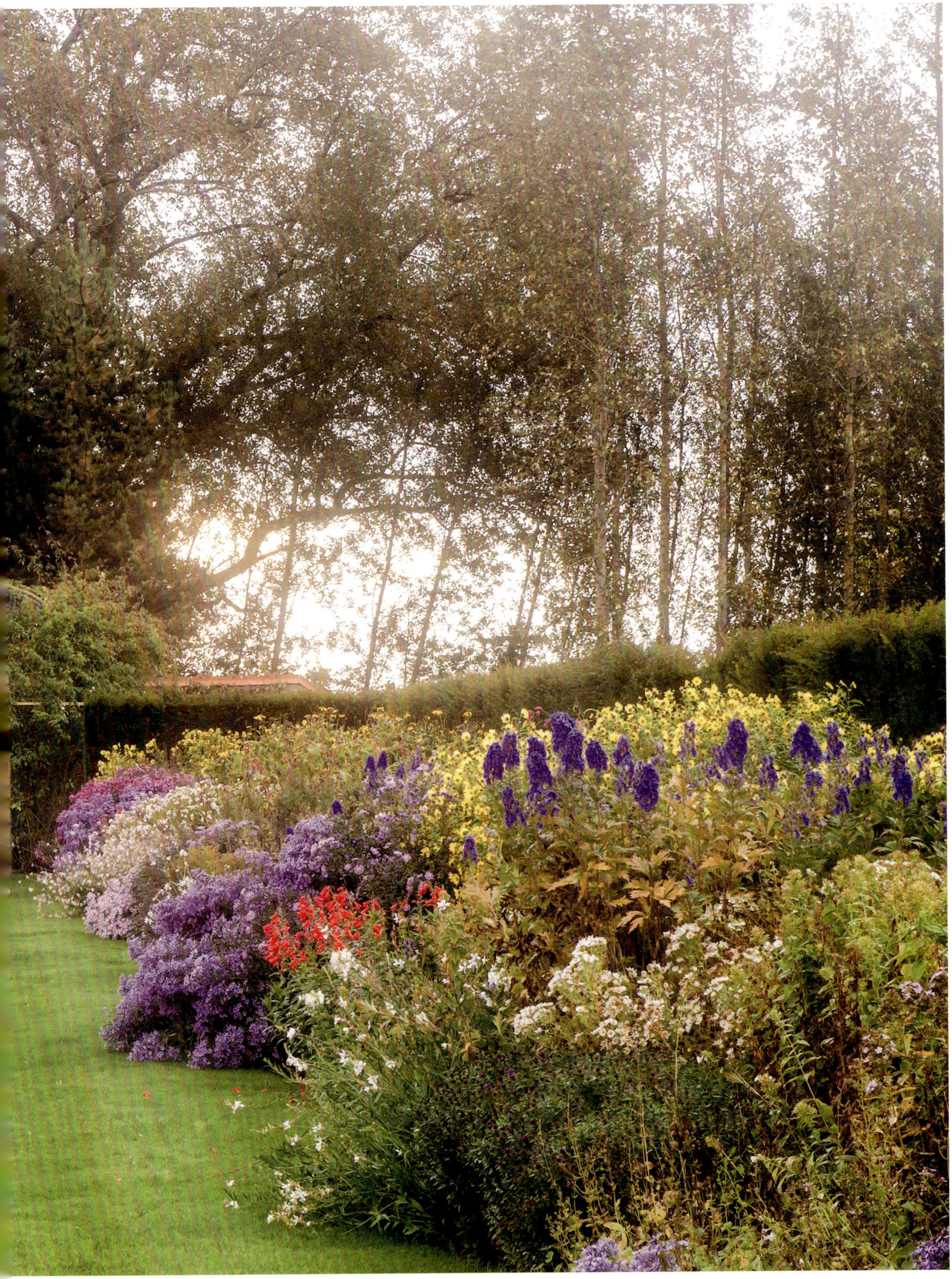

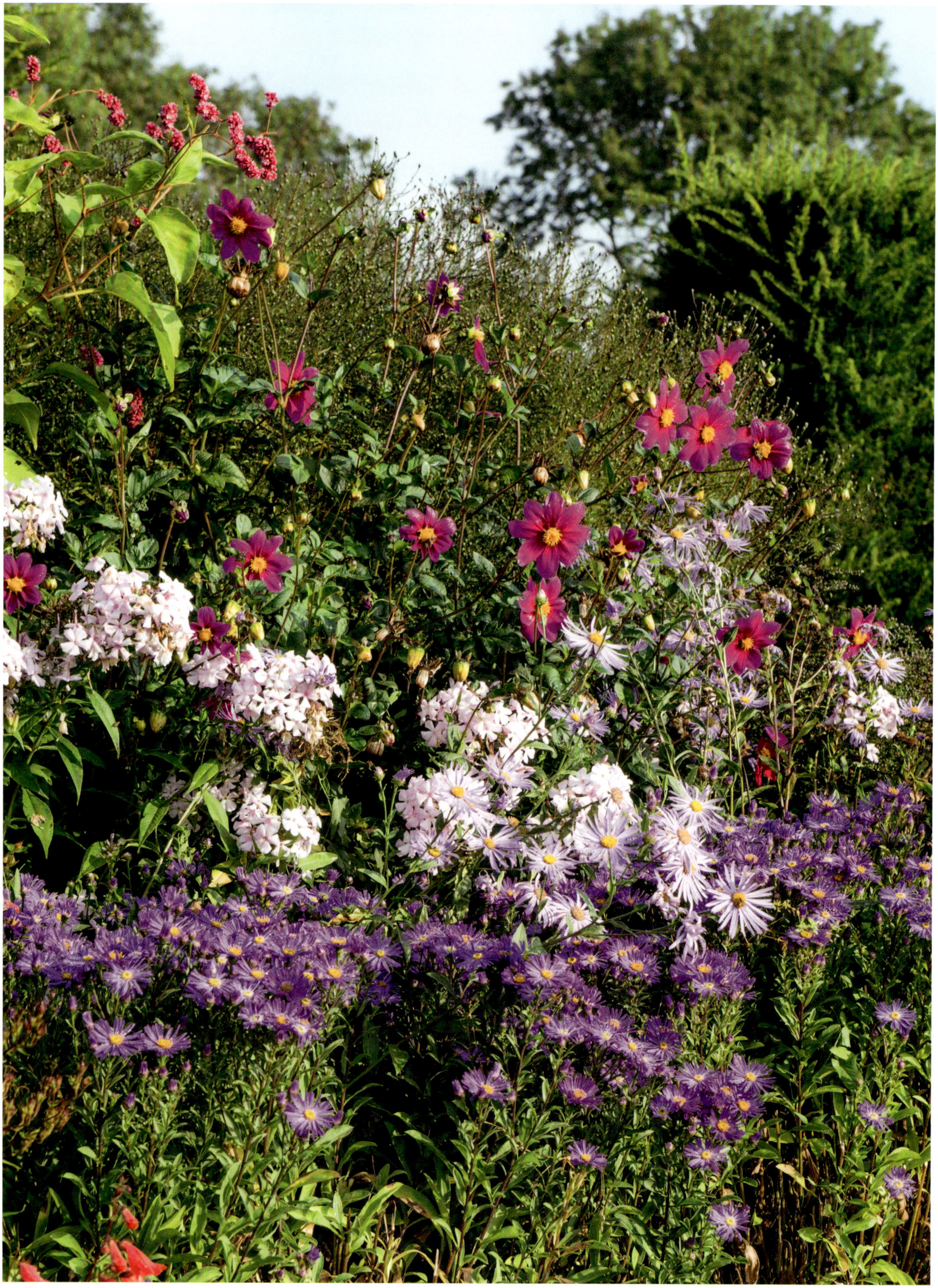

STAUDENRABATTEN

Die Staudenrabatten sind so bepflanzt, dass sie im Spätsommer und Herbst am schönsten wirken. Von Mai an erregen die Rosenbeete und die vorwiegend mit Einjährigen bepflanzten Rabatten Aufsehen, im September aber, wenn die großen paarweisen Rabatten in voller Blüte stehen, entfacht der gesamte Garten ein Feuerwerk aus Farbe und Duft. Dies ist dann die Zeit, in der das *Paradise* seine überschäumende Pracht entfaltet.

Im 19. Jahrhundert wurden die krautigen Gewächse zu kleinen Gruppen von jeweils einer Pflanzenart zusammengefasst, wobei es möglichst viele verschiedene Typen zu präsentieren galt. In Waddesdon enthielten die Staudenrabatten vor einem Hintergrund aus Eibenhecken, genau wie in Eythrope heute, ein Potpourri aus Farben und Pflanzen, die dem jungen französischen Gärtner Marcel Gaucher, der von 1922 an drei Jahre im Herrenhaus wirkte, ausgesprochen fremdländisch erschienen sein müssen. Er schrieb von böschungsartig ansteigenden Rabatten mit den größten Pflanzen hinten und den kleineren im Vordergrund, alle wie die Teile eines Puzzles miteinander verbunden. Die sorgfältige Abstimmung von Farbgruppierungen und Blatttexturen entspricht eher heutigen Ansprüchen – in den frühen Rabattenpflanzungen dürfte dieser Aspekt kaum Beachtung gefunden haben. In Waddesdon wurden Lupinen, Rittersporn, Sonnenbraut und Fingerhut nach hinten gesetzt, und nach vorn hin, größenmäßig abgestuft, Phlox, Katzenminze und Bartfaden, gesäumt von Fetthenne und Steinbrech-Arten am äußeren Rand. Über die ganze Länge der Rabatte verteilt fanden sich im Abstand von 4 Metern eiserne Rahmen und, dazwischen verwoben, Duftwicken. Sue bekennt offen, dass sie nie versucht hatte, damit zu konkurrieren. Bei der Planung des Pflanzschemas war es ihr indes ein Anliegen, sich über verkrustete Theorien bewährter Pflanzengemeinschaften hinwegzusetzen, sodass die hier in Form wogender Bänder angeordneten Pflanzen die Wirkung eines alten Aquarells entfalten. Gertrude Jekyll wählte für ihre Pflanzgruppen die Rautenform, keine Kreise, und daran wird in Eythrope auch vorwiegend festgehalten. Das im Jahr 1880 beliebte Sortiment an Blumen wie Astern, Eisenhut und Phlox beherrscht das Bild der Rabatten in Eythrope. (In den 1890er Jahren wurden in den damaligen Samenkatalogen 144 verschiedene Astern aufgeführt sowie einige reizvoll gefüllte weiße Varietäten von Phlox.) Die altmodische Bepflanzung lässt die Rabatten gänzlich anders aussehen als das Gros der heute üblichen Zusammenstellungen, setzt man in Eythrope doch weitgehend auf harmonierende Farben, nicht auf die einander beißenden Kombinationen, die vielfach das Bild heutiger Gärten bestimmen, überdies auf eine reizvolle Anmut, die man in modernen Schemata oft vergebens sucht. Die Anordnung der Pflanzen ist jedoch eher dem Heute verpflichtet als dem Arrangement zu Miss Alices Zeiten. Die Staffelung der Höhen erfolgt nicht fließend von vorne nach hinten, vielmehr entspricht die Gesamtwirkung dem harmonischen Bild eines Teppichs ohne farbliche Ausreißer *(bariolage)* wie in dem Kunterbunt, das dem jungen französischen Gärtner so fremd vorgekommen sein muss.

Früher im Jahr sind die Beete, die beidseitig den Weg zu der Rosenlaube säumen, mit ansehnlichen grünen Hügeln gefüllt, aber schon im Juli beginnt der Phlox zu blühen und entfaltet im Vorbeistreifen seinen scharfen pfefferigen Duft. Einige *Penstemon*-Stauden blühen bereits und halten sich, bis die Rabatte im September

GEGENÜBER
Aster amellus 'Veilchenkönigin', die blasse ausdauernd blühende *A.* x *frikartii* 'Mönch' und die karmesinrote Form von *Dahlia coccinea* vermischen sich in den frühherbstlichen Rabatten.

ihrem Höhepunkt zustrebt. Manche Pflanzen ziehen die Blicke geradezu magisch auf sich, noch bevor die Blütenknospen allmählich Farbe annehmen. *Aconitum carmichaelii* ist mit seinem markanten statuarischen Habitus nicht zu übersehen, und *Echinops* setzt mit seinen grünen Kugelköpfen formschöne Akzente, bevor die Distelköpfe stahlblau leuchten, wenn die Tage bereits wieder kürzer werden. *Leucanthemella serotina* (syn. *Chrysanthemum uliginosum*) und *Galega* x *hartlandii*, finden sich hier, und an den Rändern des Beetes dann Wolken von *Nepeta govaniana*, der hellgelb blühenden Form der Katzenminze, und schließlich *Gaura* und *Aster lateriflorus* 'Prince'. Danach setzen die großen Horste der Herbstastern das Schauspiel fort. Diese gehören vorwiegend der *A. novae-angliae*-Gruppe an, die mehltauresistenter ist als die meisten anderen Astern, die in trockenen Jahren durch Mehltau stark verunstaltet werden können. Die diesigen Lila- und Rosaviolett-Töne, kombiniert mit einem Schuss Gelb von den Goldruten, halten sich, bis der erste Frost kommt.

Abgesehen von einer Schicht Seetang-Mehl und Vitax, eine Mischung, wie sie überall im Garten aufgebracht wird, besteht die Hauptaufgabe in diesen Beeten im unauffälligen Anstäben der Pflanzen. Obwohl diese sich dicht aneinander drängen, besteht immer die Gefahr, dass sie umfallen – ein Grund, sie sachgerecht zu stützen, bevor dies passiert. Im Idealfall sollte man mit dem Anstäben in der dritten Maiwoche beginnen; in Eythrope werden dafür Erbsenreiser verwendet. Wer keine verfügbar hat, kann sich mit Stöcken und Schnur behelfen wie die Gärtner in *Great Dixter*, die die Schnur um jeden Stock winden und das Ganze dann an einem in der Mitte stehenden Bambusstab verankern; oder man kann so verfahren, dass man jede Pflanze Ende Mai – zur Zeit der *Chelsea Flower Show* – um ein Drittel zurückschneidet.

Die Pflanzen müssen bis zu 15 Zentimeter unterhalb ihrer endgültigen Höhe angestäbt werden, um zu gewährleisten, dass nirgends Stöcke zu sehen sind, wenn sie blühen. Schon wenige Erbsenreiser genügen, um die Pflanzen wirksam einzukreisen. So wird ein Auseinanderfallen der Horste effektiv verhindert. Der Stock muss die Pflanze stützen und sollte deshalb fest im Boden verankert sein. Dann werden die Enden umgebogen, damit die Pflanze hindurchwachsen kann, oder so zurechtgestutzt, dass die Blütenähren über den Erbsenreisern aufragen.

Hinzu kommt als weitere Aufgabe das Wässern. Vor mehreren Jahren wurde in sämtlichen Beeten ein eigens mit Löchern versehener und somit leckender Schlauch Reihe für Reihe im Abstand von jeweils 60 Zentimetern ausgelegt, der aber bei der Arbeit in der Rabatte immer wieder einmal durch eine Grabgabel verletzt wurde. Deshalb werden die Beete inzwischen abends mit einem Sprinkler gegossen.

Die Pflanzen müssen regelmäßig geteilt werden, eine Arbeit, die in Eythrope alle drei Jahre erfolgt. Astern lassen sich im Frühjahr besser umsetzen, aber Margeriten und Phlox werden nach der Blüte geteilt.

Jede von einem Rasenweg begrenzte Rabatte kann sich im Bereich des Randes als recht pflegeintensiv erweisen. In Eythrope wurde das Problem durch eine Reihe plan mit dem Rasenweg verlegter Ziegelsteine gelöst. So können die Pflanzen in Horsten den Rand umspielen und das Bild überbordender Blütenfülle unterstreichen.

GEGENÜBER *Aster lateriflorus* var. *horizontalis*, *A. amellus*, *Penstemon* 'King George V', *Gaura lindheimeri* und *Rudbeckia laciniata* 'Herbstsonne' in den Rabatten.

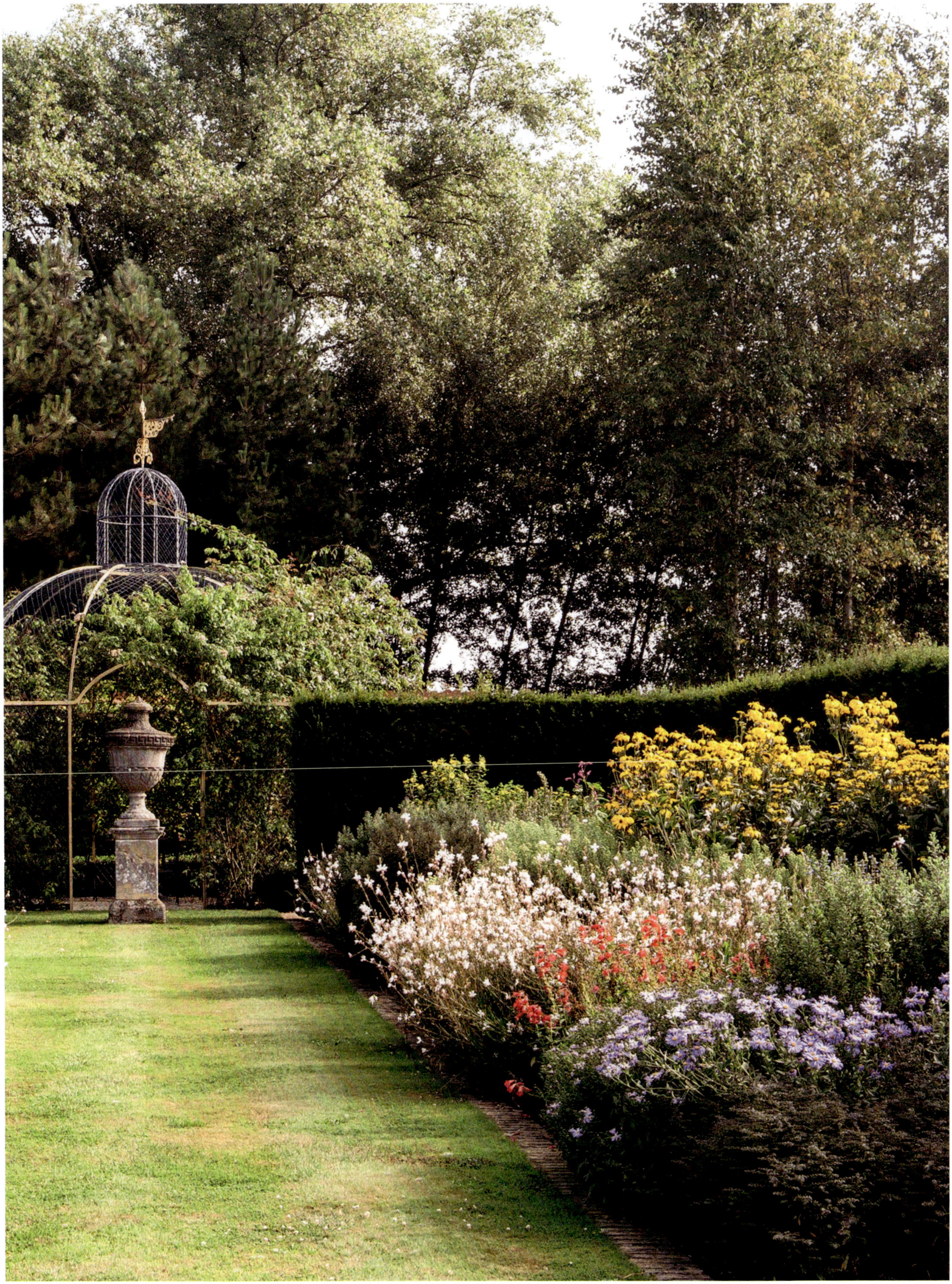

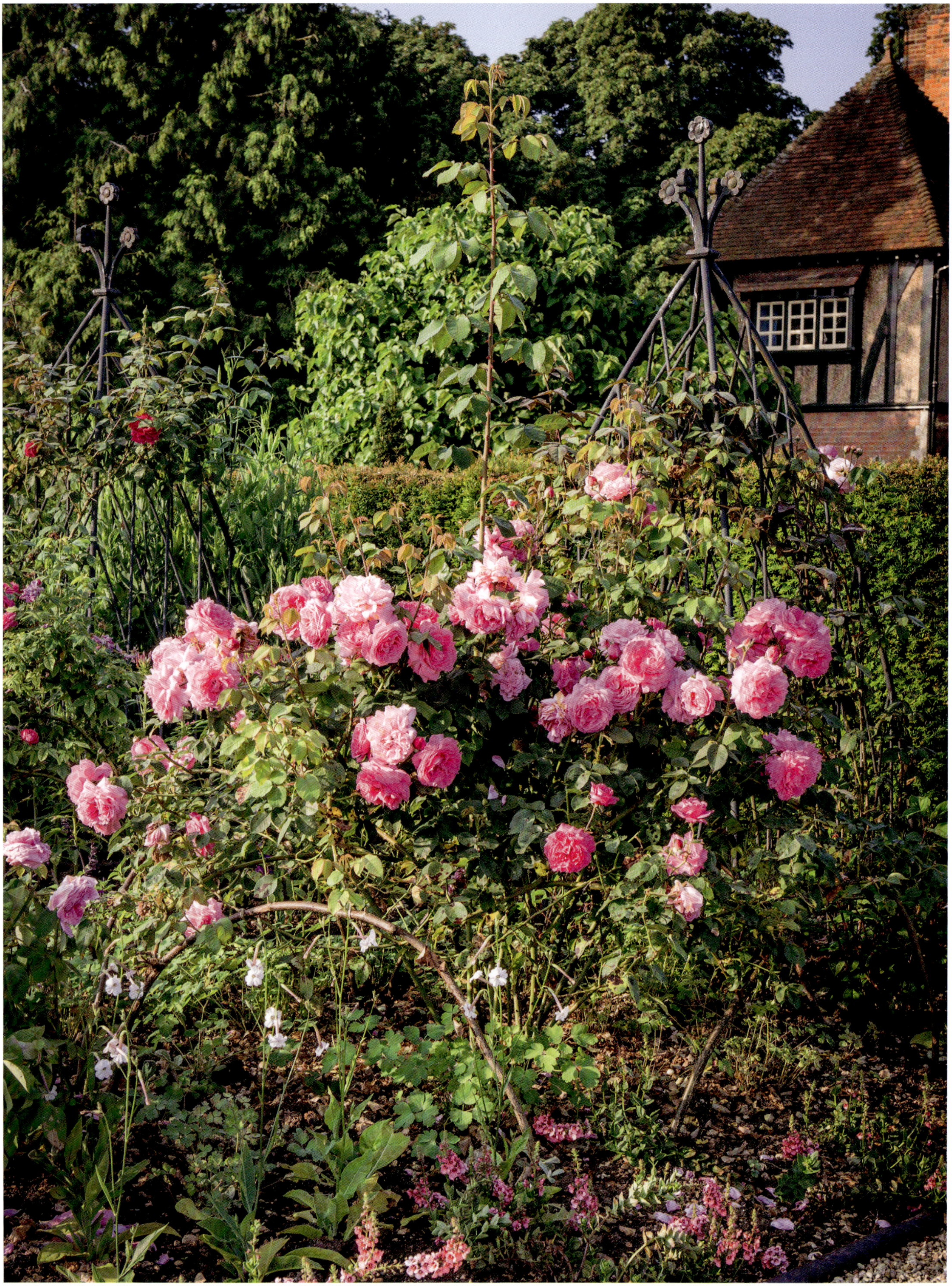

ROSEN

Mitte des 19. Jahrhunderts grassierte unter den englischen Gärtnern das Rosen-Fieber. Die Viktorianer liebten die verschwenderische Fülle, die Farbe und den Duft ihrer Blüten, zumal man sich seit der Einführung der China-Rosen – um die Zeit also, als Jane Austen ihre Romane verfasste – weitaus länger an den Rosenblüten erfreuen konnte, als es mit dem bis dahin eingeschränkten Sortiment europäischer Varietäten möglich war.

Mehr als 300 Rosen wurden in Miss Alices Garten in Eythrope gezogen, und der schwere Tonboden ist nach wie vor wie geschaffen dafür. Viele ihrer Teerosen wurden unter Glas in einem speziellen Rosenhaus kultiviert, und ein paar dieser frostempfindlichen Rosen blühen noch heute an den Rückwänden des Weintraubenhauses. Die meisten Strauchrosen in den Rabatten, die hinauf zum Kirschenhaus führen, weitab von der Hauptachse in Richtung der Gewächshäuser, sind eingeführt worden, bevor Miss Alice im *Pavilion* weilte. Nach dem ersten Blütenschwall im Hochsommer bringen alle im September eine Nachblüte hervor. Zu den hier vertretenen Typen gehören die Portland- und die Bourbon-Rosen sowie die modernen öfterblühenden Hybriden. Die Portland-Rosen gehören zu einer Gruppe von Hybriden, die zu Beginn des 19. Jahrhunderts aus einer im Garten der Herzogin von Portland wachsenden Rose kultiviert wurde. Diese Sorte blüht und verblüht im Sechs-Wochen-Turnus und bringt oftmals noch an Weihnachten vereinzelt Blüten hervor. Sämtliche Portland-Rosen duften köstlich. Die intensiv rosarote 'Jacques Cartier' und die karmesinrote 'Rose de Resht' sind würdige Vertreter. Die Bourbon-Rosen, die den modernen Tee-Hybriden bereits einen Schritt näher kommen, sind höher als die Portland-Rosen. Die Stars in Eythrope sind 'Madame Isaac Pereire' und 'Honorine de Brabant' mit gestreiften Blüten. Die öfterblühenden Hybrid-Sorten waren eine spätere Weiterentwicklung der Rosenzüchtung des 19. Jahrhunderts mit intensiveren Farben und einer noch länger andauernden Blütezeit. Zu den besten hier gehört 'Baronne Prévost'.

In den viktorianischen Rosenbeeten dürften unter den Büschen vereinzelt Wilde Erdbeeren (sogenannte Mignonettes) oder ein paar Veilchen gewachsen sein, in Eythrope aber sind die Rosenbeete inzwischen mit einem so reichen Teppich unterpflanzt, wie ihn Miss Alice wohl nie akzeptiert hätte. Eine gelb blühende, langspornige Akelei zieht, lange bevor die Rosen erscheinen, die Blicke auf sich, und später im Jahr sind da die Pink- und Blautöne des Bartfadens, der Salbei-Arten, Kosmeen und Spinnenblumen, die dafür sorgen, dass die Rabatten zwischen dem ersten Blütenflor und der Nachblüte der Rosen dennoch Aufmerksamkeit erregen.

In Sissinghurst, wo sich Vita Sackville-West als eine der Ersten auf die Alten Rosen besann, entwickelten ihre Gärtnerinnen Pam Schwerdt und Sibylle Kreutzberger ein Schnittverfahren für Strauchrosen, das ihrem oft wenig ansprechenden Wuchs gerecht wird und die Büsche zu maximaler Blütenfülle anregt. Es war eine Perfektionierung der Technik, die die beiden berühmten Gärtnerinnen in einem Kurs in Waterperry erlernt hatten. Dieses System machte sich Sue zu eigen, als sie noch in Sissinghurst arbeitete. Sie wendet es seither auch in Eythrope an.

Für die höheren Rosen wurden von dem Kunstschmied vor Ort Kuppeln aus Eisengestänge sowie der Birnen-Tunnel gefertigt. Im Hintergrund der Rabatte

GEGENÜBER
Rosa 'Louise d'Odier'

aufgestellt, bleiben diese das ganze Jahr über an ihrem Platz stehen. Die Rosen werden Mitte Februar geschnitten und erzogen. Die ganze Woche über werden die Triebe zunächst ausgeschnitten und starke Zweige so weit wie möglich nach unten gebogen, um sie nahezu horizontal auszurichten und dann an dem eisernen Rahmen anzubinden. Der entscheidende Punkt daran ist, dass man so der Apikaldominanz entgegen wirkt (der Unterdrückung des Wachstums von Seitentrieben durch den Haupttrieb; sämtliche Pflanzen haben nämlich die Tendenz, an der Spitze zu blühen, was zu Lasten der Seitentriebe geht). Sind die Zweige erst einmal nach unten gebogen, geht es erstaunlich rasch, bis sich über die ganze Länge der Hauptseitentriebe gleichmäßig verteilt kräftige Knospen bilden, und an diesen untergeordneten Trieben blühen die Rosen im Juni. Der Abstand zwischen den Hauptseitentrieben variiert ein wenig, aber ideal sind etwa 45 Zentimeter, was in Eythrope aber nach Augenmaß erfolgt.

Die niedrigeren Rosen im Vordergrund des Beetes werden ein bisschen später geschnitten und aufgebunden; als Stütze dienen 1,8 Meter hohe Haselstangen. Jedem einzelnen Strauch werden drei Stangen zugeteilt. Sie werden bogenförmig um den Strauch geführt, um die erforderliche Stütze für den Sommer zu bilden. Der Haselbogen muss fest im Boden verankert sein, damit die Seitentriebe jeder Rose einer Spinne gleich an die Bögen gebunden werden können. Die Schnittmaßnahmen sind dieselben wie an den eisernen Wigwams, aber anstatt die Triebe im Bogen um einen Rahmen zu erziehen, werden diese fächerartig nach außen gelenkt, um die Haselbögen ringsum zu erreichen, und die Folgetriebe an den ersten Zweigen in allen Richtungen festzubinden, auf dass eine ansehnliche Kuppel entsteht. Sue betont, wie wichtig es ist, Lücken zu vermeiden und auf eine offene Mitte zu achten. Der fertige Strauch bildet einen prächtigen Hügel und ist im Hochsommer über und über mit Rosen bedeckt. Die Struktur des Schnitts wirkt bereits schön, bevor die Rosen noch ihr Blattwerk entwickeln.

Strenge Schnitt- und Erziehungsmaßnahmen sind Voraussetzung für eine üppige Blütenpracht, nicht zu vergessen das Düngen, um das Wachstum danach erneut anzukurbeln. Laubmoder, Seetang-Mehl und Vitax Q4 werden den Beeten im Frühjahr verabreicht. Die meisten Alten Rosen sind Opfer von Sternrußtau, der aber in Eythrope selten ein Problem darstellt – vielleicht, weil beim Schneiden jede einzelne Wachstumsspitze entfernt wird (Sternrußtau überwintert in Form schlafender Sporen in den Wachstumsspitzen der Rosenbüsche).

GEGENÜBER
Erziehen der Rose 'Gros Choux de Hollande' an einem eisernen Rahmen – ein Projekt, das noch keineswegs abgeschlossen ist.

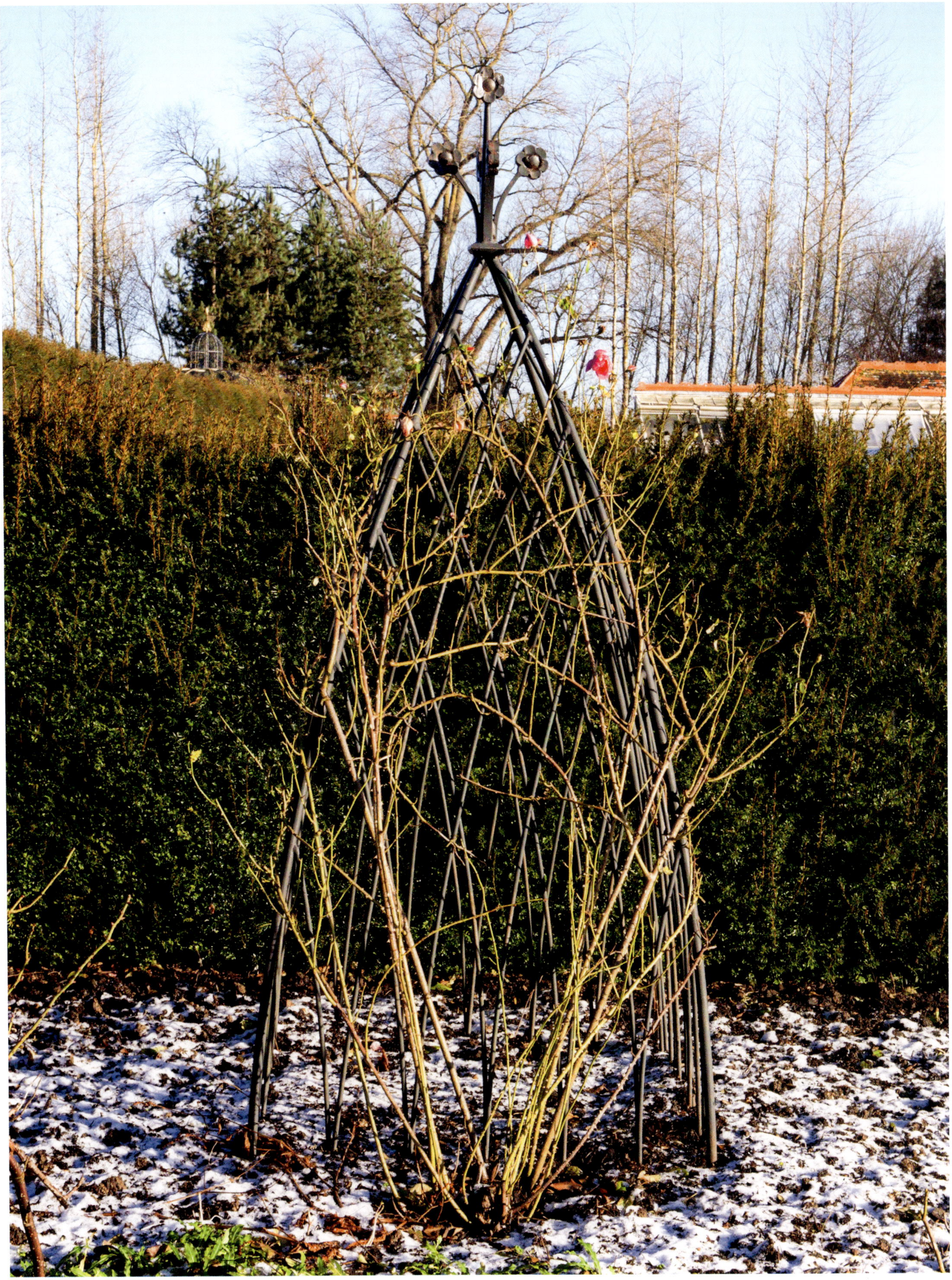

Die Rosentriebe werden an Bögen aus Haselstangen gebunden.

Wer von Brettern arbeitet, verhindert eine Verdichtung des Bodens.

Bögen aus Hasel werden in die Erde getrieben.

Die Rosentriebe werden an den Bögen nach unten gebunden.

Die fertig gebundene Rose.

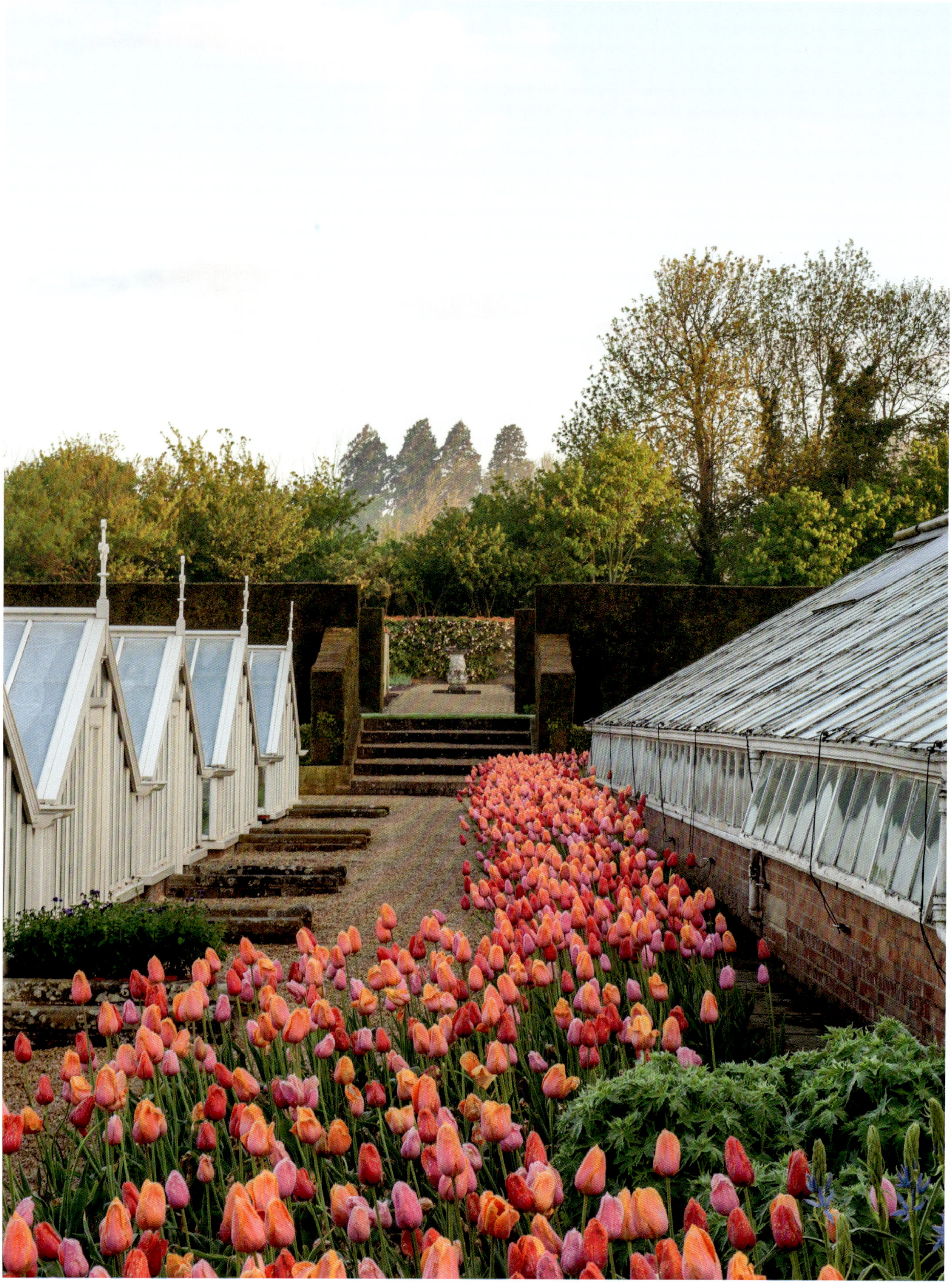

BEETGESTALTUNG

Bekanntlich war Miss Alice für die farbenfrohe, hügelartig ansteigende Bepflanzung im Parterre von Waddesdon zuständig, und zeitgenössische Fotos von Waddesdon und Eythrope belegen, dass ein Großteil der Beetbepflanzung so exotisch wie die Mode jener Tage war. Aber in Briefen an ihren Obergärtner Johnson ist mehr von Obst und Gemüse die Rede als von Blumen. Aufschlussreicher ist die Schilderung eines Autors des *Bucks Herald* von 1890 über einen Besuch in Eythrope; er weist darauf hin, dass Miss Alice als Gärtnerin neue Wege beschritten habe. Seine Beschreibung eines riesigen, aus Eisengitterwerk geschaffenen Vogels, der über und über mit Lobelien besetzt und mit abfließenden Wedeln aus Blattwerk ausgestattet war, erschien schon lange vor dem Artikel in *The Gardener's Chronicle* von 1899 über einen Besuch in Halton, einem weiteren Rothschild-Anwesen, in dem »eine Reihe außergewöhnlicher Beete die Teppichbepflanzung in die vertikale Dimension erweiterten: ein Kissenbeet als Repräsentation einer gewaltigen Ottomane bepflanzt und mit Kordeln und Quasten versehen sowie zwei große Vasen, überwachsen mit Sukkulenten und anderen Gewächsen, genau wie eine Vase aus Meißner Porzellan, die auch einmal mit Muscheln übersät sein mochte«. Um Brent Elliott in seinem einschlägigen Werk über viktorianische Gärten zu zitieren, handelte es sich um »eine neue Entwicklung der Teppichbeet-Bepflanzung«, aber es könnte natürlich auch eine Art Übung gewesen sein, um mit Miss Alice gleichzuziehen.

Die Bepflanzung der Gärten des 19. und frühen 20. Jahrhunderts bestand vorwiegend aus Einjährigen, die das ganze Jahr über für Farbe zu sorgen hatten – ein Stil, den man in heutigen Privatgärten praktisch kaum mehr sieht. Dennoch findet er sich in Eythrope in einzelnen Bereichen noch vertreten, interessanterweise aber modern interpretiert. Das Miniatur-Parterre in Hausnähe, das zu Miss Alices Lebzeiten aus in einem zwangloseren naturnahen Stil bepflanzten Blumenbeeten bestanden hatte und nicht etwa in dem geometrischen Stil gehalten war, der in ihrem italienischen Garten vorherrschte, wurde erneut durch Beete ersetzt. (Die Gestaltung orientierte sich an einem schlichten Plan, der in Shirley Hibberds 1871 veröffentlichtem Buch *The Amateur's Flower Garden* veranschaulicht war.) Heute ist es mit Pelargonien und Vanilleblumen *(Heliotropium)* gefüllt. Beide Pflanzen waren in viktorianischen Parterres sehr beliebt. Das derzeitige Pflanzschema enthält alte Varietäten, die Miss Alice vermutlich gekannt und kultiviert haben dürfte, obwohl eine lachsrosa Vanilleblume der Sorte 'Vesuvius', kombiniert mit dunkel karmesinroten und hellrosa-violetten Pelargonien, so die Schilderung des italienischen Gartens im *Bucks Herald*, heute als schrill empfunden wird. Das moderne Pflanzschema zeigt die hellrosa-violetten Blüten von *Pelargonium* 'Lady Ilchester', umgeben von den silbrigen Blättern von *P.* 'Grey Lady Plymouth' mit *Heliotropium* 'Chatsworth', um in den Beeten durchgängig für Duft zu sorgen. Ein früheres Pflanzschema für das Parterre enthielt zwei andere Pelargonien, die Miss Alice ebenfalls vertraut gewesen sein dürften. Es handelt sich um die scharlachrote Sorte 'Paul Crampel' und 'Crystal Palace Gem' mit golden-panaschiertem Blattwerk (es gibt Belege dafür, dass sie Letztere auch definitiv pflanzte). Diese werden inzwischen im Bereich der vorderen Tür gezogen, ergänzt durch

GEGENÜBER
Tulpen wie *Tulipa* 'Avignon', 'Dordogne' und 'Menton' leuchten in der Rabatte vor dem Weintraubenhaus in den wie changierende Seide schimmernden Pink- und Orangetönen des Sonnenuntergangs.

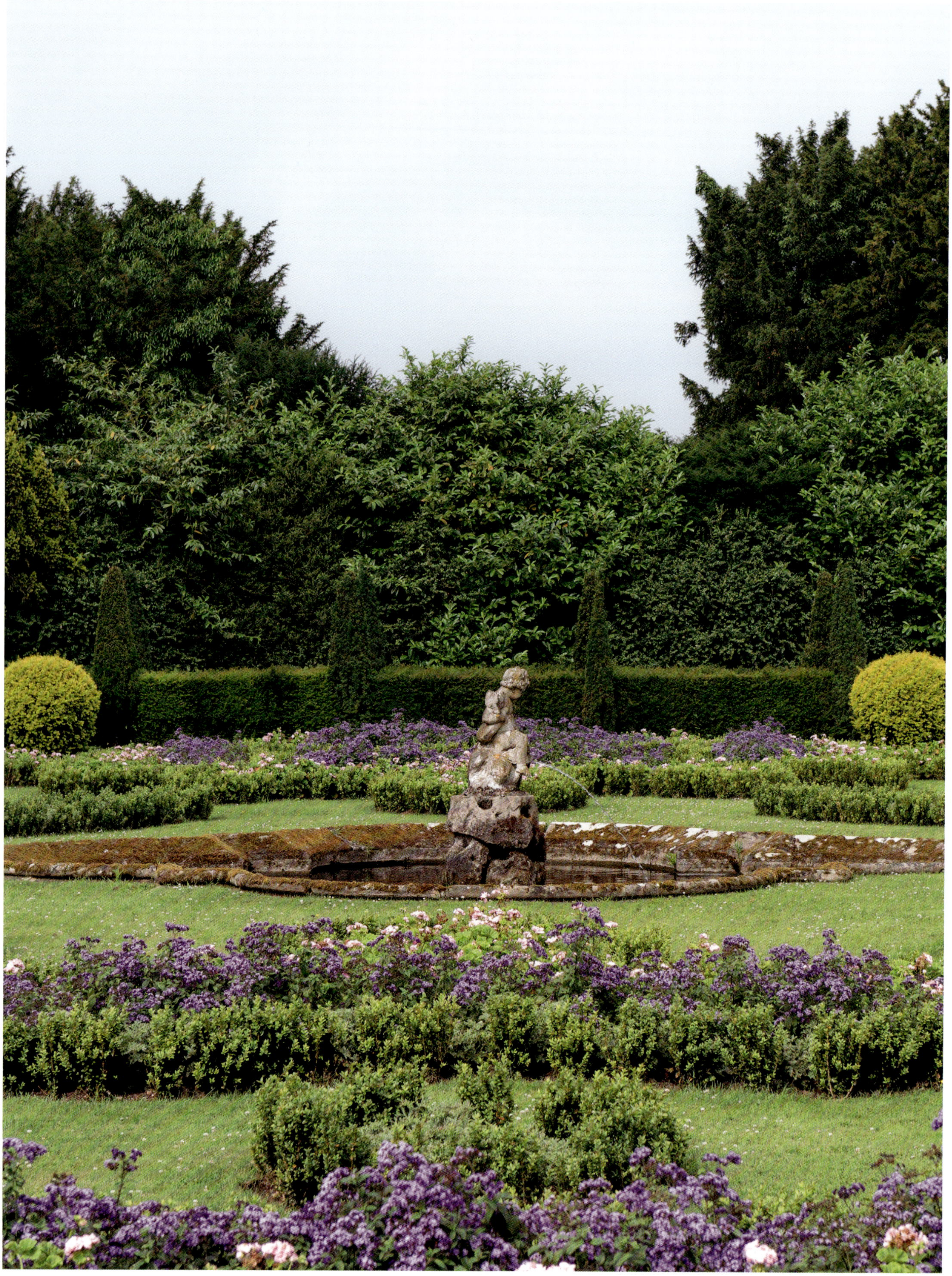

weitere Vanilleblumen und die gelbe Schönmalve, *Abutilon* 'Canary Bird' als Farbtupfer. Im Frühling füllen Tulpen und Goldlack die Beete beim Haus, immer wieder andere Sorten. Neuerdings richten Dachse Schaden an, sodass inzwischen für die Frühlingsbeet-Bepflanzung anstatt der Tulpen mit Hyazinthen in mehreren Farben experimentiert wird.

Im ummauerten Garten sind die Rabatten am Eingang bewusst exotisch gestaltet, oder, wie Sue es beschreibt, »in höchster Vollendung viktorianisch«. Sukkulenten waren ein häufig auftretendes Charakteristikum viktorianischer Sommerblumenbeete, und hier wird dunkellaubiges *Aeonium* 'Zwartkop' zwischen Dahlien der Sorte 'Arabian Night' verwendet und mit dem knallig pinkfarbenen Salbei *Salvia involucrata* 'Boutin' kombiniert. Diese Form von *S. involucrata* wurde von der *Royal Horticultural Society* mit einem *Award of Garden Merit* und somit als besonders gartenwürdig ausgezeichnet, denn sie wirkt wesentlich edler als der herkömmliche Typus. Eine weitere unübersehbar leuchtende Farbe bringt *Pelargonium* 'Vera Dillon' ein, deren magentarote Blüten einen Stich ins Scharlachrote zeigen, und *Canna* x *ehemanii* mit grünen Blättern und zart karmesinroten Blüten verleiht der Bepflanzung einen weiteren Hauch Exotik.

Die Unterpflanzung des Birnen-Tunnels ist in zarteren Farben gehalten wie dem hier dominierenden hellblauen *Salvia patens* 'Cambridge Blue'. Die Pflanzen lassen sich aus aufgesparten Knollen in 12,5-Zentimeter-Töpfen anziehen; in Eythrope werden jedoch bevorzugt neue Pflanzen aus Samen gezogen, die Anfang März ausgesät und dann aus 9-Zentimeter-Töpfen ausgepflanzt werden. Kombiniert mit dem Salbei wird das filigrane Laub von *Argyranthemum gracile* 'Chelsea Girl', und über beiden steht das Geflecht aus den Stängeln und stecknadelrunden purpurvioletten Blütenköpfen von *Verbena bonariensis*, dem Eisenkraut, das alljährlich aus Kopfstecklingen gezogen wird. Obwohl sich die Beete im lichten Schatten der an dem Laubengang erzogenen Birnen befinden, scheinen die Blüten nicht zu leiden. Die Frühlingsbepflanzung gestaltet sich etwas schwieriger. Jahrelang waren es Tulpen in den unterschiedlichsten Farben, die wie altmodische Lutscher aussahen, aber die Fasane buddelten sie immer wieder aus. Zur Abwehr wurde eine Barriere aus Haselzweigen »aufgebaut«, die zwar einen gewissen Schutz bot, sich zugleich aber auch als zeitaufwendige Maßnahme erwies. Unlängst hat man sich nun zu etwas Einfacherem durchgerungen, nämlich älteren Primelsorten, die nicht das große Auge der in jedem Gartencenter angebotenen Hybriden zeigen.

Im Beet vor dem Weintraubenhaus leuchtet eine Mischung aus eiförmigen Tulpen in verschiedenen Rosaviolett-Tönen – französische Züchtungen aus den 1990er Jahren. *Tulipa* 'Menton', 'Avignon' und 'Dordogne' sind große spätblühende Schönheiten. Die Blumenzwiebeln werden, Sorte für Sorte, gesteckt, um die wie changierende Seide schimmernden Sonnenuntergangsfarben nachzustellen, die dieses Beet so faszinierend erscheinen lassen.

Im Sommer erregt das Weintraubenbeet durch die vielen verschiedenen Salbei-Sorten Aufmerksamkeit – eine Spezialität von Eythrope. Das diesige Bild der Blütenfarben entspricht zwar eher heutigen Geschmacksvorlieben als denen der Viktorianer, aber die Gärten von Miss Alice, sowohl in England als auch in Grasse, waren von jeher für ihre interessanten botanischen Novitäten berühmt, nicht zu vergessen ihre kunstvolle Gruppierung.

GEGENÜBER
Das Parterre im Sommer mit *Heliotropium* 'Chatsworth', *Pelargonium* 'Lady Ilchester' und *P.* 'Grey Lady Plymouth'.

Mit Schnüren abgesteckte Linien garantieren akkurate Pflanzreihen.

Die geflammt farbene *Tulipa* 'Dordogne' ist als Erste an der Reihe.

Versetzt dazwischen eingefügt: die korallenfarbene 'Menton'.

Die Blumenzwiebeln werden von Brettern aus gesteckt.

Ursprünglich war das Parterre mit einem Rand aus Buchsbaum eingefasst, aber als der Buchs erkrankte, wurde er durch Eibe ersetzt. Weil diese Pflanzen aber nie richtig gediehen, entschied man sich erneut für einen Versuch mit Buchs. Hier wird gezeigt, wie *Buxus sempervirens* gepflanzt wird. Seit Kurzem ist ein Mittel gegen das Virus erhältlich. Im Übrigen scheint *B. sempervirens* weniger krankheitsanfällig als die Zwergform.

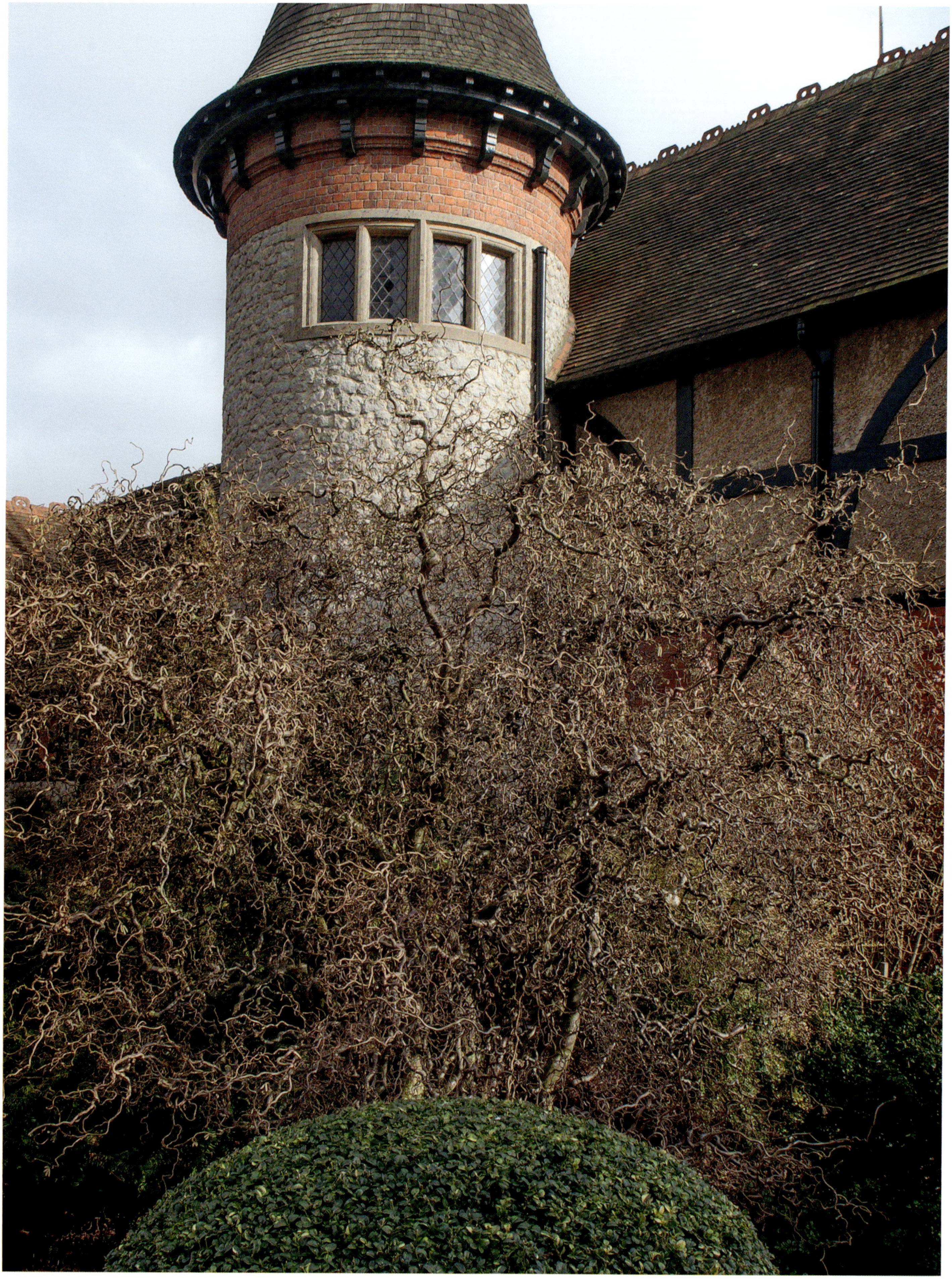

WINTER

Die Gemischte Rabatte, die sich wie ein Ring um die Hofgebäude zieht, ist so bepflanzt, dass sie das ganze Jahr über Aufmerksamkeit erregt. Unterhalb des Turms mit spitz aufragendem Dachhelm findet sich eine Korkenzieherweide; das Beet ist durch markante goldlaubige Eibenbüsche gegliedert, die an das Element der goldlaubigen Hecke entlang des zentralen Gartenwegs anknüpfen. Diese besonders langsam wachsende Form, *Taxus baccata* 'Elegantissima', ist ein Charakteristikum der Gärten in Waddesdon und geht auf die Zeit von Baron Ferdinand und Miss Alice zurück. Jede Eibenhecke, die für den ihr zugedachten Bereich im Lauf der Jahre zu mächtig geworden ist, lässt sich im April durch einen Rückschnitt bis auf den Hauptstamm regenerieren, sofern sie danach entsprechend gewässert und gedüngt wird. Auch diese Hecke hat vor mehreren Jahren den rigorosen Rückschnitt auf einer Seite gut vertragen, obwohl es drei Jahre gedauert hat, bis sie erneut nachgewachsen war.

Büsche der öfter blühenden modernen Strauchrose 'Sally Holmes' finden sich immer wieder über die Beete verteilt. Die weißen ungefüllten Blüten duften schwach, und ihre goldgelben Staubgefäße spiegeln die Farbe der Eibenhecke wider. Die Rose hat sich als anspruchslose und gesunde Varietät erwiesen, die sehr wüchsig ist und auch ein bisschen Schatten oder einen trockenen Standort toleriert; so sieht man sie kaum je einmal ohne eine Blüte. Weitere schöne Sommerblüher sind die *Moschata*-Hybriden 'Buff Beauty', 'Prosperity', 'Cornelia', 'Penelope' und 'Danae'.

Obwohl es zu anderen Zeiten des Jahres viel zu sehen gibt, sind diese Beete im Winter am eindrucksvollsten, wenn der grüne Hintergrund aus Sträuchern seine ganze Schönheit entfaltet. Die meisten Sträucher werden auch als Dekoration im Haus geschätzt, insbesondere, wenn kaum Schnittblumen verfügbar sind. Der Korkenzieherhasel hat im Schatten des Turms genügend Platz, um sich auszubreiten. Er ist inzwischen um die 6 Meter hoch und wird gar noch höher werden, denn wo er sich uneingeschränkt entwickeln darf, bildet er einen bezaubernden Blickfang. Ein großer, duftender *Chimonanthus fragrans*, der von den alten Ästen frei geschnitten werden muss, um neues Wachstum anzuregen, wird herrlich duftende Triebe für den Zimmerschmuck im Januar und Februar liefern. Das Winter-Geißblatt *Lonicera fragrantissima* ist ein weiterer Kandidat, der einen strengen Rückschnitt erfordert – eine Maßnahme, die sich gleichermaßen um der winzigen Blütchen willen lohnt, die intensiv nach Honig riechen. (Ein Trieb genügt, um einen ganzen Raum mit Duft zu erfüllen, auch wenn die Blüten so winzig sind, dass man sich wundert, woher der Duft nur kommen mag.) Im Idealfall sollte der Schnitt spätestens im Mai erfolgen, damit der winterliche Ertrag an Zweigen für Vasen im Haus noch sinnvoll ist, weil die Blüten für das darauffolgende Jahr nämlich an den neuen Sommertrieben erscheinen. Auch auf *Viburnum* x *bodnantense* 'Charles Lamont' und *V. farreri* sollte man nicht verzichten; auch sie erfordern einen Schnitt im ersten Quartal des Jahres.

Andere duftende Sträucher, die in den kalten Monaten zur Verwendung im Haus beiseite gelegt werden, sind die unbezahlbaren, in England als *Christmas box* (Weihnachtsbuchs) bezeichneten *Sarcococca*-Arten. Beide, *S. confusa* und *S.*

GEGENÜBER
Der Korkenzieher-Hasel (*Corylus avellana* 'Contorta') unterhalb des Turms mit spitzem Dachhelm.

hookeriana var. *dygina* werden in Eythrope kultiviert. Wie die restlichen winterduftenden Sträucher hier, toleriert auch *Sarcococca* einen noch so strengen Rückschnitt; und seine leicht zerfetzt wirkenden weißen Blüten füllen von Weihnachten bis Anfang Februar die Vasen und entfalten in den Zimmern einen den Sommer heraufbeschwörenden Duft. Ein weiterer kaum bekannter, süß duftender Strauch ist die Schneeforsythie *(Abeliophyllum distichum)*.

Dieser wird manchmal auch als weiße Forsythie bezeichnet, aber er blüht wesentlich früher als die Forsythie, und die kleinen Blüten wirken in der Vase sehr ansehnlich. Unter all diesen winterblühenden Sträuchern sind im ganz zeitigen Frühjahr auch die vielen *Helleborus*-Arten zu nennen, hauptsächlich die mit dunklen Petalen aufwartende 'Galaxy'-Linie, die von Jim Archibald entwickelt wurde, jenem Züchter, dessen Gartenbetrieb in Dorset in den 1960er und 70er Jahren dafür berühmt war.

Weite Flächen aus Schneeglöckchen überziehen das Beet. Zu den bemerkenswertesten Eigenschaften von Schneeglöckchen gehört die Tatsache, dass sie sich ganz rasch vermehren lassen, wenn man sie regelmäßig teilt. 'Lady Elphinstone' und 'Ophelia' sind gefüllte Formen, die auch von Weitem sehr schön zur Geltung kommen, ebenso die unverwechselbare Sorte 'Magnet' mit ihren überhängenden langen Blütenstielen, und allesamt sind sie im Lauf der Jahre aus einem kleinen Bestand ursprünglicher Zwiebeln vermehrt worden.

GEGENÜBER
Der Schneeflockenstrauch *(Chimonanthus fragrans)* blüht selbst unter der Schneedecke.

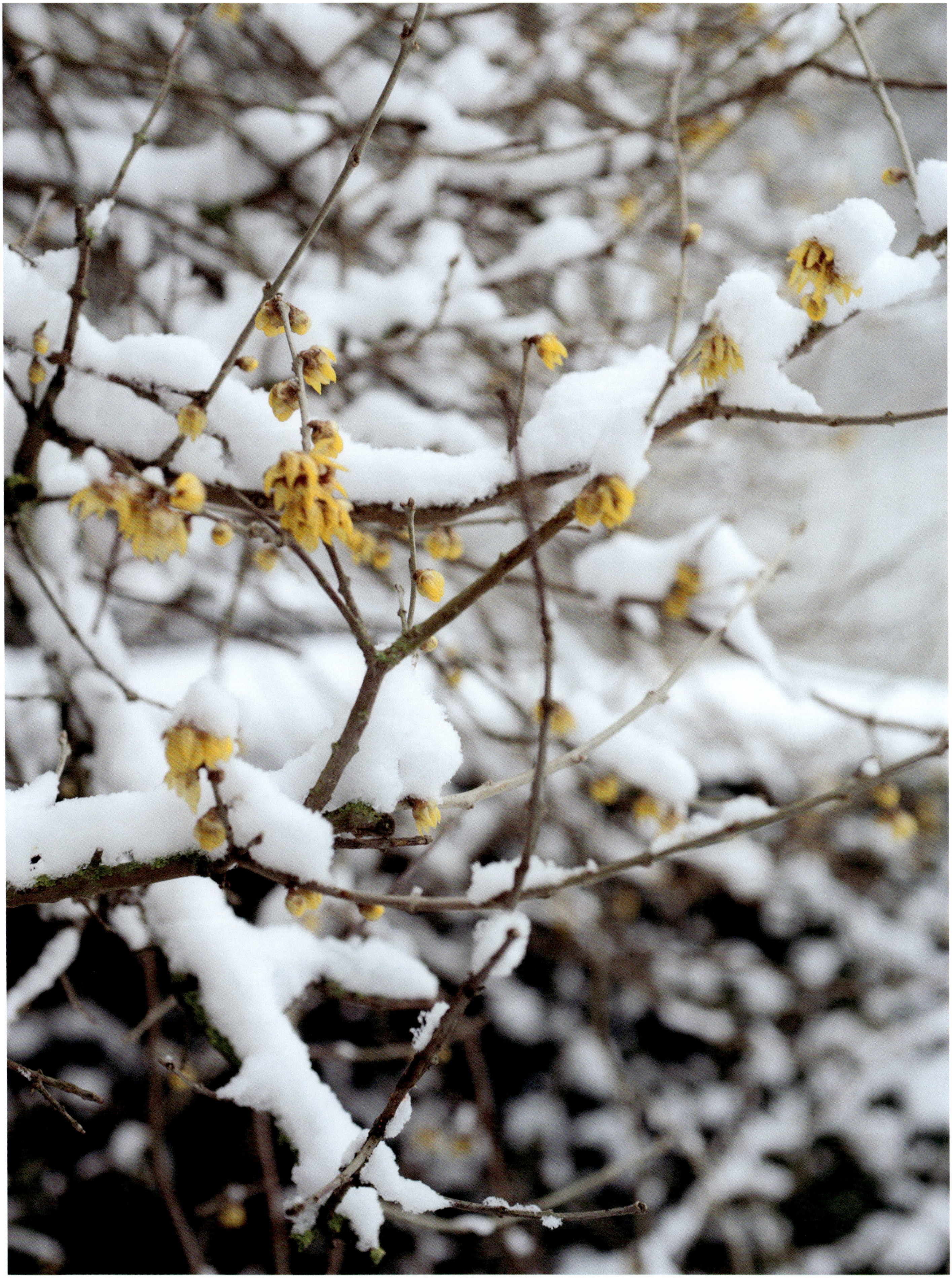

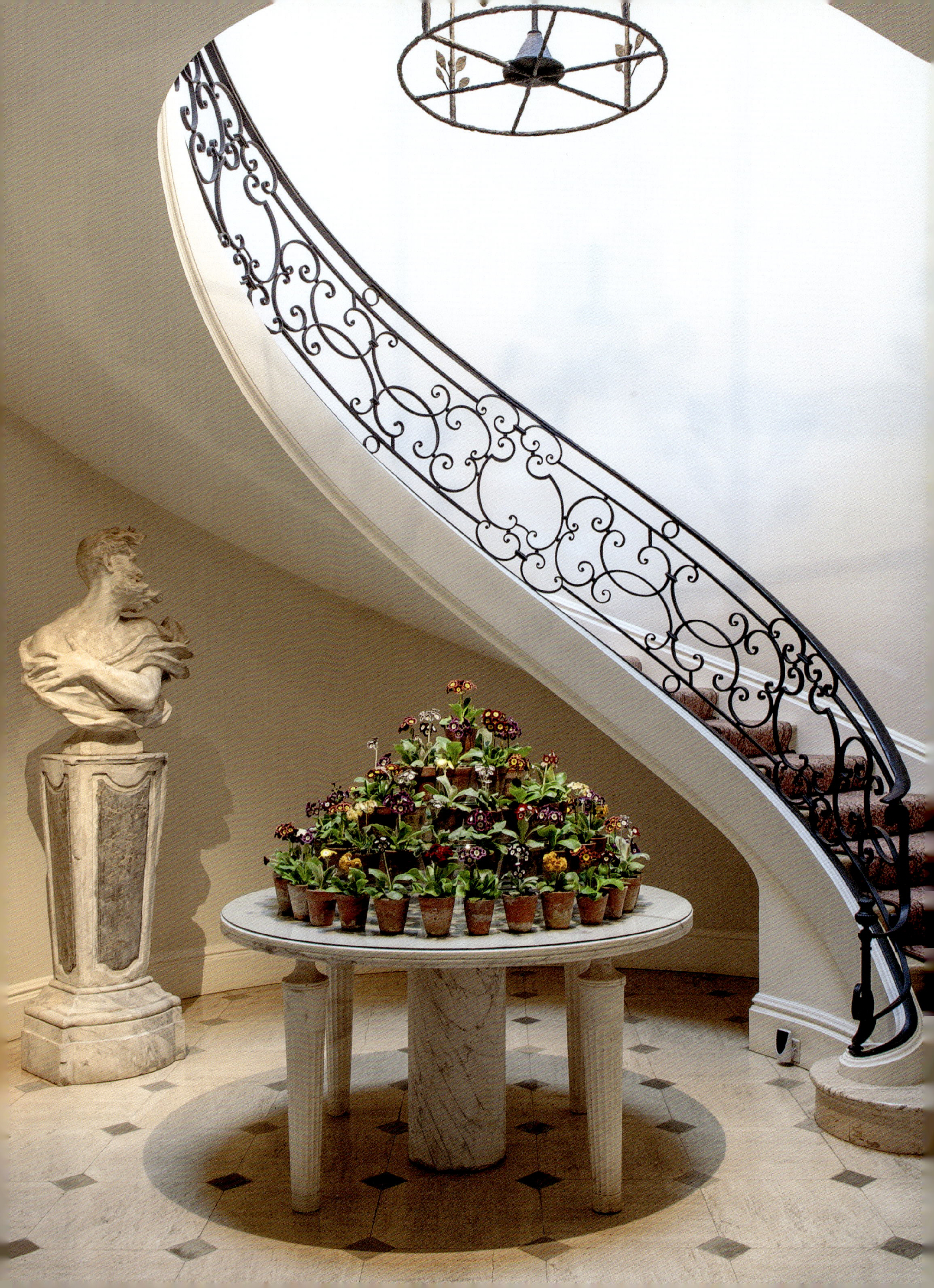

SPEZIELLE SAMMLUNGEN

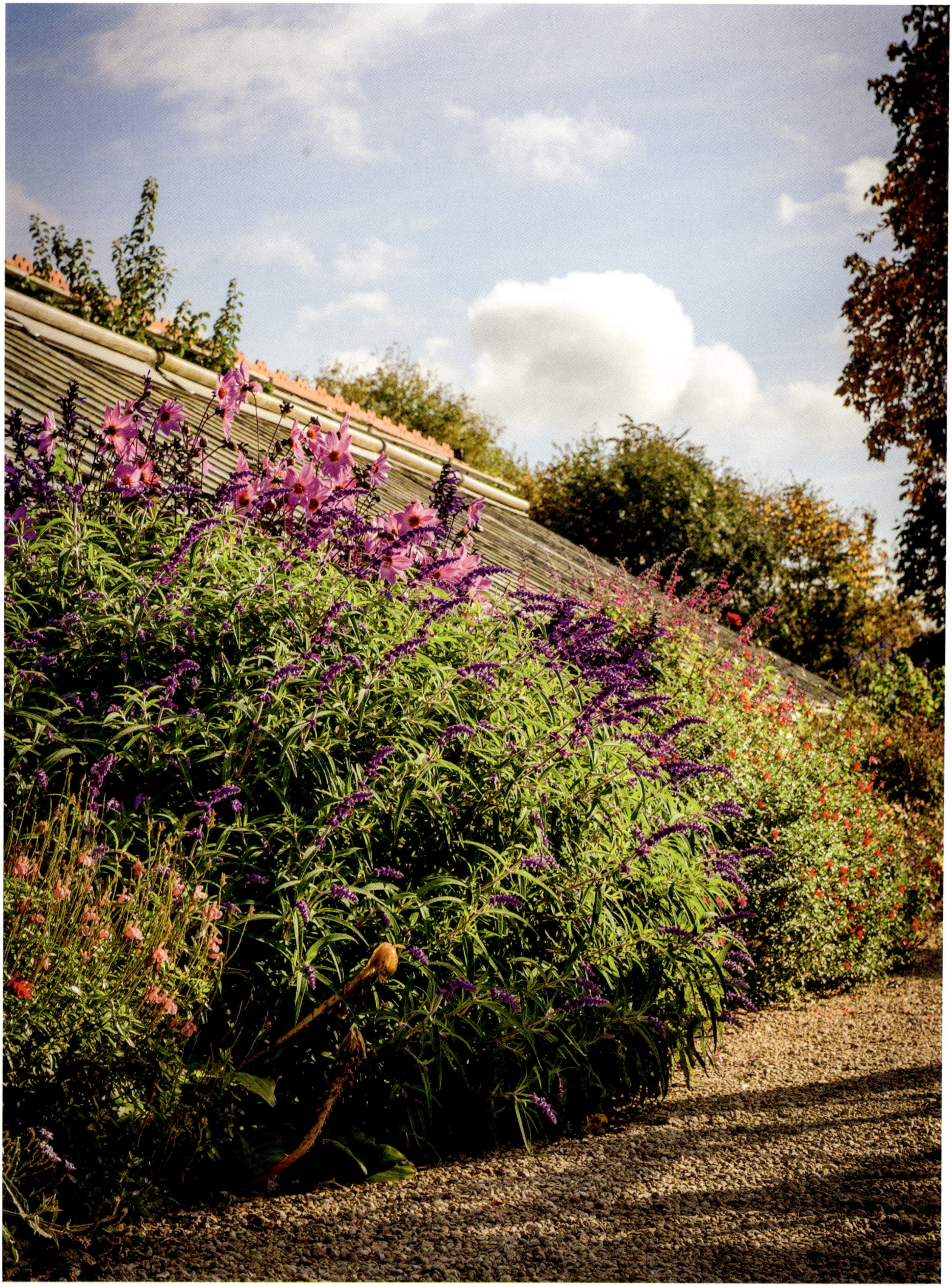

EINE PASSION FÜR PFLANZEN

Im Garten der Villa Victoria in Grasse konnten botanisch interessierte Besucher die von Miss Alice kultivierten Blumen aus aller Welt bewundern, und nie verfehlten diese Schätze ihre Wirkung. Wie wir wissen, gehörten zum Eythrope jener Tage holländische, italienische und mexikanische Gärten, jeweils ausgestattet mit den entsprechenden Pflanzen. Da gab es Kakteen und exotische Gewächse sowie massenhaft Rosen. Ihre Pflanzensammlungen müssen in der Tat legendär gewesen sein, ob in England oder an der Französischen Riviera. Heute enthält das *Paradise* gleichermaßen beeindruckende Sammlungen, zwar nicht in vom Hauptgarten abgegrenzten Bereichen, wie es Ende des 19. Jahrhunderts üblich war, sondern unter jahreszeitlichen Aspekten zusammengefasst, was einen Gartenbesuch noch reizvoller macht.

Unmengen von Nelken wurden in viktorianischen Zeiten unter Glas kultiviert. Im Dezember 1880 konnte William Taylor, Obergärtner in Longleat, täglich 100 Nelken als Knopflochblüten und für Bouquets schneiden. Miss Alice, die mit dem gärtnerischen Zeitgeist Schritt zu halten versuchte, hatte im Gewächshaus in Eythrope mehr als 1000 Nelken, und sie dürften wohl ebenso ergiebig gewesen sein. Ergänzend zu einem Nelkenhaus gab es noch ein separates Haus für 1000 Malmaisons (*Dianthus caryophyllus* 'Souvenir de la Malmaison' sind großblumige, gefüllte Nelken). Diese Nelken stammten aus Frankreich und sind als Zufallssämling des Gewürznelkenbaums entstanden, die Mitte des 19. Jahrhunderts beliebte Winterblüten waren. Weil die neue Blume wie die Gewürznelke roch und eher einer Rose als einer Nelke glich, erhielt sie den Namen 'Souvenir de la Malmaison', benannt nach der Rose in Kaiserin Josephines Garten. Diese farbenprächtigen Belle-Époque-Blüten schmückten immer wieder Oscar Wildes Knopfloch (wenngleich gefärbt in einem dekadenten Grün und nicht in ihren natürlichen Rosaviolett- und Weißtönen). Malmaisons werden auch heute noch um ihres Sommerflors willen in Eythrope kultiviert. Die Sammlung der Freiland-Nelken ist eine weitere Spezialität des Gartens. Was es indes nicht mehr gibt, sind die in den Wintermonaten vorgetriebenen, ausdauernd blühenden Nelken aus der Glanzzeit der Viktorianer.

Aurikeln oder Primeln dürften zu Miss Alices Lebzeiten in Eythrope allerdings nicht gezogen worden sein, aber später erhielt der Garten von einem großzügigen Züchter eine kleine Sammlung dieser dekorativen Blumen. Sie waren bald darauf schon so beliebt, dass sie inzwischen Jahr für Jahr ein Charakteristikum des Frühlings sind. Als die Sammlung wuchs, wurde nach französischen Stilvorgaben das sogenannte *Auricula*-Theater entworfen, das in einer Ecke des ummauerten Gartens Platz fand. Von der Whichford-Töpferei wurden 10-Zentimeter-Töpfe aus Terrakotta gekauft, um sie entsprechend zu präsentieren, und außerdem fand sich ein etagerenartiger Glasständer, der 70 Pflanzen auf einmal hält, sodass diese auch ins Haus gebracht werden konnten, damit man sie von Nahem bewundern kann.

Drei weitere Pflanzengruppen sind zu nennenswerten Besonderheiten des modernen Gartens geworden: Nerine, *Salvia* (Salbei) und *Galanthus* (Schneeglöckchen).

Mit dem Aufbau einer Nerine-Sammlung wurde im ersten Viertel des 20. Jahrhunderts in Exbury begonnen, einem weiteren Rothschild-Anwesen und Domizil von Lionel de Rothschild. Nach dessen Tod ging die Sammlung auf Sir Peter

Seite 180
Primeln *(Primula auricula)* auf einer Etagere im Treppenhaus von Eythrope.

Gegenüber
Salvia leucantha 'Purple Velvet' mit *Dahlia* 'Magenta Star' vor dem Weinreben-Gewächshaus.

Smithers über, der viele neue Formen selektierte und die Sammlung dann Nicholas de Rothschild, dem Enkel von Lionel, zurückgab.

Nachdem es heute zunehmend mehr sonnige Tage gibt, erweist sich die Nerine als wahres Lebenselixier. Die in grellem Pink leuchtende *Nerine bowdenii* dürfte bekannt sein, da sie an warmen Stellen im Freien wächst, aber *N. sarniensis* wirkt gar noch klassischer und ist in Farbe und Form noch variantenreicher. Dieser Typus wird in Exbury gezogen. Die *N. sarniensis*-Varietäten, verwandt mit der Amaryllis, werden in England bisweilen als *jewel or diamond lilies* (Juwelen- oder Diamant-Lilien) bezeichnet, weil ihre Blütenblätter das Licht reflektieren – und genau dies ist in den trübsten Monaten des Jahres am dringendsten gefragt. Die frühen Züchter beschrieben dieses Phänomen als golden oder silbern bereift. Einige Sorten haben gewellte Petalen, die die Wirkung des gebrochenen Lichtes intensivieren. Knallige Pinktöne oder scharlachrot gebänderte Petalen füllen im Oktober und November einen Abschnitt eines Gewächshauses in Eythrope. Draußen im Freien, im hinteren Teil des Beets, in dem die Nelken für den Schnitt gezogen werden, sind die frostbeständigeren Typen von *N. bowdenii* angesiedelt. Innen liefern die Nerine-Arten eine Folge berauschender Blüten, und das von Anfang Oktober bis Mitte November.

Die Salbei-Arten gehören zu den ganz besonderen Lieblingen im Garten von Eythrope, und so wurde im Lauf der letzten Jahre eine große Vielfalt dieser eingeschränkt winterharten Spätsommerstauden gesammelt. Mehr als 1000 *Salvia* sind heute in Kultur, und die Zahl wächst jährlich, weil man, immer auf der Suche nach weiteren Formen, noch andere Varietäten findet oder neue Kreuzungen hinzu kommen. Miss Alice kannte mit Sicherheit *Salvia splendens*, die in Brasilien wild wachsende Art, die seit 1822 in Kultur ist. Dieser flammend scharlachrote Salbei, der in modernen Beetgestaltungen ebenso beliebt ist wie er es zu ihren Lebzeiten gewesen sein dürfte, ist in dem Parterre in Waddesdon immer wieder zu sehen und auch in der Salbei-Rabatte in Eythrope vertreten. Aber es gibt neuere, subtilere *Salvia*, die über ein gleichermaßen ausdauerndes Blühverhalten wie *S. splendens* verfügen, darunter zahlreiche authentische Blautöne. In Eythrope wird Salbei teils im Topfgarten gezogen, teils in den Rosenbeeten, um die Jahreszeit zu verlängern, und viele als Sommerschmuck in der Rabatte vor dem Weinrebenhaus. Jedes Jahr gibt es eine andere faszinierende Form, die Aufsehen erregt. *S.* 'Amistad', eine auffallend purpurviolette Sorte, die erst seit ein paar Jahren erhältlich ist, wurde früh schon in Eythrope eingeführt.

Die Schneeglöckchen bilden eine weitere botanische Sammlung. Lange bevor das Schneeglöckchenfieber oder die »Galanthomanie« immer mehr um sich griff, hatte Sue Dickinson ihre Freude am Sammeln dieser inzwischen so begehrten Gattung. Viele der Schneeglöckchen, die im *Paradise* im Freien wachsen (eine große Anzahl in dem riesigen Wintergarten, der den Rahmen dieses Buchs allerdings sprengen würde), aber einige sind in den Rabatten im Hof angesiedelt, zumal Schneeglöckchen in den Wintermonaten auch als Schnittblumen geschätzt werden. Es ist faszinierend zu sehen, wie Pflanzenliebhaber immer wieder ein Plätzchen für ihre Lieblinge finden.

GEGENÜBER
Die weiße *Nerine* 'Virgo' mit pinkfarbenen Varietäten im Gewächshaus.

SEITEN 186 & 191
Die Mai-Präsentation im *Auricula*-Theater.

SEITEN 187
Die Alpen-Aurikel 'Argus'.

SEITEN 188–189
Eine Nahaufnahme des *Auricula*-Theaters.

SEITEN 190
Ausstellungszauber: Die Show-Primel *Auricula* 'Green Lane'.

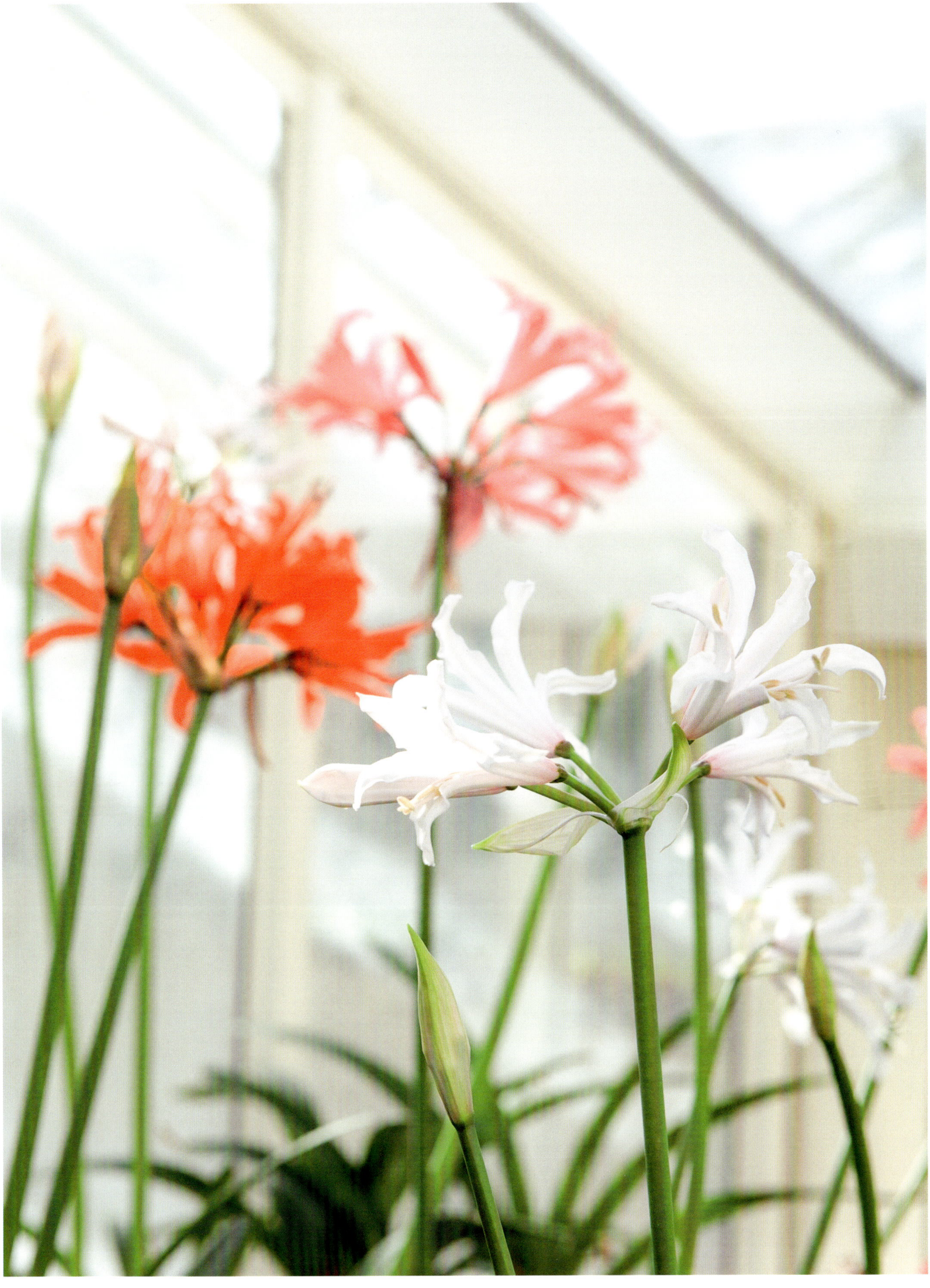

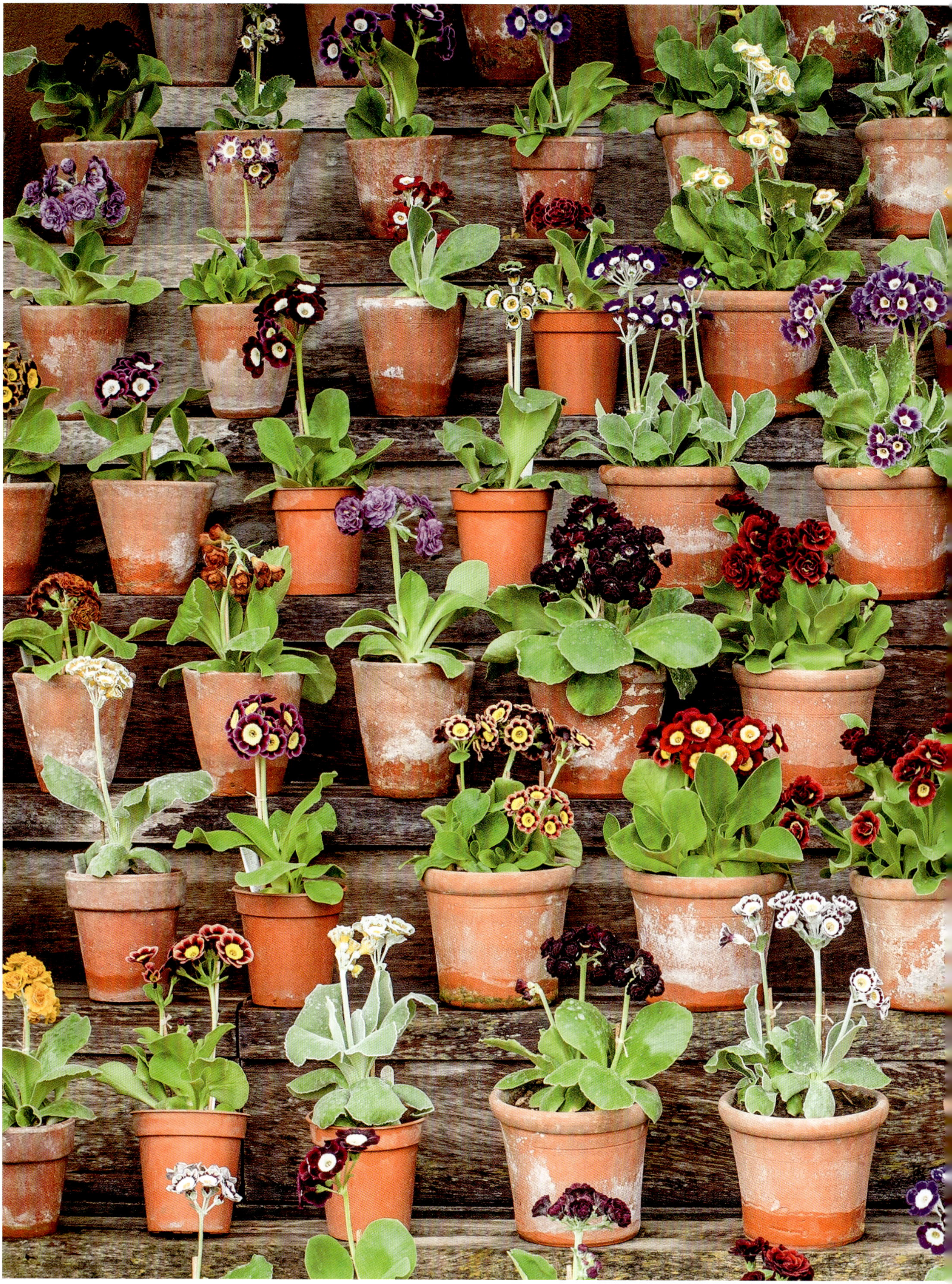

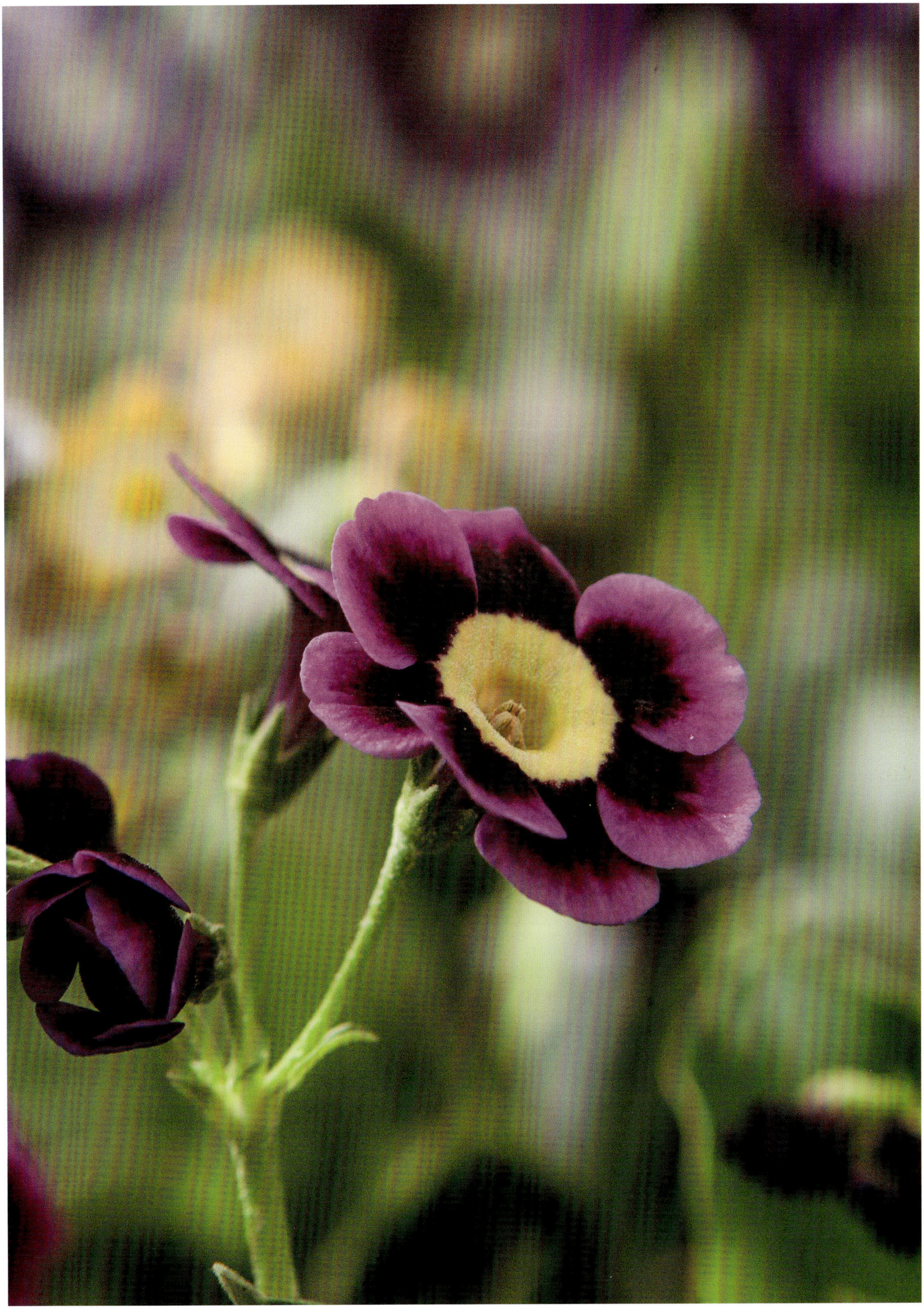

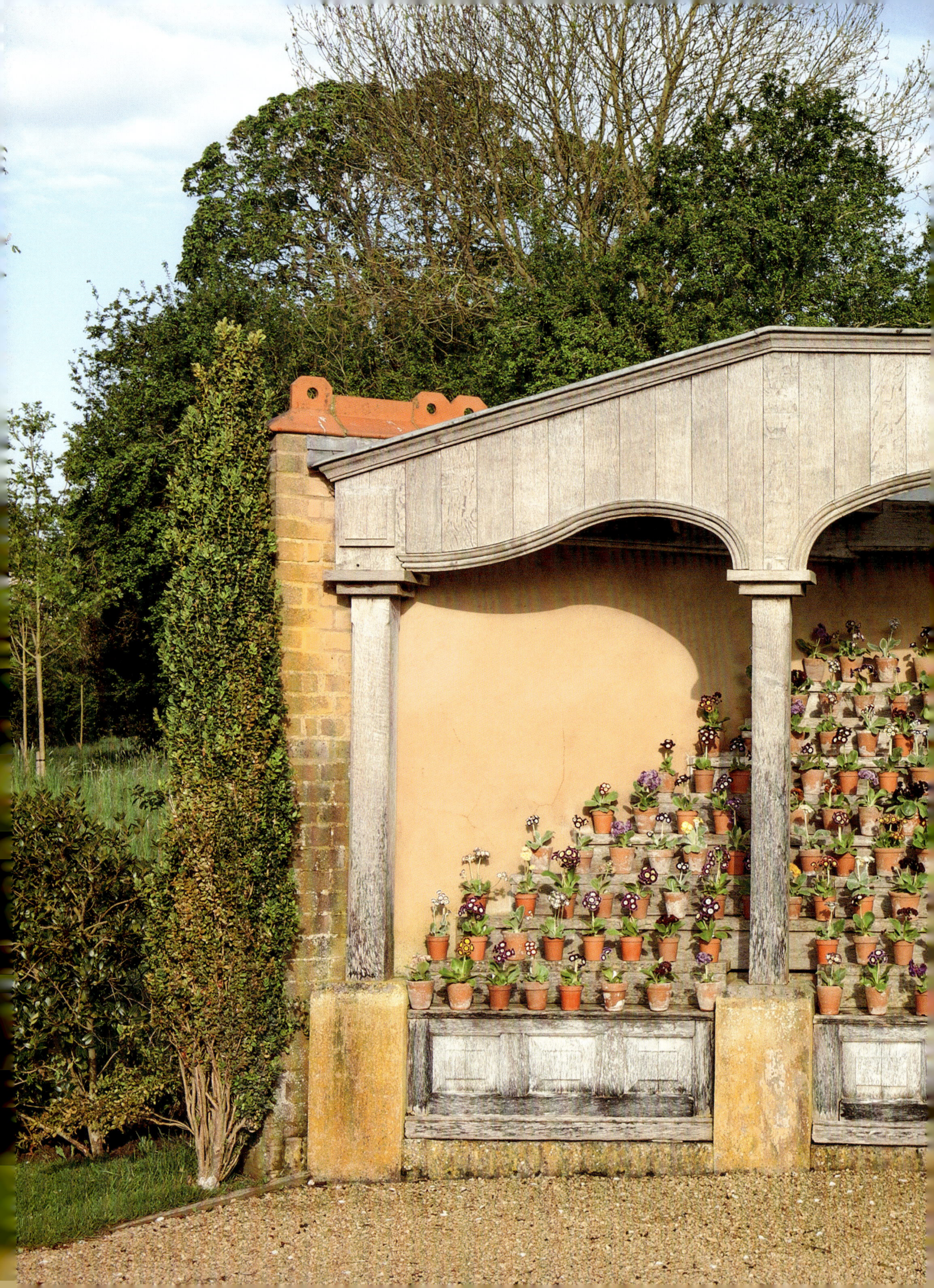

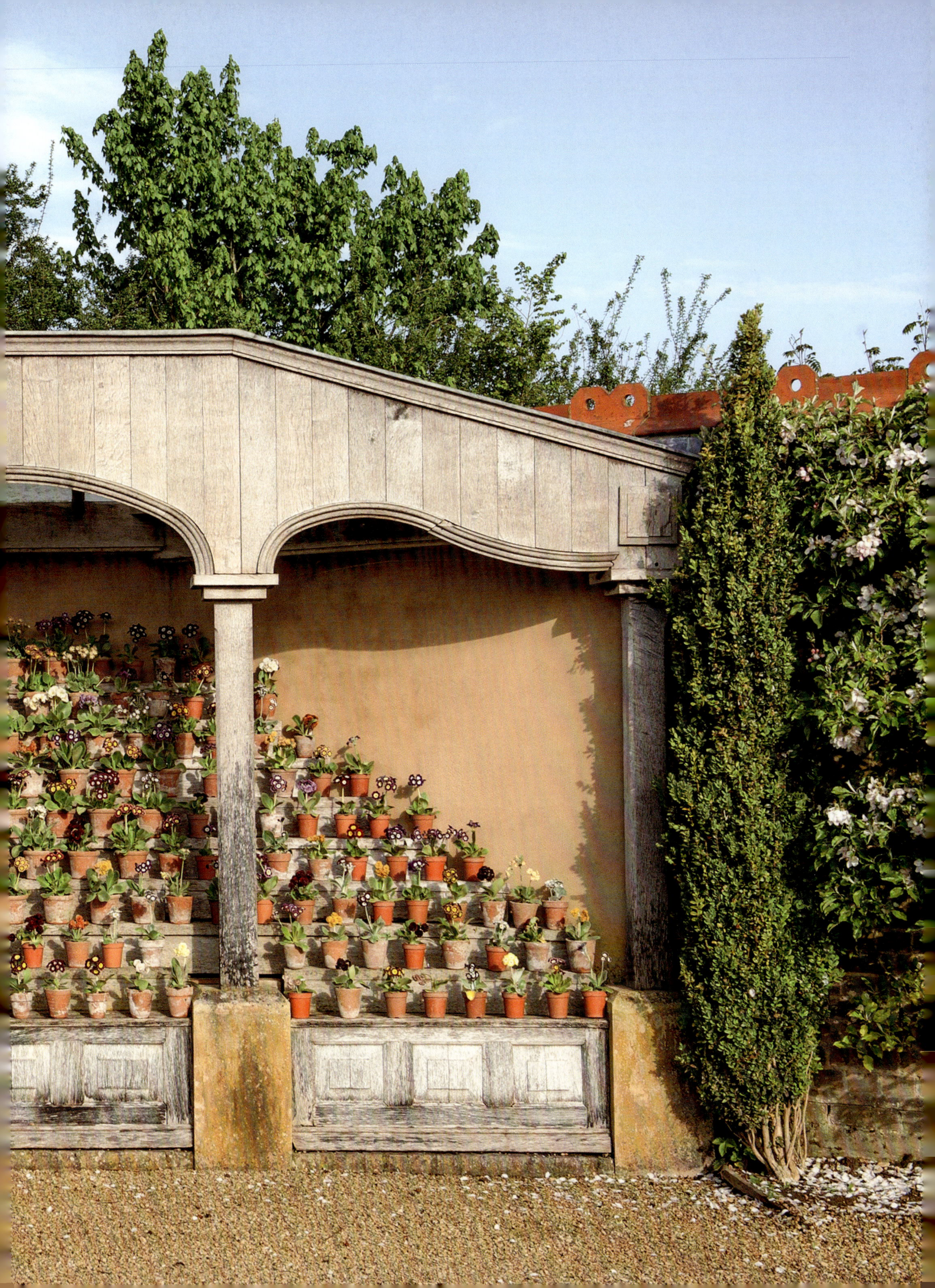

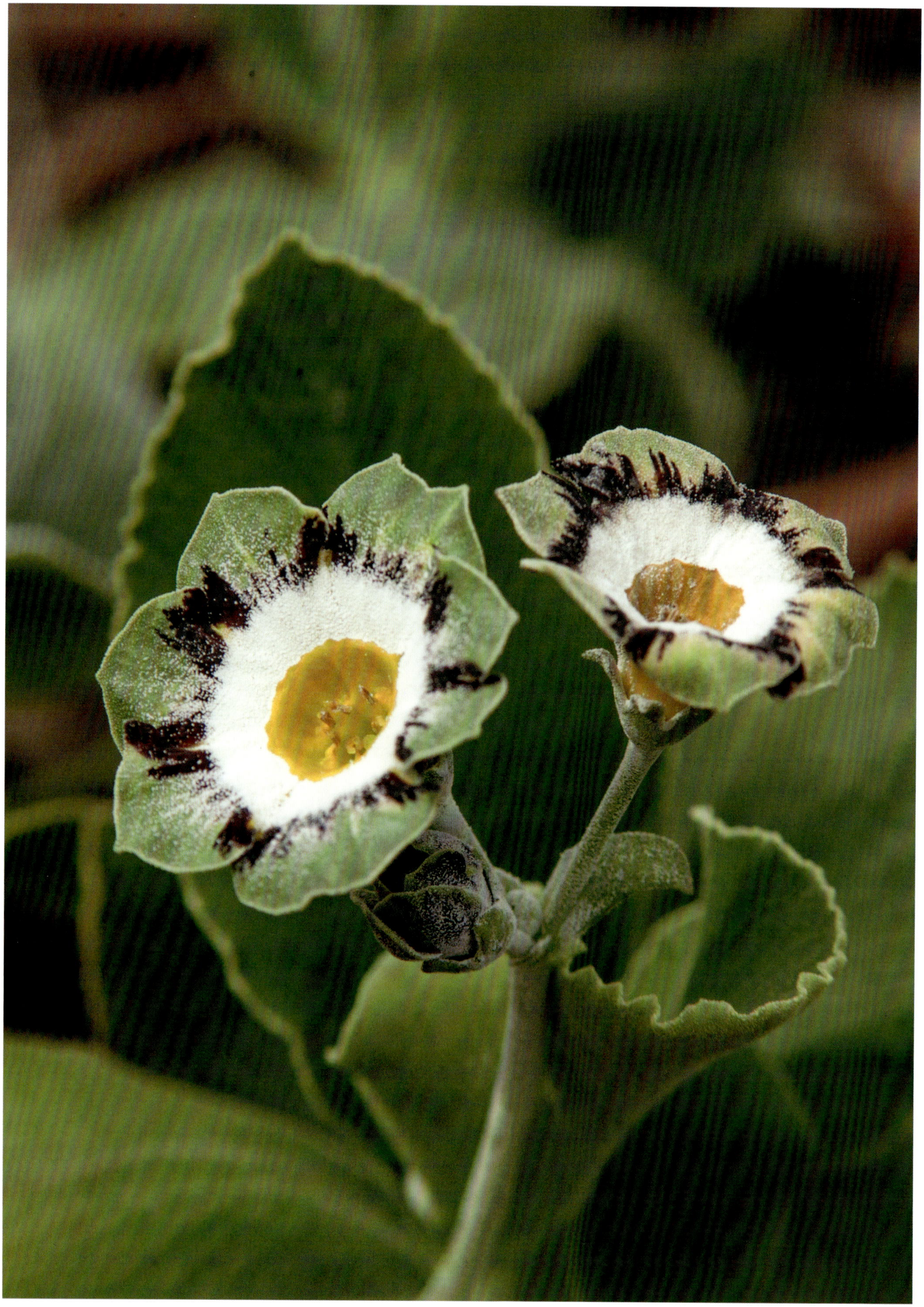

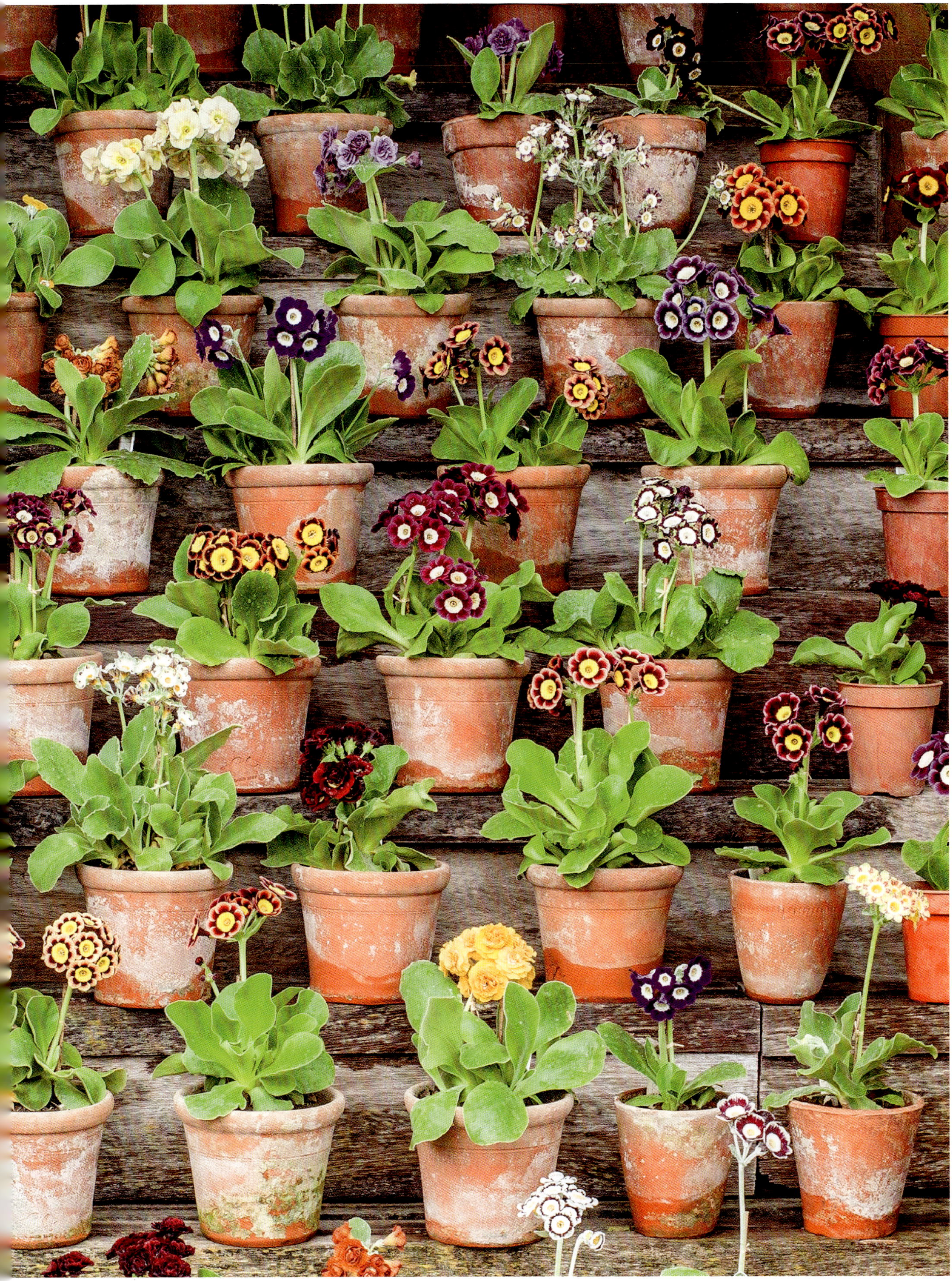

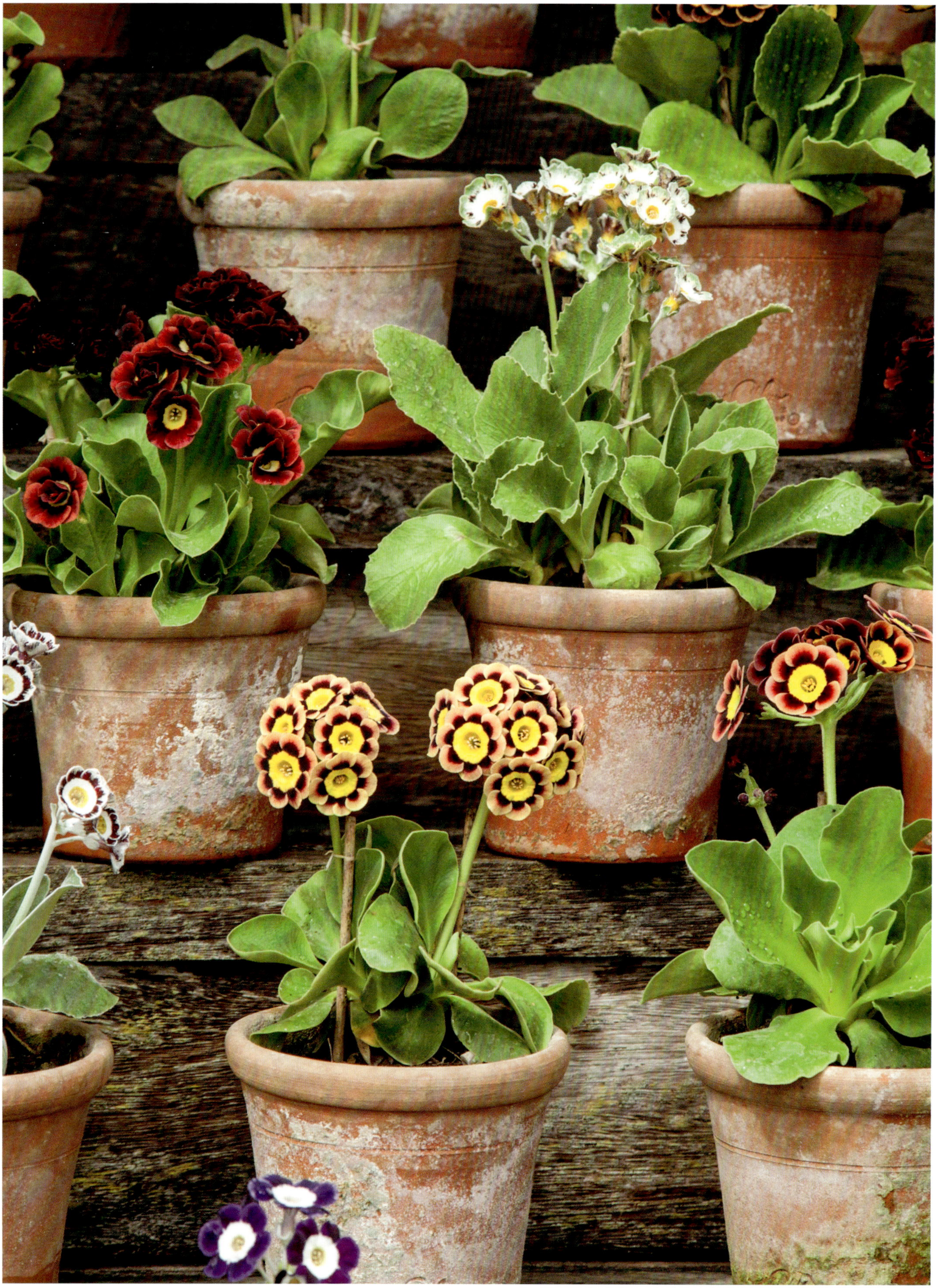

PRIMELN

Primeln oder Aurikeln sind auf den Landsitzen der hochviktorianischen Zeit nie sonderlich beliebt gewesen. Im Jahre 1822 schrieb John Loudon: »Die Aurikel ist wie die Tulpe, rosaviolett etc., und nur selten sieht man in den Gärten der Adelsgeschlechter eine wirklich schöne Blüte.« Primeln galten als die Blumen der Arbeiter, weil sie im 17. und 18. Jahrhundert unter den Webern überaus beliebt waren. Die anhaltende Pflege ihrer Pflanzen muss für sie eine willkommene Unterbrechung zum Webstuhl bedeutet haben; und das Züchten und Präsentieren der bunten Primeln bot den Webern soziale Kontakte, denn mit den Ausstellungen verbanden sich oft auch Abendessen mit anderen Primel-Liebhabern.

Aber obwohl in der Oberschicht zu Miss Alices Lebzeiten kaum je Aurikel kultiviert wurden, erfreuen sie sich seit dem 20. Jahrhundert in einer breiten Öffentlichkeit wachsender Beliebtheit. Künstler schätzen ihre eigenwilligen Farbkombinationen, Designer bewundern ihr nostalgisches Erscheinungsbild oder, um es mit Sacheverell Sitwells Worten auszudrücken: »Die adrette Brillanz der Regency-Ära.« Die Gärtner feiern beides.

Diese dekorativen Blumen sind inzwischen ein Charakteristikum des Frühlings in Eythrope. Jeder, der Aurikeln zieht, wird, was das Erdsubstrat und den Zeitrahmen für das Topfen anbetrifft, wieder ein bisschen anders vorgehen, aber auf die jahrelange Erfahrung von Eythrope ist nun mal Verlass. Alljährlich im April füllen 200 gut entwickelte Pflanzen in Terrakotta-Töpfen das *Auricula*-Theater in der Ecke des ummauerten Gartens und weitere 70 kommen ins Haus und werden auf einem Pflanzenständer zur Schau gestellt, damit die verschiedenen Sorten aus der Nähe betrachtet werden können. Aurikeln erfordern auch heute noch die ausdauernde Zuwendung, die ihnen die Heimarbeiter einst gönnten. Lieblose Behandlung oder unsorgfältiges Wässern kann den aus winzigen Härchen bestehenden Flaum (»Farina«) zerstören, der ihre graugrünen Blätter wie silbern überpudert erscheinen lässt. Dickmaulrüssler können sie verschlingen, die Sonne im Sommer kann sie verbrennen und der Regen im Winter kann sie ertränken. Die Pflanzen in Eythrope verbringen den Großteil des Jahres entsprechend beschattet in einem unbeheizten, luftigen Gewächshaus in der Nähe des Eingangs zum Garten und verlassen dieses erst, wenn die Blüten da sind, denn dann werden sie in besagtem »Theater« ausgestellt oder als Dekoration im Haus präsentiert. (Ein unbeheiztes Gewächshaus bildet eine gute Alternative zu einem Alpinenhaus.)

Das Aurikel-Jahr beginnt im Februar. Die Stecklinge aus dem Vorjahr – von Pflanzen im Juli genommen – werden von 7,5-Zentimeter-Plastiktöpfen in 12,5 Zentimeter größere Terrakotta-Töpfe gesetzt. Als Erde wird das auf Kokosfaser basierende John Innes no. 2-Substrat verwendet. (Manchmal wird als oberste Schicht noch grober Sand aufgebracht, was in Eythrope aber nicht üblich ist.) Dieses alljährliche Programm nimmt, bis es abgeschlossen ist, etwa drei Wochen in Anspruch.

Wenn die Pflanzen anfangen, sich zu regen, was in der Regel erneut im Februar der Fall ist, erhalten sie einen schwachen Stickstoffdünger. (Die neu getopften Stecklinge werden in diesem Stadium nicht gedüngt.) Vom März an wird den älteren Pflanzen wöchentlich ein kaliumkarbonatreicher Flüssigdünger (Pottasche) verabreicht. Die toten Blätter werden entfernt und im April kommen die Pflanzen dann in das *Auricula*-Theater. Das präsentierte Sortiment wechselt drei- bis

GEGENÜBER
Ein Ausschnitt der Präsentation des *Auricula*-Theaters: im Vordergrund die Alpenprimeln *Primula auricula* 'Sirius' und 'Tom Baker' mit goldener Mitte.

viermal in der Saison und ist jeweils einen Monat lang zu besichtigen. Wenn die späteren Pflanzen zu blühen anfangen, werden die allmählich verwelkenden in das Gewächshaus zurückgestellt und die Blüten entfernt. Sämtliche Blütenstiele werden mit Kebab-Stäbchen gestützt und mit Raffia-Bast daran aufgebunden. Unauffällig.

Primeln gedeihen besser, wenn sie jedes Jahr geteilt und neu eingetopft werden. »Reife« Pflanzen sehen nie gut aus: drei Jahre, vom »Baby-Stadium« oder Steckling aus gerechnet, ist in etwa die Grenze. Zeit zum Umsetzen ist in Eythrope im Juli, wenn sämtliche Pflanzen bis auf eine Rosette zurückgenommen und in 9-Zentimeter-Töpfe in das übliche Erdsubstrat umgesetzt werden, ergänzt durch einen kleinen Anteil Rinde. Eine Zeitlang wurden 10-Zentimeter-Schalen für mehr als eine Rosette ausprobiert, aber inzwischen ist man auf die eine Rosette im kleineren Topf zurückgekommen. Die Spitze der karottenähnlichen, mit zunehmendem Alter länger werdenden Wurzel, wird eingekürzt. Dickmaulrüssler können für Primeln ein größeres Ärgernis darstellen, aber die Gefahr dieser Schädlinge lässt sich minimieren, indem die alte Erde ausgetauscht wird. Falls eine Dosis eines Thiacloprid-Pestizids verabreicht werden muss, dann sollte abgewartet werden, bis sich die Pflanzen in ihren neuen Quartieren etabliert haben, wofür sie in der Regel etwa einen Monat Zeit benötigen. Jegliche Ableger werden in 7,5-Zentimeter-Plastiktöpfe gesetzt. Diese ergeben gute Pflanzen für die Ausstellung in zwei Jahren. Nachdem die jährliche Umtopfaktion abgeschlossen ist, werden sämtliche Töpfe in das Gewächshaus zurückgebracht. Sie werden so angeordnet, dass sie einander berühren, denn so bleiben die Wurzeln kühl und trocknen nicht so rasch aus. Die Pflanzen werden weiterhin gegossen und die abgestorbenen Blättern ausgezupft. Im September legen sie im Wachstum noch einmal leicht zu, und in diesem Moment erhalten sie durch Verabreichen eines Flüssigdüngers noch einen kleinen Schub, zum Blühen kommen sollen sie allerdings nicht.

Zu den Lieblingssorten hier gehören die roten Alpen-Primeln 'Argus' und 'Prince John', die sich problemloser kultivieren lassen als die intensiv dunkelrote 'Neat'n Tidy'. Die graugrüne 'Prague' und die sulphur-gelbe 'Tomboy' sind beides Show-Aurikeln, die den aus winzigen Härchen bestehenden Flaum (»Farina«) zeigen, der ihre graugrünen Blätter wie überpudert erscheinen lässt. Diese beiden Sorten eignen sich am besten zum Pflücken und sind meiner Ansicht nach die schönsten von allen. Aber mit mehr als 100 Varietäten in der Sammlung, einschließlich der gefüllt blühenden und gestreiften Formen, dürfte es dem Betrachter nicht leichtfallen, die Beste auszuwählen.

GEGENÜBER
Ein Sortiment von Alpen-Aurikeln mit goldener Mitte und eine Show-Aurikel mit wie mit Mehl bestäubten graugrünen Blättern.

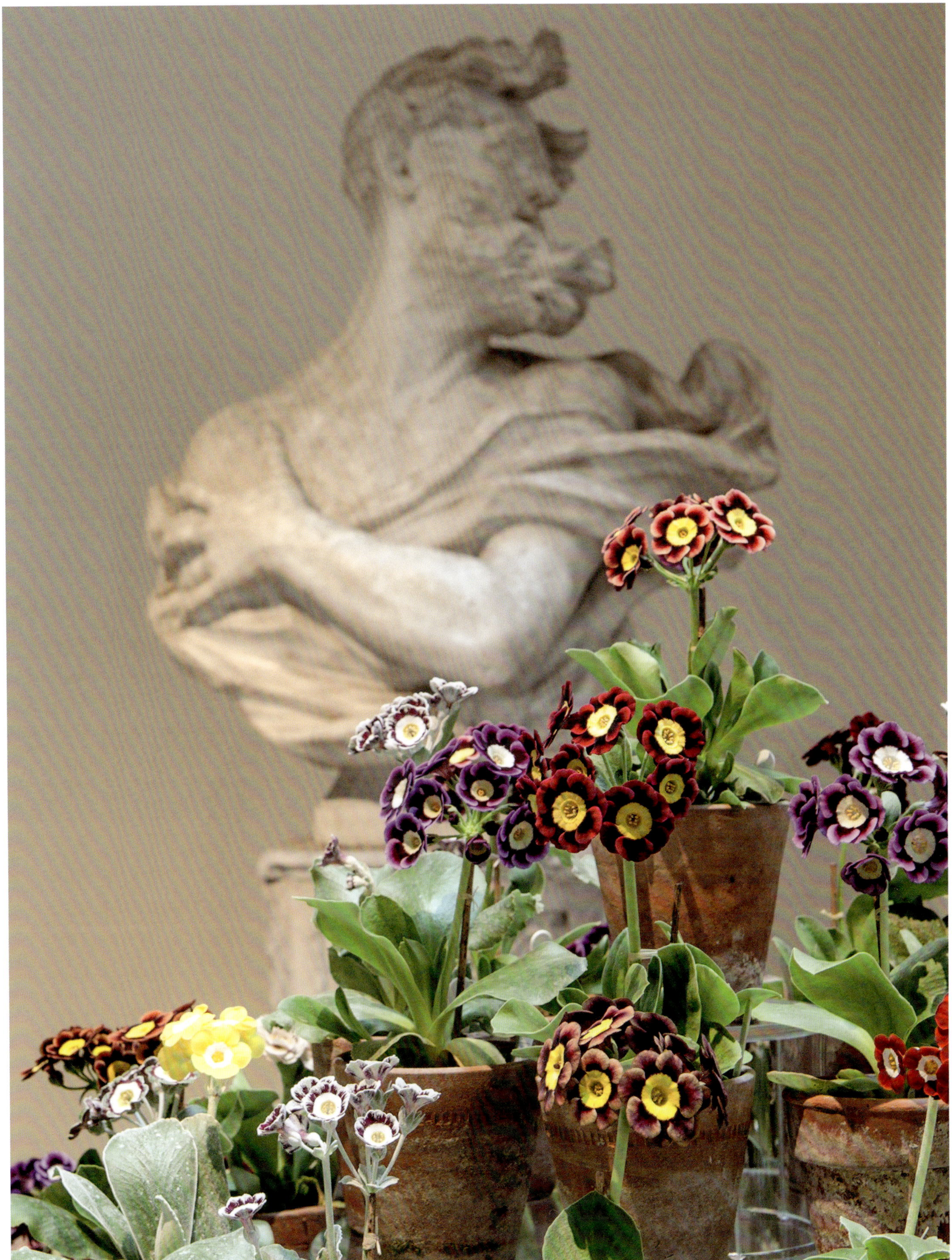

Ein Abschnitt mit einem kleinen Wurzelansatz wächst besser an als einer mit einer alten Pfahlwurzel.

Primeln im Gewächshaus im Sommer.

Mit dem Schneiden von Stecklingen wird im Juli begonnen.

Zum Anstäben werden Kebab-Stäbchen verwendet.

Die Pflanzen werden mit Bast an den Stäbchen festgebunden.

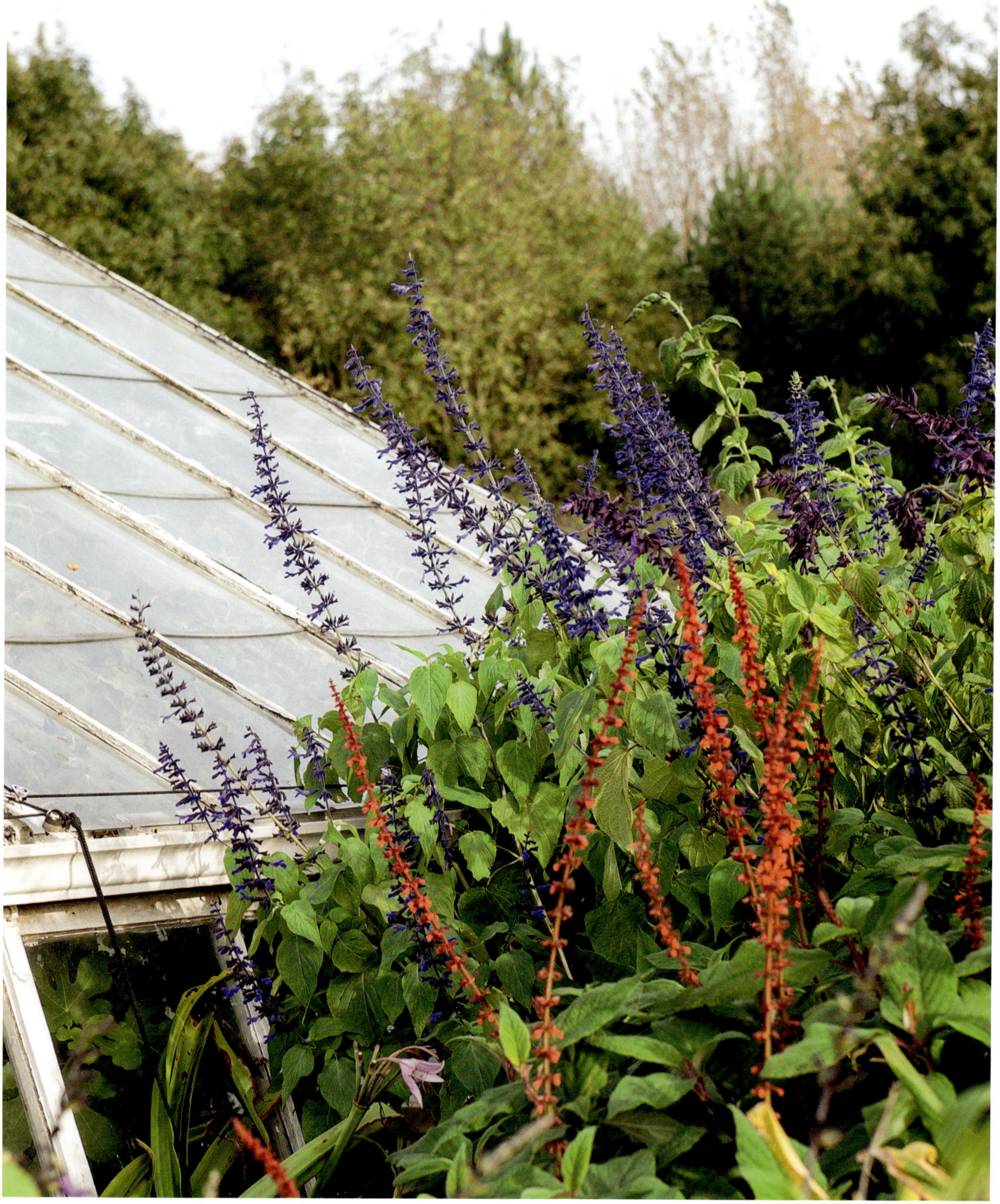

SALBEI-ARTEN

In der letzten Hälfte des 19. Jahrhunderts waren die Salbei-Arten beliebte Beetpflanzen, und die Gärtner waren ständig auf der Suche nach noch lebhafteren Farben und noch ausdauernder blühenden Exemplaren. Die südamerikanischen scharlachroten Salbei-Arten *Salvia fulgens* und *S. splendens* sowie die leuchtend blaue *S. patens* brachten jenen Schuss Brillanz, der in der Beetbepflanzung so begeistert begrüßt wurde.

Die Salbei-Arten gehören noch immer zu den besten Pflanzen, um ausdauernd Sommerfarbe ins Beet zu bringen; da sich der Zeitgeschmack aber eher dem duftigeren, naturnah anmutenden Erscheinungsbild zugewandt hat, sind es die subtileren Töne und kleineren Blüten der frostbeständigeren Wiesensalbei-Arten (Abkommen von *S. nemorosa*), die ausgewählt werden. Das Sortiment in Eythrope, das aus mehr als 50 Typen des Salbeis besteht, stützt sich auf die beschränkt winterharten ausdauernden Varietäten, die auch bei den Viktorianern beliebt waren.

Viele Salbei-Arten und -Sorten werden in der Rabatte vor dem Weintraubenhaus erprobt. Sie finden sich aber auch in den Rosenrabatten, die zum Kirschenhaus hinauf führen, damit hier für Farbe gesorgt ist, während die Rosen ruhen. Sämtliche Salbei-Arten werden als frostempfindliche Stauden behandelt, obwohl mehrere der spektakulärsten Varietäten hinsichtlich der Winterhärte ein Grenzfall sind. *S.* 'Indigo Spires' mit einem intensiv purpurviolettstichigen Blau und die höhere himmelblaue *S. guaranitica* 'Blue Enigma' überstehen den Winter in gut durchlässigem Boden (allerdings müssen sie, wie alle Salbei-Arten, vor Schnecken geschützt werden). Sue zieht andere Kultivare von *S. involucrata* und mag 'Boutin', die nicht so hoch wird wie 'Bethellii', sowie die ausdauernder blühende Form 'Joan'.

Stecklinge des Salbei-Sortiments werden Ende September oder Anfang Oktober geschnitten. Jene, die als zusätzliche »Farbgeber« für die Rosenbeete gebraucht werden, stammen hauptsächlich von *S. leucantha* und *S. involucrata*. Sämtliche Formen von *Salvia leucantha* zeigen ein reizvoll flaumiges Bild und ihre purpurvioletten Blütenkelche leuchten in Pink-, Weiß- oder Purpurviolett-Tönen. *S.* 'Mulberry Jam' ist eine kleinere *S. involucrata*-Hybrid-Form mit dunkleren Blüten als 'Bethellii', 'Boutin' oder 'Joan' und viele dieser Sorten werden zwischen den Rosen gezogen. In der Rabatte beim Weintraubenhaus findet sich eine vielfältige Mischung neuerer Sorten. Größere Salbei-Gruppen können für sich allein leicht verschwommen wirken; deshalb wurden dunkellaubige Dahlien in dieses Beet integriert sowie kleine *Canna indica*, die Eltern-Form der modernen Hybriden. Die Vermehrung sämtlicher Salbei-Pflanzen erfolgt aus nicht blühenden Trieben, die zu jeweils einer Sorte Ende September in einem Plastikbeutel gesammelt werden. Der Steckling wird unterhalb des Nodiums (Stängelknoten) geschnitten, und bei Sorten mit großen Blättern werden diese mit dem Messer halbiert, was sowohl die Transpiration reduziert als auch für einen ansehnlichen Steckling sorgt, der in der Pflanzschale weniger Platz einnimmt. Die Stecklinge werden in Bewurzelungspuder getaucht und dann zu insgesamt 24 an der Zahl in eine Pflanzschale gesteckt. Sobald sie gewässert sind, bleiben sie auf dem Pflanztisch stehen – bedeckt mit weißer Polyäthylen-Folie, die innerhalb von zwei Wochen zweimal am Tag umgedreht wird –, bis sich die Stecklinge bewurzelt haben.

GEGENÜBER
Salvia concolor und *S. confertiflora* in der Rabatte vor dem Weintraubenhaus.

SEITE 200
Die Rabatte vor dem Weintraubenhaus mit *Salvia leucantha* 'Purple Velvet', *Dahlia* 'Magenta Star', *S.* 'Amistad', *S. microphylla* 'Belize', *S. curviflora*, *S.* 'Trelawney' und *S. darcyi*.

SEITE 201
Salvia curviflora und *S.* ×*jamensis* 'Red Velvet' in der Rabatte vor dem Weintraubenhaus.

SEITEN 202/203
Die Salbei-Rabatte mit *Salvia darcyi*, *S.* ×*jamensis* 'Senorita Leah', *Verbena rigida* f. *lilacina*, *Dahlia* 'Soulman' und *S.* 'Trelawney'.

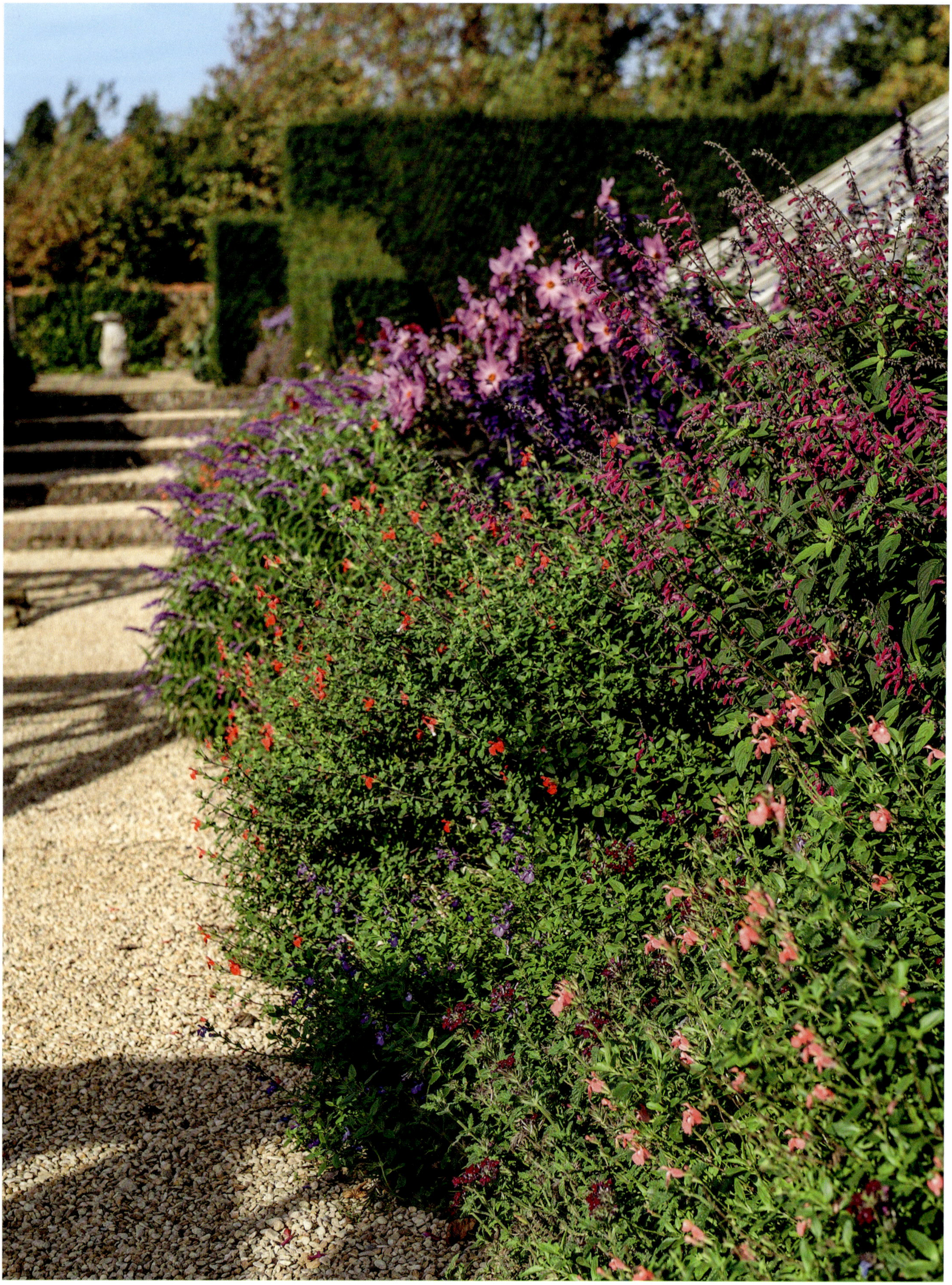

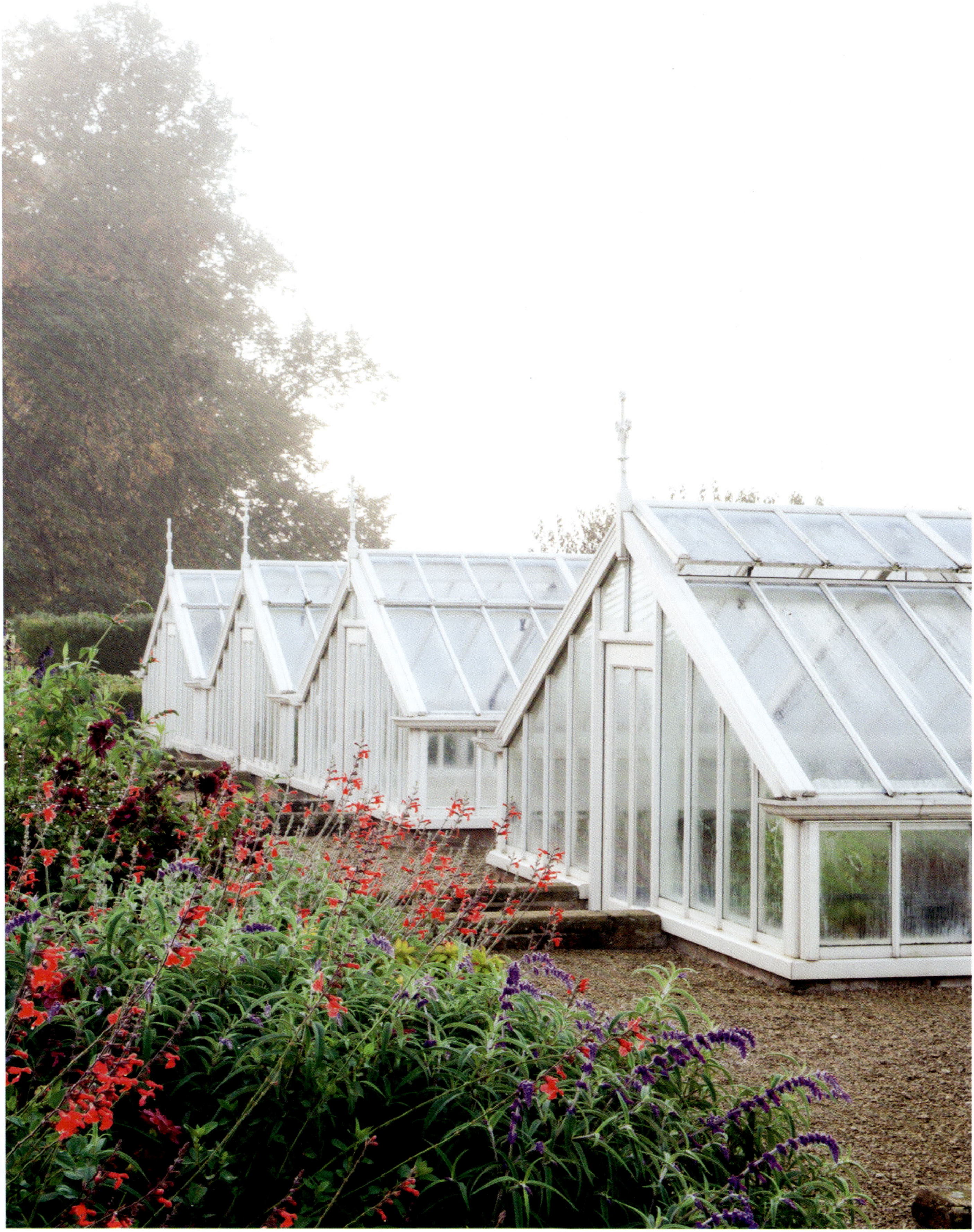

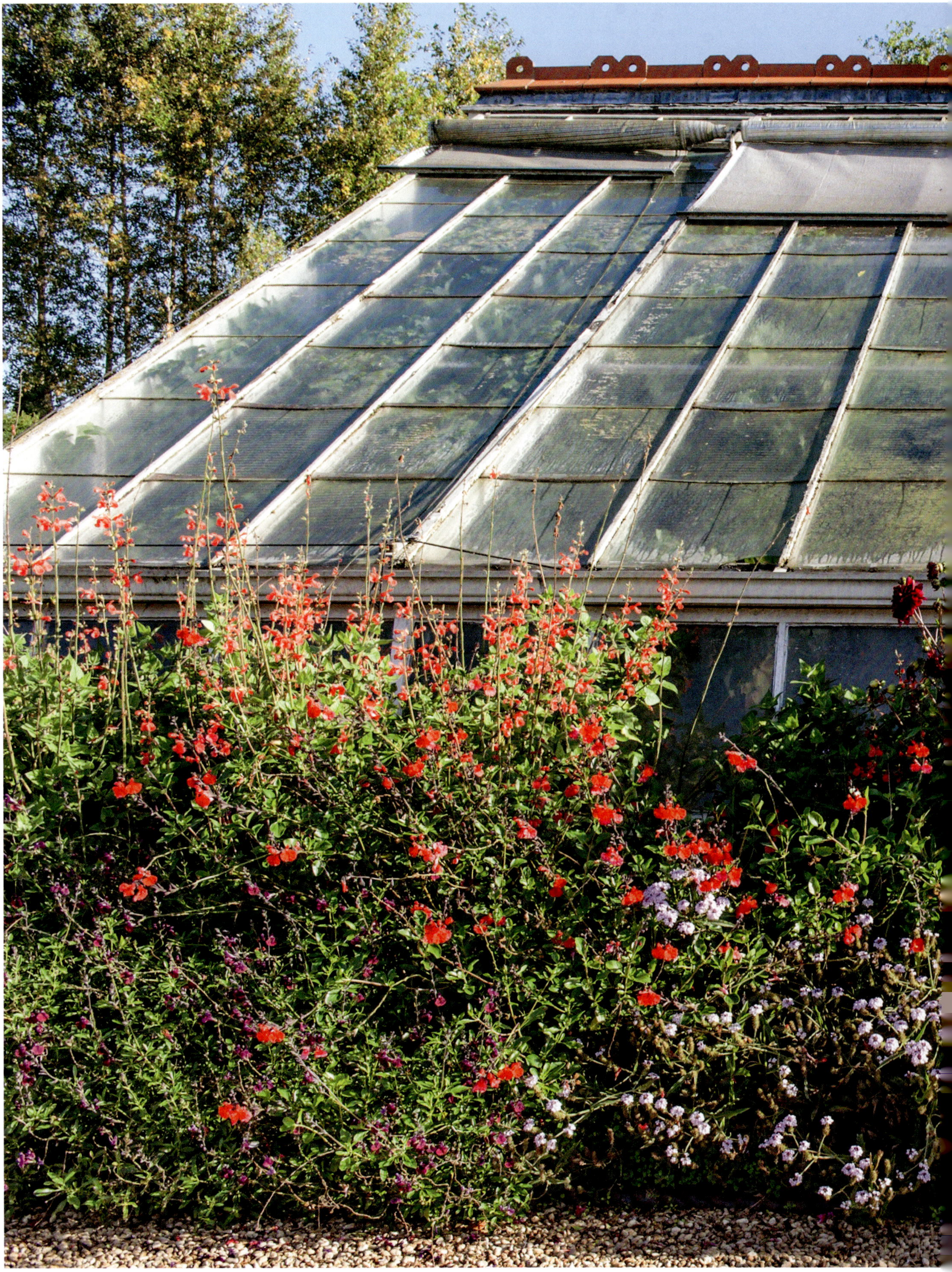

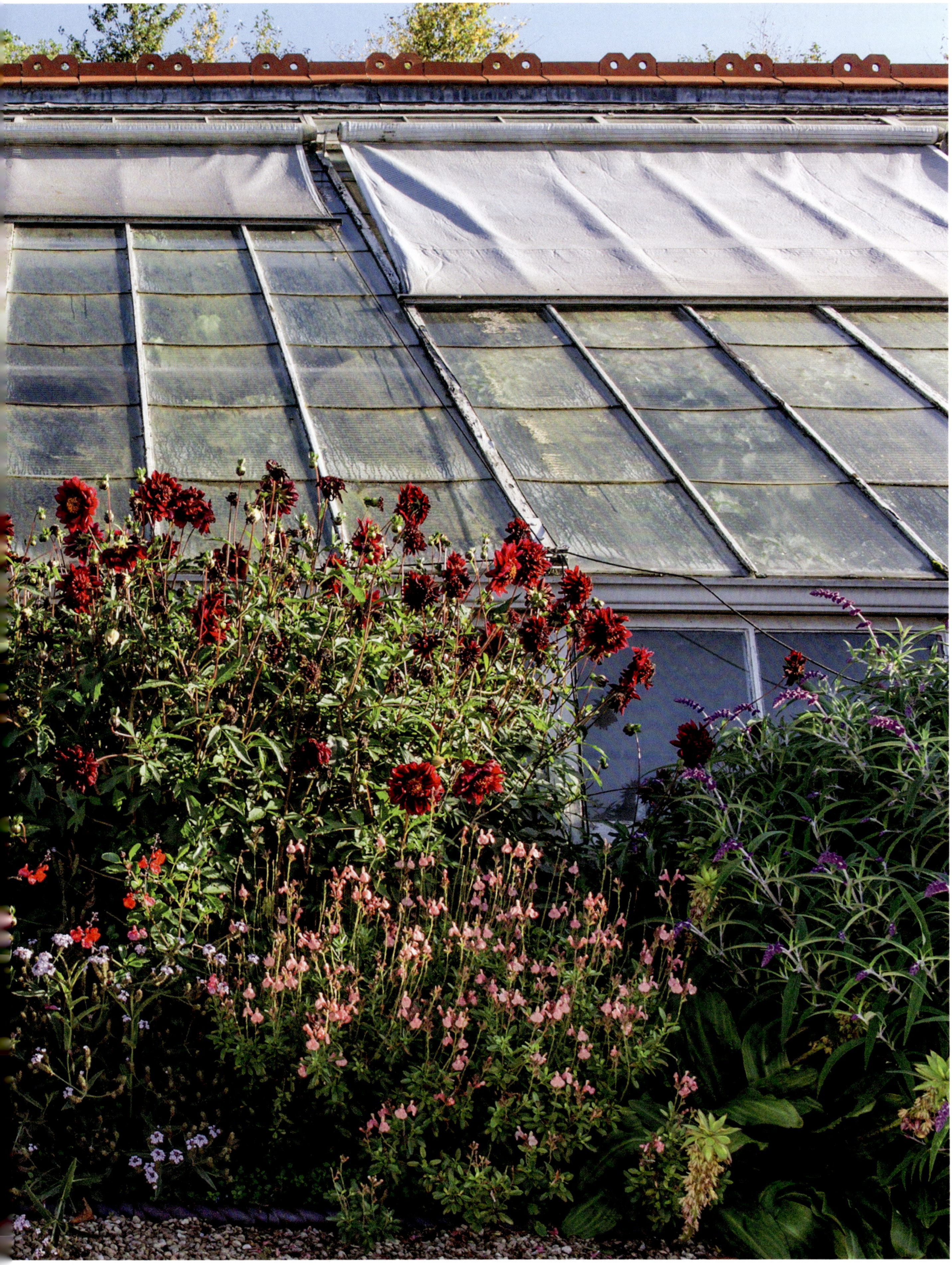

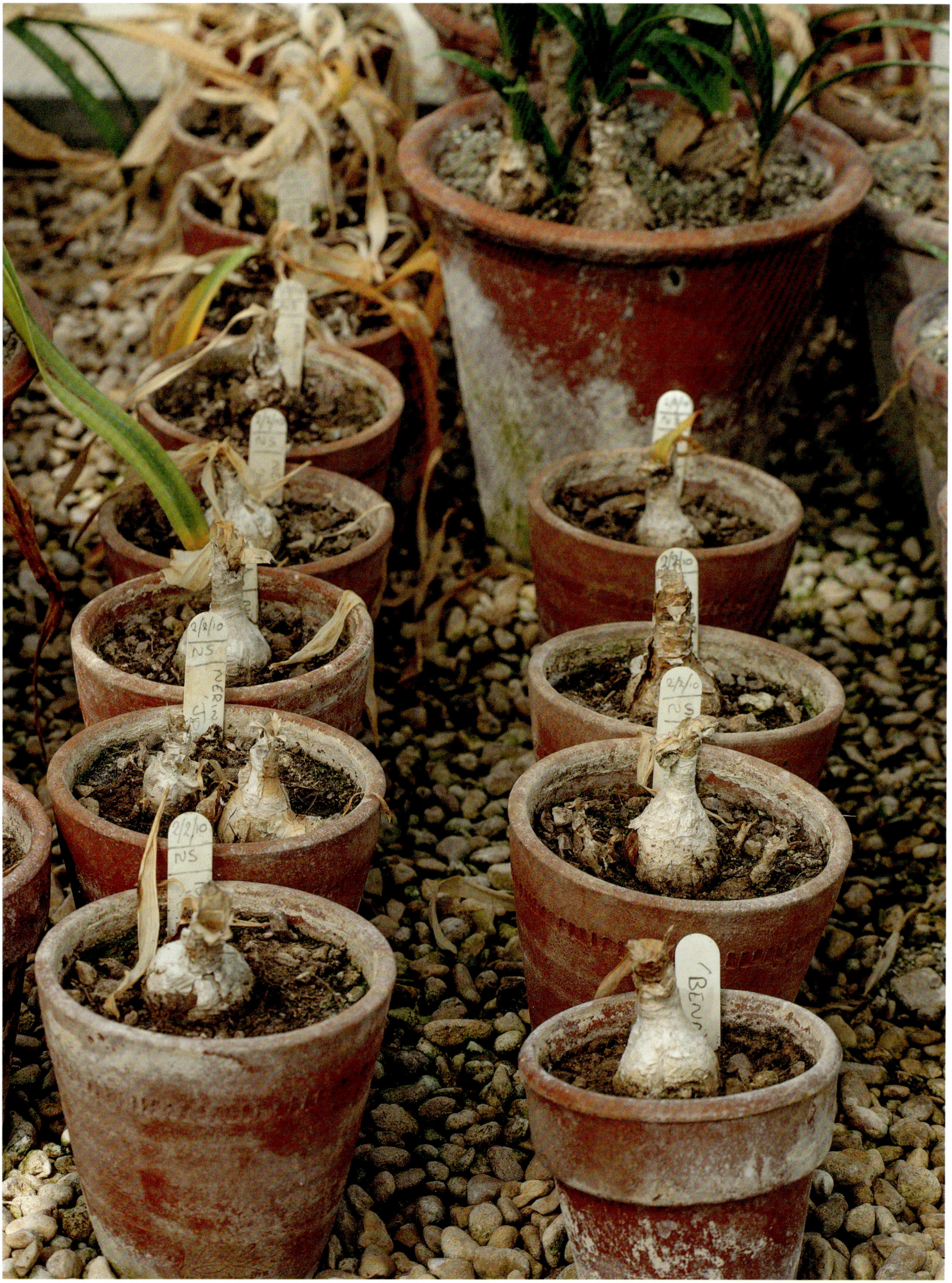
2/2/10
NS
2/2/10
NS
2/2/10
NS
'BEN

NERINEN-ARTEN

Die Nerinen oder Guernsey-Lilien, die im Oktober und November als Schnittblumen hoch geschätzt werden, sind zu einer bedeutenden neuen Sammlung in Eythrope geworden. Die frosthärteren *Bowdenii*-Typen sind Zwiebelpflanzen, die im Sommer belaubt sind, denn im Sommer regnet es in ihren Heimatgebieten in Südafrika. Aber die *Sarniensis*-Typen, die ebenfalls aus Südafrika stammen, sind an Standorten mit feuchten Wintern und trockenen Sommern heimisch und vertragen keinen Frost; sie müssen deshalb im Gewächshaus gezogen werden und erfordern eine Temperatur knapp über dem Gefrierpunkt.

Nerine bowdenii kann bei bis zu –15 °C im Freien überleben. Die Pflanzen benötigen eine gute Dränage und müssen in einem trockenen Sommer gewässert werden, um die Blütenbildung anzuregen. In Eythrope werden sie in einer nach Osten gehenden Rabatte entlang der Seite des ersten sockeltief in der Erde verankerten Gewächshauses gezogen. Die ausgesprochen große Sorte 'Zeal Giant' ist eine Züchtung aus *N. bowdenii* und *N. sarniensis*, die erstaunlich frosthart ist und in Eythrope im Freien gedeiht. Andere draußen wachsende *Bowdenii*-Kultivare, die von Sue hoch geschätzt werden, sind 'Mark Fenwick', 'Stefanie', 'Ostara' und 'Marjorie'. Einige der *Bowdenii*-Kreuzungen einschließlich 'Isabel', 'Rowie' und der scharlachroten 'Codora' haben sich als weniger frostverträglich erwiesen. In Eythrope werden sie im Schutz der Wand des Gewächshauses gepflanzt und somit in der Nähe der Heizrohre, die an der Wand auf der anderen Seite entlang laufen.

Die Guernsey-Lilien, *Nerine sarniensis*, sind das ganze Jahr über im Haus. Sie mögen es warm, dürfen aber weder vollständig austrocknen noch dürfen die Zwiebeln runzlig werden; deshalb werden sie einmal im Monat gründlich besprüht. Von Oktober an werden sie im Gewächshaus Nummer 4 bei einer Temperatur von 5 °C gehalten, den Sommer aber verbringen sie im Aurikelhaus, das kühler und gut beschattet ist. Sämtliche Guernsey-Lilien in Töpfen erweisen sich als blühunwillig, sobald man ihnen nicht die entsprechenden Wachstumsbedingungen gönnt, und weil sich die Knospen bereits zwei Jahre vor Erscheinen der Blüten zu bilden anfangen, erfordern sie eine ganz gewissenhafte Pflege. Ideale Voraussetzungen für prächtige Blüten sind gutes Licht und eine Sommertemperatur von 24–27 °C während der Samenruhe. Sobald die Knospen aus den Töpfen herausschauen, was in der Regel Ende August der Fall ist, beginnt man sie zu wässern, ganz den Herbstregenfällen nachempfunden, die die *Sarniensis*-Arten an ihrem heimischen Standort erwarten. Sie mögen nicht allzu viel Wasser und sind auf gut durchlässiges Erdsubstrat angewiesen. Nachdem die Blüten verwelkt sind, entwickeln sich die Blätter, und zu diesem Zeitpunkt erhalten sie dann einen kaliumkarbonatreichen Dünger (Pottasche), bis die Blätter absterben.

Die im Topf gezogenen Guernsey-Lilien wachsen gern dicht gedrängt und erfordern gut durchlässigen Boden. In Eythrope werden die Pflanzen in 15-Zentimeter-Töpfen aus Terrakotta gezogen und erst umgetopft, wenn die Blüten abfallen. Die »Hälse« der Zwiebeln sollten beim Pflanzen über die Höhe des Erdsubstrats hinausschauen; als oberste Schicht werden die Töpfe mit grobem Sand abgedeckt.

Nerine sarniensis wird in England auch als *jewel or diamond lily* (Juwelen- oder Diamant-Lilie) bezeichnet, ein Name, der sich auf das Glitzern der Petalen im Licht bezieht. *N. sarninsis* var. *corusca* 'Major' ist eine funkelnd scharlachrote Form.

GEGENÜBER
Die Nerinen-Zwiebeln stehen schön weit aufrecht, um sie vor Staunässe zu schützen.

SEITEN 206/207
Nerine 'Pink Triumph' im Gewächshaus.

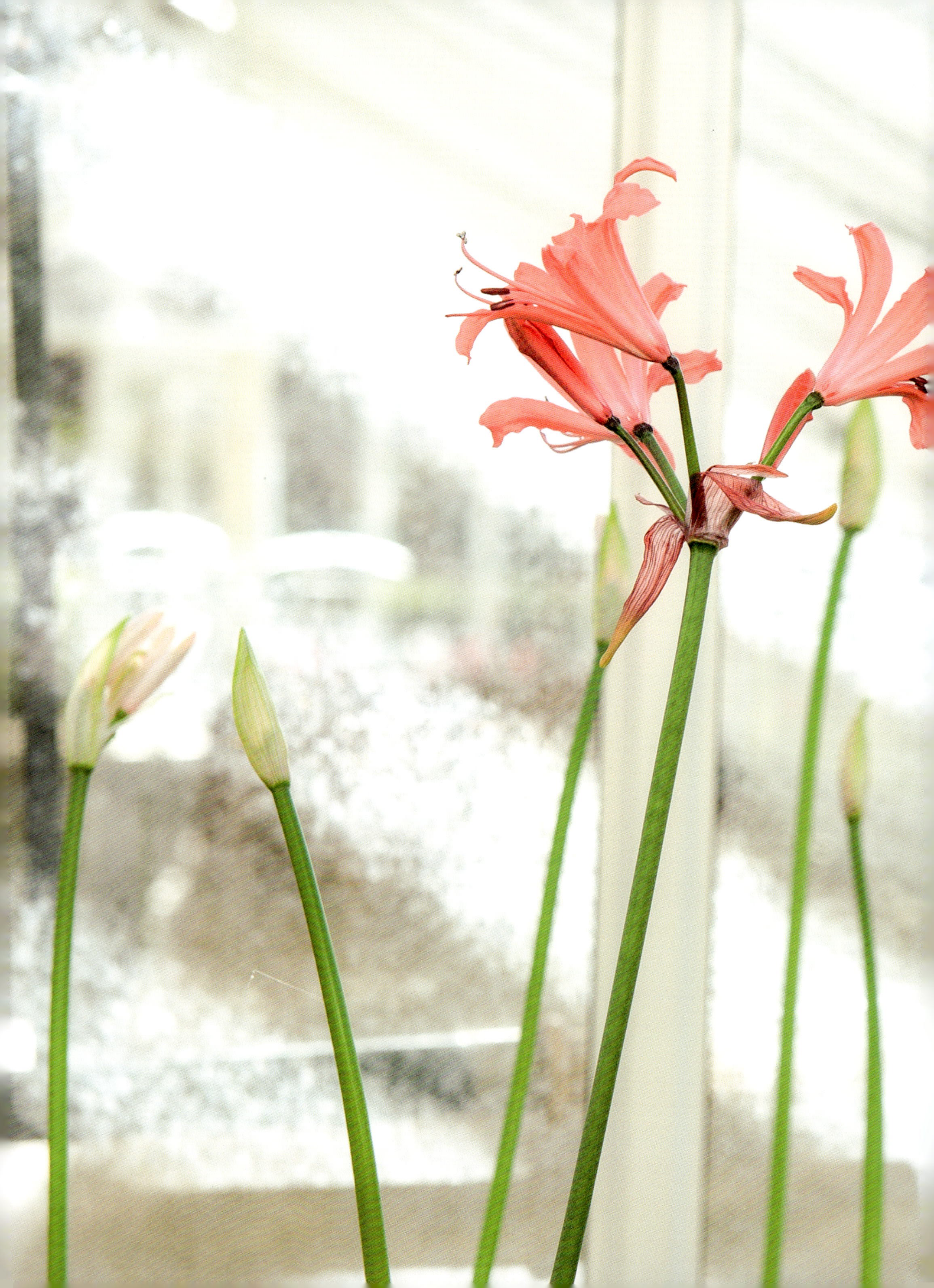

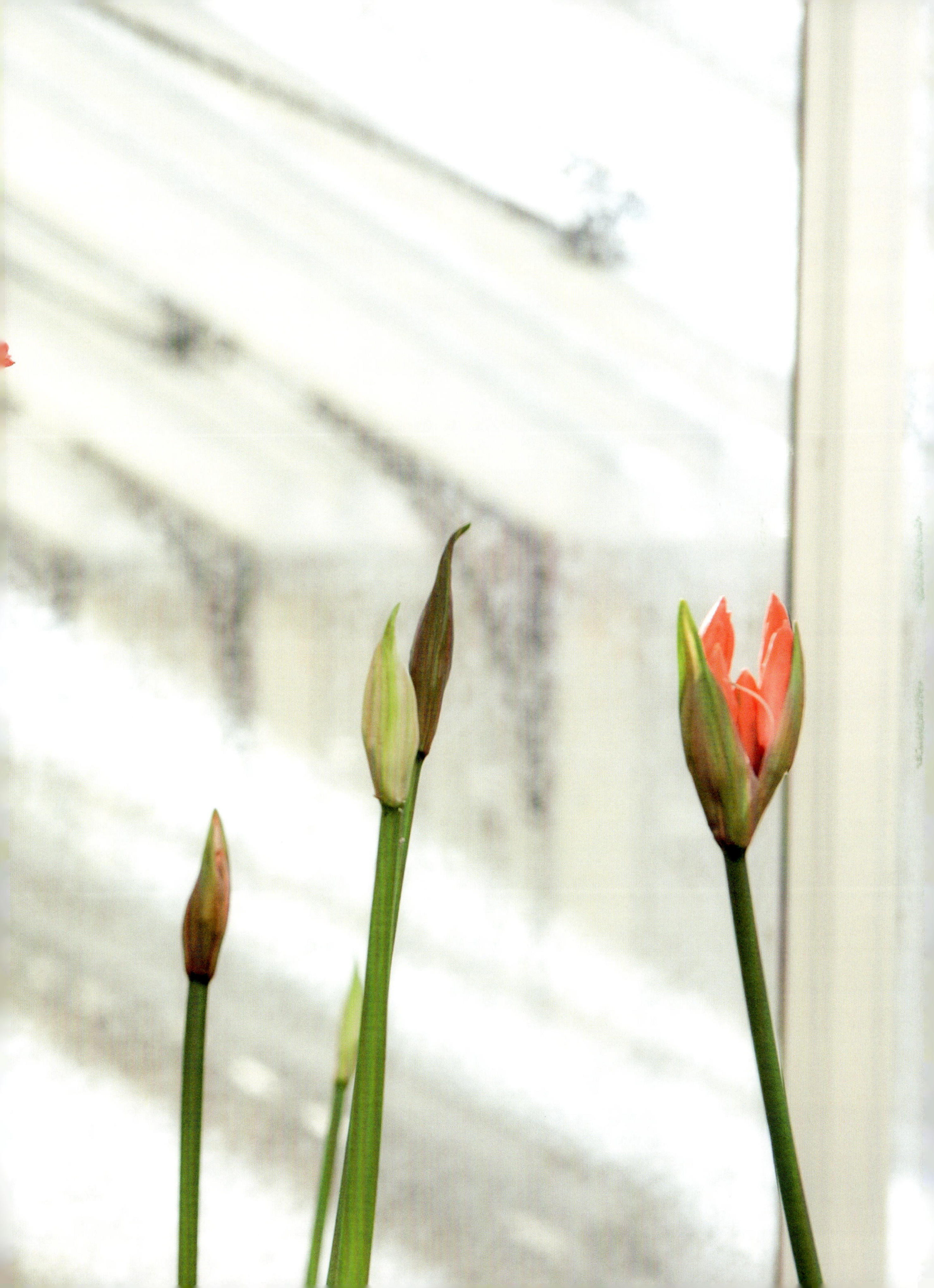

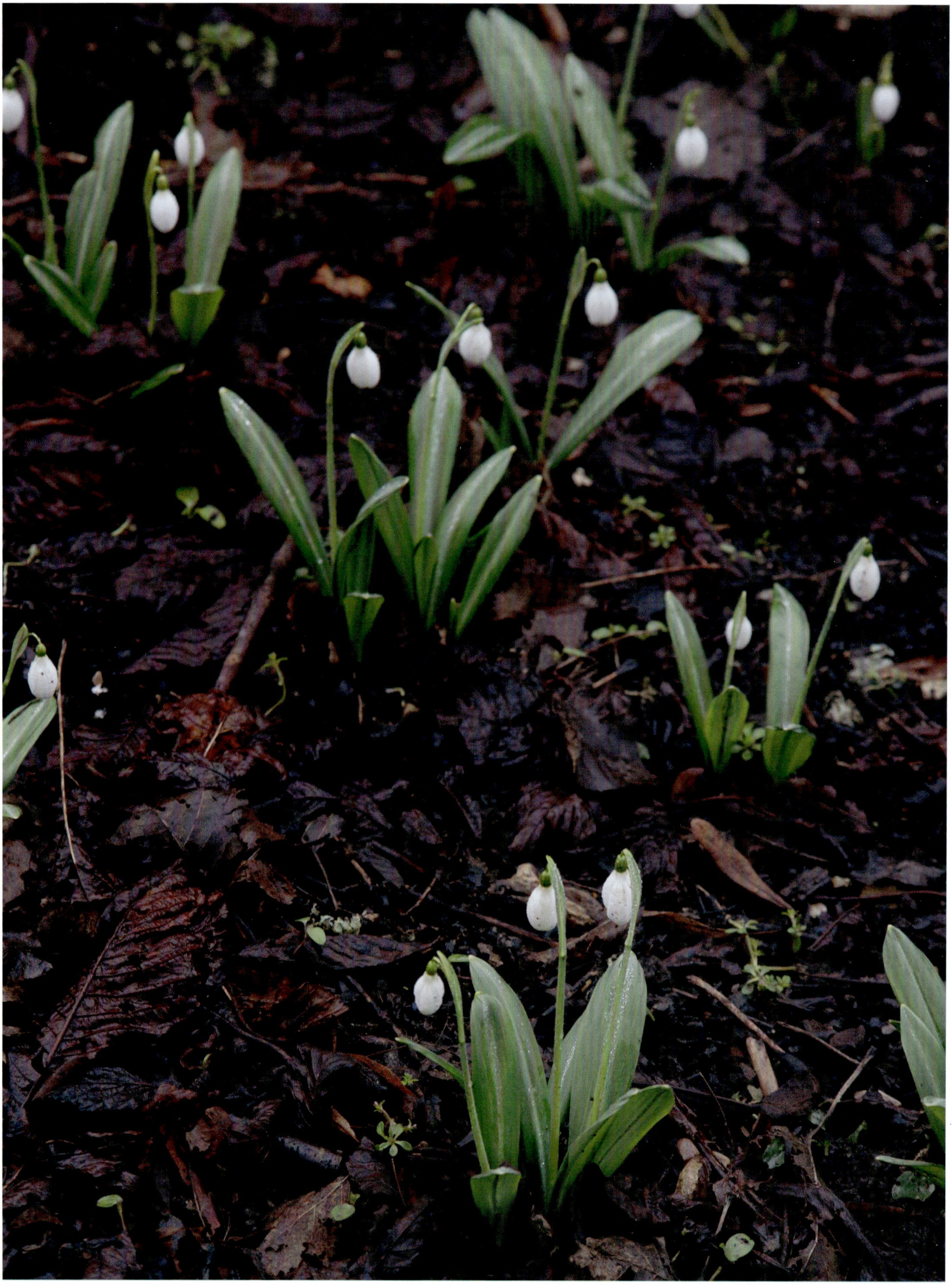

SCHNEEGLÖCKCHEN

Miss Alice verbrachte ihre Winter in Südfrankreich und dürfte sich kaum je an den Schneeglöckchen erfreut haben, die unter den englischen Gärtnern Ende des 19. Jahrhunderts immer beliebter wurden. Canon Ellacombe, der für den *Guardian* Artikel über seinen Garten am Rande von Bristol schrieb, schilderte seine Liebe zu diesen frühesten aller Zwiebelblumen. Er zog unzählige Formen des Gemeinen Schneeglöckchens sowie Exemplare der meisten Wildarten und würde, wie er beteuerte, »alle ziehen, wenn es mir nur vergönnt wäre, aber manche wachsen hier nicht.« Die Zwiebeln von *Galanthus plicatus* von der Schwarzmeerküste waren die Vorläufer vieler begehrter moderner Sorten wie etwa 'Diggory', 'Colossus' und 'Warham'. Kreuzungen mit dem in Britannien heimischen Gemeinen Schneeglöckchen *G. nivalis* haben zu Ergebnissen wie dem schönen und duftenden *G.* 'S. Arnott' und den gefüllt blühenden Formen des englischen Züchters Greatorex geführt. All diese werden inzwischen in Eythrope gezogen, sei es in Waldbereichen oder integriert in den Beeten im Umkreis des Hofes.

Eythrope besitzt mehr als 70 Varietäten des Schneeglöckchens. Dies dürften zwar nicht so viele sein, wie sie der ein oder andere galanthophile Sammler zusammenträgt, aber es sind wahrlich genügend, um andere Sammler zu fesseln. Zu den besonderen Lieblingen gehört die frühblühende Sorte *G.* 'Mrs MacNamarra', die immer schon in den ersten Tagen des neuen Jahres blüht. Es ist ein großes *elwesii*-Schneeglöckchen, das so viele Blüten hervorbringt, dass man mehrmals kleine Sträußchen für eine Glasvase pflücken kann. Andere frühe Formen sind die zu den gefüllt blühenden Sorten des Züchters Greatorex (die sogenannten »Greatorex Doubles«) gehörende 'Ophelia', die man auch aus der Entfernung wahrnimmt, wenn sie in langen Bändern unter den Sträuchern der Rabatte im Hof blühen, aber auch die Sorte 'Limetrees', die eine gleichermaßen schöne Unterpflanzung bildet. Beliebt sind aber auch *G. plicatus* 'Augustus', eine Schönheit mit rundlichen Petalen und Blättern, die sich im Gras bereitwillig von selbst ausbreitet, 'Hill Poë', eine auffallende gefüllt blühende, späte Form, 'Jacquenetta', eine noch üppiger gefüllte Sorte aus der Greatorex Gruppe, und die schlichte Sorte 'Merlin' mit inwendig geheimnisvoll grünen Blütensegmenten.

Durch regelmäßiges Teilen konnten sämtliche Schneeglöckchen vermehrt werden. Diese zeitaufwendige Arbeit wird in Eythrope Ende März, Anfang April in Angriff genommen. Wann Schneeglöckchen am besten ausgegraben und geteilt werden, darüber gehen die Meinungen auseinander, und manche *Galanthus*-Experten halten den Juni gar für die bessere Zeit als direkt nach der Blüte. Aber im Sommer bleibt nicht viel Zeit, und vorausgesetzt, die Operation kommt so rasch zum Abschluss wie in Eythrope, dann dürfte eigentlich nichts schiefgehen.

Das Teilen der Schneeglöckchen ist sowohl aus praktischen als auch aus ästhetischen Gesichtspunkten wichtig. Große Klumpen trocknen in der Mitte aus, was zu kleineren, blühunwilligen Zwiebeln führt; außerdem sind in großen Kolonien auftretende Zwiebeln unter Umständen anfälliger für Viruserkrankungen, sodass das Teilen diese Gefahr bannen hilft. Ästhetisch von Bedeutung ist das Teilen, weil in üppigen Bändern sich ausbreitende Schneeglöckchen wesentlich schöner zur Geltung kommen. Eythrope ist, ebenso wie Waddesdon, ein Garten, in dem Größe und Präsentation von jeher eine Rolle gespielt haben.

GEGENÜBER
Galanthus plicatus 'Augustus' breitet sich bereitwillig von selbst aus. Da diese Sorte aber anfällig für Viruserkrankungen ist, empfiehlt es sich, sie von anderen Schneeglöckchen fernzuhalten.

SEITEN 214/215
Galanthus 'Limetree' ist eine früh blühende Variante von *G.* 'Atkinsii' (es wurde unter einer Linde blühend gefunden).

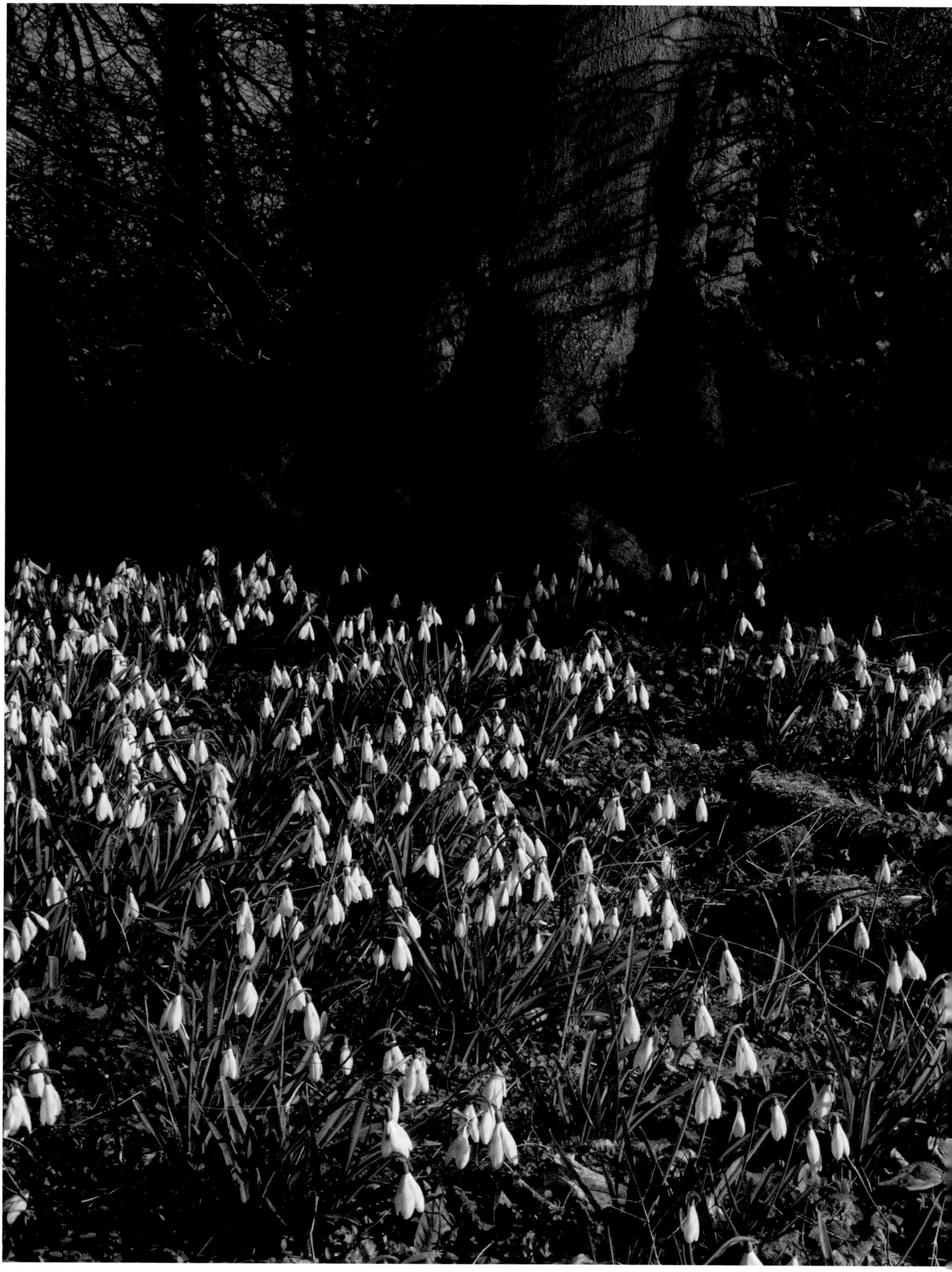

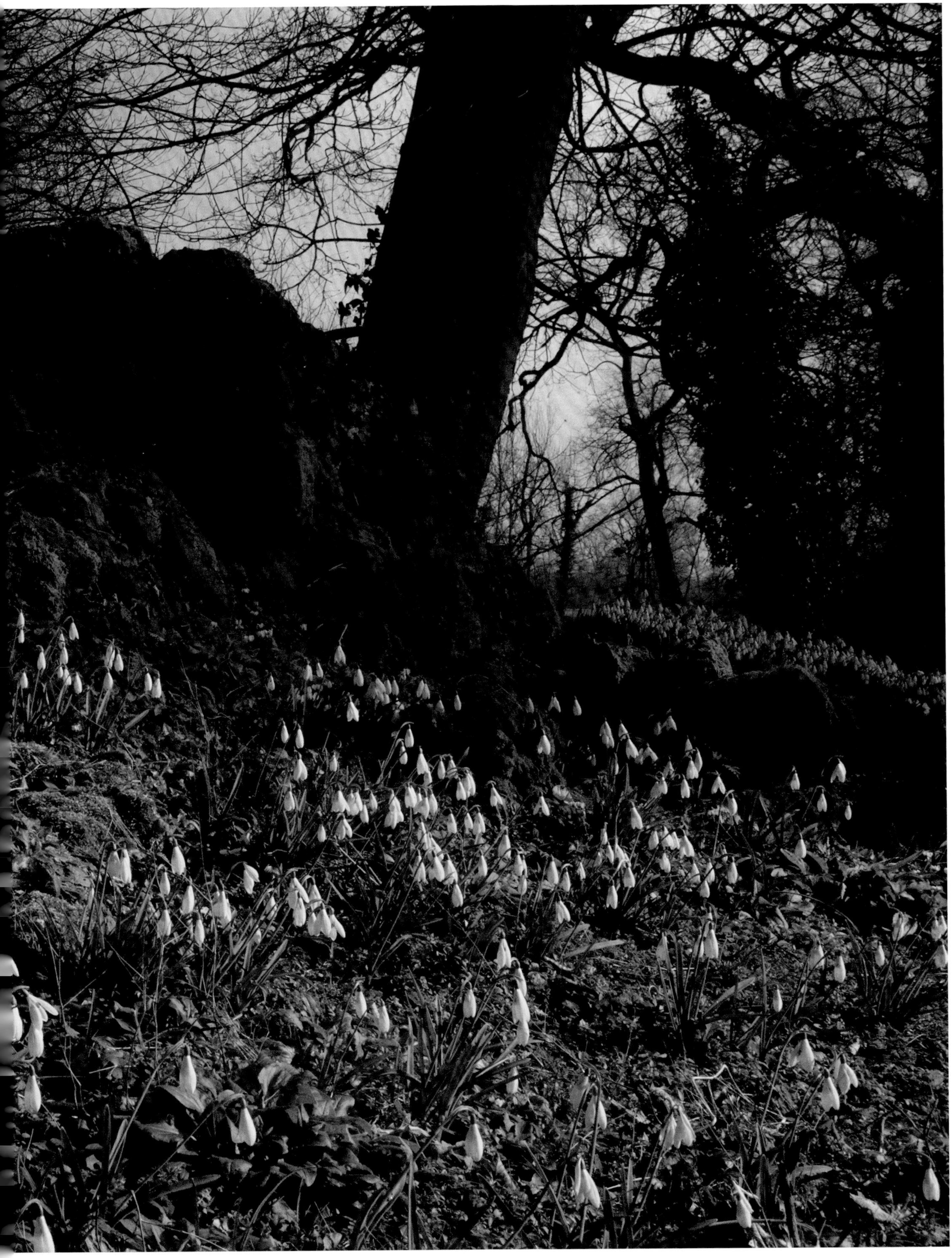

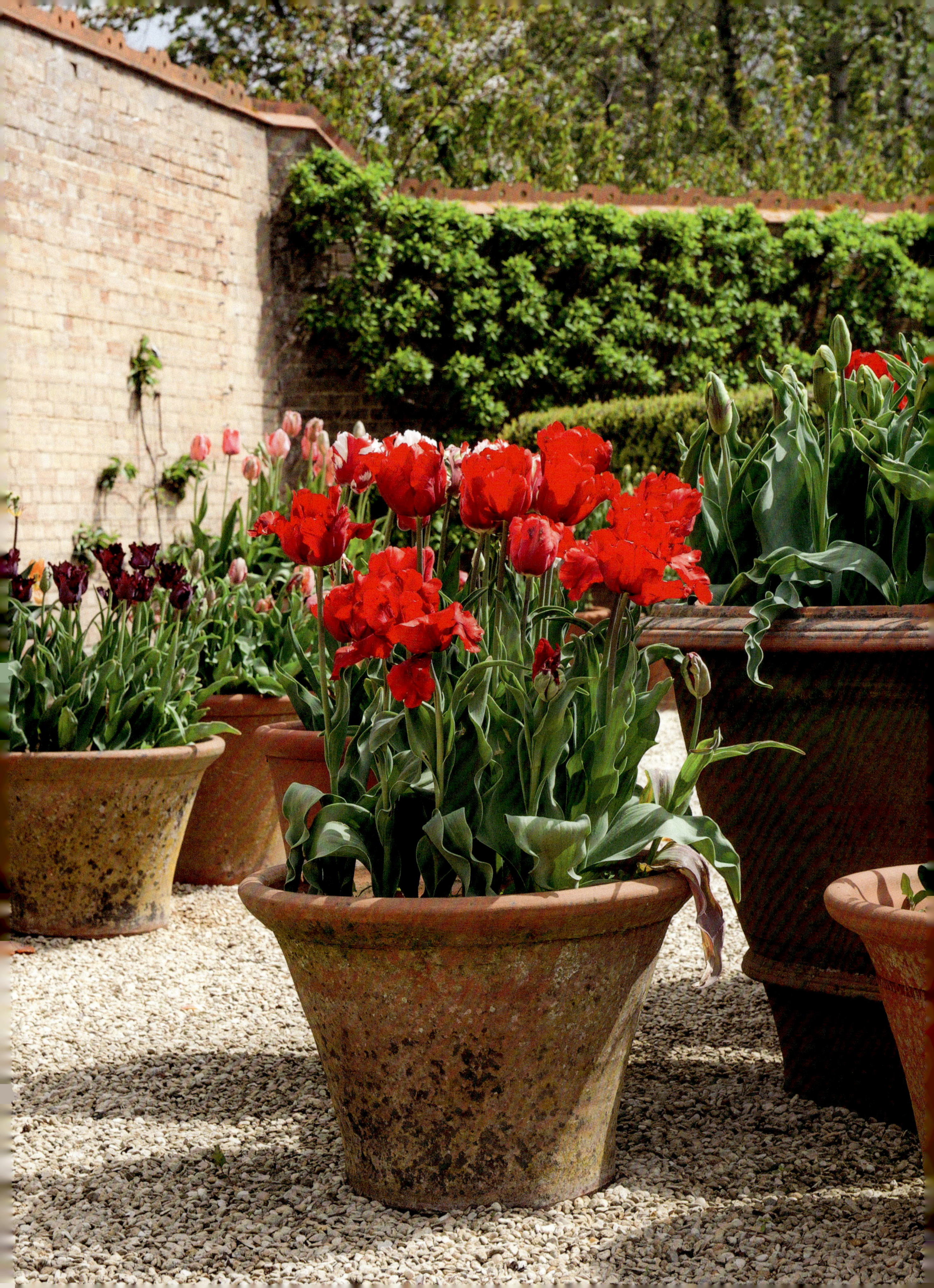

TÖPFE UND FORMSCHNITT-GEHÖLZE

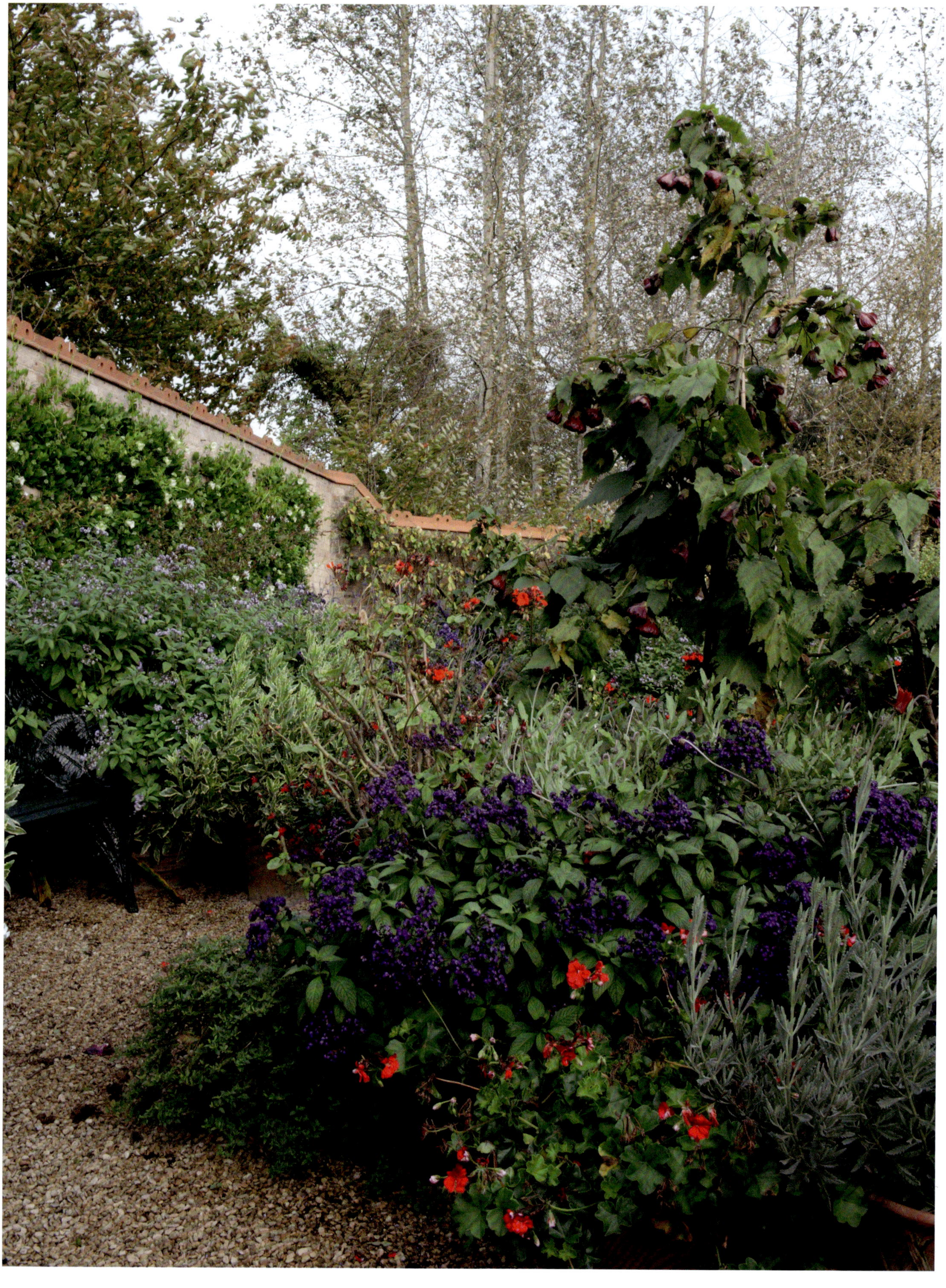

TOPFPFLANZEN UND IN FORM GESCHNITTENE BÄUME

Unter dem Einfluss italienischer Gärten integrierten die Viktorianer im Umkreis ihrer Parterres oder auf den Terrassen gern Urnen und Vasen als eine Art Ausrufezeichen. Diese Gefäße wurden in der Regel mit Pelargonien bepflanzt, bevorzugt scharlachroten, bisweilen kombiniert mit einer tropischen Pflanze mit architektonischer Wuchsform als Mittelpunkt. So akkurat und adrett wie viktorianische Blumensträußchen mit ihren konzentrischen Blütenringen waren sie meilenweit entfernt von der modernen Geschmacksvorliebe für Gruppen von Töpfen, jeder mit einer Komposition unterschiedlicher Pflanzen gefüllt, die über die Ränder fallen und verschwenderisch üppig die Seiten umspielen.

Das Bepflanzen von Töpfen gehört zu den heutigen Gartenfreuden, was insbesondere den Besitzern kleiner Gärten, den meisten Städtern also, entgegenkommt. Wenn heute Topfpflanzenarrangements gestaltet werden, so orientieren sich diese viel mehr an den in den Mittelmeerländern üblichen Gruppen von Töpfen, die sich um die Haustür scharen, als an formalen italienischen Gestaltungsschemen. Aber obwohl Topflandschaften zu Lebzeiten von Miss Alice ungewöhnlich gewesen sein dürften, hätten die botanischen Aspekte und die kunstvollen Arrangements der Töpfe in Eythrope gewiss ihre Billigung gefunden.

Die von Eythrope ausgehenden Stilvorgaben sind für jeden Gärtner inspirierend. Sue hat ein Händchen für Pflanzenkombinationen in einer Fülle von Farben, es gibt aber auch zahlreiche Gefäße, in denen sich die Bepflanzung auf jeweils eine Gattung pro Topf beschränkt. Töpfe finden sich durchgängig im ganzen Garten, und sei es nur, um den Besucher durch die Türen und Tore zu lenken. An manchen Stellen sorgen große Töpfe für Höhe und Dramatik oder sie schaffen eine Art Umgrenzung. Fantasievoll eingesetzt, können Töpfe eine Rabatte erweitern, als ob der Garten den Betrachter einhüllen wollte. Sämtliche Töpfe zeigen eine von Jahr zu Jahr variierende Bepflanzung, obwohl alte Lieblingspflanzen natürlich wiederholt auftreten.

Es sind wahre Pflanzenschätze, die sich im Topfgarten in einer Ecke dieses modern interpretierten *Paradise*-Gartens finden. Im Schutz der nach Süden gehenden Mauer, wo ursprünglich das Pfirsichhaus stand, trifft man auf einen umschlossenen Raum, ein Dreieck aus Kies, das für besondere, in Terrakottatöpfe eingesetzte Pflanzen reserviert ist. Diese Sammlung stellt eine Vielzahl ungewöhnlicher Blüten zur Schau, die sich in diesem Bereich zusammendrängen. Es handelt sich jedes Jahr um ein anderes Sortiment, generell aber um frostempfindliche Stauden oder beschränkt winterharte Sträucher, die unter Glas angezogen wurden.

Für die Topfpflanzen stehen die unterschiedlichsten Gefäße zur Verfügung. Da sind an erster Stelle die im Bereich des Hauses verwendeten Steingefäße (sowie große Terrakottatöpfe) zu nennen. Auf der Parterre-Terrasse finden sich einige steinerne Amphoren, ein Vermächtnis aus Miss Alices Tagen, und diese werden auch noch heute im Stil der einstigen Hausherrin bepflanzt. Eine *Cordyline* als Mittelpunkt ist umrahmt von efeulaubigem *Pelargonium* 'Hederinum Variegatum' (syn. 'Duke of Edinburgh'), einer unermüdlich blühenden Geranie. Ihre pinkfarben leuchtenden Blüten und das silberne Laub wirken immer elegant, selbst in verregneten Sommern. Im Hof auf dem Weg zum Nutzgarten stehen Holztröge,

Seite 212
Tulpen im Topfgarten im Frühling. Die rote Tulpe im Vordergrund ist 'Bastogne Parrot'.

Gegenüber
Heliotropium arborescens 'Princess Marina' und *Pelargonium* 'Yale' unter *Abutilon* 'Nabob' in einer Ecke des mauerumzogenen Gartens, die eigens den Topfpflanzen gewidmet ist.

wie sie traditionell im Bereich der Wirtschaftsgebäude und Stallungen eingesetzt wurden. In den meisten anderen Bereichen werden Terrakottatöpfe bevorzugt. Sie alle stammen aus der Whichford Pottery und wurden von Jim Keeling entworfen. Mit ihrem kräftigen Rot harmonieren sie bestens mit den roten Firstziegeln der über die Gartenmauern hinausragenden Dächer der Hofgebäude. Die Ziegel wurden aufgebracht, um dem Garten ein einheitlicheres Gesicht zu verleihen – als Teil des neuen Gestaltungsentwurfs, den der derzeitige Lord Rothschild als Erbe von Eythrope umsetzte.

Terrakottatöpfe haben gegenüber Plastiktöpfen mehrere Vorteile. Sie sind schwer und werden vom Wind nicht so leicht umgeworfen. Sie bieten einen gewissen Schutz vor den Extremen der Witterung und erweisen sich, sofern sie im Winter leicht erhöht stehen und das Wasser abfließen kann, als frostbeständig. Tontöpfe trocknen grundsätzlich schneller aus als Plastik, weil der poröse Ton wie ein Docht wirkt und die Feuchtigkeit aus der Erde herauszieht und an die Luft außerhalb abgibt. (Dies eine Hilfe für alle, die zu übermäßigem Gießen neigen.) Andererseits absorbieren die porösen Terrakottatöpfe auch Feuchtigkeit aus dem nassen Boden. Als Gruppe, dicht an dicht stehend, bilden die Topfkolonien ihr eigenes Mikroklima und trocknen bei Hitze nicht so schnell aus. Während extrem heißen Phasen können die Töpfe auf Untersetzer mit etwas Wasser gestellt werden, allerdings müssen diese wieder entfernt werden, sobald es regnet, weil die Pflanzen ansonsten unter Staunässe leiden.

Die größten Töpfe in Eythrope haben einen Durchmesser von 60 Zentimetern. Für Pflanzenarrangements im Freien messen die kleinsten Töpfe mindestens 18 Zentimeter, weil noch kleinere Töpfe zu schnell austrocknen. In der Form sind sie ganz unterschiedlich, es gibt auch schlichte Blumentöpfe in verschiedenen Größen sowie einige Halbschalen zur Abstufung der Höhe, was dem Arrangement zugleich Spannung verleiht.

Eine weitere Ecke des ummauerten Gartens ist den Formschnitt-Gewächsen gewidmet – maßgerecht beschnittenen Formen aus Buchs, Eibe und *Lonicera nitida* sowie Drahtrahmen, an denen Efeu aufgeleitet ist. Der Formschnitt-Garten in Eythrope stellt ein interessantes Beispiel der Realisierung organisch gewachsener Gestaltungselemente im Verband mit einem Konsortium steinerner Skulpturen dar. Ursprünglich war dieser Bereich als Rasenfläche mit Maulbeerbäumen geplant. Das Formschnitt-Thema begann mit ein paar Drahtrahmen von Pferden (der Pferderennsport war von jeher eine Passion des Hauses Rothschild), aufgestellt auf diesem kleinen Rasenstück. Über diesen Drahtrahmen wurde Efeu aufgeleitet; allerdings empfand Lord Rothschild die Pferde doch als zu isoliert, sodass Sue, inspiriert von Nathaniel Lloyds Buch über Formschnitt-Elemente – *Garden Craftsmanship in Yew and Box* –, eine ganze Formschnittwelt gestaltete. (Nathaniel Lloyd war der Vater von Christopher Lloyd aus Great Dixter, und die Formschnitt-Elemente waren immer schon ein Charakteristikum jenes großartigen englischen Gartens.) Der Figuren-Rasen in Earlshall Castle in Fife, ein Entwurf des jungen schottischen Architekten Sir Robert Lorimer, war eine tiefgreifende Inspirationsquelle für Lloyd sen., und das Formschnitt-Schema von Earlshall diente auch als zündender Impuls für die Ecke in Eythrope. Die mit Efeu überwachsenen Figuren lassen sich als moderne Variante der vertikalen Beetgestaltung betrachten, die Miss Alice mit ihren auf eisernen Rahmen basierenden Vögeln, überzogen mit Pflanzen, in Eythrope und Waddesdon einführte.

GEGENÜBER
Abutilon 'Canary Bird'.

SEITEN 218 & 223
Das mehrfache Auftreten von *Pelargonium* 'Hederinum Variegatum' hält das Pflanzschema wie eine Klammer zusammen.

SEITEN 219 & 222
Pelargonium 'Hederinum Variegatum'

SEITEN 220/221
Die weiß blühende Bleiwurz *Plumbago* und die duftende Vanilleblume *Heliotropium arborescens* 'Chatsworth' in der Nähe des *Pavilion*.

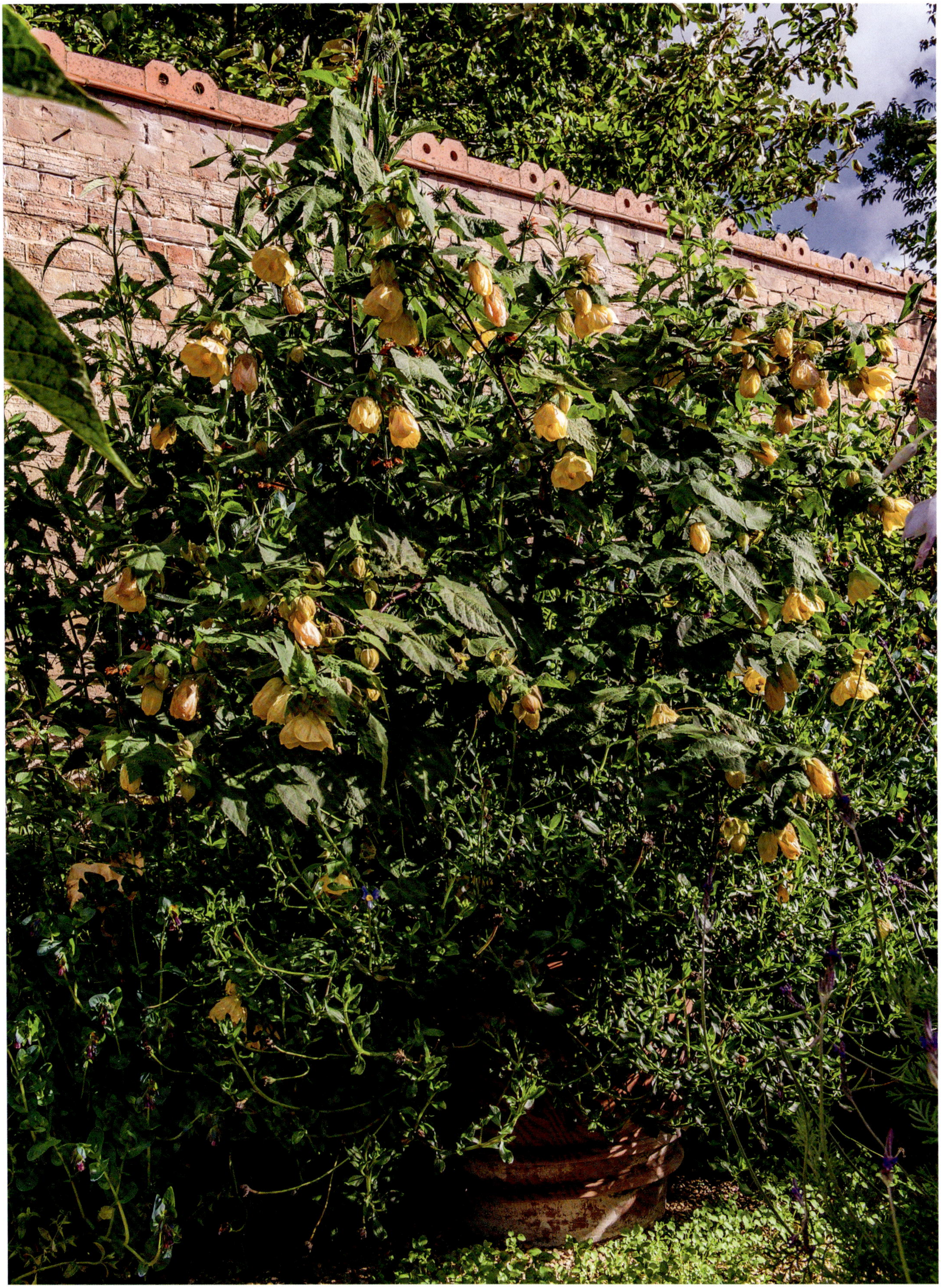

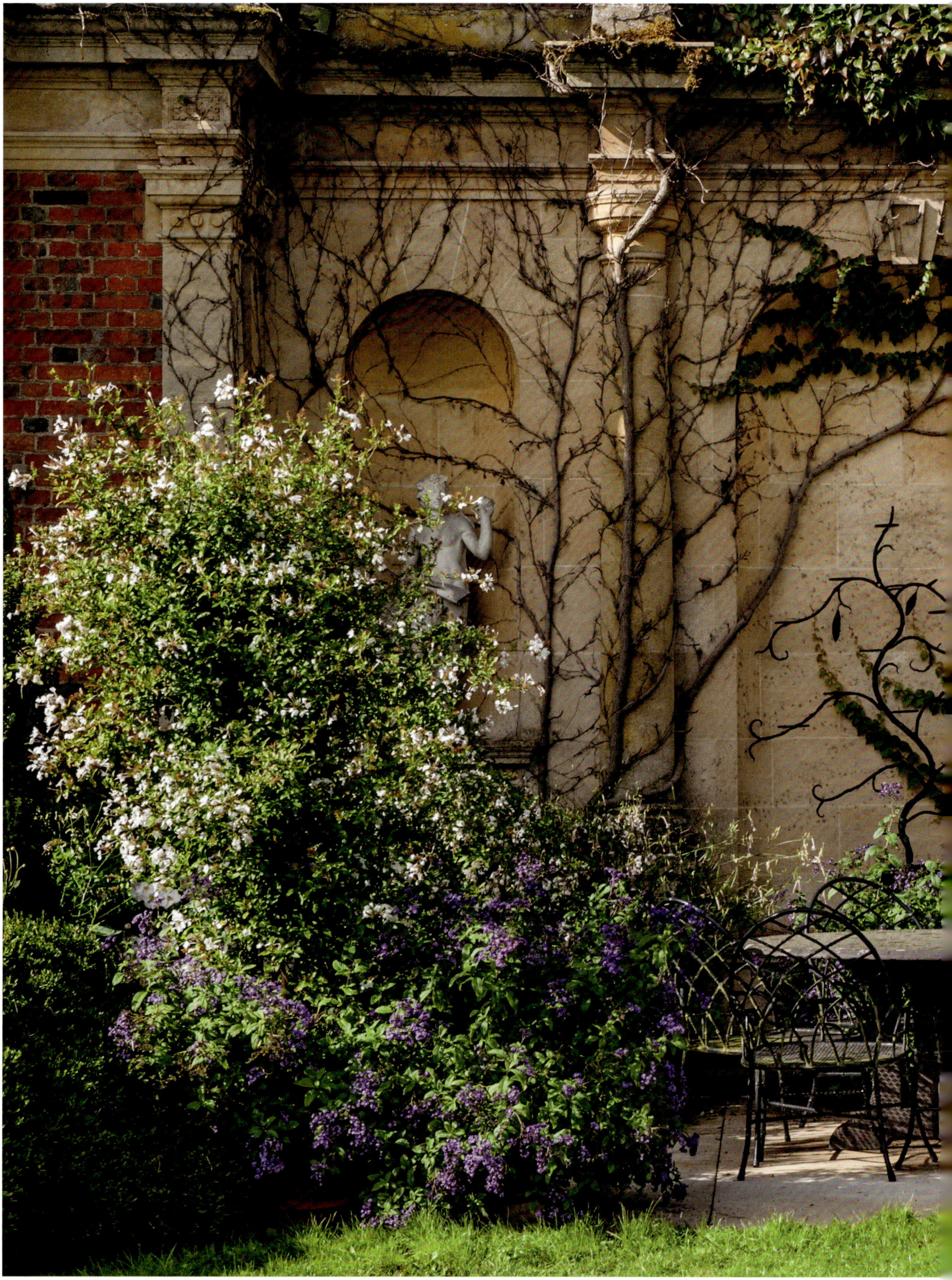

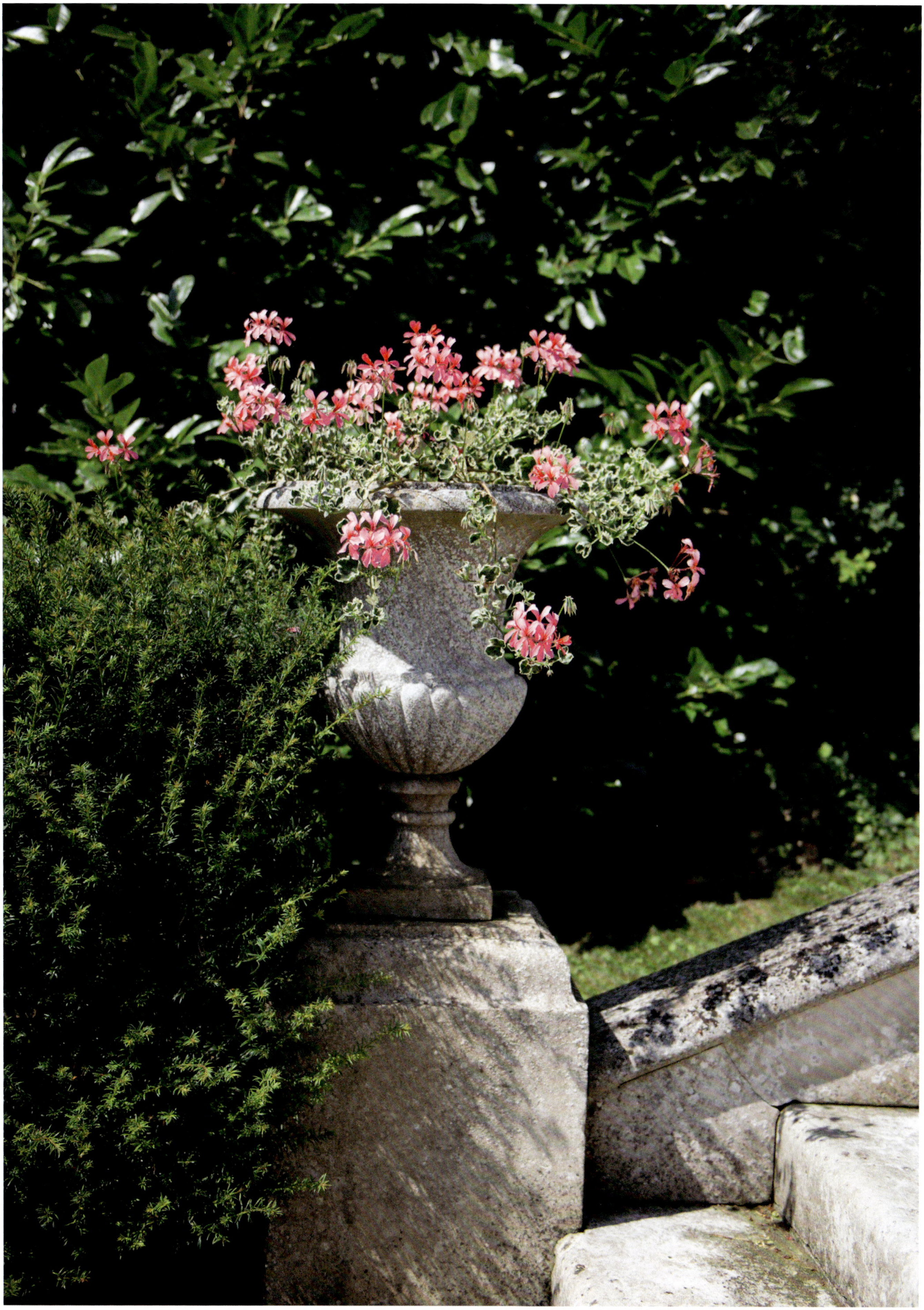

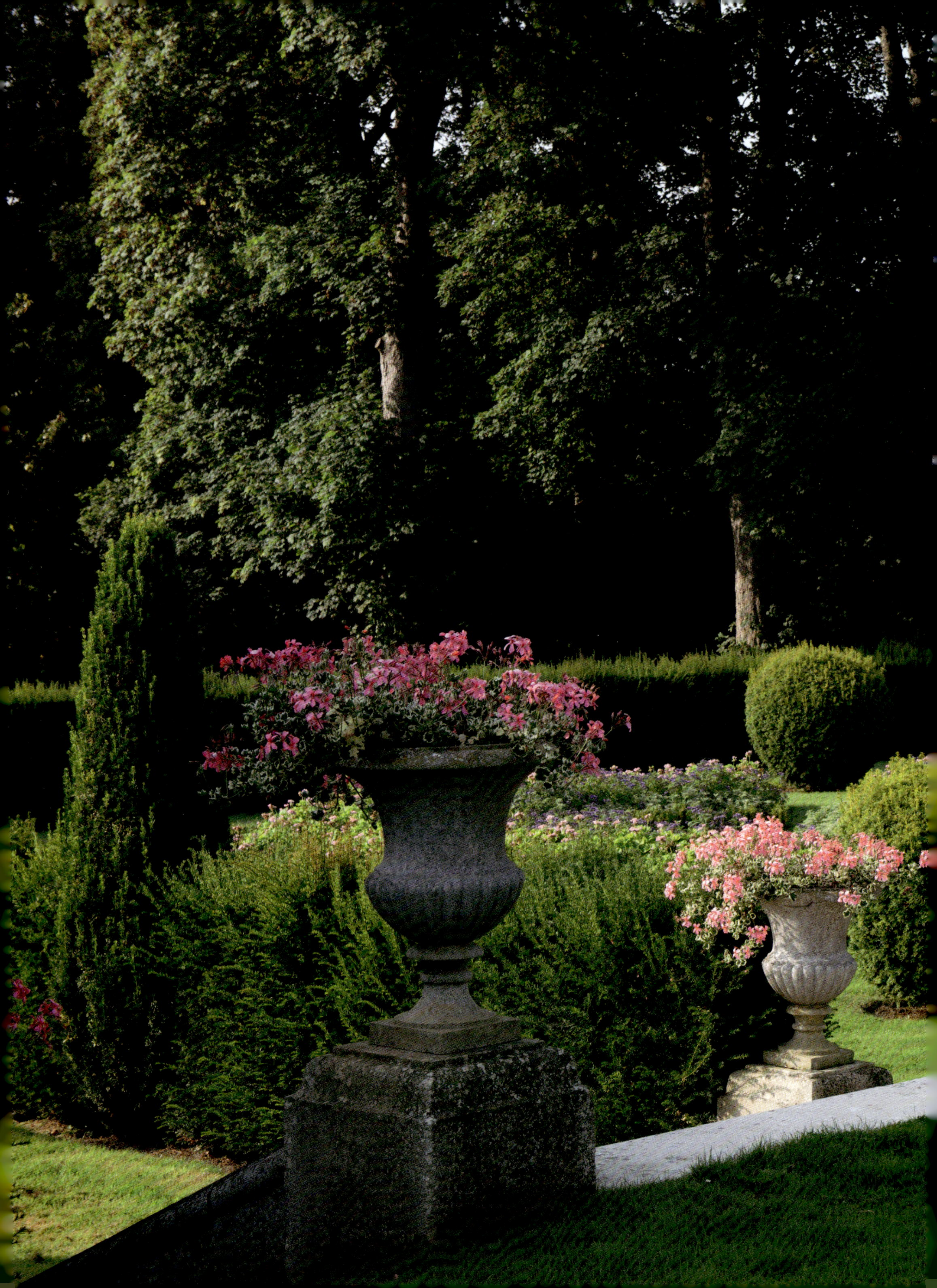

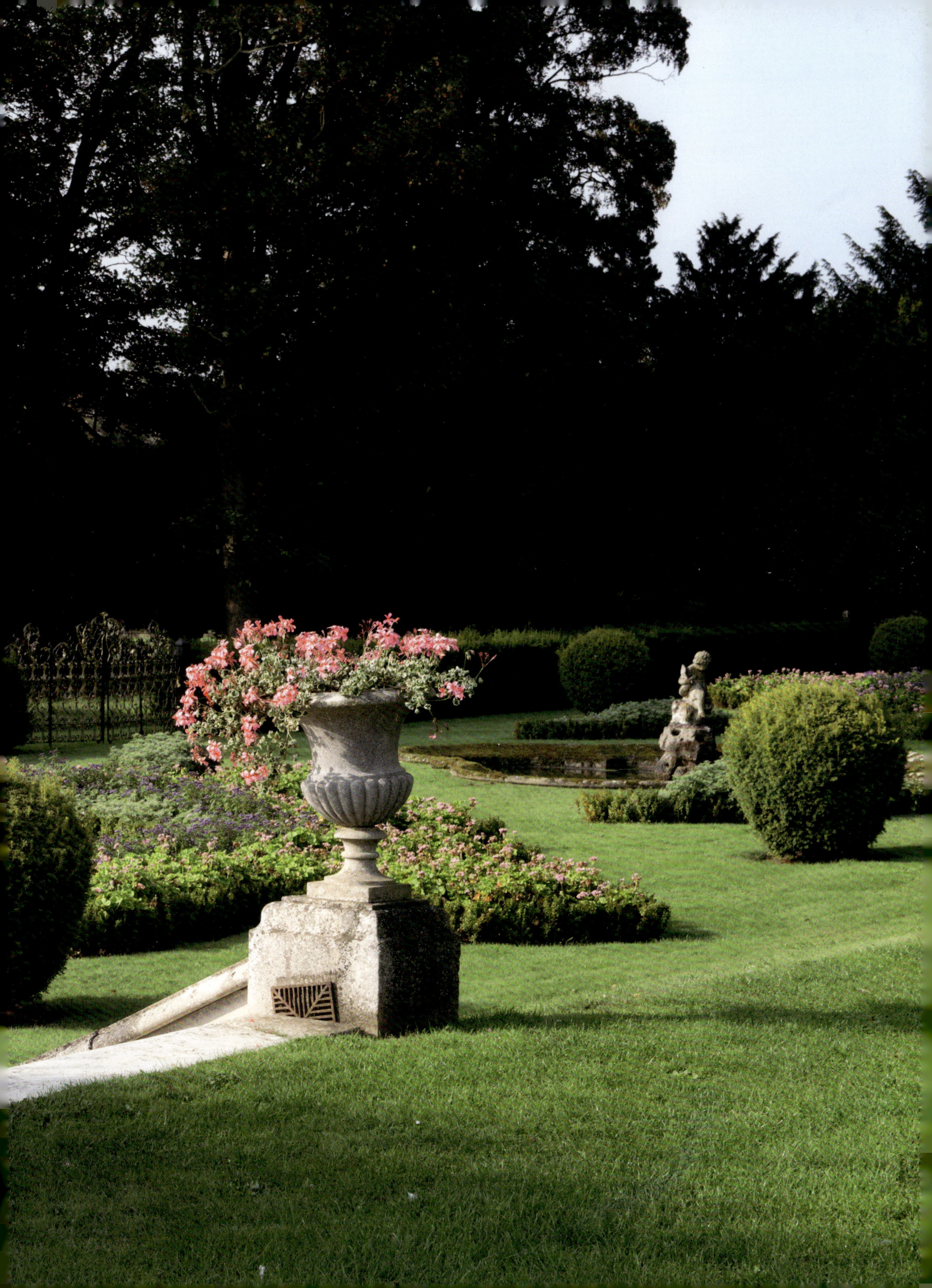

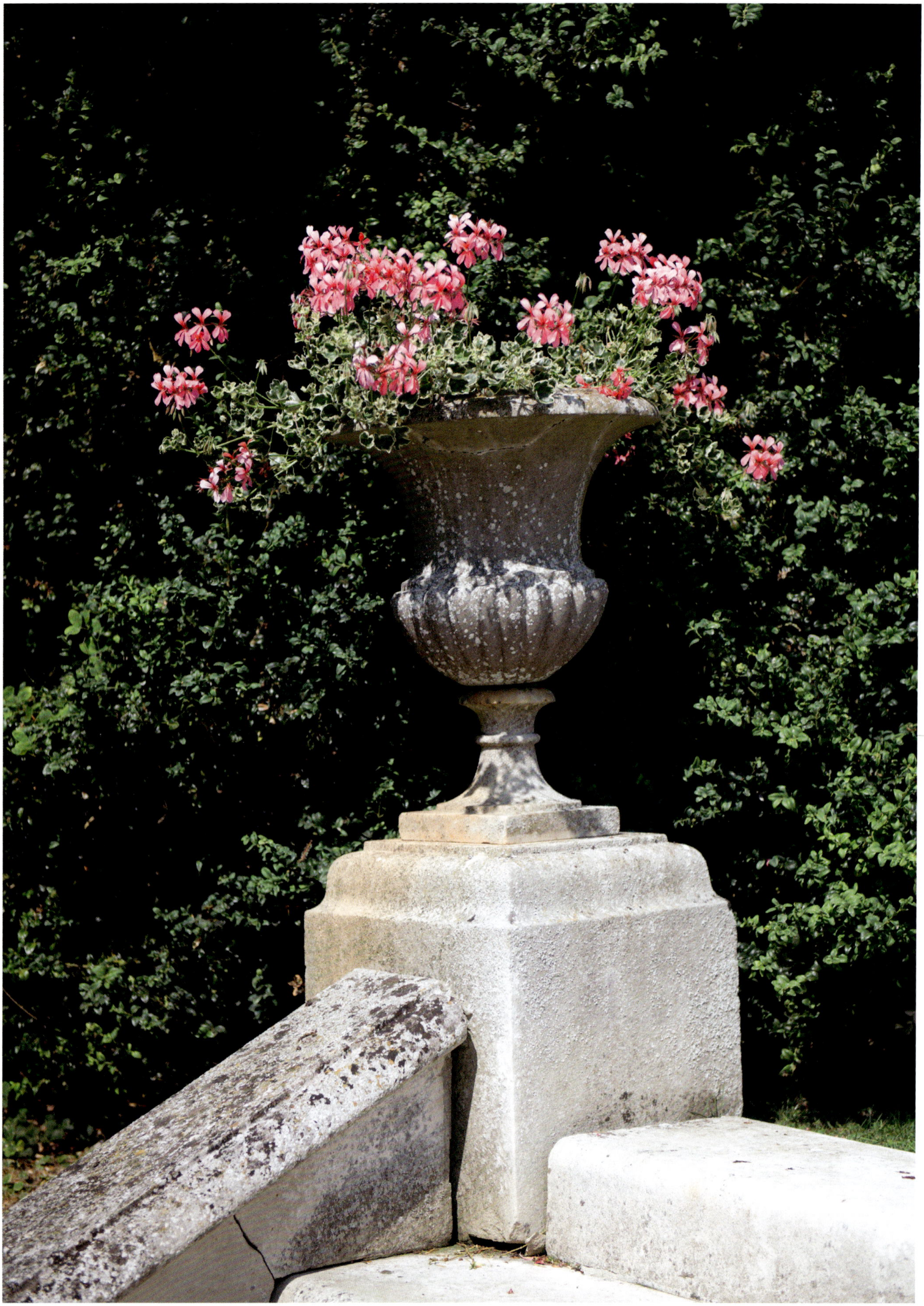

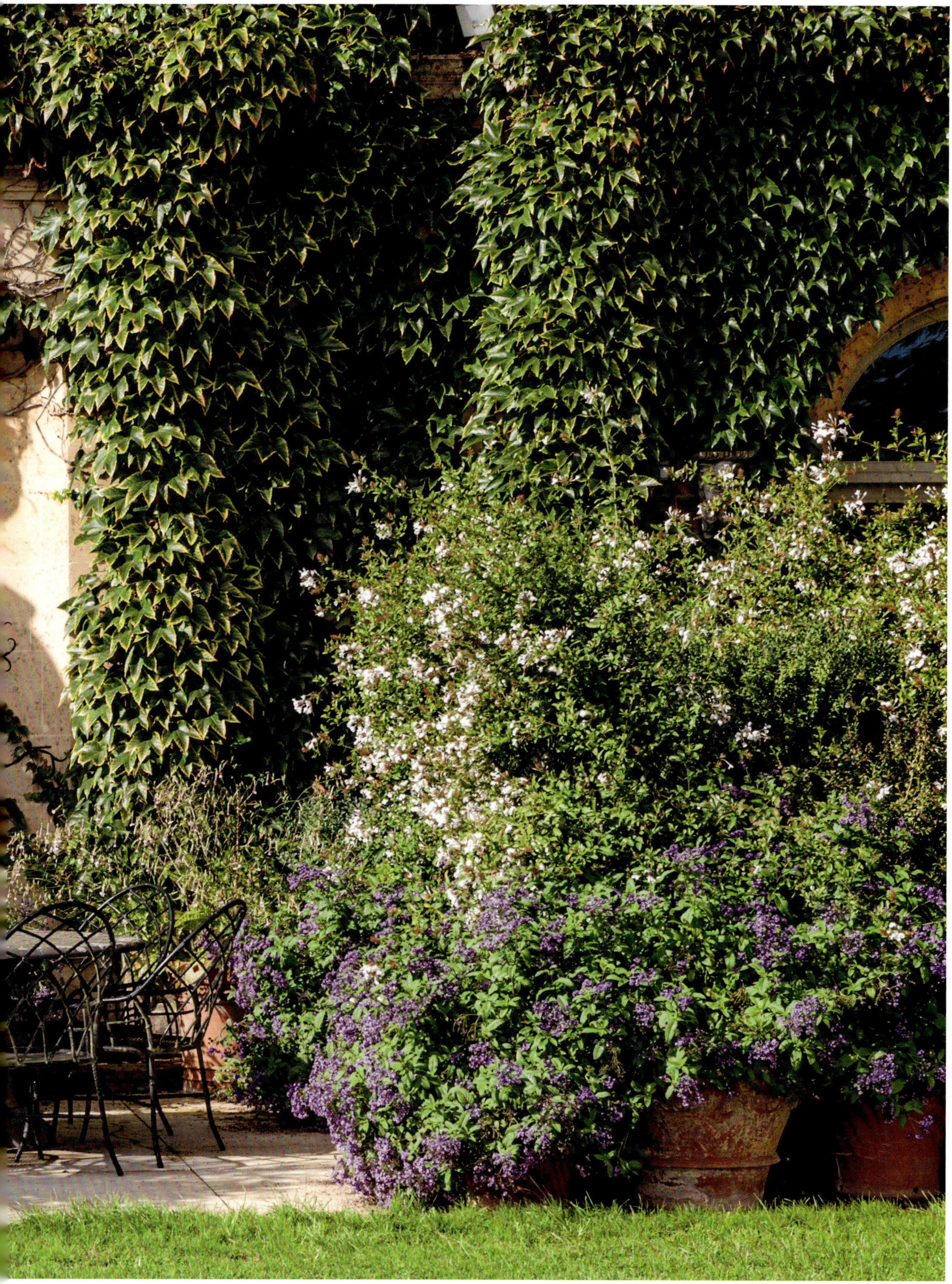

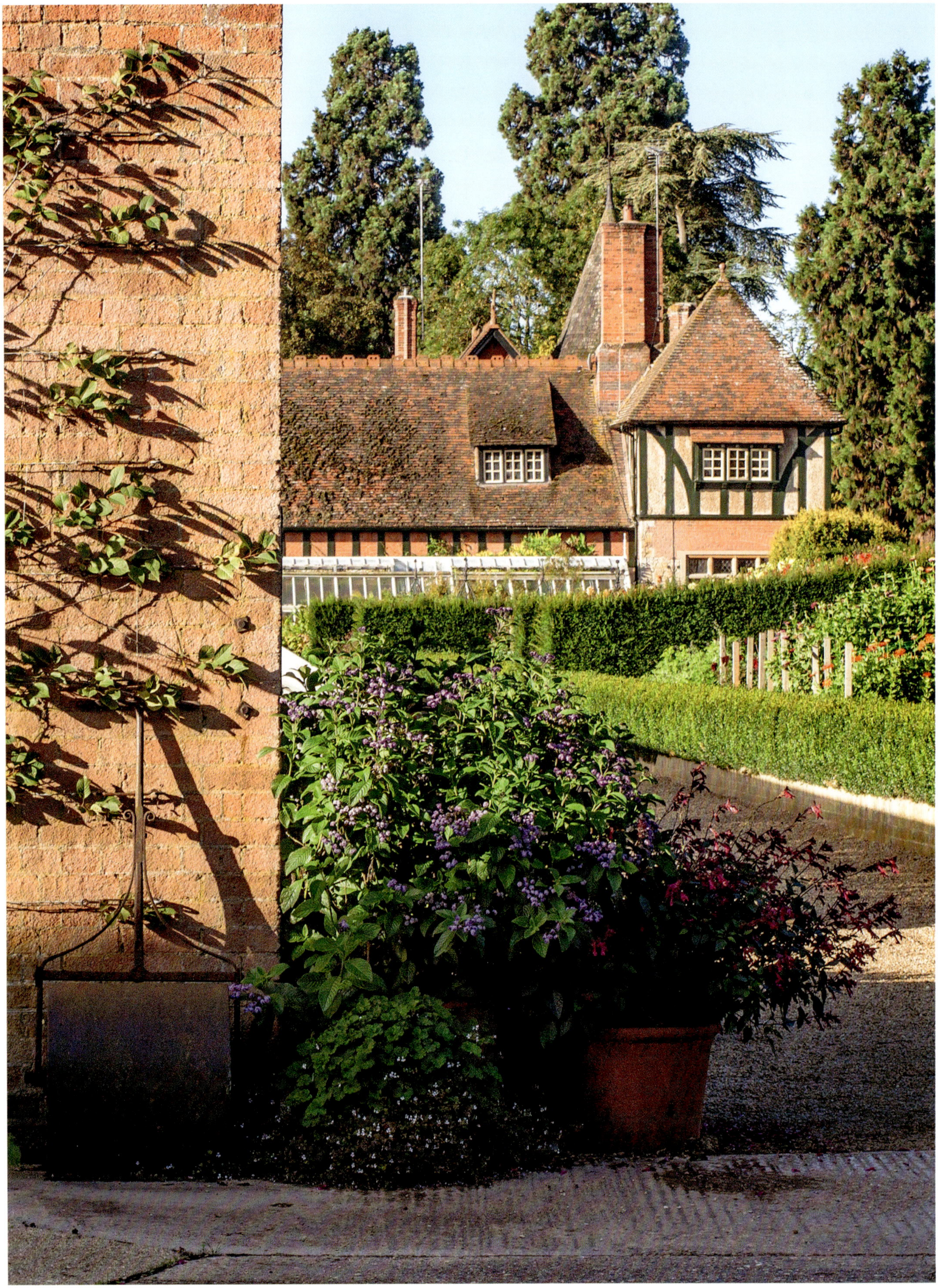

TÖPFE IM UMKREIS DER GEBÄUDE

Die Töpfe in der Nähe des *Pavilion* erregen im Sommer Aufsehen. Die schattigere Seite steht ganz im Zeichen von zwölf großen orangefarbenen Töpfen, von denen jeder eine Säule aus weißer Bleiwurz (*Plumbago*) enthält, aufgeleitet an fünf Bambusstäben. Insgesamt ist das Arrangement beinahe 2,5 Meter hoch. Die Bleiwurz, die an den diesjährigen Trieben blüht, hat lange, von den Haupttrieben abgehende Schosse, sodass die ganze Säule mit Schäumen weißer Blüten überzogen ist. Der Fuß jeder Bleiwurz-Säule steigt aus einem Horst Vanilleblumen *(Heliotropium* 'Chatsworth') auf. Auch die Vanilleblume tritt wiederholt im Parterre auf und ist insofern ein wichtiges Verbindungsglied, als sie dem Bereich eine eigene Geschlossenheit verleiht.

Zusätzlich zu den großen Bleiwurz- und Vanilleblumen-Töpfen gibt es noch mehrere kleinere Töpfe, die mit den zierlichen nickenden Blüten von *Nicotiana suaveolens* bepflanzt sind. Diese aus Australien stammende Tabakpflanze duftet köstlich und toleriert auch etwas Schatten. Außerdem scheint sie resistent gegen den Tabakmosaikvirus, der andere Formen von *Nicotiana* befallen hat. Das wiederholt auftretende Weiß in all den Töpfen vor dem nahezu monochromen Hintergrund aus Wogen immergrünen Buchses und den fingerartig unterteilten Blättern von *Choisya* 'Aztec Pearl', kombiniert mit dem wunderbaren Duft des Tabaks und der Vanilleblumen, machen diesen Ort zu einem kühlen und überaus angenehmen Platz zum Verweilen an Sommerabenden. Manchmal bedeutet ein Weniger an Vielfalt einfach mehr. Nan Fairbrother, eine der einflussreichsten englischen Landschaftsarchitektinnen des 20. Jahrhunderts, war berühmt für ihren Ausspruch: »Sameness is all« (Gleichheit ist alles). Die Zurückhaltung bei dieser Sommerbepflanzung der Terrakottatöpfe veranschaulicht diese Maxime bestens.

Die Bleiwurz kommt zum Überwintern in ein Gewächshaus, das Raum für ihre volle Höhe bietet. Die Pflanzen werden am Ende des Jahres bis auf den Bambusrahmen zurückgeschnitten, damit sich neue Triebe für die Blüten im darauffolgenden Sommer bilden. Bevor die Frühlingsbepflanzung mit Tulpen und Goldlack Anfang Oktober erfolgt, wird der Boden in den Töpfen ausgetauscht. Der Großteil des Erdsubstrats wird von den Komposthaufen genommen, auf denen die Kürbisse gezogen wurden, darüber kommt dann eine Schicht des handelsüblichen, auf Kokosfaser basierenden John Innes no. 2-Substrats. Eine Handvoll Seetang-Mehl wird zur Verbesserung des Bodens aufgebracht, aber die Depot-Dünger, die die meisten Gärtner neuerdings ihren Töpfen zusetzen, sind hier nicht in Gebrauch. Stattdessen ist Sue stets darauf bedacht, den Pflanzen genau die Pflege zukommen zu lassen, die ihnen entspricht. *Heliotropium* und *Plumbago* gedeihen besser, wenn man ihnen einen hochdosierten Stickstoff-Dünger verabreicht als eine Universal-Düngermischung. Grundsätzlich gilt, dass man Topfpflanzen als Startdünger Vitax verabreicht und dann etwa sechs Wochen später alle 14 Tage einen hochdosierten Stickstoff-Dünger, was aber, je nach Erscheinungsbild der Pflanze, variieren kann. Auch die Frage des Gießens dürfte der Gärtner selbst am besten einschätzen können. Dreimal wöchentlich genügt in der Regel, aber in Hitzeperioden wird mehr Wasser erforderlich sein und in Regenphasen weniger. Die Gärtner in Eythrope sind so geschult, dass sie wissen, was zu tun ist. Ihre Maxime heißt: »Man braucht die Pflanze nur anzuschauen, um zu sehen, was ihr fehlt.«

GEGENÜBER
Pelargonium australe, *Heliotropium* 'Dame Alice de Hales' und *Salvia* 'Wendy's Wish' in der Ecke des Umtopfschuppens.

Zum Wässern der Töpfe wird ein Schlauch mit einem langen Gießstab verwendet, und wer jetzt noch wissen will, wie viel Wasser zu geben ist, für den heißt die Antwort: so viel, bis es unten herausläuft. Die Töpfe verfügen um der Dränage willen über ein mit Tonscherben abgedecktes Loch, obwohl die Gärtner heute eher davon abkommen, weil die Scherben in kleineren Töpfen als den in Eythrope verwendeten den Platz für das Erdsubstrat reduzieren.

Im Bereich der nach Süden gehenden Fassade des Hauses entspricht die wesentlich buntere Bepflanzung weit mehr dem Lebensgefühl der Viktorianer. Die scharlachrote Pelargonien-Sorte 'Paul Crampel', die früher im Parterre eingesetzt wurde, wird hier nun in den Beeten verwendet, kombiniert mit panaschiertem *Pelargonium* 'Crystal Palace Gem' und lindgrünem *Helichrysum* 'Limelight'. 'Paul Crampel' wurde 1892 (von Frankreich aus) in England eingeführt und bildet Jahr für Jahr einen Blickfang in den Beeten vor dem Buckingham-Palast. 'Chrystal Palace Gem' wurde sogar noch früher, im Jahre 1869 nämlich, eingeführt, benannt nach Paxtons großartigem Kristallpalast, einem Stahl-Glas-Gebäude, entworfen anlässlich der ersten Weltausstellung im Jahre 1849. Wahrscheinlich wird Miss Alice diese beiden viktorianischen Lieblingspflanzen gekannt und auch kultiviert haben. Vor dem leuchtenden Hintergrund dient *Abutilon* 'Canary Bird' in jedem Topf als Blickfang, umgeben von einem Ring aus *Heliotropium* 'Chatsworth'.

Die steinernen Amphoren, die über dem Parterre stehen, ergänzen die pinkfarbenen Blüten von *Pelargonium* 'Lady Ilchester' und die silbernen Blätter von *P.* 'Grey Lady Plymouth' zwischen Wogen von *Heliotropium* 'Chatsworth'. Die Amphoren sind mit panaschiertem efeulaubigem *P.* 'Hederinum Variegatum' (syn. 'Duke of Edinburgh') in einem etwas anderen Pinkton gefüllt, oft als Umrahmung einer *Cordyline* (Keulenlilie) als Mittelpunkt. (Obwohl diese jedes Jahr aus Samen gezogen werden, kann es sein, dass sie nicht keimen, und dann fehlt dieser Blickfang schon auch einmal.) Wenn die Pflanzen wachsen, werden sie aus den 12,5-Zentimeter-Töpfen herausgenommen. Die Pelargonien werden aus den 9-Zentimeter-Töpfen ausgepflanzt. Die Amphoren sind so flach, dass größere Pflanzen wohl kaum darin Platz finden würden, aber die engen Quartiere beeinträchtigen ihre Entfaltung nicht, denn die Pflanzen werden regelmäßig mit einem hochdosierten Stickstoff-Dünger versorgt.

Die Kübel im Hof hinter dem mauerumzogenen Garten zeigen eine wechselnde Pflanzenpalette. Hier konnte man vor Kurzem Säulen aus blauer Bleiwurz und eine großblütigere Form von 'Paul Crampel' (siehe auch Seite 10/11) bewundern. Es handelte sich um eine Kombination, die Sue und Jonathan auf einer Italienreise entdeckt hatten. Früher dominierten hier die Gelbtöne, bestehend aus *Canna* 'Yellow Humbert', *Argyranthemum* 'Jamaica Primrose', *Bidens aurea* und *Helichrysum petiolare* 'Limelight'.

Was auch immer als Bepflanzung für die verschiedenen Töpfe ausgewählt wurde, die verwelkten Köpfe müssen entfernt werden. Nicht nur, weil die Pflanzen dann immer makellos gepflegt wirken, sondern auch weil sie dadurch angeregt werden, den ganzen Sommer über zu blühen.

GEGENÜBER
Im Hof: ein Topf mit Tulpen der Sorten 'White Triumphator', 'White Dream' und 'Maureen'.

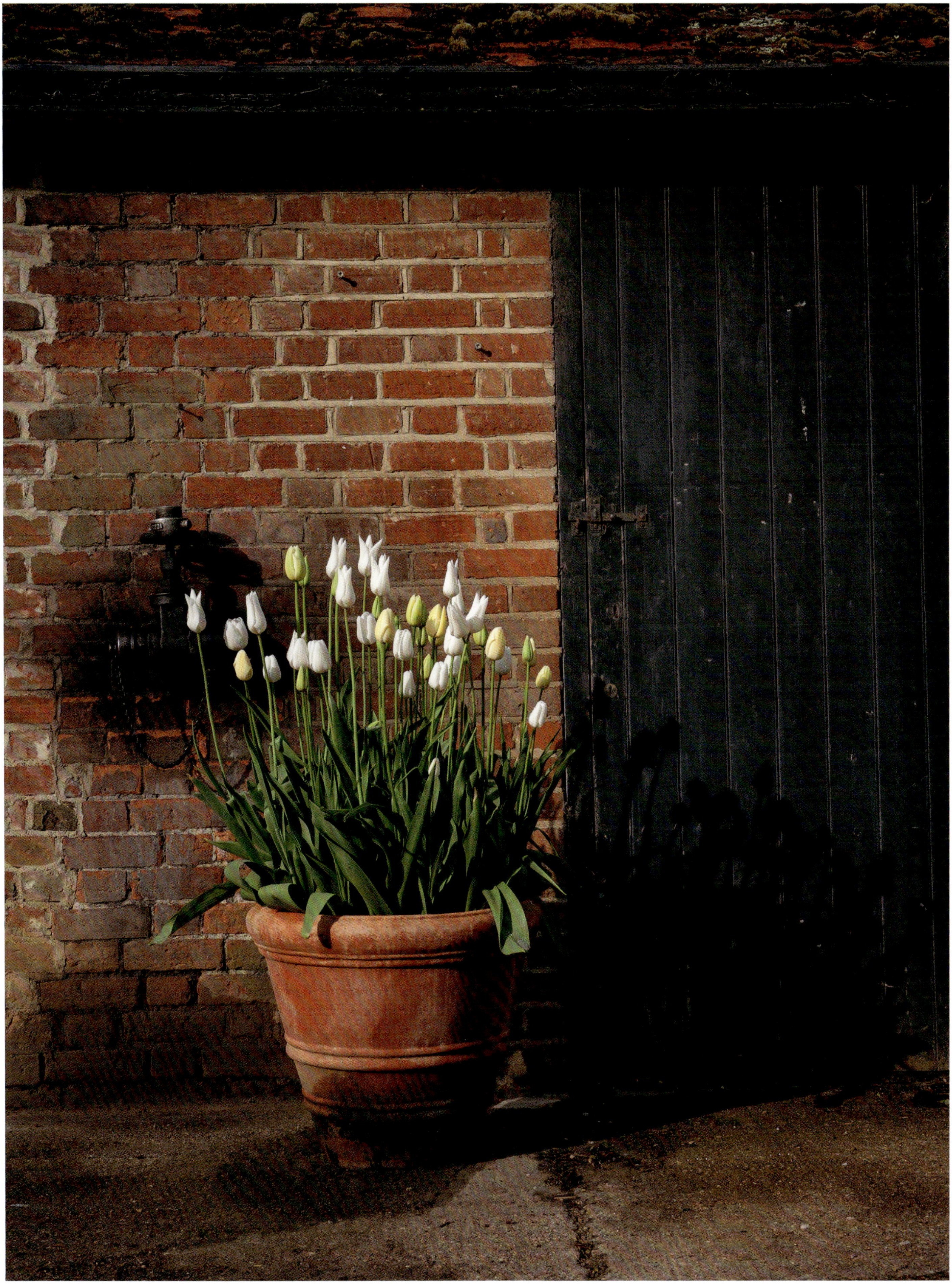

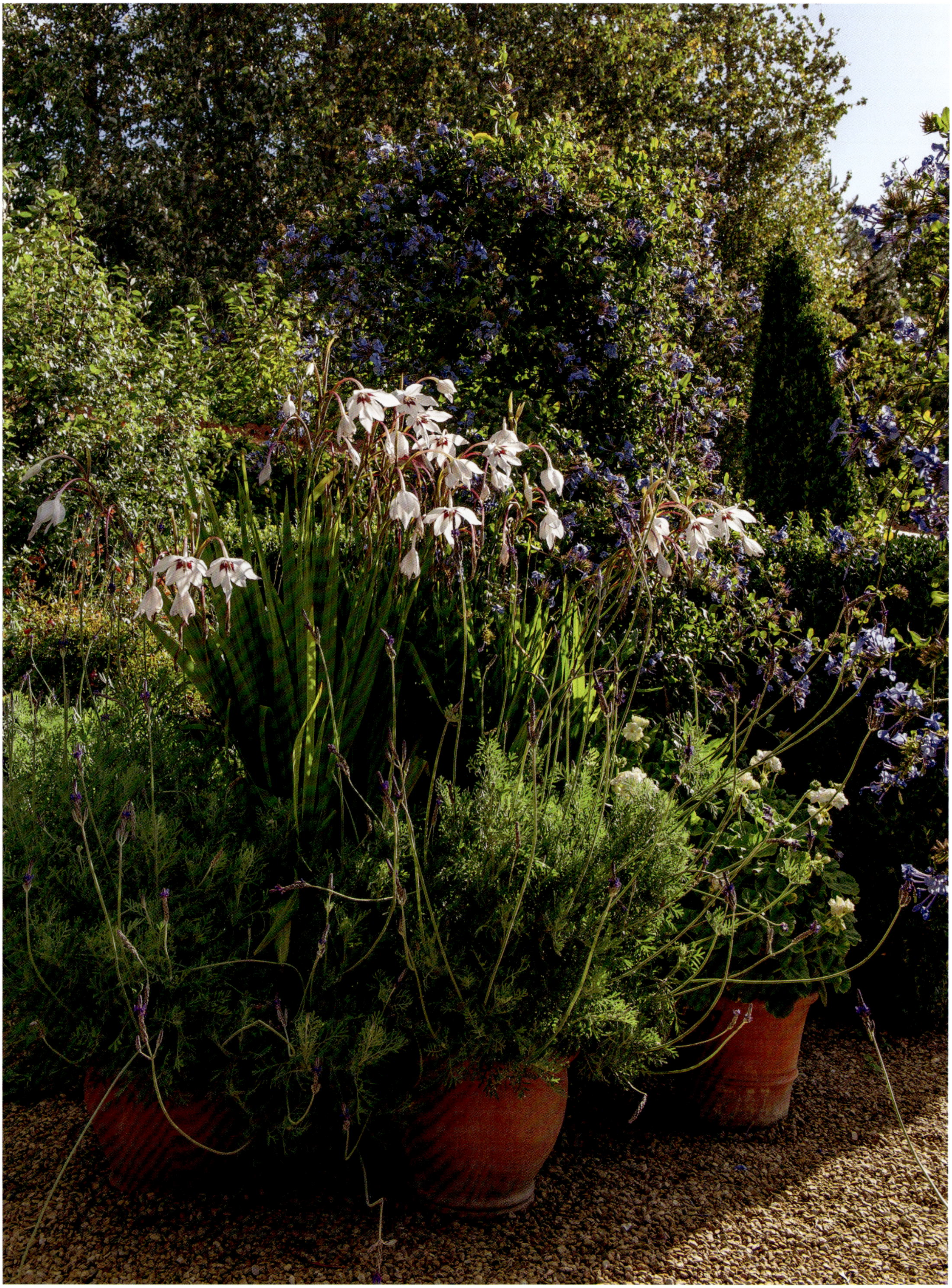

TÖPFE IM UMMAUERTEN GARTEN

Im Hochsommer entfaltet der Kiesbereich in der Ecke des ummauerten Gartens seinen ganzen Reiz. Hier kann man in den warmen Duft der Vanilleblumen eintauchen und die Vielfalt der Pflanzen in den aneinandergereihten Töpfen studieren. Wenn man durch diesen Bereich schlendert, wird man immer wieder zwischen den unterschiedlichen Topfgruppen hindurchwandeln und deren farbliche Abstimmung bewundern. Oder man lässt sich auf einer der viktorianischen, mit Farnmotiven dekorierten Eisenbänke nieder und erfreut sich von Nahem an den zahllosen Pflanzenschönheiten. Hier erhalten die Gewächse, Genus für Genus, jeweils einen Topf für sich, dennoch aber erscheinen sie als bunte Mischung, weil die Gefäße im Laufe des Sommers vollkommen unter dem Blattwerk und der Blütenfülle verschwinden. So entfaltet der Topfgarten eine eigene Atmosphäre, die den Betrachter beinahe vergessen lässt, dass unmittelbar dahinter reihenweise Bohnen und Kohlgemüse wachsen.

Die Pflanzen, die alle unter Glas angezogen werden, kommen Ende Mai ins Freiland. *Heliotropium* 'Chatsworth' kommt in der Beetbepflanzung im Umkreis des Hauses zum Einsatz, darüber hinausgehend werden aber Jahr für Jahr mindestens zehn weitere Sorten in Eythrope gezogen, und eine Vielzahl davon prägt dann das Bild des Topfgartens. *Heliotropium* oder die Vanilleblume erfreute sich bei den Viktorianern großer Beliebtheit, vor allem um ihrer nach Vanille duftenden Blüten willen. Die Gartenhistorikerin Alice Coats schreibt, dass »zwei der viktorianischen Varietäten charakteristischerweise die Namen 'Miss Nightingale' und 'Beauty of the Boudoir' erhielten«. Viele moderne Hybriden tragen prosaischere und maskulinere Namen (einschließlich 'W. H. Lowther', 'The Speaker' und 'Lord Roberts'), es gibt aber auch einige feminine Namen sowie ein paar, die nach den Gärten, in denen sie gezüchtet wurden, benannt sind, so etwa 'Gatton Park' und natürlich 'Chatsworth'. Das Farbspektrum der heutigen Hybriden reicht von Weiß über die Rosaviolett-Töne bis zu den dunkelsten Purpurlila-Schattierungen von 'Princess Marian', der größten duftenden Form von allen. Den besten Duft dürften die Sorten 'Chatsworth', 'White Lady' und 'W. H. Lowther' wohl entfalten.

Die Vanilleblume *Heliotropium arborescens* ist ein aus Südamerika stammender Halbstrauch, der auf Sonne und regelmäßige Gaben eines hochdosierten Stickstoff-Düngers angewiesen ist, um schön zu blühen. Die Pflanze ist frostempfindlich und sollte nicht später als Anfang September, bevor es kalt wird, vermehrt werden. In Eythrope werden die Stecklinge bei einer nicht unter 10 °C absinkenden Temperatur überwintert. Alte Pflanzen (von einigen Exemplaren der Sorte 'Chatsworth' abgesehen) werden nicht überwintert, aber jeden Herbst werden mehr als 600 Stecklinge der verschiedenen Sorten geschnitten. In Gärten, die nicht über den Raum verfügen, eine derart große Anzahl an Stecklingen zu vermehren, können die eingewachsenen verholzten Pflanzen zurückgeschnitten und auf etwa die Hälfte ihrer Größe reduziert werden, bevor man sie aus der Erde nimmt und in Gefäße einpflanzt. Unter trockenen Bedingungen in einem frostsicheren Gewächshaus untergebracht, lassen sie sich durch Wässern und Düngen revitalisieren, sobald die Temperaturen im Frühling steigen.

Weitere im Topfgarten vielfach anzutreffende Pflanzen sind die Strauchmargerite *Argyranthemum* in mehreren Farbtönen, *Amaryllis*, *Gladiolus murielae* und

GEGENÜBER
Gladiolus murielae mit *Lavandula auriculata* x *christiana* und *Plumbago capensis*.

viele große Pflanzen, die für Höhe und Abschirmung sorgen. Ein großes Exemplar des Fleißigen Lieschens, *Anisodontea* 'El Royo', eine staubig rosaviolette strauchige Malve also, blüht den ganzen Sommer über. Die himmelblaue *Sollya heterophylla* entfaltet an der 1,8 Meter hoch werdenden Pflanze monatelang winzige blaue Glöckchen. Es gibt riesige Engelstrompeten *(Datura)* und als Mittelpunkt eine große hochrote Schönmalve *(Abutilon* 'Nabob'), eingerahmt von intensiv purpur-lila *Heliotropium* 'Princess Marina'. Die Farben sind zu Gruppen zusammengefasst: blasse Rosa- und Blautöne in der einen Ecke, Sonnenuntergangsfarben in einer anderen, durchgängig kombiniert mit viel Weiß. Was die Zusammenstellung von Pflanzen in Form ganzer Topf-Kolonien schwierig macht, ist, dass sie sich dem Licht zuwenden und somit einseitig werden. Sue hält ein sorgfältiges und ausgewogenes Zurechtschneiden für besser als die Töpfe zu drehen, damit sich die verkahlten Stellen immer wieder erholen können.

Viele der Blumen blühen unermüdlich, solange die verwelkten Blüten entfernt werden, aber es erscheinen auch Neulinge, sobald der Sommer seinem Ende entgegengeht. Später kommen Töpfe mit weiß blühenden Gladiolen *(Gladiolus murielae)* hinzu und die ungewöhnliche *Sinningia tubiflora*, eine Verwandte der *Gloxinia*, die sich als etwas blühunwillig entpuppen kann. Wenn sie sich aber dazu bewegen lässt, bringt sie weiße röhrenförmige Blütchen hervor, die köstlich duften. Die Pflanze ist auf eine Samenruhe im Winter angewiesen und muss an einem frostsicheren Ort einquartiert werden, in dem die Temperatur nicht über 15 °C liegt. Im Sommer aber bevorzugt sie Wärme und Trockenheit.

In dem Beet am Fuß der Mauer, wo einst das Pfirsichhaus stand, findet sich ein weiteres Sortiment interessanter Pflanzen. Es scheint sich um den idealen Standort für *Amaryllis belladonna* zu handeln; die Pflanzen können hier das ganze Jahr über im Freien bleiben. Die weiße Form von *Cobaea scandens* überzieht die gesamte Mauer, während neu gepflanzte Apfelbäume so erzogen sind, dass sie den Raum füllen, nachdem das Gewächshaus abgerissen wurde. Die Glockenrebe *(Cobaea)* ist eine brauchbare einjährige Kletterpflanze, und an einer warmen Stelle wie dieser Ecke reift der Samen in einem heißen Sommer gut aus.

Im Frühling zeigt der Topfgarten ein etwas anderes Bild, denn im Fokus des Interesses stehen dann die Tulpen in einer Art Versuchsfeld. Wer Tulpen in Töpfen zieht, kann sich ein Bild von ihren Blüh-Gewohnheiten machen und erforschen, wie lange sich die Blüten halten, inwieweit sie Wind und Regen tolerieren, wie gut sie sich als Schnittblumen oder für die Anzucht in Töpfen eignen. All diese Erkenntnisse beeinflussen die künftigen Zwiebelblumen-Bestellungen. Der Topfgarten im April gleicht somit einer Art Tulpen-Bibliothek und sorgt für ein frühes Farbspektakel im ummauerten Garten, bevor rundum die Hoch-Zeit der Blüten und Düfte beginnt.

GEGENÜBER
Töpfe mit der Tulpe 'Apricot Parrot'.

SEITEN 232/233
Salvia 'Royal Bumble' in Rot und *S. micropylla* 'Wild Watermelon' in Purpurviolett, kombiniert mit *Anisodontea* 'El Royo'.

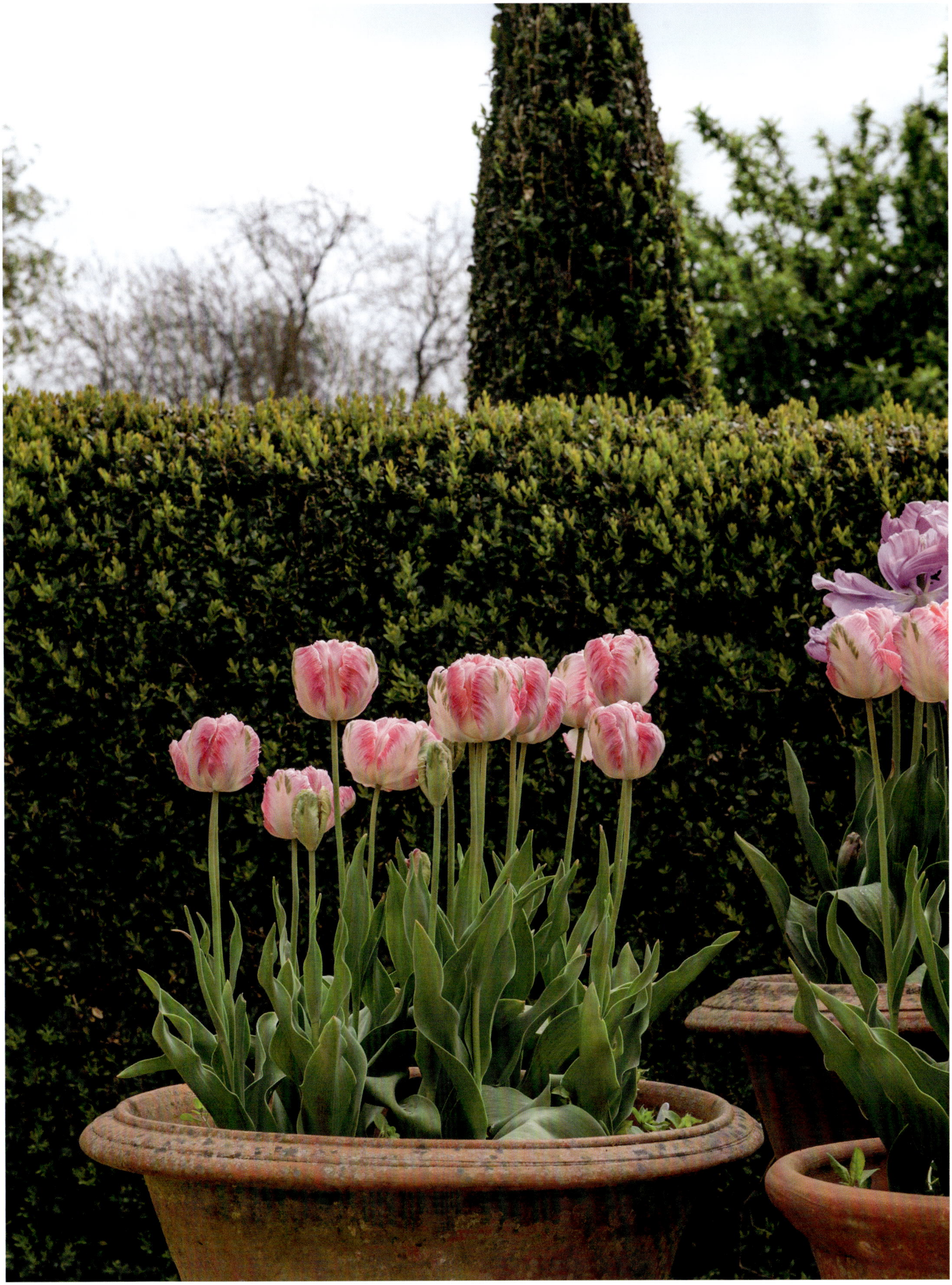

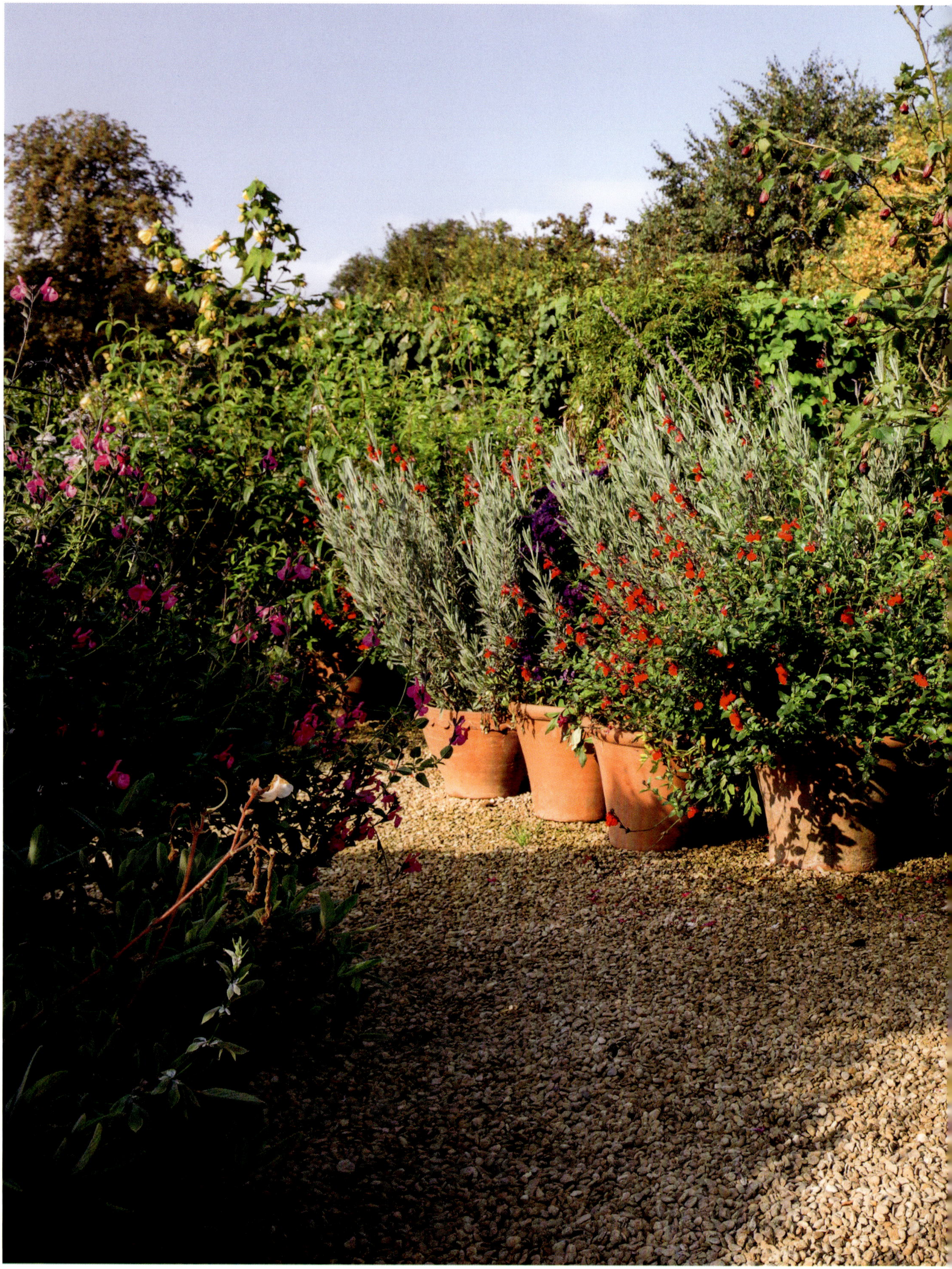

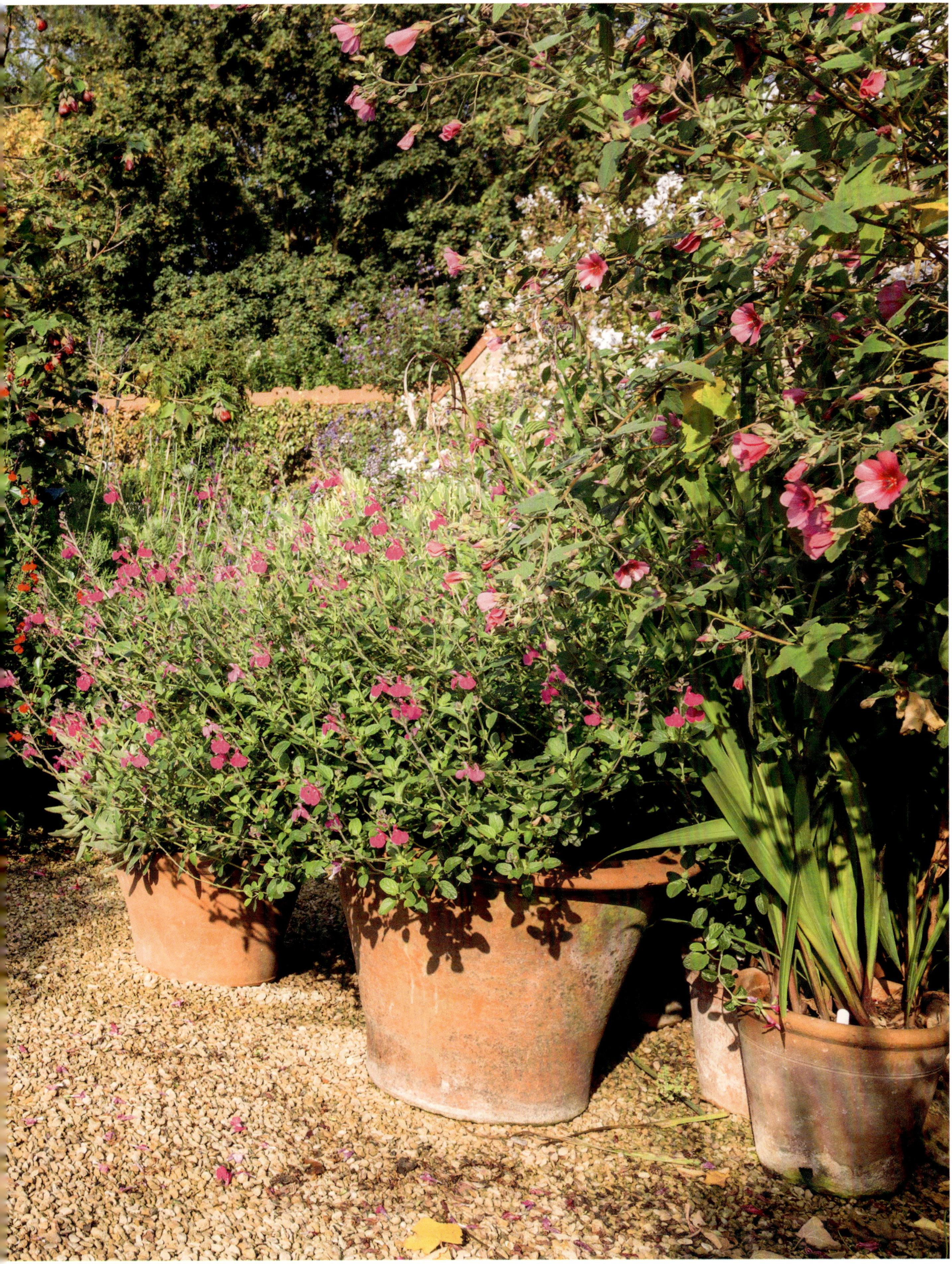

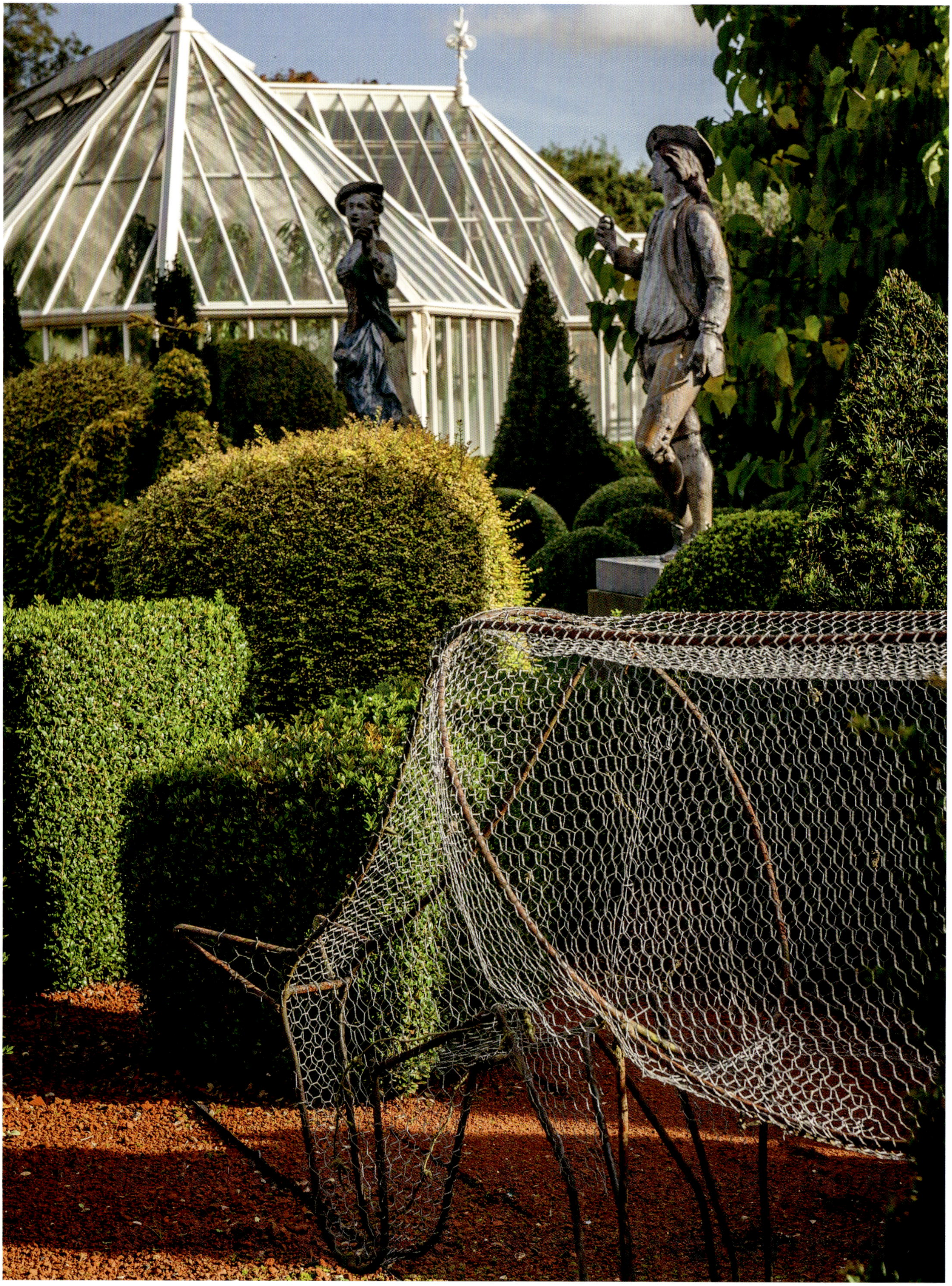

DER FORMSCHNITT-GARTEN

Die von Formschnitt-Elementen dominierte Ecke unterscheidet sich grundlegend von der farbenprächtigen Bepflanzung des restlichen ummauerten Gartens. Dieser, am viktorianischen Zeitgeist orientierte, dennoch aber einen launigen Schuss Modernität verratende Flecken erfreut sich inzwischen zunehmender Beliebtheit. Buchs, Eibe und Efeu sowie die goldlaubige Heckenkirsche *Lonicera nitida* 'Baggesen's Gold' – alle tragen sie dazu bei, den diversen Kuben, Säulen, Kugeln und Tierfiguren eine unterschiedliche Textur- und Farbgestaltung zu verleihen. Dieser von sprühender Lebensfreude erfüllte Platz steht in markantem Gegensatz zu Größe und Ordnung sämtlicher anderen Gartenbereiche. Obwohl das Ganze eine Hommage an Lorimers Gestaltung in *Earshall Castle* ist, gibt es in Earshall keine Tiere. Die Tiere hier – die Pferde, die den Anfang machten, und der Schafsrahmen, der schließlich hinzukam – sind eine Rothschild-Ergänzung.

Anfangs hatte man die Elemente in den Rasen integriert, aber das Mähen erwies sich als schwierige Operation. Auf Lord Rothschilds Rat hin wurde das Gras gegen hellen Kies ausgetauscht, um einen besseren Kontrast zu den grünen Figuren zu schaffen. Weil auch dies nicht ganz zufriedenstellend war, wurde danach noch mit einem dunkleren Stein experimentiert, der zu besseren Ergebnissen führte. Dennoch dachte ich mir, dass roter Ziegelstein-Splitt wohl noch besser zur Geltung kommen dürfte, weil dieser sich harmonisch mit dem Gebäude dahinter verbinden würde. Ziegelstein-Splitt, wie man ihn oft in frühen Beetgestaltungen einsetzte, wurde somit eingeführt, wobei Streifen aus Gras an den Rändern vor der Buchshecke, die die Formschnitt-Gruppe umgibt, erhalten blieben. Bis diese Veränderungen, Ergänzungen und Verfeinerungen die erwünschte Wirkung zeigten, vergingen mehrere Jahre. Meist können sich die Auftraggeber gar nicht vorstellen, wie viel Zeit die Verwirklichung eines Gestaltungsentwurfs tatsächlich erfordert. Die langsame Entwicklung des Gestaltungsschemas veranschaulicht lebhaft, wie Lord Rothschild in Fragen des Geschmacks immer wieder das Wort ergreift und große Geduld aufbringt, bis ein für ihn stimmiges Bild entstanden ist. Buchs und Eibe müssen Jahr für Jahr in Form geschnitten werden, was in der Regel gegen Ende des Sommers erfolgt, wenn die Pflanzen nicht mehr so wüchsig sind. Der Bereich muss peinlich gepflegt werden, um gut auszusehen, und die Arbeit ist sehr anspruchsvoll. Die größeren Elemente lassen sich mit mechanischen Schneidwerkzeugen in Form bringen, aber für die Feinheiten an den Kugeln und Tierfiguren sind Handscheren besser geeignet. Die Heckenkirsche ist gar noch schwieriger zu handhaben. Sie wächst rasch und bereitet Probleme, wenn sie nicht entsprechend eingedämmt wird. Der Buchs muss mindestens dreimal jährlich geschnitten werden, weil er nur auf diese Weise kompakt bleibt und die ursprüngliche Form klar erkennen lässt. Efeu kann im Winter mit Handscheren oder Elektro-Trimmern geschnitten werden. Man muss aber unbedingt darauf achten, die Triebe zu schneiden und nicht die Blätter dieser großblättrigen Pflanzen. Ein halbiertes Blatt ist nämlich ein hässliches Blatt.

Formschnitt-Figuren bieten eine gute Möglichkeit, einem ansonsten zwanglosen Pflanzschema Substanz zu verleihen, denn Formschnitt-Elemente sind große grüne Skulpturen, die einen Bereich wirkungsvoll gliedern helfen. Schon ein einziges Exemplar kann in einem kleinen Garten eine erstaunliche Wirkung erzielen.

GEGENÜBER UND SEITEN 236–239
Der Formschnitt-Garten, in dem Statuen von in Form geschnittenen Figuren aus Buchs, Eibe und *Lonicera nitida* umgeben sind; hinzukommen die Tierfiguren aus über Drahtrahmen aufgeleitetem Efeu.

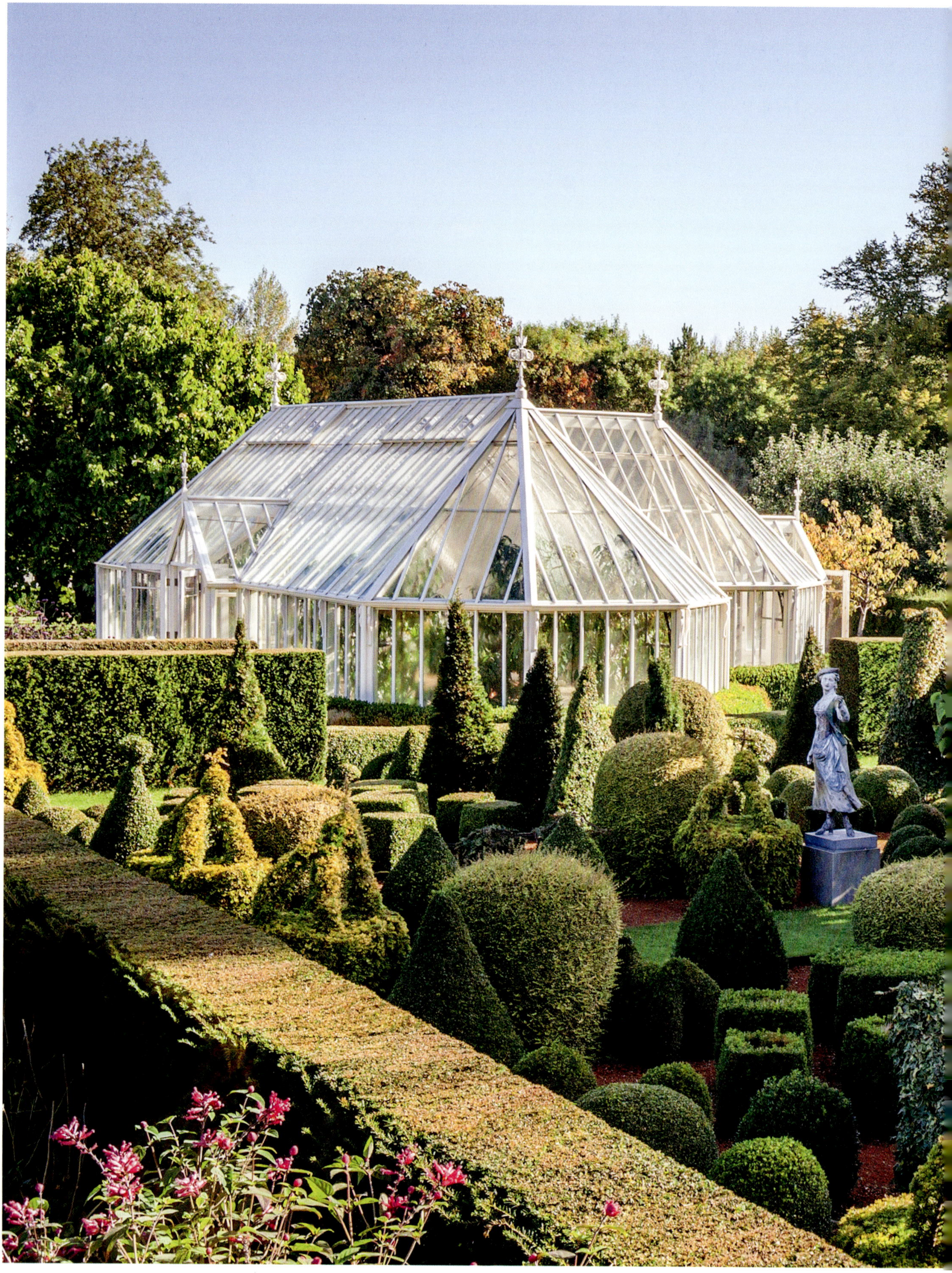

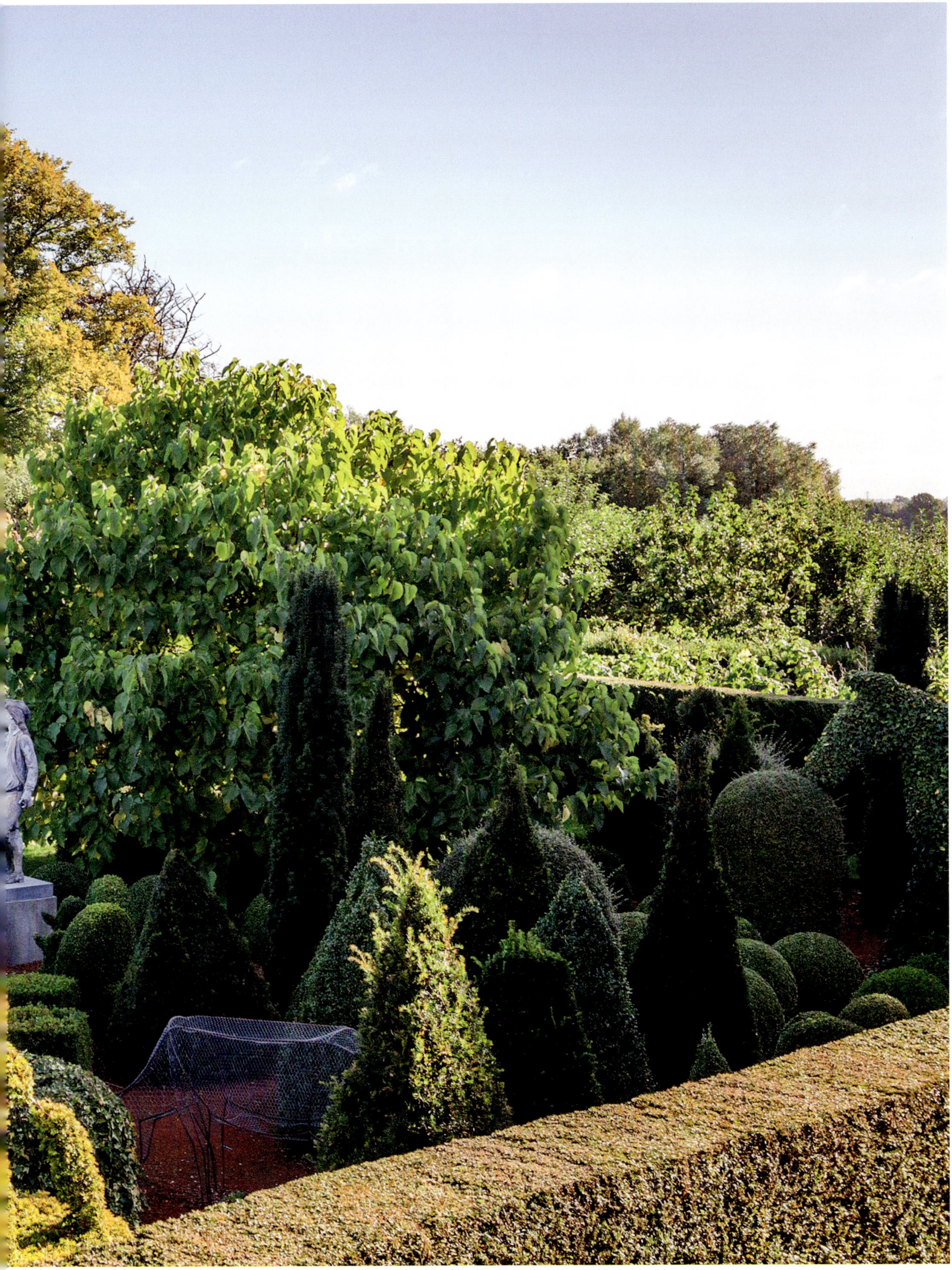

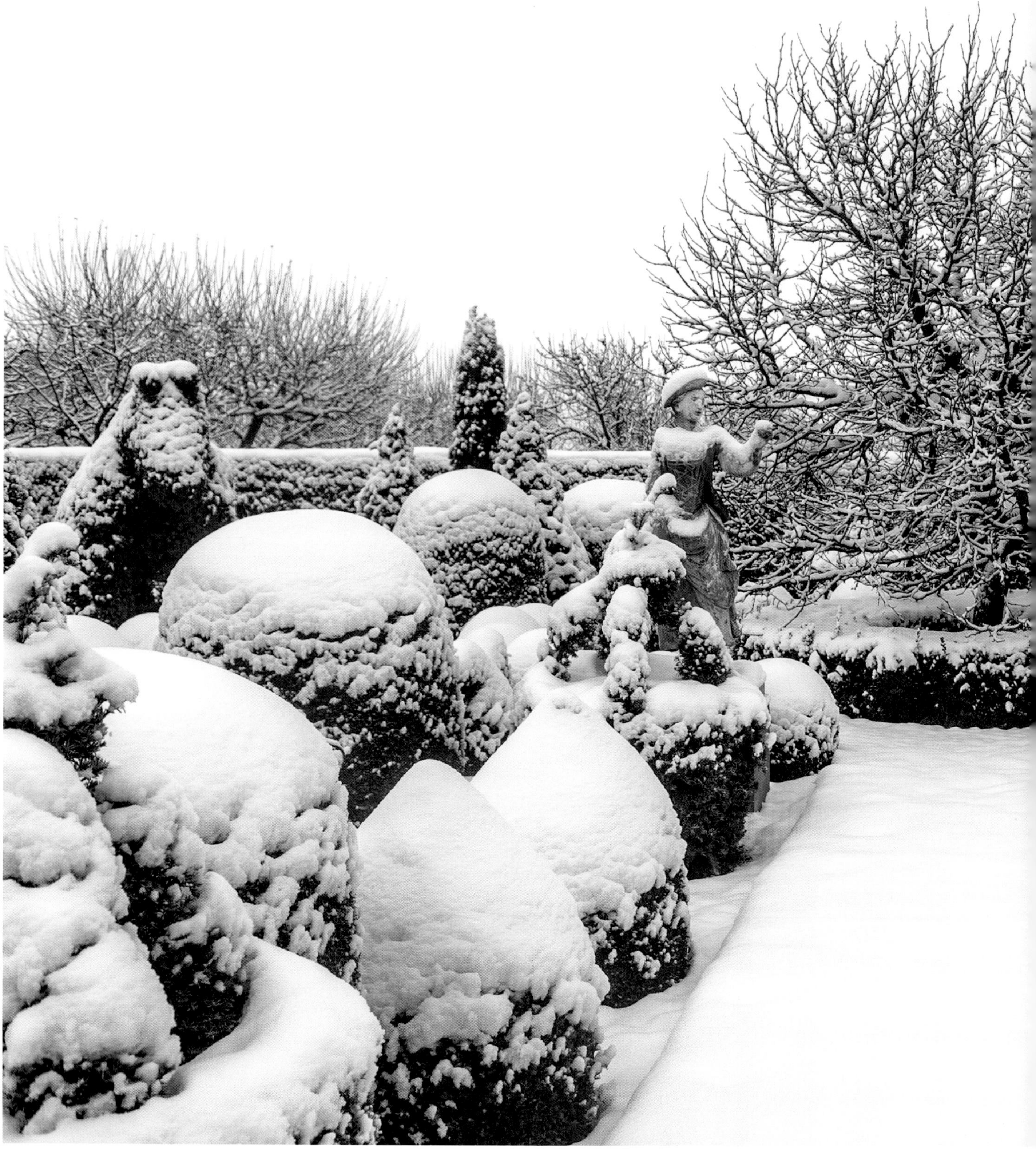

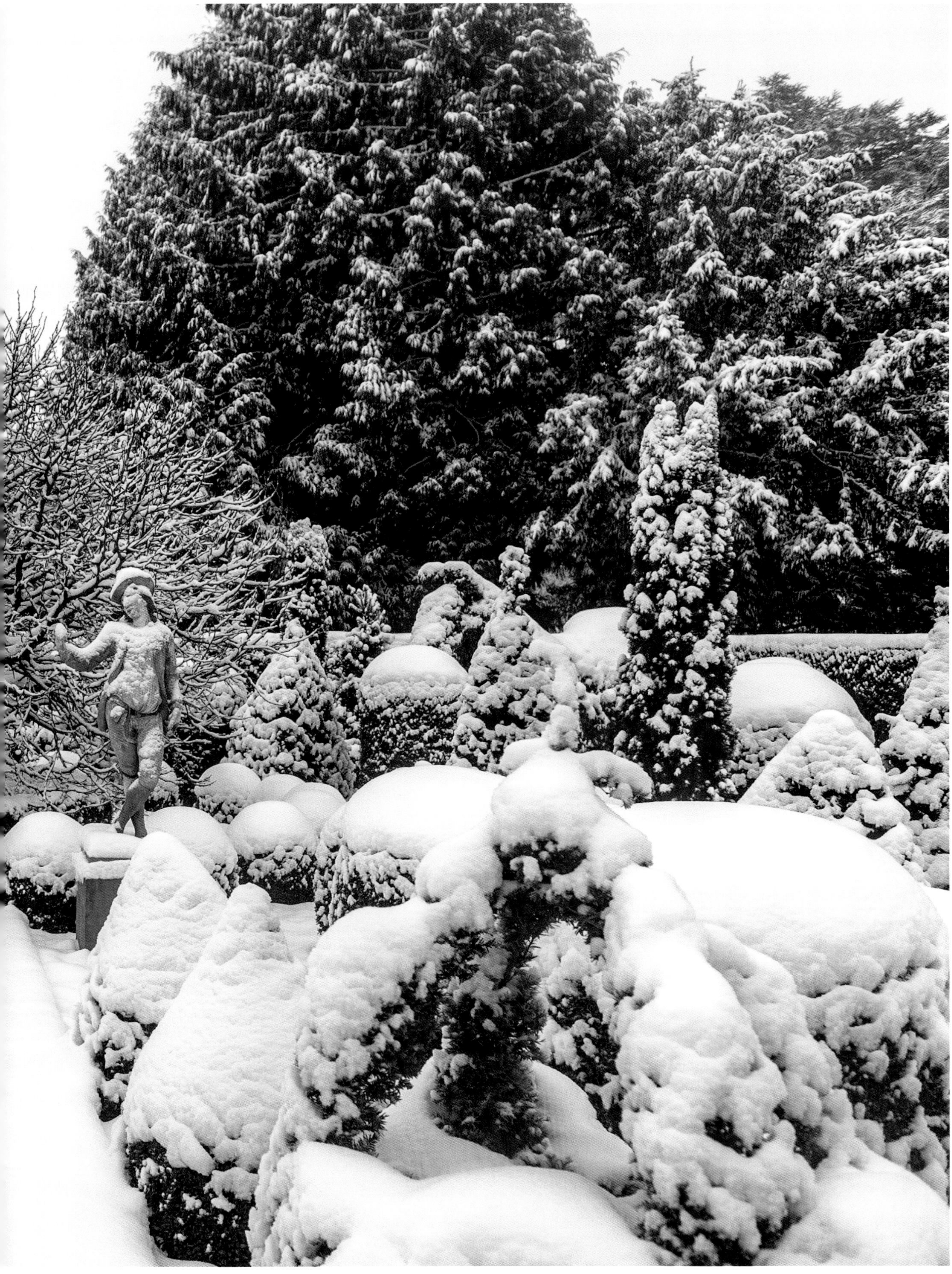

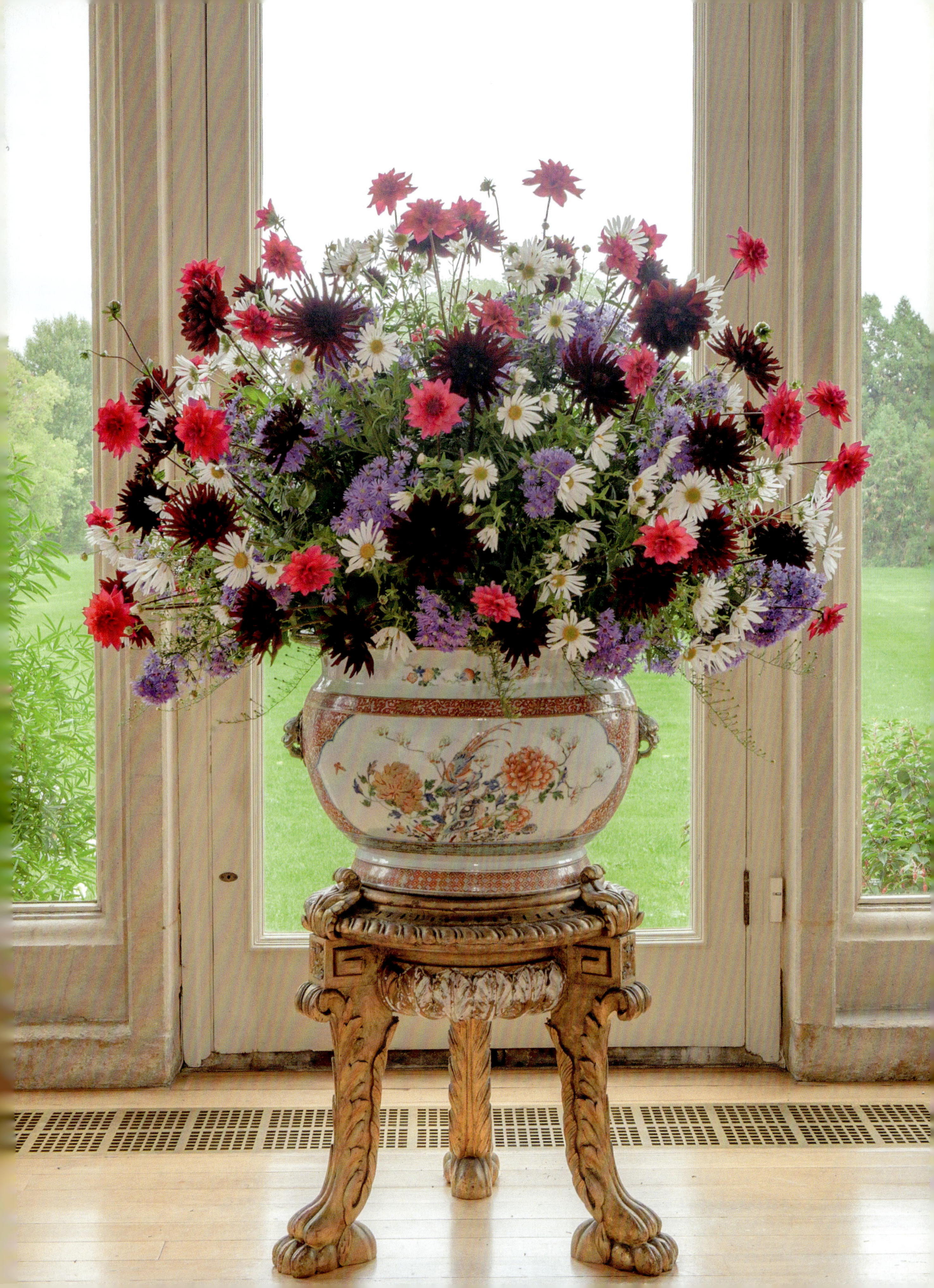

BLUMEN
FÜR DAS HAUS

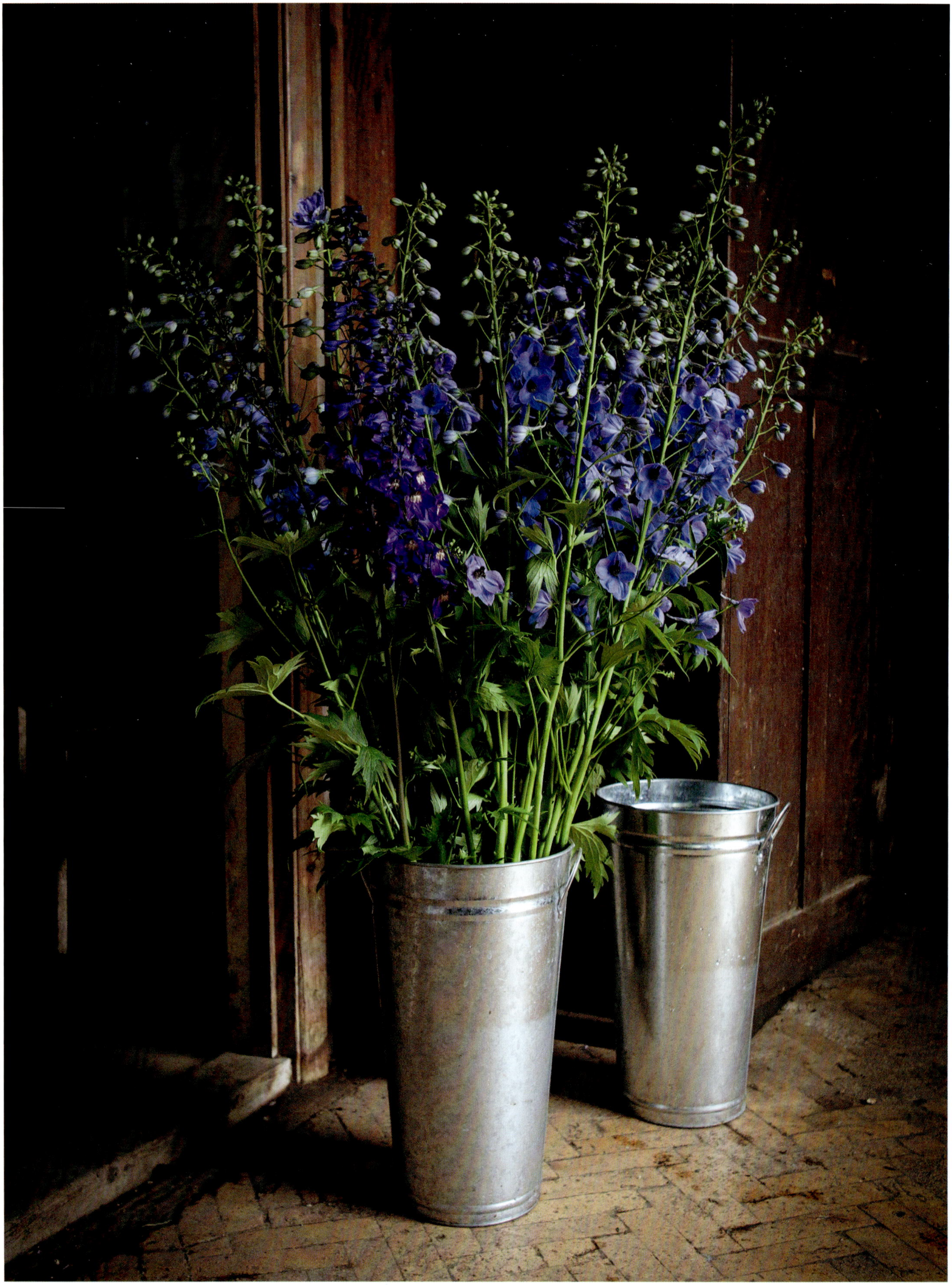

FLORALE DEKORATION

Schnittblumen werden nie gekauft, nicht einmal im Winter. Denn es gibt das ganze Jahr über Blumen, die zum Schmücken des Hauses gepflückt werden können. Was aus heutiger Sicht betrachtet ungewohnt und herrlich extravagant erscheinen mag, entsprach dem Standard viktorianischer Gepflogenheiten. In Longleat anno 1881 »waren selbst an den dunkelsten Wintertagen 30–40 Knopflochsträußchen gefragt sowie 14 Schubkarrenladungen blühender Pflanzen (feines Blattwerk und Farne dabei nicht mitgezählt), um die allertrübsten Monate zu überbrücken«. In Waddesdon pflegte Baron Ferdinand das Haus mit Palmen und farbenprächtigen panaschierten Blattpflanzen auszustatten. Im *Waddesdon Manor Red Book* ist festgehalten, dass Rosenbouquets ein und derselben Sorte in Vasen die Tafel des Speisesaals zierten, zusammen mit bogig überhängenden Farnen, aber als Miss Alice bei ihrem Obergärtner Johnson anlässlich »meiner ersten Gesellschaft in Waddesdon«, die am Sonntag, dem 7. Juli 1907 gegeben wurde, »eine üppige Ladung kostbarer Früchte« orderte, verlor sie kein Wort über Blumen. Vasen mit geschnittenen Stauden in den Rothschildschen Wettkampffarben Blau und Gold schmückten zu Baron Ferdinands Lebzeiten bisweilen den Tisch, obwohl Mary Rose Blackers in ihrer *Flora Domestica*, der einschlägigen Studie historischer Blumenarrangements anführt, dass jeglicher Farbenmix dem Geschmack der damaligen Zeit fremd war.

Als Miss Alices Großneffe James und dessen Gattin das Anwesen Waddesdon erbten, führten sie vermehrt Schnittblumen ein. »Ich glaube nicht«, schrieb Mrs James, »dass auch nur einer von Baron Ferdinands Gästen, die Waddesdon heute besuchen, einen wesentlichen Unterschied bezüglich der Arrangements der Räume bemerkt haben dürfte. Die einzige größere Veränderung war floraler Natur: die omnipräsenten Palmen im Haus wurden durch Blumen oder Blütensträucher ersetzt – ein Zugeständnis an die modernen Geschmacksvorlieben«.

Die Arrangements in Waddesdon zu Mrs James' Zeiten enthielten stets sehr wenig Blattwerk, und an diesem Brauch aus den Glanzzeiten des Herrenhauses wird bis auf den heutigen Tag festgehalten – so wird noch immer äußerst sparsam mit Blattwerk und Topfpflanzen umgegangen. Frauenhaarfarne, in 18-Zentimeter-Plastiktöpfen gezogen, werden bisweilen zu siebt aneinandergedrängt in einem Trog zu Füßen einer Statue im Wintergartenbereich aufgestellt, und auch Olivenbäume in Töpfen machen schon einmal einen »Abstecher« ins Haus. Aber die spektakulärste florale Dekoration bilden die meterhohen Arrangements von Sue in dem von Tim Hicks übernommenen Stil – er schuf die Blumenbouquets für Mrs James, und das sowohl im *Pavilion* als auch im Herrenhaus. (Bis zum Jahr 1990 war er für jegliche Blumenarrangements zuständig.) Er erinnert sich, dass die schönsten Blumen in den Tagen von Mrs James stets für das Herrenhaus bestimmt waren, in dem Hicks von März bis Oktober, wann immer Gäste kamen, für die Dekoration zuständig war. Im *Pavilion* hatte Mrs James unterhalb der Treppe stets eine große Vase stehen, ebenso eine auf ihrem Sekretär. Einmal, als Besuch erwartet wurde, füllte er eine prächtige Vase mit Kornblumen und goldenen *Alstroemeria*, ganz in der Tradition der zu Baron Ferdinands Tagen beschriebenen Vasen, woraufhin sein Arbeitgeber diskret rügend zu bedenken gab: »Dieser Bereich hier unten ist nicht öffentlich zugänglich.« Was die Blumengebinde im Haus anbetrifft, so gab David Milinaric, zuständig für die Innenarchitektur im Zug der Restaurierung des

---

SEITE 240
Ein Arrangement aus Dahlien der Sorten 'Winston Chuchill', 'Chat Noir' und 'Sam Hopkins', kombiniert mit *Leucanthemella serotina* (syn. *Chrysanthemum uliginosum*) und *Aster* 'Little Carlow'.

GEGENÜBER
Rittersporn wird in großen Mengen für den Schnitt gezogen.

SEITEN 244/245
Freesien in einem Emaileimer vor Sues Büro.

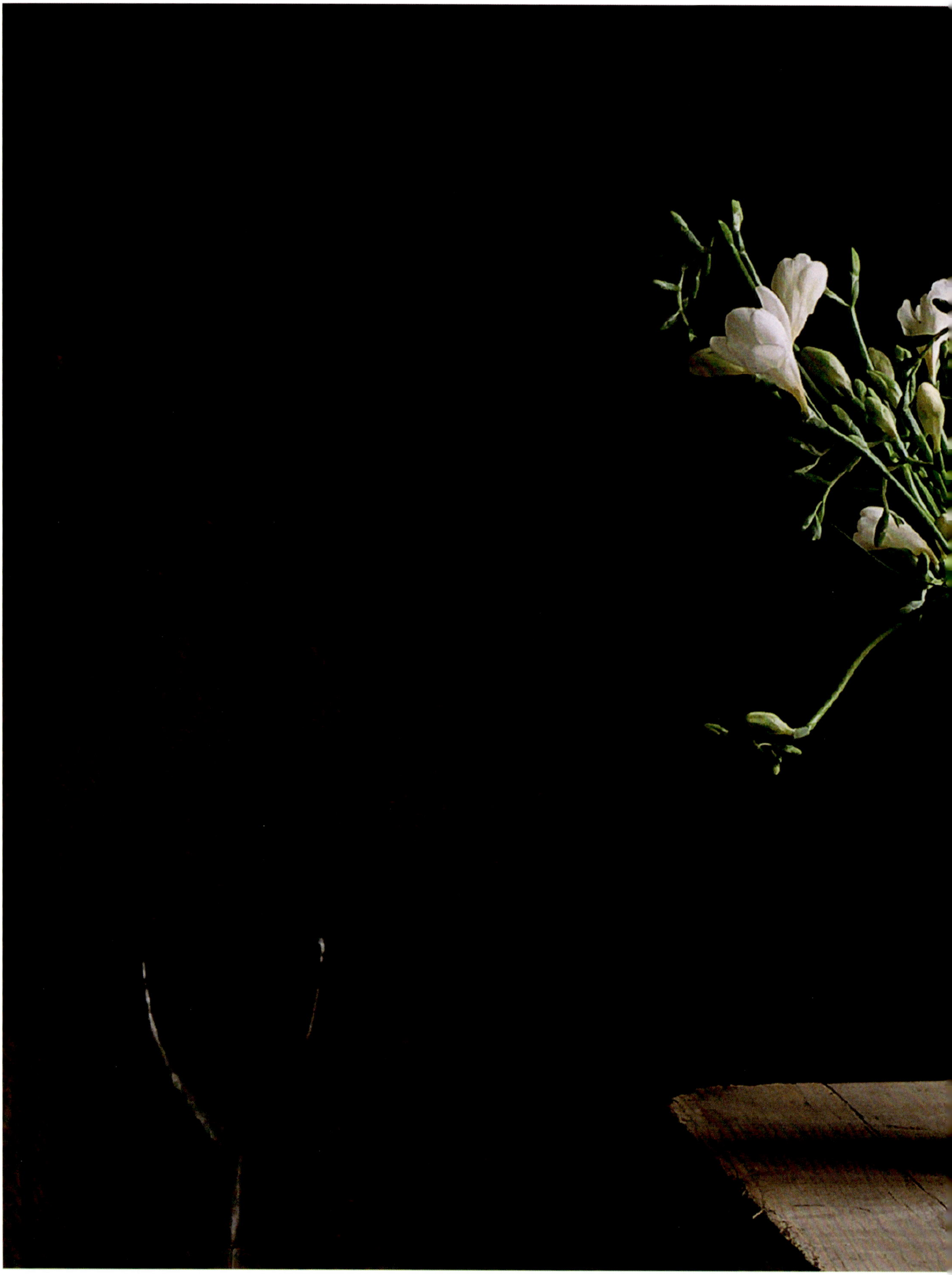

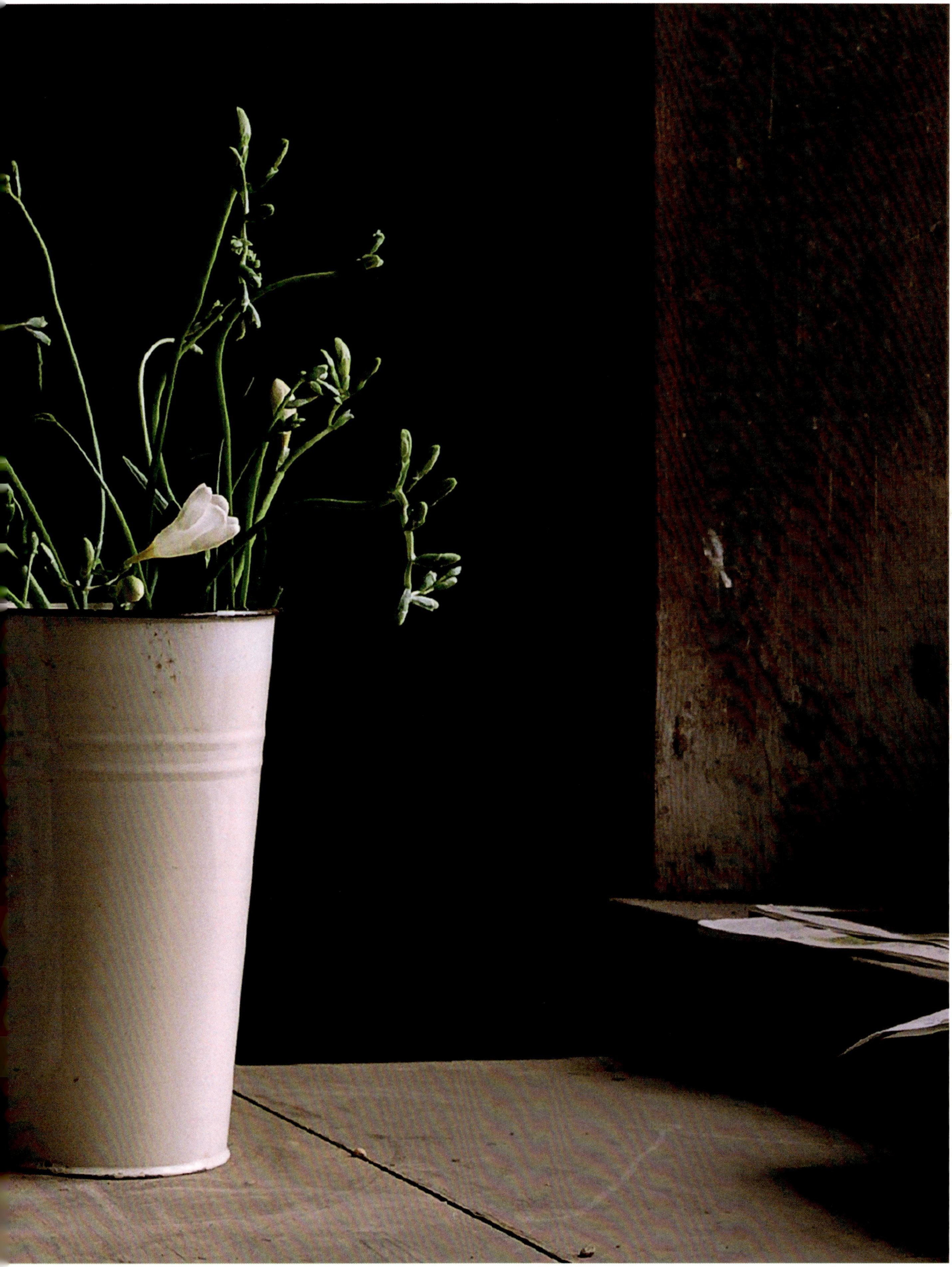

Herrenhauses in den 1990er Jahren, wertvolle Orientierungshilfe. Wer seine eigenen Blumen zieht, sollte sich bei der Auswahl der Pflanzen sinnvollerweise überlegen, welches Farbschema am besten mit der Ausstattung der Räume harmoniert. Im *Pavilion* passen Blüten in lohfarbenen Tönen wie Orange, Rot und Gelb sehr gut in einen der Räume. In anderen Räumen wirken zartere Rosa-Violett-Töne am schönsten. Vorrang haben immer auch duftende Blüten: Freesien, Hyazinthen und Narzissen sind im Winter sehr willkommen, im Sommer allerdings heißt es mit Duftwicken vorsichtig zu sein, denn mit ihnen kommen bisweilen auch winzige Insekten ins Haus. Lilien werden selten verwendet, weil manche Menschen allergisch auf ihre Pollen reagieren. Duftblättrige Pelargonien, in Töpfe eingepflanzt, zieren das ganze Jahr über die Räume.

GEGENÜBER
Frauenhaarfarne flankieren den Gang zur Gartentür.

Zu den wöchentlichen Routinearbeiten gehört am Mittwoch das Schneiden und Vorbereiten der Blumen für das Wochenende; von den unteren Blättern befreit, bleiben sie in Eimern voll Wasser über Nacht stehen. Am Donnerstagmorgen stellt Sue die großen Gefäße an Ort und Stelle auf. Die kleineren werden auf den Regalen vor ihrem Büro aufgestellt und dann mit dem Lieferwagen ins Haus befördert. Gewöhnlich muss auch am Wochenende in den Vasen Wasser nachgefüllt werden – eine Aufgabe, die der Wochenenddienst übernimmt. Am Dienstag werden sämtliche Blumen einschließlich der Topfpflanzen abgeräumt, auch wenn die Farne und Palmen in den Räumen bis zu sechs Wochen stehen bleiben könnten, da sie kaum »Ermüdungserscheinungen« zeigen.

Das Gartenjahr beginnt mit den Schneeglöckchen. Eine besonders beliebte Sorte ist die frühe *Galanthus elwesii* 'Mrs McNamara': größer als das Gemeine Schneeglöckchen *Galanthus nivalis* und schwach duftend, kommen sie in einer Glasvase auf dem Esstisch bestens zur Geltung. Manchmal werden Schneeglöckchen auch auf 23 Zentimeter großen Kunststoffschalen arrangiert, die einen kreisförmigen Steckschwamm enthalten. Diese Steckmasse wird auch für die frühen Wildnarzissen wie *Narcissus obvallaris* und *N. pseudonarcissus* verwendet, wobei Moos und kleine Buchszweigchen im Randbereich den Steckschwamm kaschieren.

In den Wintermonaten sind wir auf Zwiebelblumen in Töpfen angewiesen. Wir ziehen so viele, dass manche geschnitten und mit Wintersträuchern kombiniert werden können, während andere als Topfpflanzen ins Haus gebracht und in größere Gefäße gestellt werden. 'Paperwhite'-Narzissen schmücken bis an Weihnachten sowohl Waddesdon als auch den *Pavilion*, dann folgen die Hyazinthen, die von Freesien und Anemonen abgelöst werden; sie wiederum bilden von Januar bis April die Hauptdekoration. Auch Tulpen werden in Töpfen gezogen, die im Hof mit den Frühbeeten stehen; im April und Mai schmücken sie als Schnittblumen die Räume. Einen besonderen Frühlingsboten bildet ein Arrangement aus 70 Aurikeln in ihren Töpfen auf dem Flurtisch unterhalb der Haupttreppe.

Den ganzen Sommer über liefern die Schnittblumenbeete hinter dem Gewächshaus neben dem Obstgarten duftende Nelken, Islandmohn, Fingerhüte, Päonien, Zinnien und jegliche neue Einjährige, die erprobt werden. Kosmeen, Dahlien, Rittersporn, *Alstroemeria*, Löwenmäulchen und dunkle Skabiosen werden auf der Schnittblumen-Bank gezogen. Die letzten Freilandblumen aus dem Garten, die die Vasen füllen, sind die winterharten Chrysanthemen sowie die pinkfarben leuchtenden Nerinen. In den Rabatten werden kaum je Blumen gepflückt, mit Ausnahme der ein oder anderen Rose oder Tulpe für den Nachttisch, aber nur, falls genau diese Farbe unter den für den Schnitt vorgesehenen eingetopften Zwiebelblumen fehlen sollte.

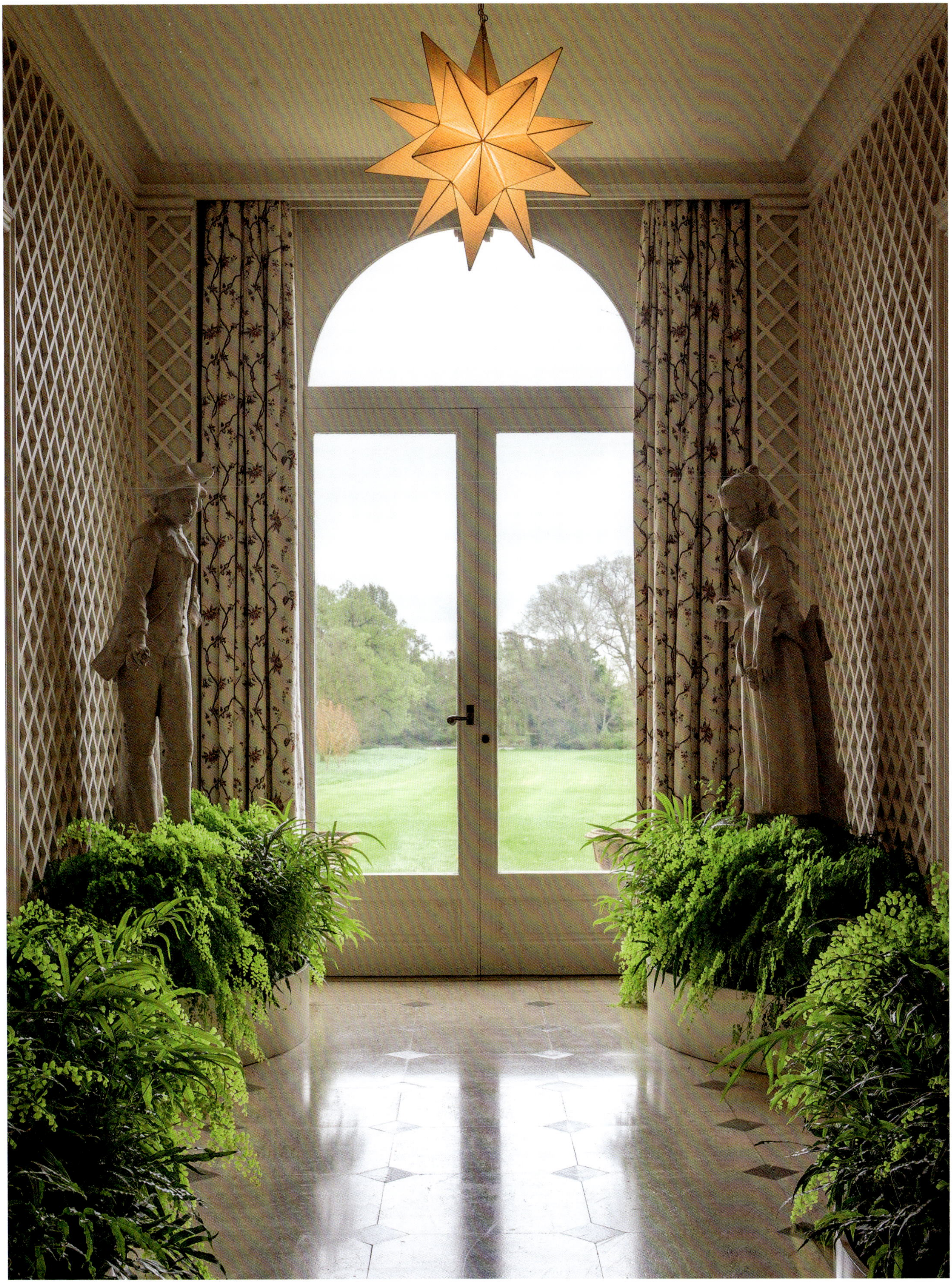

Für die fantastischen Vasen, die in Waddesdon Tradition haben, werden die Blumen der jeweiligen Jahreszeit in Oasis, einen zuverlässigen Steckschwamm integriert, begleitet von einer sparsamen Garnitur aus Alexandrinischem Lorbeer *(Danae racemosa)* oder Buchs. Im Juni könnten für die Gestaltung der äußeren Kontur etwa 30 Rittersporn-Ähren dienen und als Füllung der Mitte 40 *Alstroemeria,* dazwischen so viele Fingerhüte, wie nur Platz finden. Entscheidend ist allein, was gut zusammen aussieht. In einem trockenen Sommer liefern Karden und Kosmeen in einer Zeit, in der andere Blumen bereits am Verblühen sind, reichlich Nachschub. Im September könnte der Strauß dann luftiger ausfallen, mit Kaktus-Dahlien der Sorte 'Chat Noir' etwa und zahlreichen blühenden Herbstastern, vielleicht der wunderbaren blauen *Aster* 'Little Carlow' oder noch später im Jahr mit Chrysanthemen. Die silbern-pinkfarbene 'Emperor of China', die bis in den November hinein blüht, wird für späte Blumenbouquets besonders geschätzt.

Außer den allwöchentlichen Blumenlieferungen für den *Pavilion* und das Domizil in London ist der Garten des Öfteren auch gefordert, wenn Tischdekorationen für Bankette in der *Dairy* organisiert werden. 20 bis 30 kleinere Arrangements werden vielfach benötigt und in der Regel in besagten kleinen Schalen mit integriertem Steckschwamm gestaltet. Wichtig ist, dass die Tischdekorationen niedrig sind, nicht höher als das untere Ende eines Flaschenhalses, damit die Gäste einander unbeeinträchtigt sehen können. Farbensprühende Zinnien, die sich wie ein Band über eine lange Tafel ziehen, wirken im Spätsommer besonders spektakulär. Nur selten werden im Herrenhaus auch private Gesellschaften gegeben, und auch diese erfordern Floristik in großem Maßstab. Außerdem werden Woche für Woche ganze Sträuße von Eythrope-Blumen für Geburtstage gerichtet oder auch als eine Art persönliches Dankeschön an den einen oder anderen Bekannten oder an Freunde, die krank sind, verschenkt. Diese können aus einem Bouquet der äußerst seltenen Malmaison-Nelken bestehen oder so verschwenderisch üppig ausfallen wie ein Strauß aus 200 Päonien für einen Ehrengast aus den Staaten.

Gegenüber
Ein gemischtes Sortiment von *Zinnia* der 'Oklahoma'-Serie. Zinnien ergeben mit ihren kleinen Blüten beliebte Sträuße für das Schlafzimmer.

Seiten 250 & 255
Stockrosen mit ungefüllten Blüten aus Jahr für Jahr selektiertem Saatgut gezogen.

Seiten 251–254
Dahlien blühen bis zum ersten Frost. 'Jowey Mirella' und 'Sam Hopkins' sind dramatisch dunkelrote Sorten. Die pinkfarbene 'Gerrie Hoek' ist seit Jahren beliebt.

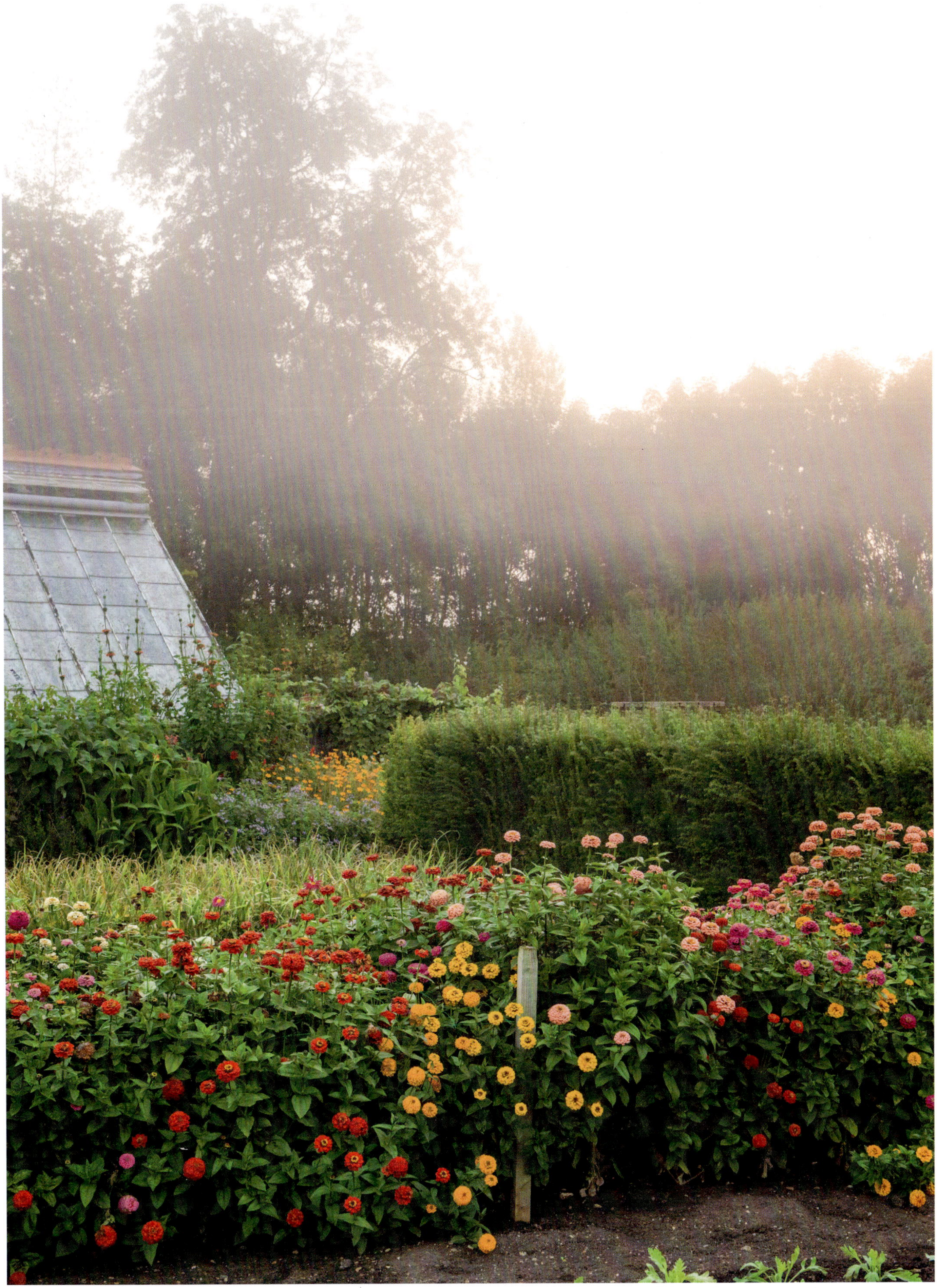

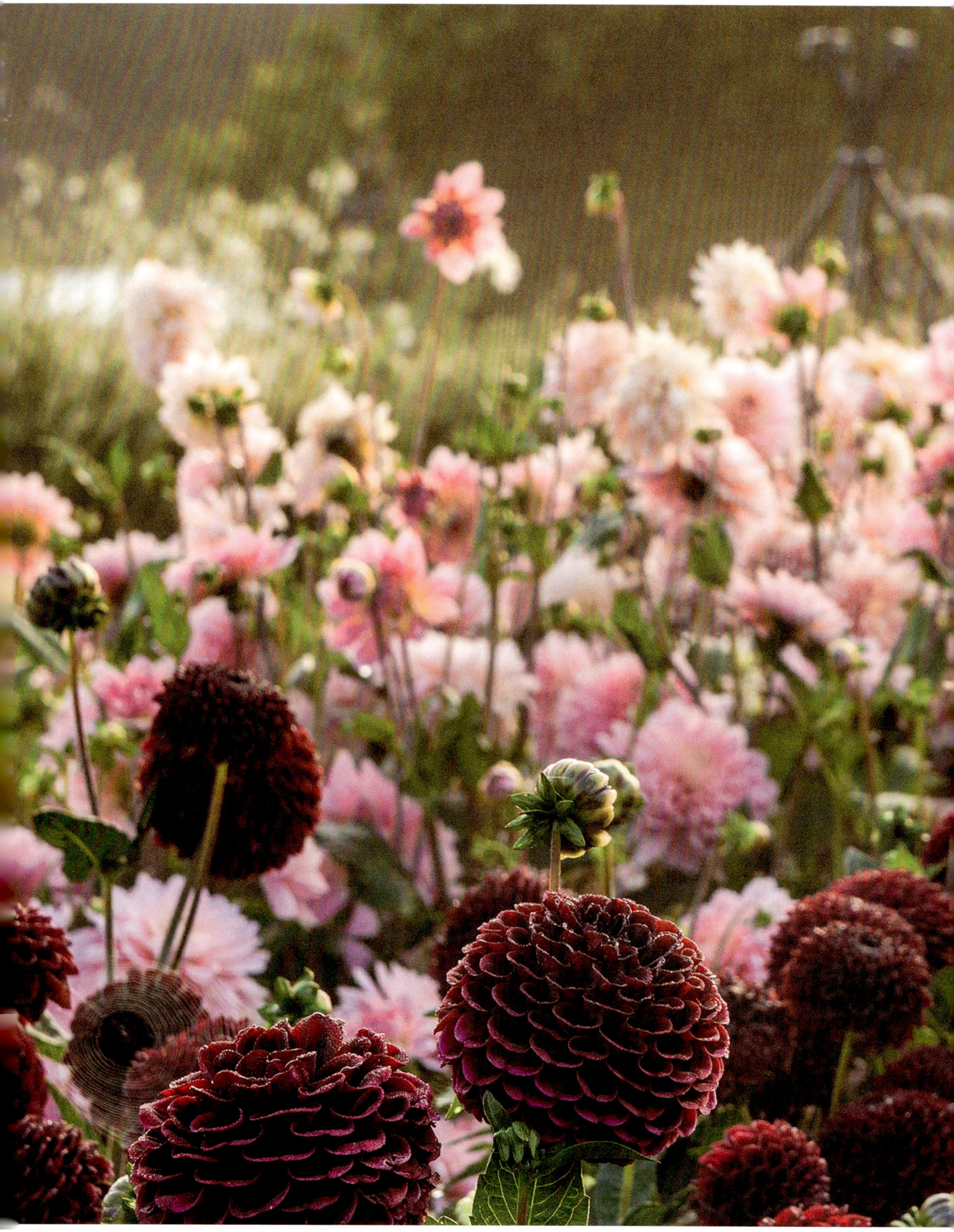

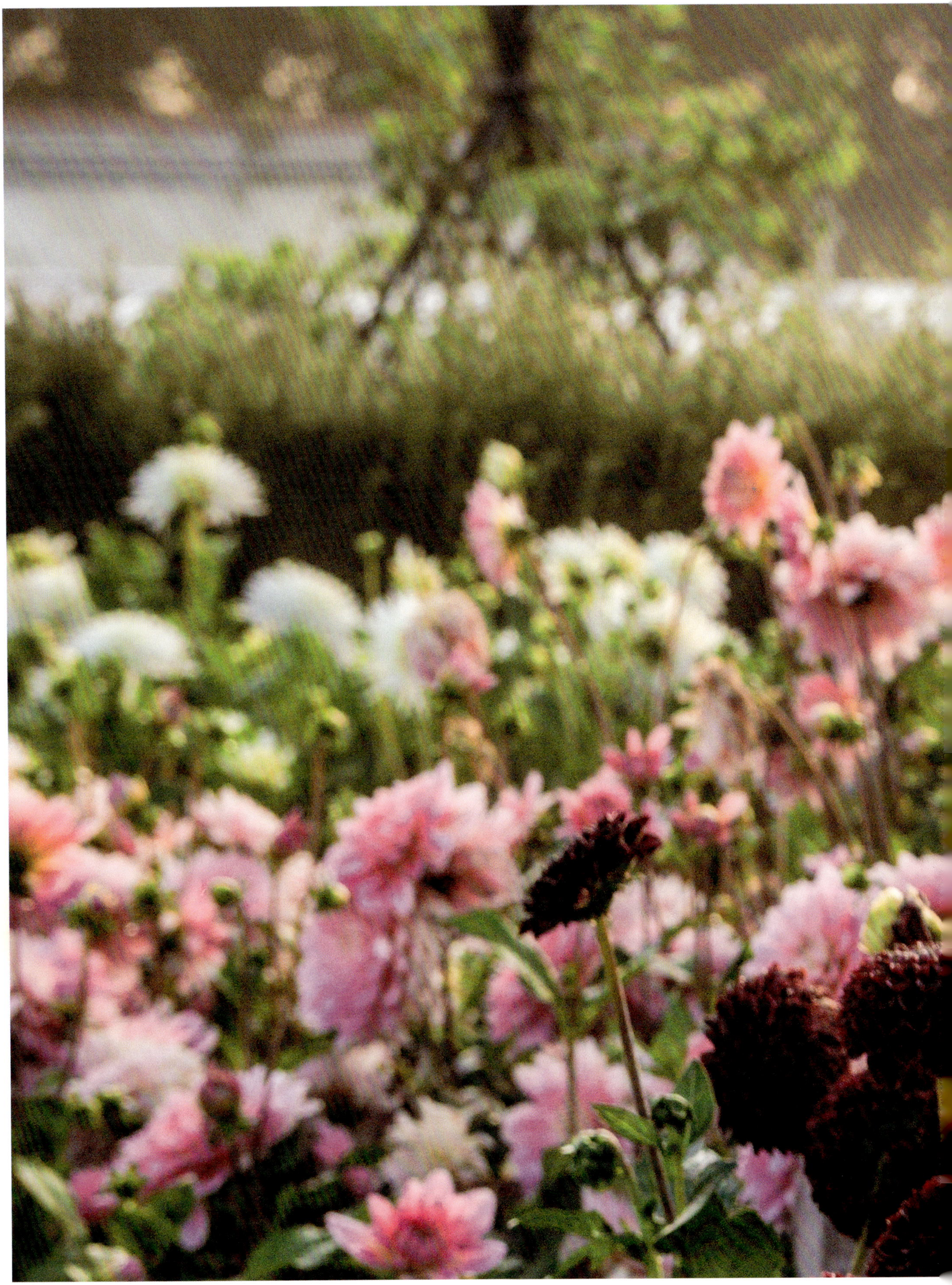

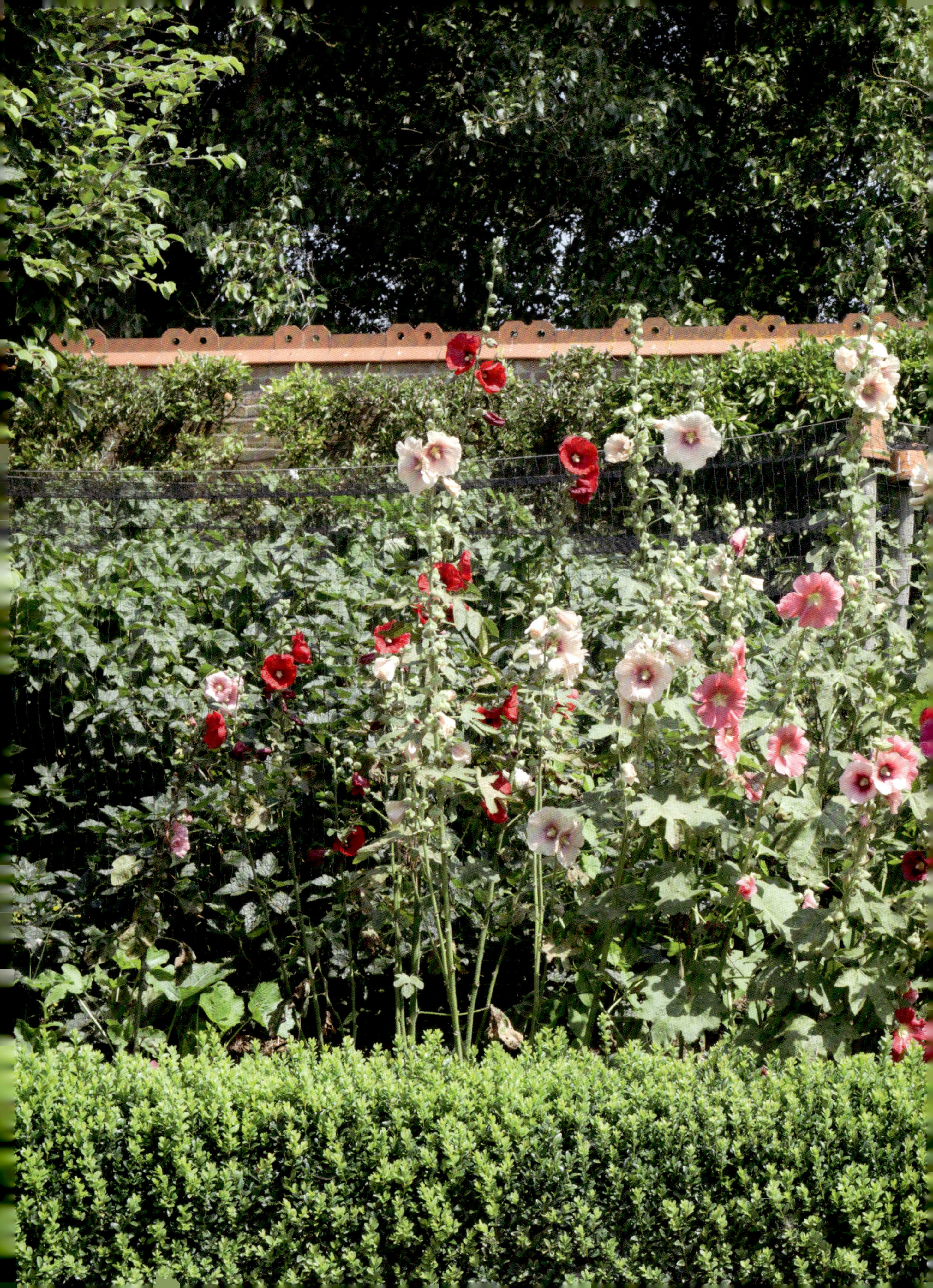

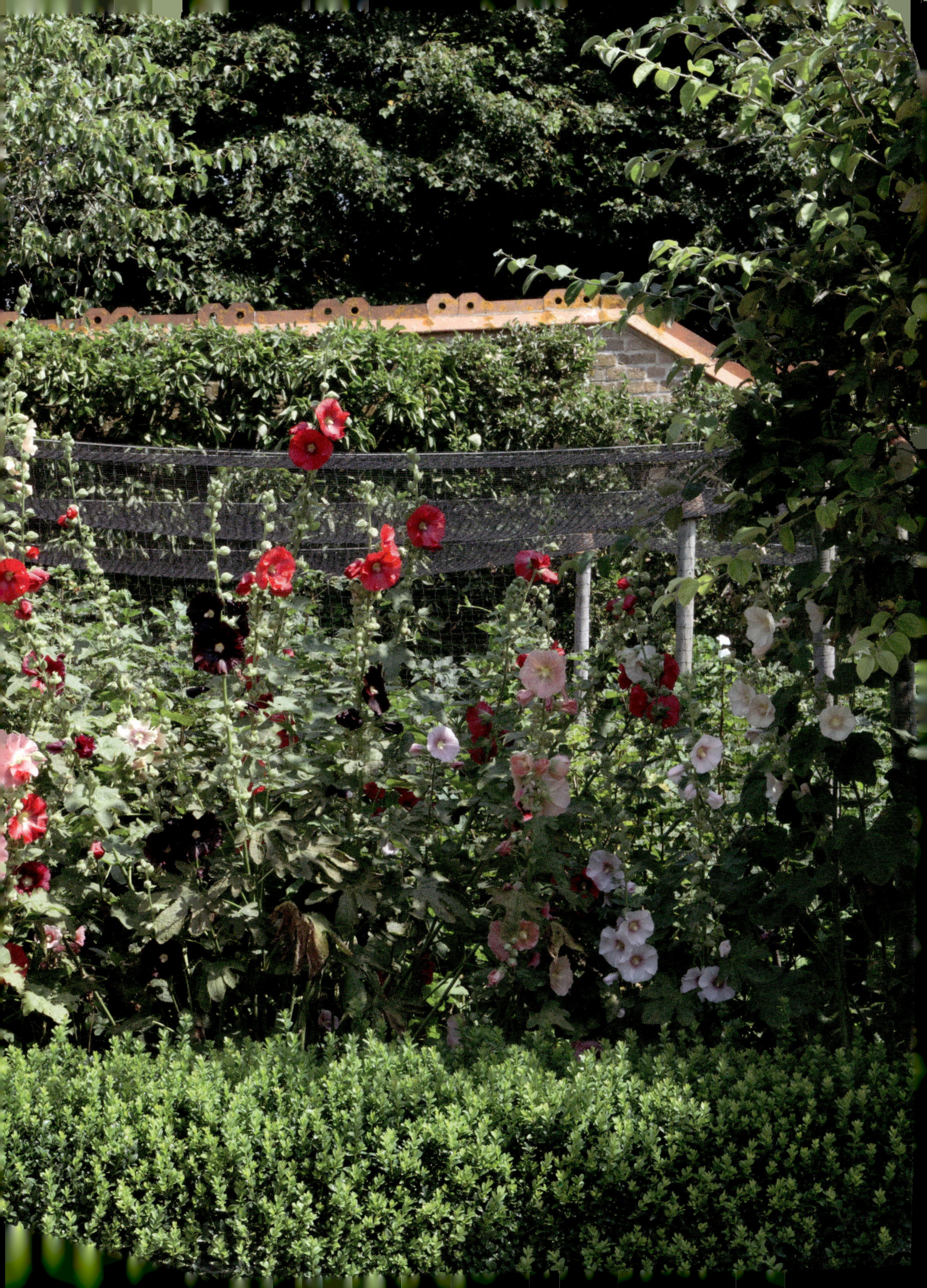

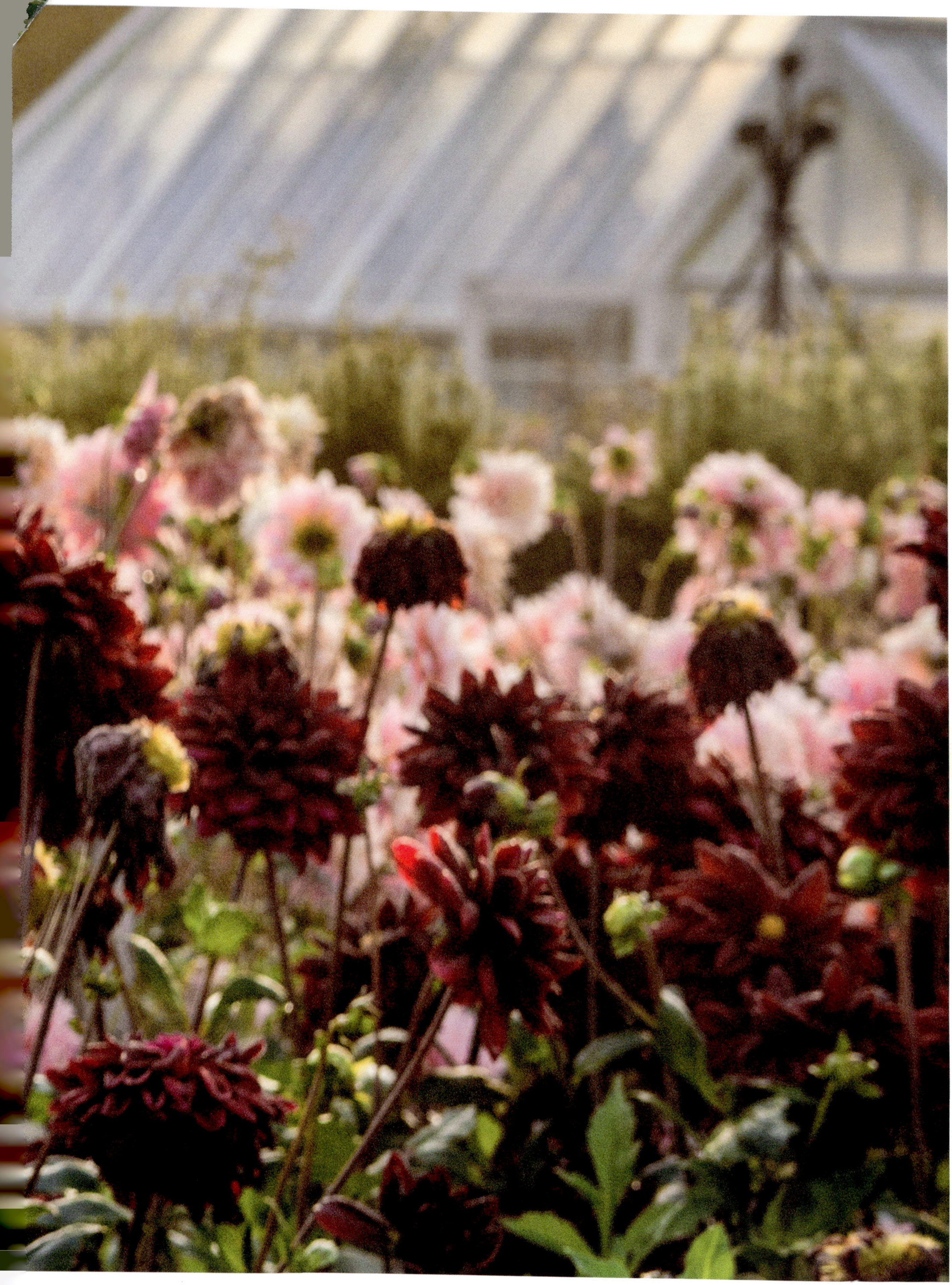

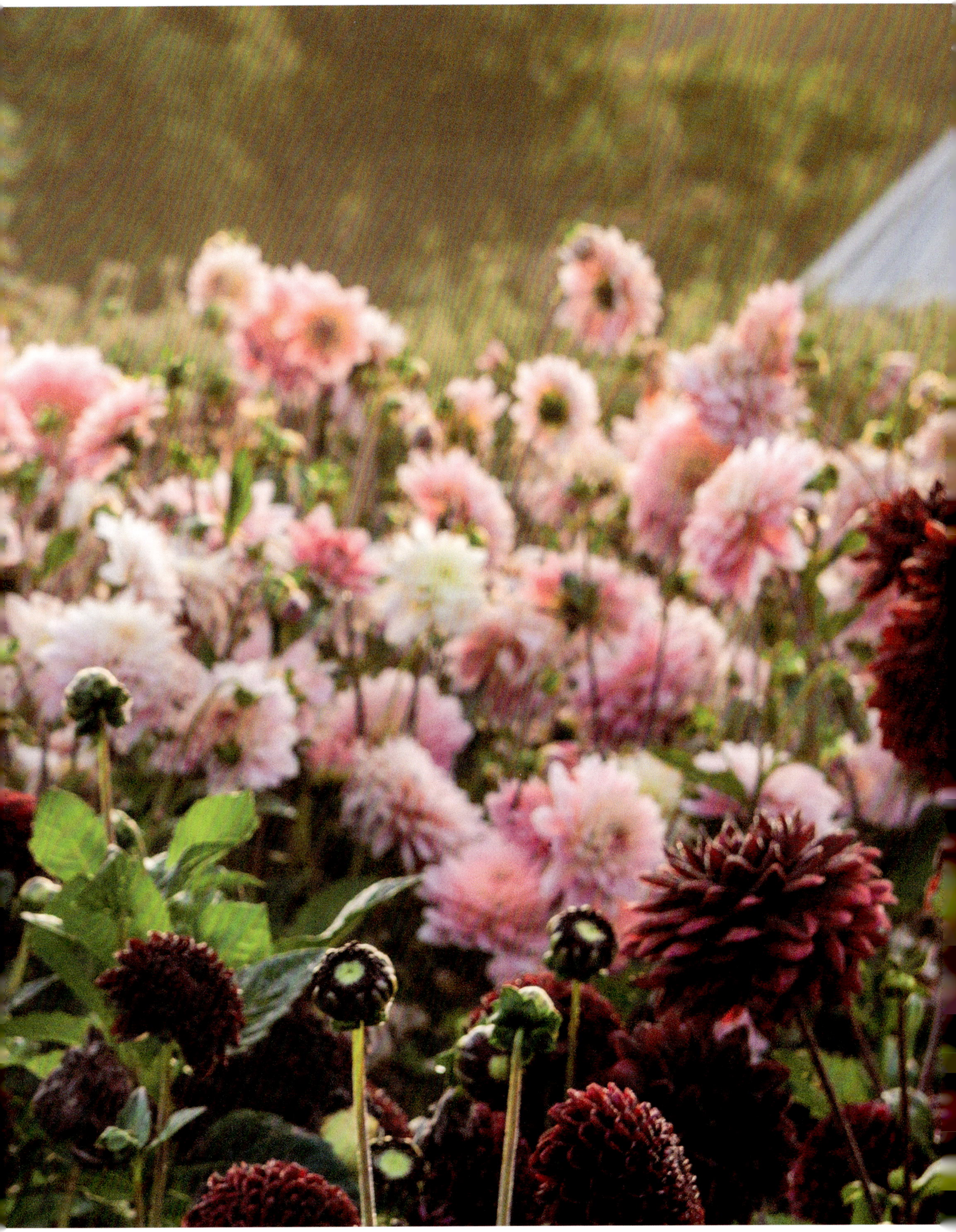

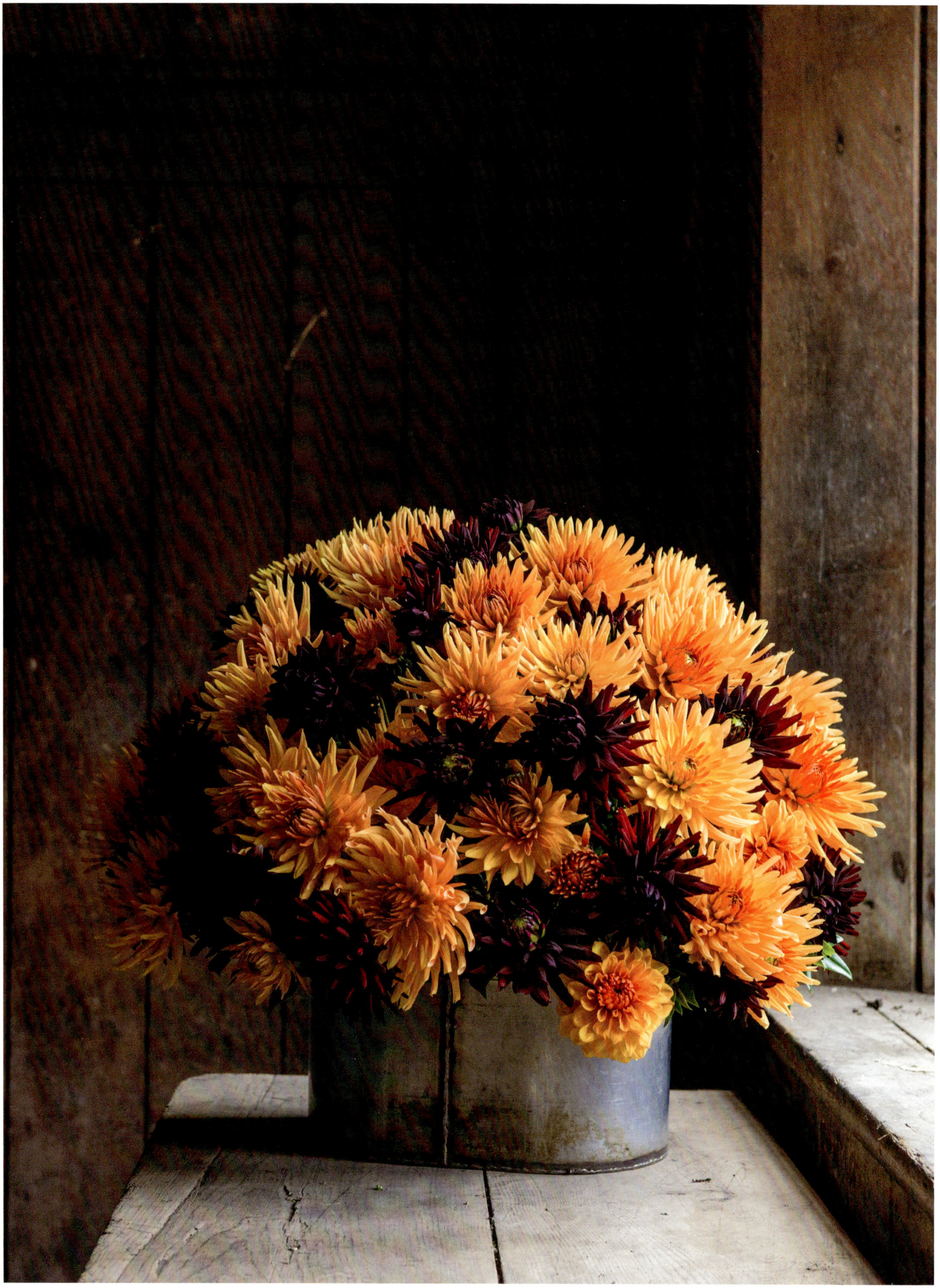

DAHLIEN

Den Worten John Loudons zufolge entsprachen Dahlien zu Beginn des 19. Jahrhunderts »wie keine anderen Blumen dem Zeitgeschmack in diesem Lande«. Ihre Beliebtheit überdauerte die Viktorianische Ära, denn auch in den neuen Staudenrabatten, die sich allmählich etablierten, wurden sie gern gepflanzt. Bisweilen dienten ihre Knollen auch dem Verzehr, aber die leidenschaftliche Bewunderung ihrer prächtigen Blüten siegte bald über jeglichen Appetit darauf. (Laut experimentierfreudigen Köchen sollen sie wie Karotten und Sellerie, kombiniert mit Kartoffeln schmecken.) Auf viktorianischen Landsitzen, die hohe Ansprüche an floristische Arrangements stellten, galten Dahlien, bis der erste Frost einsetzte, als unentbehrliche Schnittblumen. Im 20. Jahrhundert büßten sie unter Kennern weitgehend an Beliebtheit ein, obwohl sie in *Country-house*-Gärten wie Rousham weiterhin als Schnittblumen in Reihen gezogen wurden und ihre farbensprühende Wirkung in Cottage-Gärten nach wie vor willkommen war. Vita Sackville West war zwar selbstsicher genug, um in Sissinghurst einige Dahlien zu ziehen, aber erst als Christopher Lloyd lautstark ihre Vorzüge pries, erlebten diese flammend bunten Blumen ihr wahres Comeback. Sarah Raven, Floristin und Autorin des Buches *Kreative Farbgestaltung im Garten*, bekennt sich gleichermaßen zu ihrer großen Vorliebe für Dahlien, sowohl im Garten als auch als Schnittblumen in der Vase. Neuerdings – und damit meine ich in den letzten fünf Jahren – erscheinen in der gärtnerischen Fachpresse allmählich wieder Artikel, die mit Erleichterung konstatieren: »Gott sei Dank sind Dahlien wieder in Mode« oder sich unter der Überschrift »Wie die fast schon totgesagte Dahlie ein strahlendes Comeback erfahren hat« über deren Vorzüge auslassen.

Dahlien waren lange ein Charakteristikum der Beetgestaltung in Eythrope. Hier sind sie von Ende Juli bis zu den ersten Frösten als Schnittblumen ebenso beliebt wie sie es im 19. Jahrhundert einst waren. Mehr als 20 verschiedene Varietäten sind in Kultur, wobei der Großteil der Pflanzung im Weintrauben-Glashaus angesiedelt ist oder auf dem Schnittblumentisch. Dort werden etwa 90 Knollen in Blöcken zu jeweils 15 in Reihen im Abstand von 60 Zentimetern gepflanzt. Die 90 Zentimeter breiten, für Kultur und Schnitt vorgesehenen Wege ziehen sich zwischen den Farbblöcken quer über die Böschung. Wie in weiten Teilen des Nutzgartens, die beim Ernten regelmäßig stark frequentiert werden, sind die Wege mit einer Schicht Stroh abgedeckt, was die Schuhe sauber hält und einer Verdichtung des Bodens entgegenwirkt. Das vertraute Farbschema auf der Böschung umfasst Violett und Kirschrot, Indigo und Weinrot, Blau und Lila, Gelb, Orange und Rot.

Im Hof mit den Frühbeeten ist ein weiteres Beet für weiße, blass-pinkfarbene und einige außergewöhnlich dunkle Exemplare reserviert. Die Norm sieht jeweils acht Exemplare pro Sorte vor, aber für die bevorzugte Varietät 'Winston Churchill' (in einem leuchtenden Pinkton, der jedes Arrangement aufhellt) ist die Anzahl auf ein Dutzend erhöht. Sue zieht im Hof mit den Frühbeeten auch zusätzliche Pflanzen einer weißen Kaktus-Form aus Rousham. Wie alle Gärtner hat sie ein Auge für besonders lohnenswerte Exemplare; wenn sie andere Gärten besucht, stößt sie oft auf außergewöhnliche Pflanzen anderer Gartenliebhaber, die nur darauf brennen, Pflanzen zu tauschen. (Ein weiterer Grund, Pflanzen auszutauschen, ist, Raritäten

GEGENÜBER
Die Dahlien 'Chat Noir' und 'Ludwig Helfert', arrangiert in einem Einsatz, der im Haus in eine Porzellan-Vase integriert wird.

SEITEN 258/259
Dahlienknollen werden in Töpfen mit trockenem Erdsubstrat überwintert.

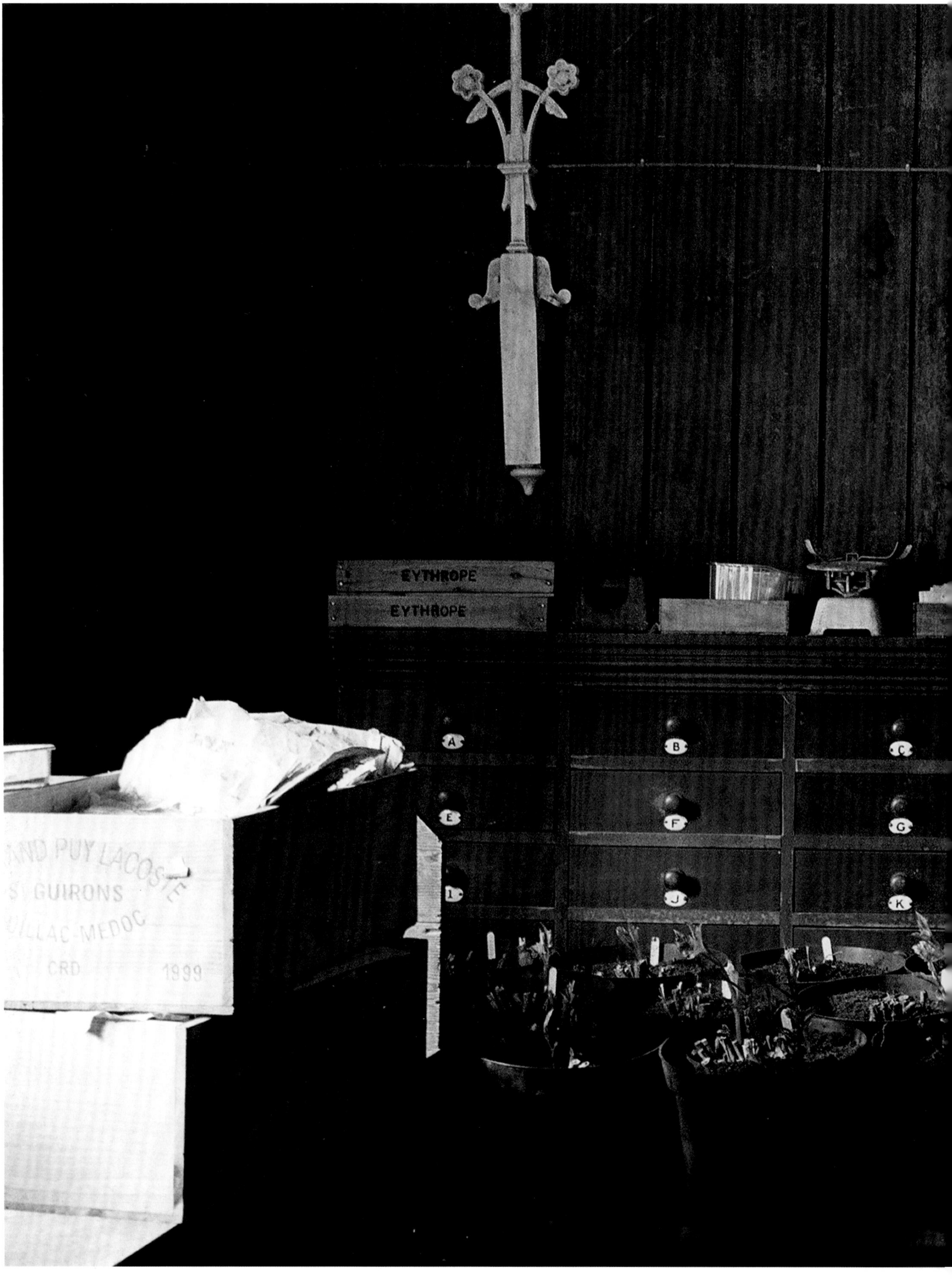
EYTHROPE
EYTHROPE
CRD
1999

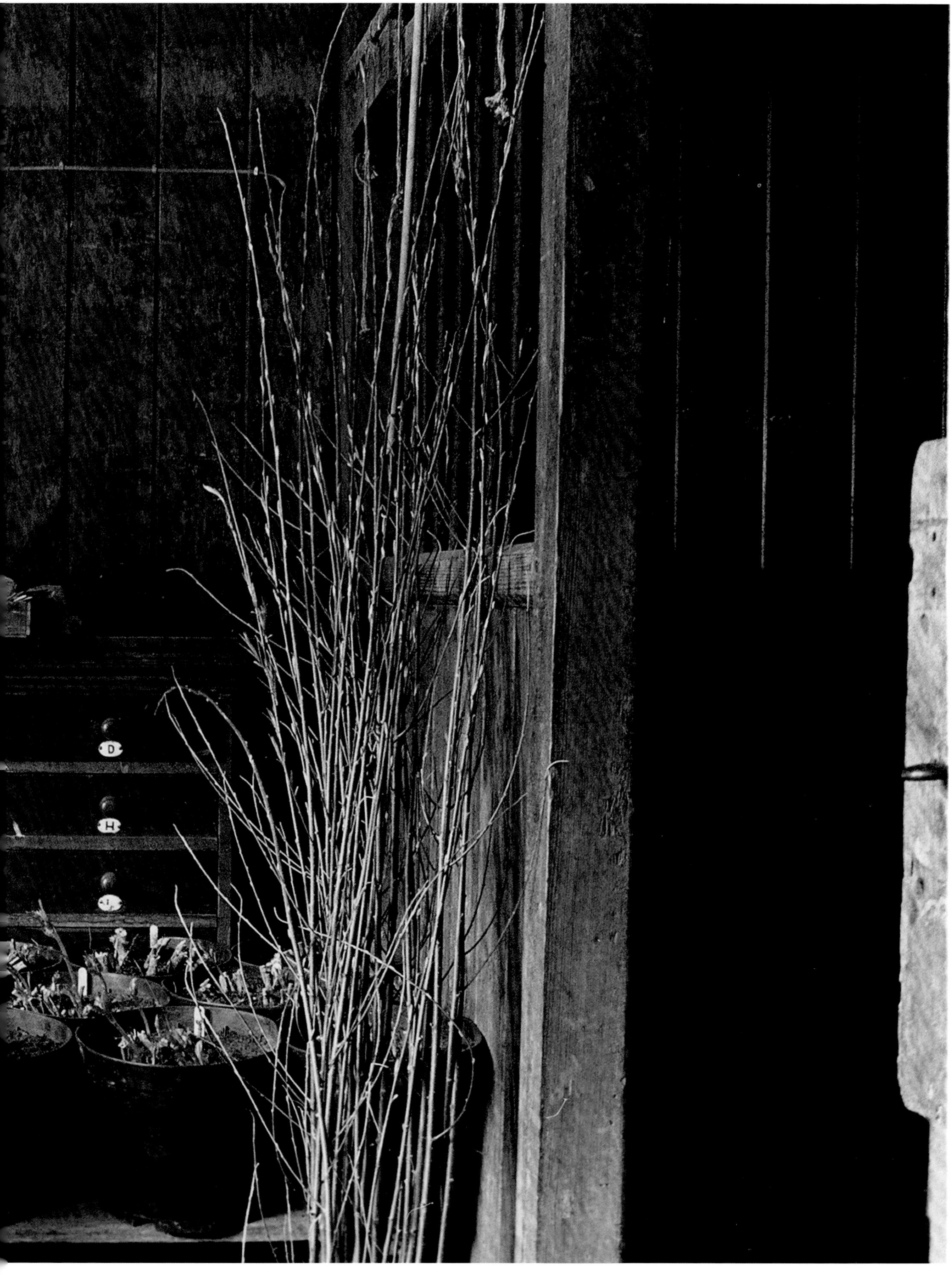
D
H

Die Dahlien-Stängel werden heruntergeschnitten.

Die Schnüre werden sukzessive nach dem Schnitt entfernt.

Die Knollen werden als Klumpen ausgegraben.

Die geputzten Knollen werden nun in den Töpfen überwintert.

Dahlienknollen werden trocken überwintert und erst im Frühling gewässert.

in Umlauf zu bringen. Wenn eine Pflanze in einem Garten nämlich eingeht, kann es immer noch sein, dass sie in einem anderen Umfeld überlebt).

Wenn die ersten Frostnächte die Stiele schwarz färben, was in der Regel Ende Oktober oder in der ersten Novemberwoche passiert, werden die Dahlien heruntergeschnitten und zum Überwintern aus dem Boden genommen. Die Knollen werden auf dem Boden des Stalls getrocknet, und zwar so, dass die Stiele nach unten schauen und die Feuchtigkeit abtropft. Nach Weihnachten werden sie dann in 25-Zentimeter-Töpfen in Kokosfasersubstrat gepackt (mit beschrifteten Schildchen versehen, die sicherstellen, dass die Farben fein säuberlich auseinandergehalten werden) – eine Arbeit, wie geschaffen für Schlechtwetterphasen. Ende Januar erhalten sie dann als Abdeckung eine Schicht Laubmoder. Die Töpfe mit den Knollen bleiben je nach Wetterlage bis Ende April, Anfang Mai im frostfreien Stall. Im Winter werden sie nicht gewässert, aber einmal im Monat durchgesehen, denn sobald sie Anzeichen des Ausdörrens zeigen, benötigen sie Feuchtigkeit.

Wenn die Dahlien erst einmal in die Frühbeete im Hof umgezogen sind, wo sie, falls Spätfröste drohen, abgedeckt werden können, werden sie regelmäßig gewässert, um das Wachstum erneut anzuregen. Das Dahlienbeet auf der Schnittblumen-Böschung ist im Winter bereits gerichtet und mit Laubmoder oder gut verrottetem Mist angereichert worden. Danach wird die übliche Schicht Seetang-Mehl und Vitax Q4 auf die Beete gegeben. So ist alles bestens vorbereitet für die sprießenden Knollen, die Anfang Juni ausgepflanzt werden.

Ganz wichtig ist das Anstäben der Dahlien, denn nur so lässt sich verhindern, dass die Stiele umknicken, weil die Blütenköpfe in der Reife sehr schwer werden und zum Auseinanderfallen neigen. Dies geschieht aber nicht mit einzelnen Stäben, was sehr zeitaufwendig wäre (man müsste sie in einem Sommer vermutlich dreimal aufbinden). Vielmehr werden sie auf der Schnittblumen-Böschung durch Plastiknetzmaterial mit 15 Quadratzentimeter großen Öffnungen von 40 Pfählen, 6 Zentimeter stark und 1,5 Meter lang, gestützt. Wenn die Pflanzen voll ausgewachsen sind, dienen drei Lagen stramm über die Pfähle gespanntes Netzmaterial im Abstand von 30 Zentimetern als Stütze. Diese Methode gewährleistet, dass sich die Blumen leichter schneiden lassen, denn sie wachsen lockerer, als wenn sie einzeln angestäbt wären.

Zu den bewährtesten Schnitt-Dahlien gehören die Schmuck-Dahlien, die Seerosen-Dahlien und die Kaktus-Typen. Ausgewählt werden die einzelnen Varietäten vor allem um ihrer Farbe und Form willen. Für Blumengebinde bevorzugt Sue dünne Stiele, aber die Blüten müssen bereits offen sein, auch wenn es besser ist, wenn die Antheren (Staubbeutel) nicht die ganze Mitte einnehmen. Dahlien, die als Knospen geschnitten werden, können welken, weil die Stiele dann oft nicht in der Lage sind, genügend Wasser aufzunehmen. Ein großes Spätsommerblumen-Arrangement könnte Dahlien der Sorte 'Chat Noir', 'Rip City', 'Sam Hopkins', 'Jescot Nubia' und die leuchtend kirschrote 'Winston Churchill' umfassen, kombiniert mit *Chrysanthemum uliginosum* und *Aster* 'Little Carlow' im Randbereich der Vase.

GEGENÜBER
Die rote *Dahlia* 'John Street' mit der gelben *D.* 'Glorie van Heemstede'.

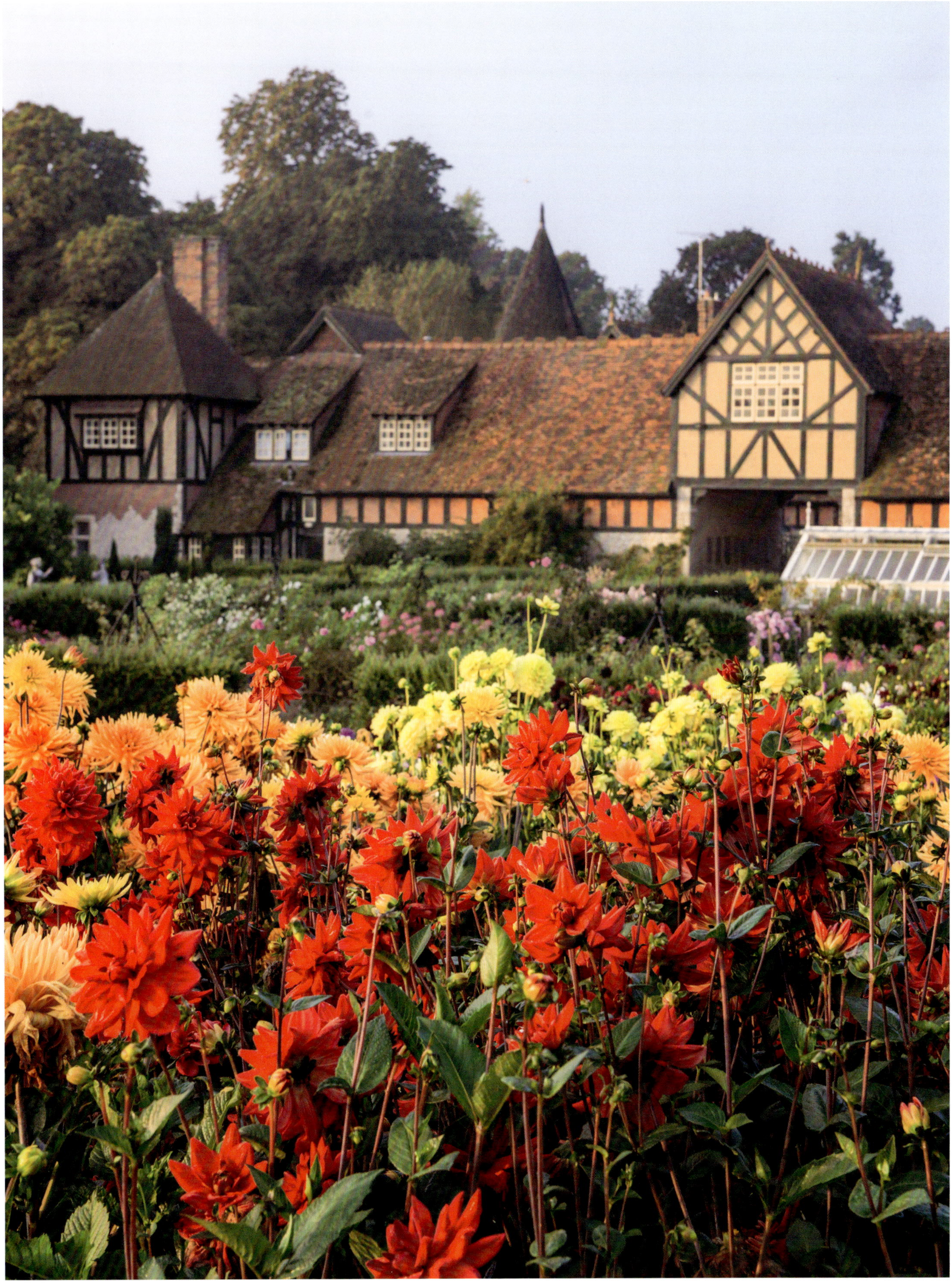

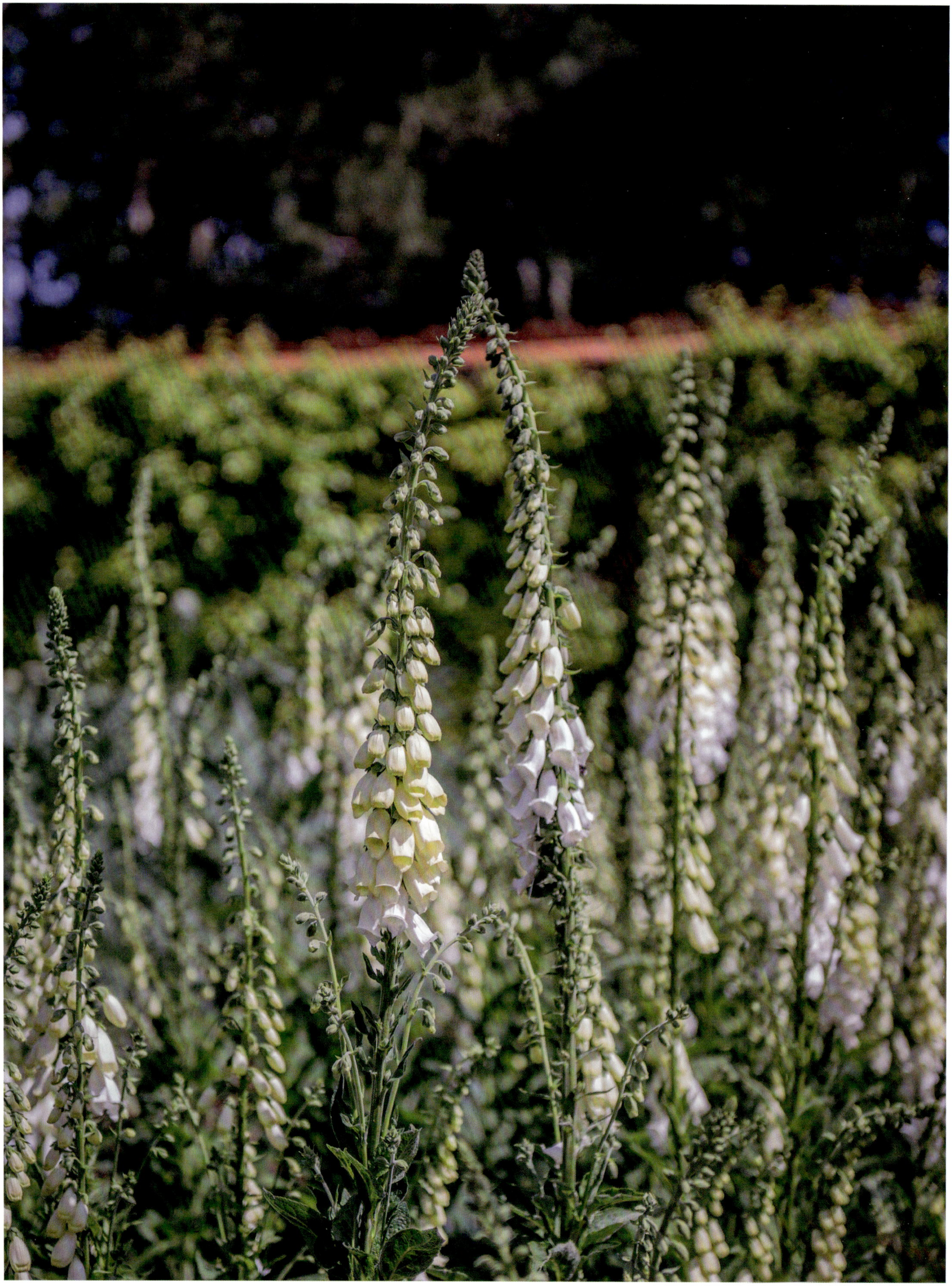

AUS SAMEN GEZOGENE EINJÄHRIGE, ZWEIJÄHRIGE UND STAUDEN

Zweijährige, Einjährige und viele Nelken-Arten *(Dianthus)* werden alle für den Schnitt gezogen. Wenn die letzten Tulpen am Verblühen sind, nehmen Fingerhüte und Bartnelken ihren Platz als Zimmerschmuck ein. Beide werden im Vermehrungshaus ausgesät, denn hier hat man einen besseren Überblick über die Menge, außerdem sind sie leichter zu handhaben als bei der riskanteren Aussaat im Freiland. Sie werden im Mai in Saatschalen ausgesät, pikiert und in 9-Zentimeter-Töpfe eingetopft. Beim Übergang von der Saatschale in den Topf haben sie zwar manchmal zu kämpfen, aber in einem kühlen schattigen Gewächshaus etablieren sie sich meist schon nach kurzer Zeit. So gibt es Hunderte von jeder Art, die im Juli oder Anfang August ausgepflanzt werden. Im Frühsommer des darauf folgenden Jahres sind die Fingerhüte (in der Regel *Digitalis purpurea* f. *albiflora*, inzwischen aber auch *D*. 'Pam's Choice' als Neuzugang) dann bereit für den Schnitt. Sie haben sich zum Füllen großer Vasen bestens bewährt und werden gern mit *Pyrethrum* und später mit *Delphinium* (Rittersporn) und *Alstroemeria* kombiniert.

Die Bartnelken werden für kleinere duftende Sträuße im Mai benötigt. Es handelt sich um die primeläugigen Formen, auch wenn lediglich 50 Prozent der gefüllt blühenden Varietäten, die zu den begehrtesten zählen, von jeder Ladung keimen. Wühlmäuse stellen ebenfalls ein Problem für Bartnelken dar, denn in manchen Jahren fressen sie die Stiele bis auf Bodenhöhe ab.

Islandmohn wird später im Jahr ausgesät, in der Regel Ende Juli. Gesät wird in Substratballen, weil das Pikieren und anschließende Umpflanzen dem Islandmohn nicht gut bekommen; so aber erfolgt der Übergang in 9-Zentimeter-Töpfe etwas sanfter. Die Sämlinge werden im September ausgepflanzt und stehen vom ausgehenden Frühling des folgenden Jahres an über eine lange Saison als Schnittblumen bereit. Wenn sie früher als im Juli ausgesät werden, besteht die Gefahr, dass sie zu rasch zum Blühen kommen – im Herbst desselben Jahres nämlich. Der Bestand wird selektiert und regelmäßig von der Constance-Finnis-Gruppe auf fehlerhaftes Saatgut untersucht, denn diese enthält vorwiegend Pastellfarben und verfügt über brauchbare lange Stiele. Sämtliche Mohnblumen in feurigen Orange- oder grellen Gelbtönen werden ausgesondert, ebenso die Hälfte der weißblühenden, weil Weiß leicht zu dominant wirken kann.

Zu den Einjährigen, die für den Schnitt gezogen werden, gehören immer auch Zinnien. Im Mai werden sie in Substratballen unter Glas ausgesät, um jegliche Wachstumseinschränkung, die Zinnien absolut nicht vertragen, zu vermeiden. So keimen sie sehr schnell. Sobald sie so weit sind, dass sie abgehärtet und draußen zwischen den Gewächshäusern aufgereiht werden können, stellt die Kälte kein Risiko mehr dar. Zu den ausgewählten Sorten gehören 'Benary's Giant' und 'Oklahoma' sowie die kleinere 'Sprite'-Gruppe, die sich in regenreichen Sommern oft als widerstandsfähiger erweist als die größeren Hybriden.

Wie die meisten der Pflanzen in Eythrope werden die Zinnien mit Seetang-Mehl versorgt und mit Vitax Q4 gedüngt.

Eine weitere zuverlässige Einjährige ist die dunkle, nahezu schwarze *Scabiosa atropurpurea* 'Ace of Spades', die nicht aus Samen, sondern aus Stecklingen

GEGENÜBER
Fingerhüte in Weiß und Apricot werden für Juni-Sträuße gezogen.

Auspflanzen von Einjährigen.

Ausrichten in gleichmäßigem Abstand.

Die Pflanzen werden fest angedrückt.

Stützstäbe für Rittersporn *(Delphinium)*.

Dank der Verwendung von Trittbrettern lässt sich ein Verdichten des Bodens verhindern.

Blumensteckschaum bildet die Basis.

Die *Aster pilosus* var. *pringlei* 'Monte Cassino' bildet den Hintergrund.

Die Ränder sind mit Trieben aus Buchsbaum ausgesteckt.

Das formgebende Element bildet *Echinops ritro*, dazu *Phlox*.

Echinops ritro, Schmuckkörbchen und Skabiosen 'Ace of Spades' stehen für Gebinde im Haus bereit.

gezogen wird und somit garantiert früher zum Blühen kommt. Die Stecklinge werden im Herbst genommen, wenn die Vermehrung unzähliger Pflanzen für das kommende Jahr erfolgt. Im *Pavilion* werden die Skabiosen oft in hohen Sellerie-Vasen arrangiert oder für Tischdekorationen verwendet.

Duftende Blumen sind für den Schnitt immer willkommen, so auch die unentbehrlichen Duftwicken. Die Spencer-Multiflora-Typen werden im Oktober in John Innes no. 2 Substrat, versetzt mit Kokosfaser, gesät, und zwar je ein Samen pro Multifunktions-Töpfchen. Um Mäuse und Asseln auszugrenzen, die ein Ärgernis sein können, werden sie bei 5 °C im frostsicheren Gewächshaus zum Keimen gebracht, nicht im Frühbeet. Die Pflanzen werden, sobald sie zwei Blätter gebildet haben, entspitzt und dann Anfang März in einem unbeheizten Glashaus abgehärtet, damit sie Ende des Monats ausgepflanzt werden können. Im Mai sind sie dann so weit, dass man sie pflücken kann. Die Lieblingssorten unseres Hauses sind 'Chatsworth', 'Noel Sutton', 'Elizabeth Taylor', 'Leamington', 'Southbourne' und 'Anniversary', aber wie bei allen anderen Blumen, die gezogen werden, probieren wir auch bei den Wicken immer wieder neue Sorten aus und lassen uns gern auch von darauf spezialisierten Züchtern beraten. Die altmodischen, vor den Spencer-Varietäten verfügbaren Sorten duften sogar noch intensiver als die modernen Formen, die nach Weihnachten gesät und im Mai ausgepflanzt werden. Die intensiv purpurviolette zweifarbige 'Matucana', die kirschrote 'Prince Edward' und die pinkfarben-weiß leuchtende 'Painted Lady' sind beliebte Sorten.

Duftwicken sind in der Vase nicht lange haltbar – die Farbe verblasst und der Duft verflüchtigt sich innerhalb weniger Tage. Sue hat sich eine von japanischen Floristen praktizierte Methode zu eigen gemacht und gibt etwas Zucker ins Wasser (100 Gramm pro Liter). Dieser Trick hat beträchtliche Auswirkungen auf das »Vasenleben«, denn Duftwicken halten sich inzwischen bis zu sechs Tage, und wenn Steckschwamm mit der gleichen Lösung getränkt wird, so ist den integrierten Sträußchen ebenfalls eine längere Lebenszeit vergönnt. Glanzkäfer können im Zimmer lästig sein, wenn sie aus den Blüten aufsteigen und in Richtung Licht fliegen. Deshalb werden die Wicken nach dem Schnitt zunächst an einen dunklen Ort mit nur einer Lichtquelle gestellt, dass wenn sie schließlich ins Haus genommen werden, die Käfer bereits abgezogen sind. Eine andere Methode, mit diesen Insekten fertigzuwerden, ist, einen gelben Eimer mit Wasser zu füllen und diesen unmittelbar neben die Duftwicken-Reihen zu stellen. Die Käfer werden durch die gelbe Farbe angezogen und ertränken sich somit selbst in dem Wasser.

Nelken sind im Sommer äußerst gefragte Schnittblumen, aber sie müssen erneuert werden, bevor sie zwei Wachstumsphasen hinter sich haben. Junge Pflanzen liefern die schönsten Blüten, denn sobald die Stiele verholzen, verringert sich die Anzahl der Blüten; deshalb wird die Hälfte des Nelkenbeets alljährlich ersetzt. Stecklinge werden erst im September geschnitten, aber sie bewurzeln sich, ohne Wärme zu benötigen, und können nach einem Winter im unbeheizten Gewächshaus ins Freie gestellt werden. Die öfterblühenden Formen 'Rose de Mai', 'Red Welsh', 'Moulin Rouge' und 'Laced Joy' werden insbesondere um ihrer anhaltenden Blütezeit geschätzt, aber nachdem 82 Varietäten in Eythrope gezogen und erprobt wurden, sind von Mai bis Oktober stets genügend für einen duftenden Strauß verfügbar. Entgegen der verbreiteten Annahme, dass Nelken als Kalkflieher mageren und trockenen Boden bevorzugen, wird das *Dianthus*-Beet in Zeiten, in denen kein Regen fällt, ausgiebig gewässert und mit Vitax gedüngt. So entwickeln sich die Pflanzen bestens und liefern eine Fülle langstieliger Blüten.

GEGENÜBER
Wie der Strauß aus *Echinops ritro* und *Phlox maculata* 'Alpha', dahinter *Aster pilosus* var. *pringlei* 'Monte Cassino', zusammengestellt wird, zeigen die vorhergehenden Seiten.

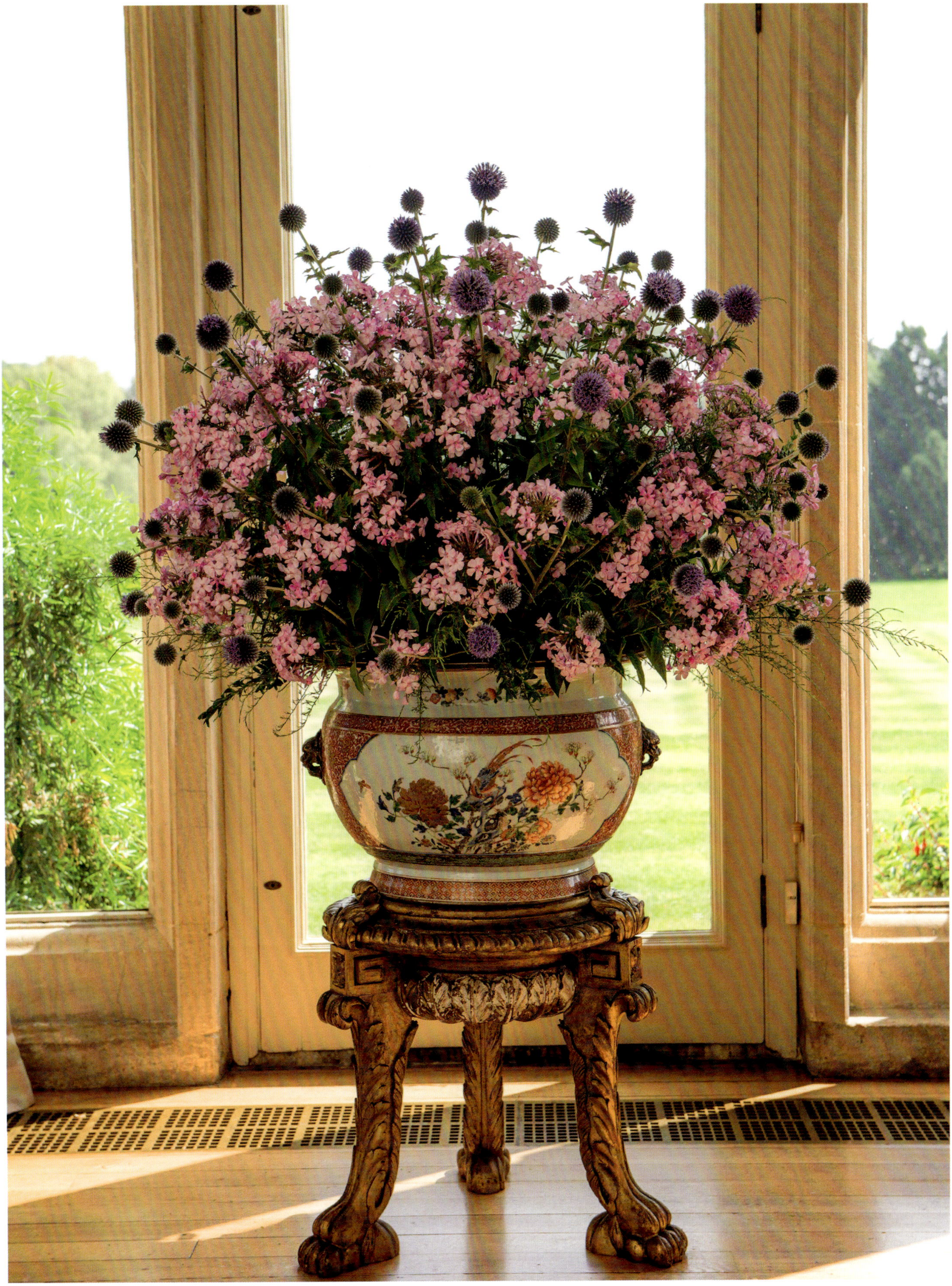

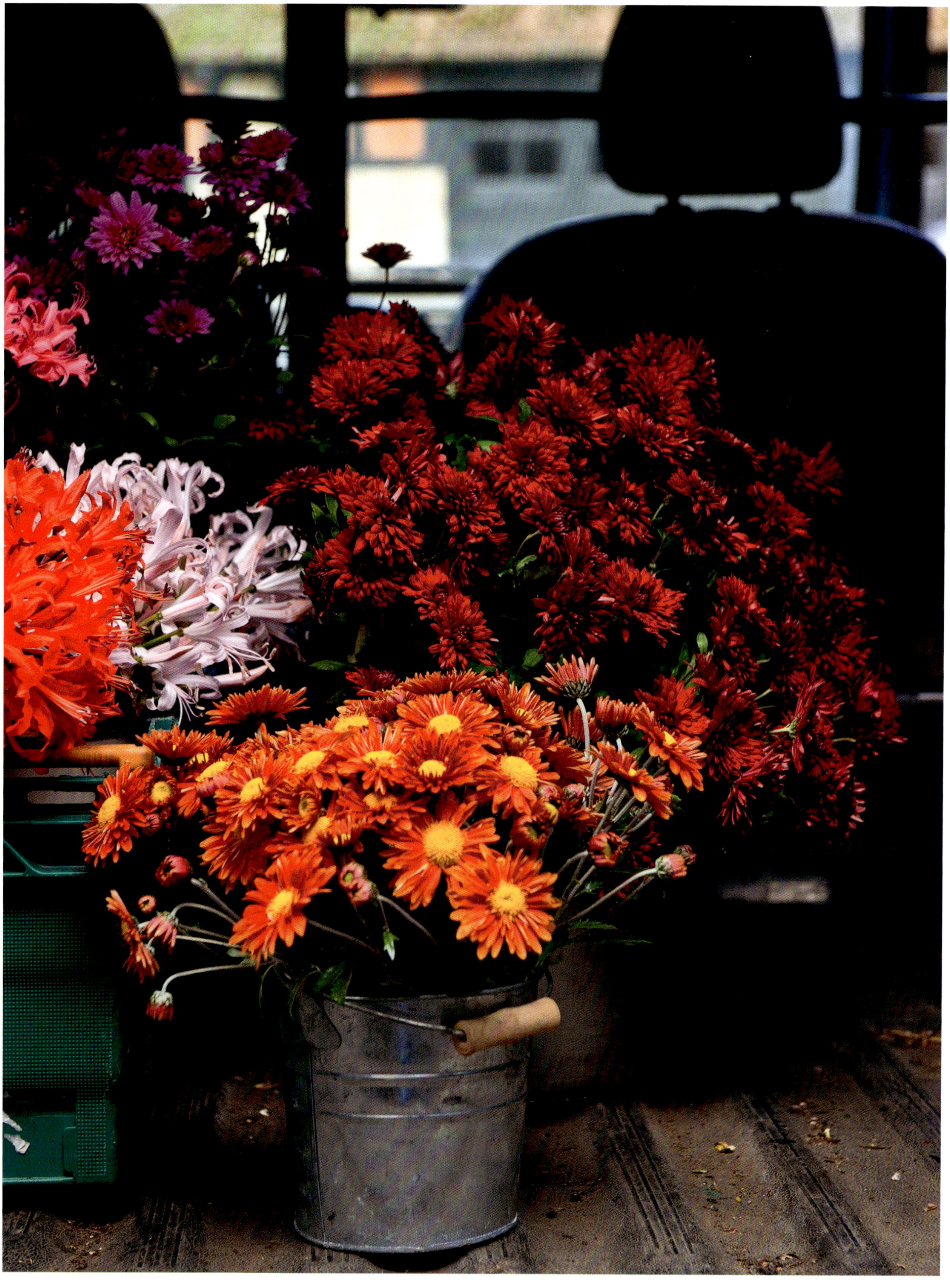

CHRYSANTHEMEN

Chrysanthemen waren im Haus der Viktorianer schon immer die bevorzugten Herbstblumen für Sträuße. Dies bezeugen ganze Reihen von Töpfen, die auf alten Bildern des *Paradise*-Gartens in Waddesdon zu sehen sind. Wie Dahlien entsprachen auch Chrysanthemen auf einmal nicht mehr dem Zeitgeschmack, aber inzwischen werden sie erneut gezogen und hauptsächlich als Schnittblumen eingesetzt. In Eythrope haben sie sich von September bis November als verlässlicher Zimmerschmuck bewährt.

Während die Gärtner zu Miss Alices Lebzeiten in den Gewächshäusern Exemplare mit riesigen Blüten zur Schau stellten, die bei den Gartenbesuchern allseitige Bewunderung ernteten oder im Haus als opulenter Tischschmuck Aufsehen erregten, geht die Tendenz heute in Richtung schlichterer und zwangloserer Arrangements. Die winterharten Typen, die im Freien blühen, bis strenger Frost einsetzt, werden wie Zweige in Vasen gestellt und halten sich im Haus bis zu zwei Wochen. Sue ist stets auf der Suche nach spätblühenden Sorten, die leichten Frost tolerieren. Nachdem sie den Halter der *National Collection of Chrysanthemums* konsultiert hat, der auch Florist ist, kaufte sie unlängst die pinkfarbene Sorte 'Uri'. Bewährte Freiland-Varietäten sind 'Bretforton Road', eine brauchbare purpurviolette Form, 'Ruby Mound', die weiße 'Wedding Day' und, als schönster und spätester Blüher, 'Emperor of China', pinkfarben mit silbrigem Blütenkranz und zuverlässig winterhart. Wo lediglich für eine einzige Chrysantheme Raum ist, dürfte diese bei den meisten Gärtnern Gefallen finden, allerdings ist sie mit 1,5 Metern Höhe ziemlich hoch.

Ein letztes Mal werden Chrysanthemen in Eythrope um die zweite Novemberwoche geschnitten, wenn man Glück hat, auch noch 14 Tage später. Naomi, die für die Schnittblumen zuständig ist, hat herausgefunden, dass man sie am besten im knospigen Zustand holt, bevor sie der Frost oder der Regen schädigt, denn im Haus öffnen sie sich dank der Wärme ohnehin problemlos. Gegen Ende des Gartenjahres werden sie herausgenommen und in ein unbeheiztes Gewächshaus gestellt, um ihre Blütezeit so lang wie möglich auszudehnen. Sobald keine Blüten mehr erscheinen, werden die Pflanzen zurückgeschnitten. Zehn von jeder Sorte werden dann eingetopft und bis Anfang oder Mitte Januar in ein frostfreies Gewächshaus gestellt, damit sie dann in einem wärmeren Gewächshaus bei einer Temperatur von 5–10 °C von der Basis her neue Triebe ausbilden. Sobald dies der Fall ist, werden Stecklinge geschnitten. Wenn die Triebe 25–50 Zentimeter hoch sind, werden sie als Weichholzstecklinge in ein Bewurzelungshormon (dieses sollte frisch sein) getaucht und dann zu 20 an der Zahl in eine halbe Saatschale in ein je zur Hälfte aus Kokosfaser und Perlit bestehendes Substrat gepackt. Sie bewurzeln sich am besten bei 5–10 °C, wobei keine Wärme von unten erforderlich ist. Jonathan und Naomi, die für die Vermehrung zuständig sind, decken die Stecklinge gern mit Polyäthylen-Folie ab, die zweimal täglich gewendet wird, bis sich Wurzeln gebildet haben, was in der Regel drei Wochen dauert. Die neuen Pflanzen werden dann einzeln in mit John Innes no. 2-Substratmischung gefüllte 9-Zentimeter-Töpfe (das Erdsubstrat enthält Kokosfaser anstatt Torf) eingetopft und bei 10 °C wieder für ein paar Wochen in das Vermehrungshaus gestellt, bis sie sich erneut bewurzelt haben.

GEGENÜBER *Chrysanthemum* und *Nerine* im Oktober.

Im April werden sie dann in einem Frühbeetkasten abgehärtet und im Lauf des Mais ins Freie gestellt. Ende Mai/Anfang Juni sind sie dann so weit, dass sie ausgepflanzt werden können. Wie Dahlien werden sie in schmalen Beeten durch ein Plastiknetz hindurch gepflanzt. Das einzige Problem, das auftreten kann, ist, so Jonathan, der Weißrost. Die Pflanzen bleiben davor in der Regel verschont, solange darauf geachtet wird, dass sie nicht unter Wassermangel leiden; aber im August und September, wenn sie rasch wachsen und die Knospen sich bilden, muss man sie im Auge behalten. Weißrost lässt sich zwar durch Chemikalien bekämpfen, aber Jonathan plädiert grundsätzlich dafür, dass Vorbeugung die beste Medizin ist. Man kann nämlich auf Pestizide weitgehend verzichten, wenn von Anfang an auf beste Ausgangsbedingungen geachtet und das Wohl der Pflanzen im Auge behalten wird.

OBEN
Der Chrysanthemen-Bereich in Waddesdon im Jahr 1890.

GEGENÜBER
Chrysanthemum 'Emperor of China' gehört zu den spätesten Blühern.

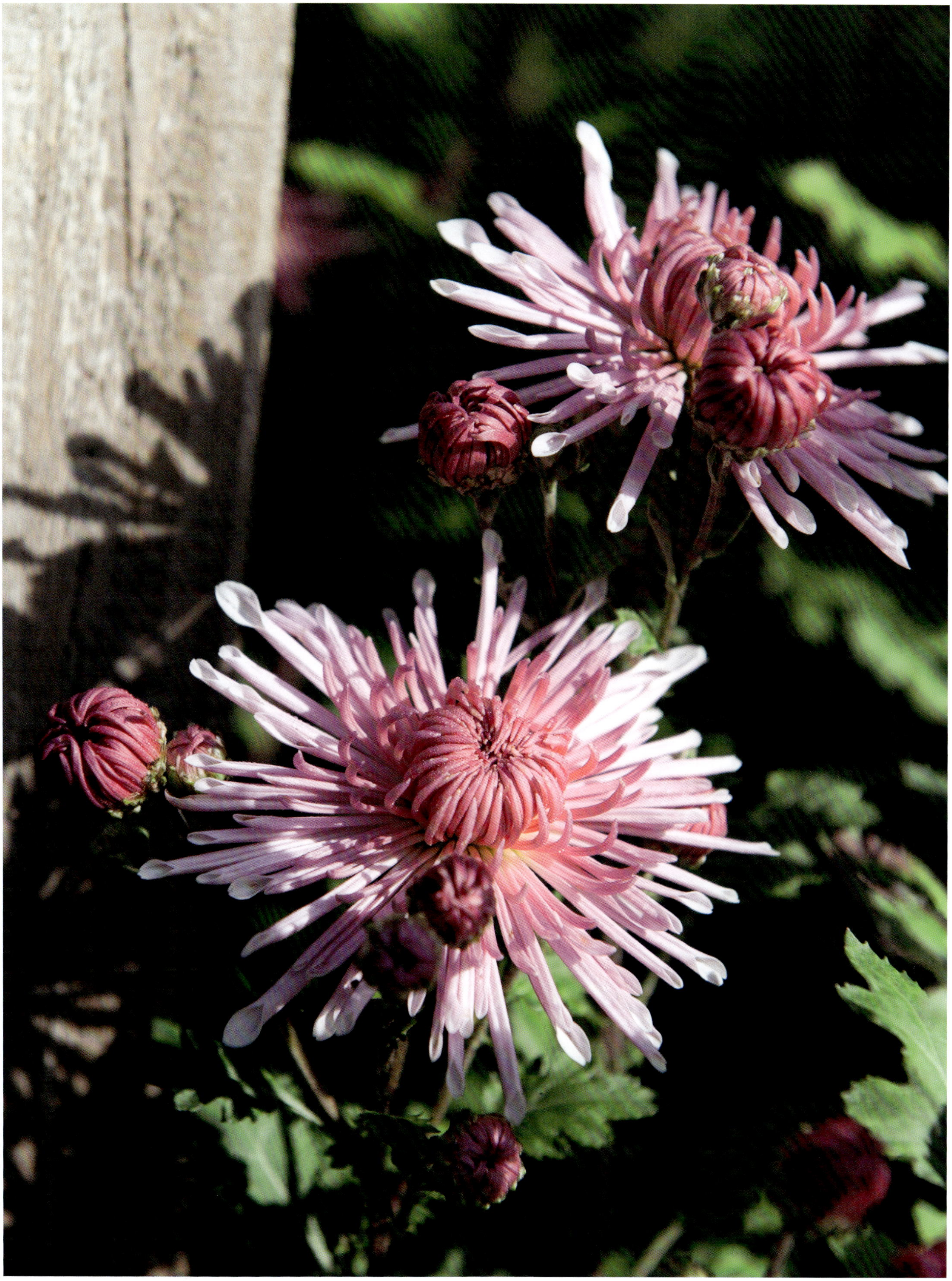

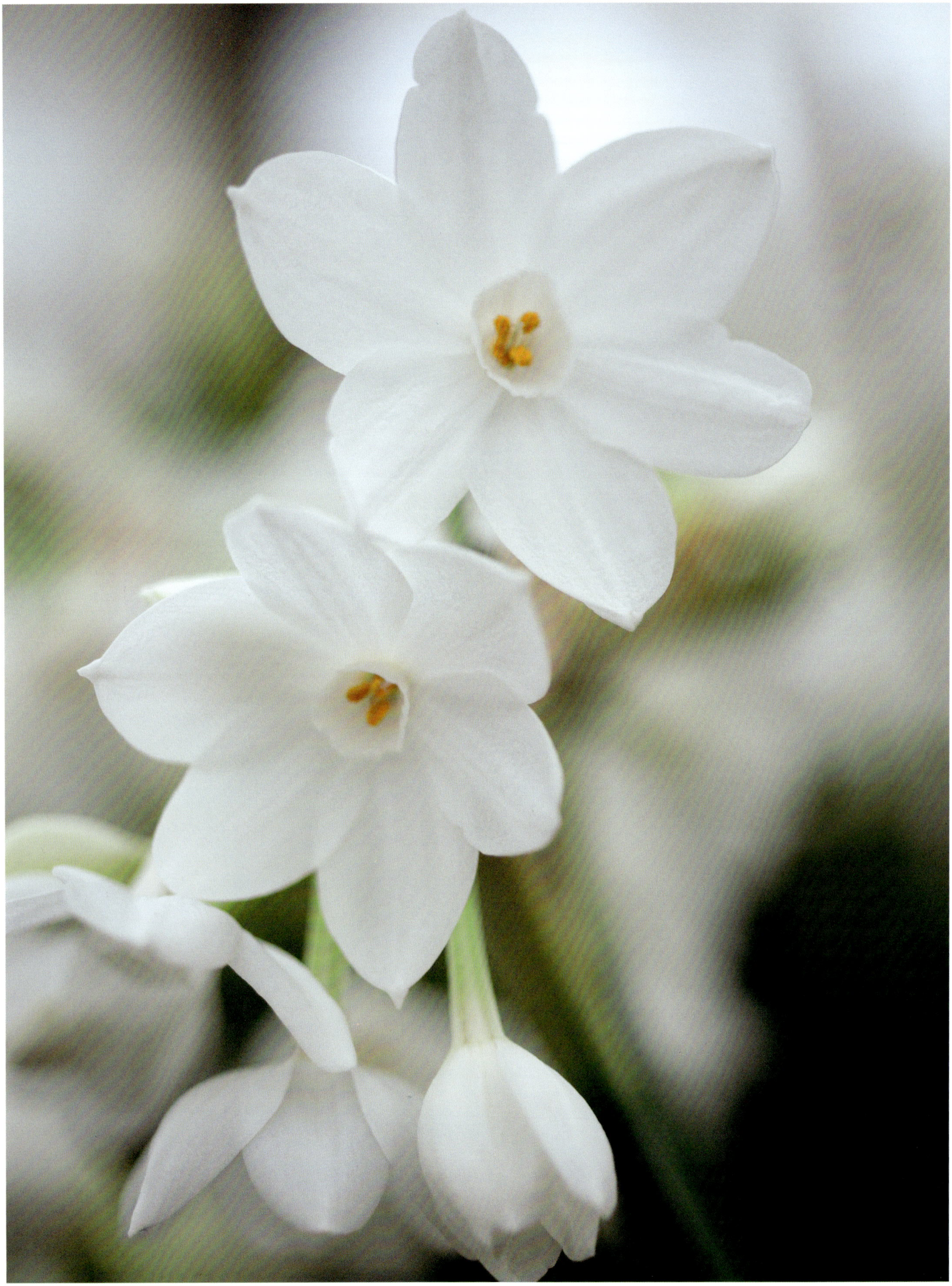

ZWIEBELBLUMEN IN TÖPFEN

Den ganzen Winter über liefert der Garten sukzessive Zwiebelblumen in Töpfen, die mit ihren Blüten die verschiedenen Häuser schmücken. Im Juli ist die Bestellung der Zwiebelblumen in der Regel abgeschlossen. (Es lohnt sich, früh zu bestellen, um sicherzugehen, dass die gewählten Sorten noch nicht ausverkauft sind, und wer sich für Weihnachten Blüten im Haus wünscht, hat keine Zeit zu verlieren.) Die Wachstumsphase beginnt, sobald die Zwiebeln zum Vortreiben im September eintreffen, noch bevor die große Zwiebelblumen-Bestellung einen Monat später angeliefert wird.

GEGENÜBER
In Töpfen gezogene papierweiße *Narcissus* 'Ziva', zum Pflücken bereit.

In Eythrope werden die mit *Narcissus* 'Paperwhite', Hyazinthen, Freesien und Anemonen gefüllten Kisten Mitte September ausgepackt, und unmittelbar danach werden die ersten 'Paperwhite'-Narzissen getopft, damit sie im November oder Anfang Dezember blühen. Hunderte von Zwiebeln von *Narcissus* 'Ziva' werden, jeweils 8–10 pro 18-Zentimeter-Topf, in John Innes No. 2 und Kokosfaser-Substrat zu gleichen Teilen gepflanzt, und dann 14 Tage lang mit einer Mypex-Matte abgedeckt. Die »auferlegte« Dunkelheit ist wichtig. Ohne ein gut ausgebildetes Wurzelsystem würden die Zwiebeln sich nicht hinreichend entwickeln, aber 'Paperwhites' sprießen rasch und sollten nie übermäßig gegossen werden. Sie bleiben in den Frühbeetkästen und blühen bei milden Temperaturen manchmal schon, bevor sie an einen wärmeren Ort umgesiedelt werden. Sobald Frost einsetzt und draußen kaum noch etwas blüht, werden die Töpfe ins Kirschenhaus gebracht, wo das Glas Schutz vor der schlimmsten Kälte bietet; es ist zwar nicht beheizt, gewährt dafür aber viel Licht. Die meisten 'Paperwhites' werden für den Schnitt gezogen und deshalb sachgemäß angestäbt. Die als Zimmerschmuck für Schalen vorgesehenen werden indes mithilfe von Lindenzweigen und Raffia-Bast gestützt. Im zweiwöchentlichen Turnus folgen weitere Pflanzungen, die gleichermaßen gehandhabt werden. Die erste Ladung geht Anfang November raus, und so schmücken 'Paperwhites' die diversen Häuser durchgängig bis Anfang März, ob als Schnittblumen oder in Töpfen.

Vorgetriebene Hyazinthen, die langsamer zum Blühen kommen als 'Paperwhites', werden um die gleiche Zeit gepflanzt, dann aber einzeln in 9-Zentimeter-Töpfe in Eintopf-Substrat gesetzt; bedeckt mit einer 10 Zentimeter dicken Schicht Kokosfaser, werden sie in den Frühbeeten etwa sechs Wochen lang dunkel gehalten. Die Frühbeete bleiben nach Möglichkeit offen, nur bei starkem Regen oder Schnee werden die Abdeckungen geschlossen. Einzeln gezogene Hyazinthen erleichtern die Auswahl der Zwiebeln, die in den jeweils passenden Wachstumsstadien in Körbe oder Blechdosen integriert werden und danach im Haus in edle Gefäße »umziehen«. Sobald sich das Wurzelsystem der Hyazinthen entwickelt hat, werden die Zwiebeln in ein unbeheiztes Gewächshaus gebracht, wo sie, eine Woche lang mit Zeitungen abgedeckt, stehen bleiben, bis die Blätter grün zu werden beginnen. Daraufhin werden sie eine weitere Woche in ein frostsicheres Glashaus umgesiedelt und am Schluss in ein wärmeres Haus (bis zu einer Temperatur von 10 °C beheizt), um an Weihnachten bereit zu sein. Es fällt leichter, vorgetriebene Zwiebelpflanzen zurückzuhalten als sie im Schnellverfahren zum Blühen bringen zu wollen, zumal es Hyazinthen ohnehin besser bekommt, langsam heranzuwachsen, was garantiert, dass sie nie unförmig aufgeschossen und somit

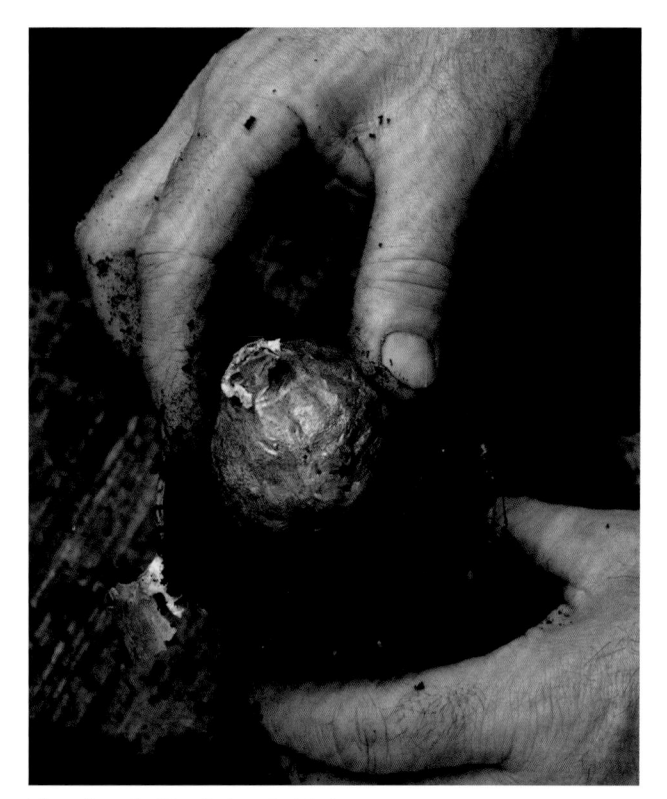

Eingraben der Hyazinthen-Zwiebeln.

Die lachsrosa Hyazinthe 'Gypsy Queen'.

Im Frühbeet sind die Blumenzwiebeln mit Kokosfaser abgedeckt, um die Wurzelbildung anzuregen.

Der Frühbeetkasten wird nur bei Regen geschlossen.

Die Blumenzwiebeln werden eine Woche lang mit Zeitungen abgedeckt.

Bambusstäbe als Stütze für Freesien.

Freesien werden gestäbt als Schnittblumen verwendet.

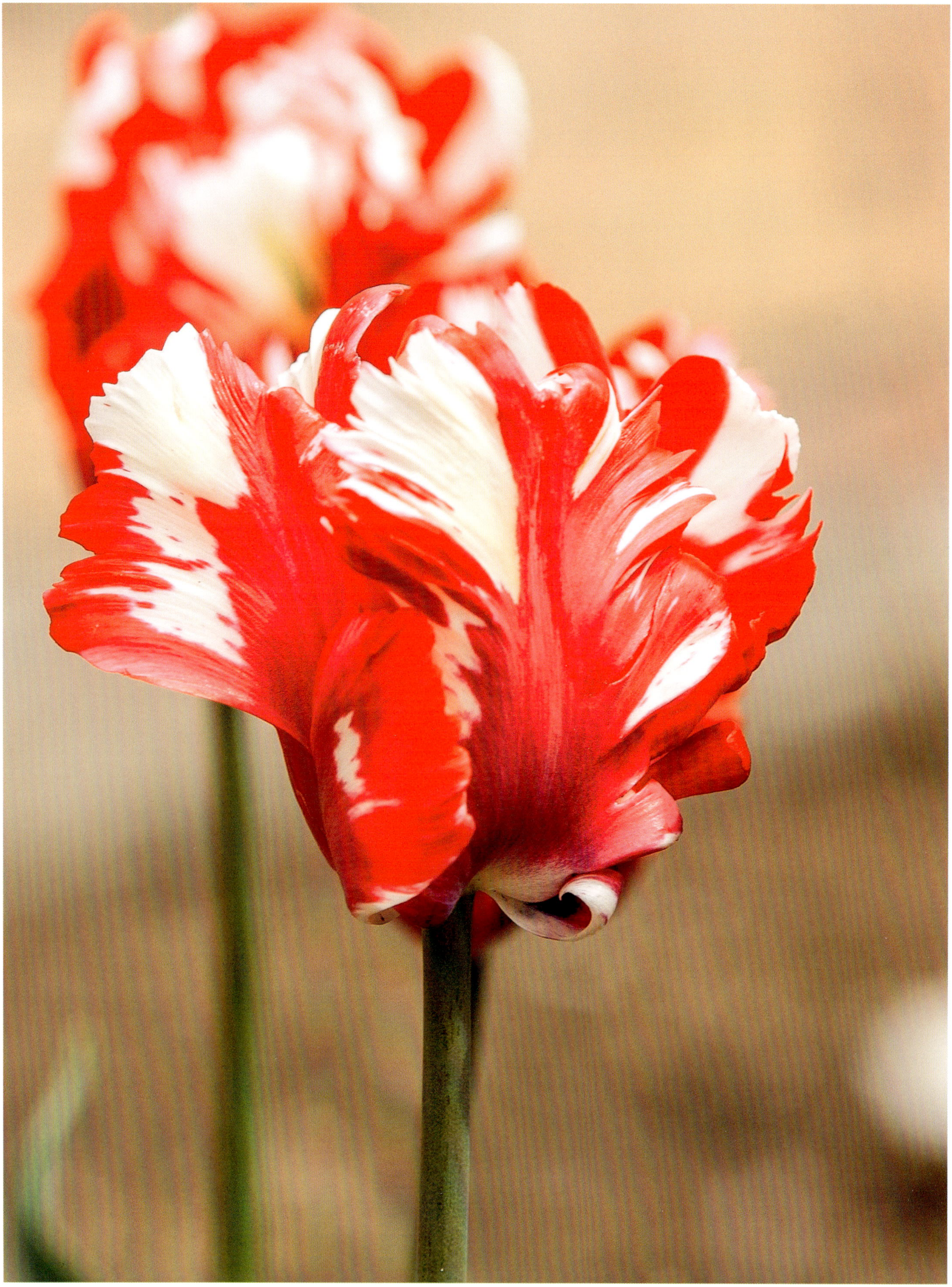

schwächlich erscheinen. Wenn man Hyazinthen jedoch noch etwas zurückhalten will, müssen sie an der Spitze der Blüte eine Spur Farbe aufweisen, bevor man sie noch einmal kühleren Temperaturen aussetzt. 'Pink Pearl' und 'White Pearl' sind beide zum Vortreiben für Weihnachten äußerst beliebt, weil sie über ansehnliche Blätter und kompakte Blüten mit grünen Knospen verfügen. Die Blüten wirken in ihrer Gruppierung luftig, und oft erscheinen pro Zwiebel zwei Blütentriebe.

Nach der als Weihnachtsschmuck benötigten Ladung vorgetriebener Zwiebelblumen, schmücken von Januar bis April die gewöhnlichen Hyazinthen das Haus. Jetzt sind altbewährte Sorten wie 'Woodstock', 'Blue Jacket' und 'City of Haarlem' an der Reihe, aber jedes Jahr auch ein paar neue Varietäten, die erprobt werden, um zu prüfen, ob sich die Anzucht lohnt. (Jeder Gärtner profitiert vom Experimentieren mit neuen Pflanzen. Die Blüte, die man auf einer Ausstellung oder in Gartenzeitschriften zu sehen bekommt, wird nie genau die sein, die unter echten Bedingungen im eigenen Garten kultiviert wird. Um eine Pflanze entsprechend beurteilen zu können, sollte man sie unter ähnlichen Bedingungen, wie man sie ihr bieten kann, wachsen sehen.)

In der Vergangenheit wurden sämtliche Hyazinthen, die zum Schmücken des Hauses gezogen wurden, mit Lindenzweigen gestützt. Hyazinthen können nämlich sehr kopflastig sein, selbst wenn man die kleinsten Zwiebeln (Größe 1) auswählt, es sei denn man zöge Römische Hyazinthen, die zierlicher sind und von daher keine starke Stütze erfordern. In letzter Zeit hat Sue, anstatt mit Lindenzweigen, mit einzelnen Kebab-Stäbchen experimentiert. Die Stäbchen werden in die Zwiebel hinter dem Blütentrieb gesteckt und sorgfältig mit Bast am Blütenstängel angebunden. So sind sie kaum sichtbar. Sämtliche Zwiebeln, die ins Haus kommen, werden mit Moos abgedeckt. Das Moos wird im Wald gesammelt und in einer Plastiktüte feucht gehalten, bis es gebraucht wird. Es gibt einer duftenden Schale vorgetriebener Frühlingszwiebelblumen den letzten Schliff.

Freesien sind weitere Winterblüher, die die diversen Häuser schmücken. Die Sprossknollen (Kormus) sind pflanzbereit und blühen zu bestimmten Zeiten des Jahres. Entscheidenden Einfluss auf Entwicklung und Blühvermögen der Freesien hat die Temperatur. Im September gepflanzte Exemplare blühen im Februar, vorausgesetzt, die Temperatur kann in den ersten sechs Wochen bei 15 °C gehalten werden und danach bei 10–12 °C. Sie werden zu jeweils neun in einen 13-Zentimeter-Topf in Anzucht-Substrat gesetzt, wobei die »Nase« der Sprossknolle über die Bodenoberfläche hinausschauen sollte.

Wie die Hyazinthen und Narzissen, waren sie zu Beginn einen Monat lang im Frühbeet, bevor sie in das auf 8–10 °C beheizte Gewächshaus gebracht wurden. (Dies ist die genau richtige Temperatur für die Bildung der Blütenknospen. Sobald es zu warm ist, wartet man vergeblich auf die Knospen.) Sie sollten im Februar/März blühen, aber in manchen Jahren kamen sie auch schon später, was problematisch war, weil sie den für die vielen beschränkt winterharten Beetpflanzen reservierten Platz besetzt hielten. Deshalb werden sie inzwischen gleich von Anfang an im Gewächshaus gezogen, um sicherzustellen, dass sie früh genug bereit sind.

Ausgewählt werden gezielt einzelne Farben, keine Mischung, sondern hauptsächlich gelbe und weiße, weil diese intensiver duften. Ausgesät werden aber auch einige rote und blaue Varietäten. (Rot erzeugt in den Wintermonaten eine heitere Stimmung, aber der Duft kommt nicht an den der blasseren Blüten heran.) Sämtliche Freesien, die ausgesät werden, haben ungefüllte Blüten, und alle sind auf

GEGENÜBER
Die farbensprühende Tulpe 'Estella Rijnveld'.

SEITEN 282/283
Requisiten für florale Arrangements.

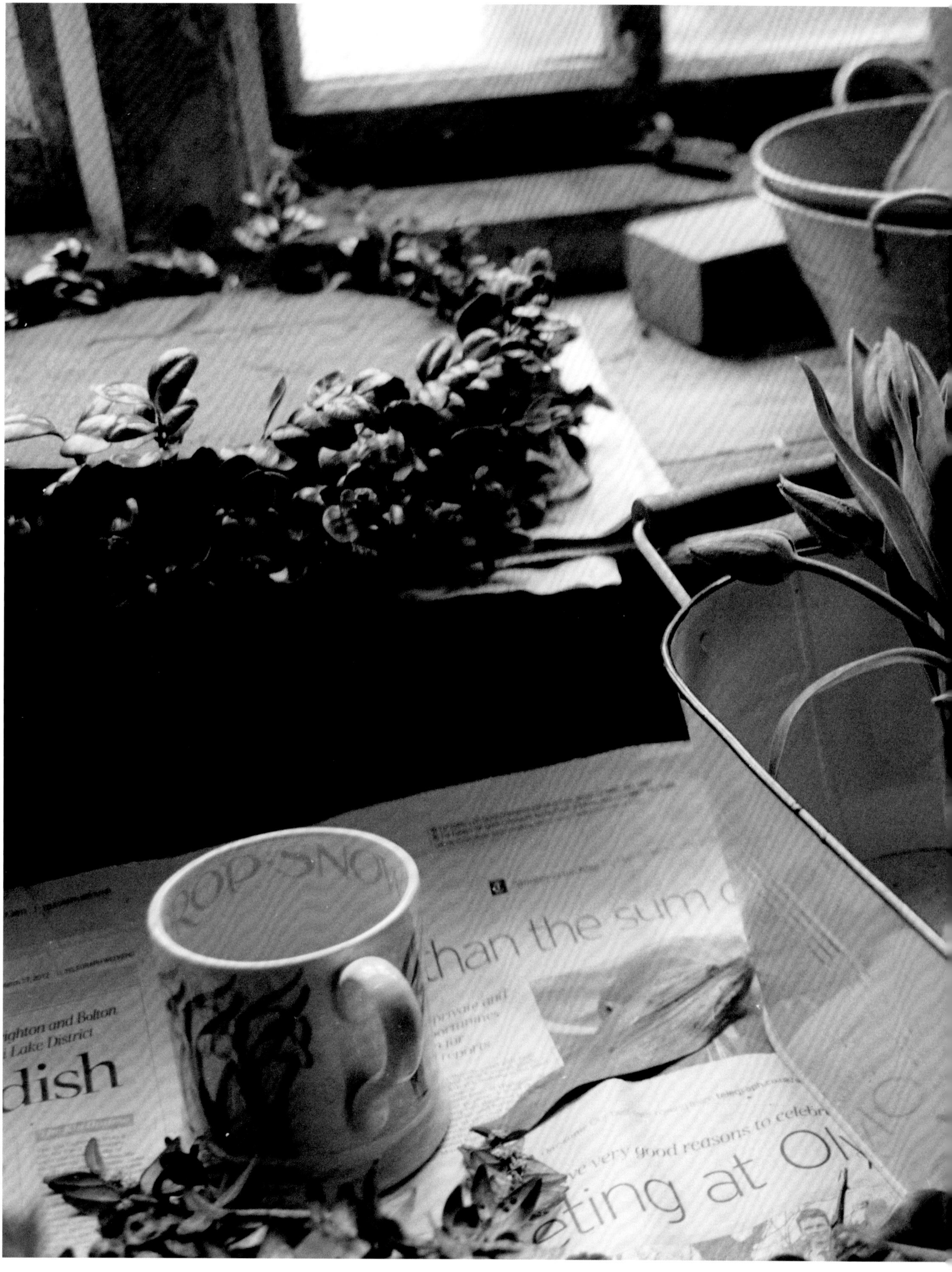
than the sum
Lake District
dish
very good reasons to

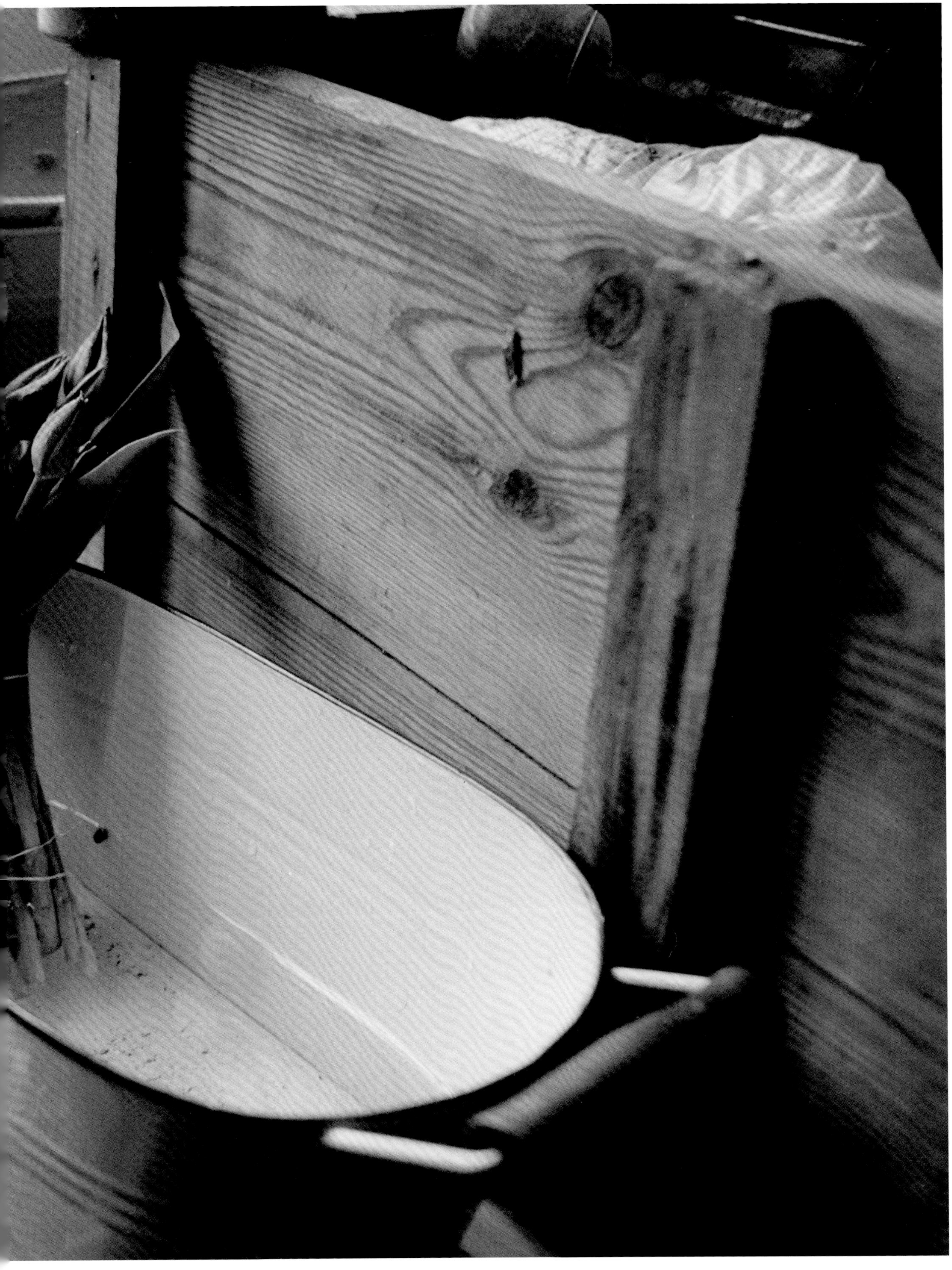

sorgfältiges Anstäben mit dünnen grünen Stöckchen und Bast angewiesen, sobald die Blätter etwa 10 Zentimeter lang sind, wobei sie als Topfpflanzen kaum je ins Haus genommen werden, weil ihre Blätter so unordentlich wirken. Freesien werden vor allem als Sträuße für das Schlafzimmer und als Tischdekoration verwendet. Sie eignen sich auch für schöne Bouquets, werden aber besser zu zehn Stielen zusammengefasst, weil sie sonst recht wirr wirken können.

Als Letzte aus dem frühen Zwiebelblumen-Sortiment blühen die Caen-Anemonen (streng genommen keine Zwiebeln, sondern Sprossknollen). Anemonen werden nicht in Töpfen gezogen, sondern in einem offenen Frühbeet im Hof, wo sie für die Vasen gepflückt werden. Sie werden im September gepflanzt und stehen in der Regel im März/April bereit. In milden Wintern überleben sie und blühen im darauffolgenden Jahr erneut, sodass sie nicht wieder geordert werden müssen. Als Schnittblumen sind die namentlich benannten Sorten den im Handel angebotenen Beutelmischungen vorzuziehen. Die rote 'Hollandia', die blaue 'Mr Fokker', die zart purpurviolette 'Sylphide' und die weiße 'The Bride' haben sich alle als leicht kultivierbare, farbenfrohe und ausdauernd blühende Sorten für die Wintermonate bewährt, wobei alle Anemonen wesentlich durstiger sind als sämtliche anderen Schnittblumen; deshalb muss das Wasser in ihren Vasen regelmäßig nachgefüllt werden.

Tulpenzwiebeln werden gleichermaßen in Töpfen in den Frühbeeten gezogen, um dann als Schnittblumen verwendet zu werden. Auf diese Weise lässt sich ihre Blütezeit beschleunigen, sofern sie für ein bestimmtes Datum gebraucht werden. Jeweils 20 von jeder Sorte werden im November in 25-Zentimeter-Töpfe gesetzt. Wichtig ist, dass man sie in jenem ersten Monat gut wässert. Sie werden mit Stäben gestützt und mit Bast aufgebunden, damit die Stängel für die Sträuße im Haus gerade bleiben. Die Auswahl orientiert sich an den Farben des Regenbogens, die als leuchtende Schnittblumen von April bis Ende Mai verfügbar sind. Besonders beliebt sind die duftende, frühblühende Sorte 'Bellona', die gestreifte 'Helmar', und 'Happy Generation', die wie alte Rembrandt-Tulpen auf holländischen Stillleben aussehen; hinzu kommen einige der späten Sorten mit gefranstem Rand. Nicht kultiviert werden die frühen *Fosteriana*-Sorten, weil ihre Blüten zu groß sind, und auch nur wenige Papageien-Tulpen, weil sie zu schwache Stängel haben. Zu den bewährtesten und elegantesten Tulpen gehören, laut Sue, die ungefüllten späten Varietäten in der klassischen Eiform, die bis Ende Mai blühen. Die weiße 'Mauren' und die schwarze 'Queen of Night' sind besonders beliebt.

Gegenüber
Kisten mit eingetopften Zwiebelpflanzen, bereit für die Frühbeete.

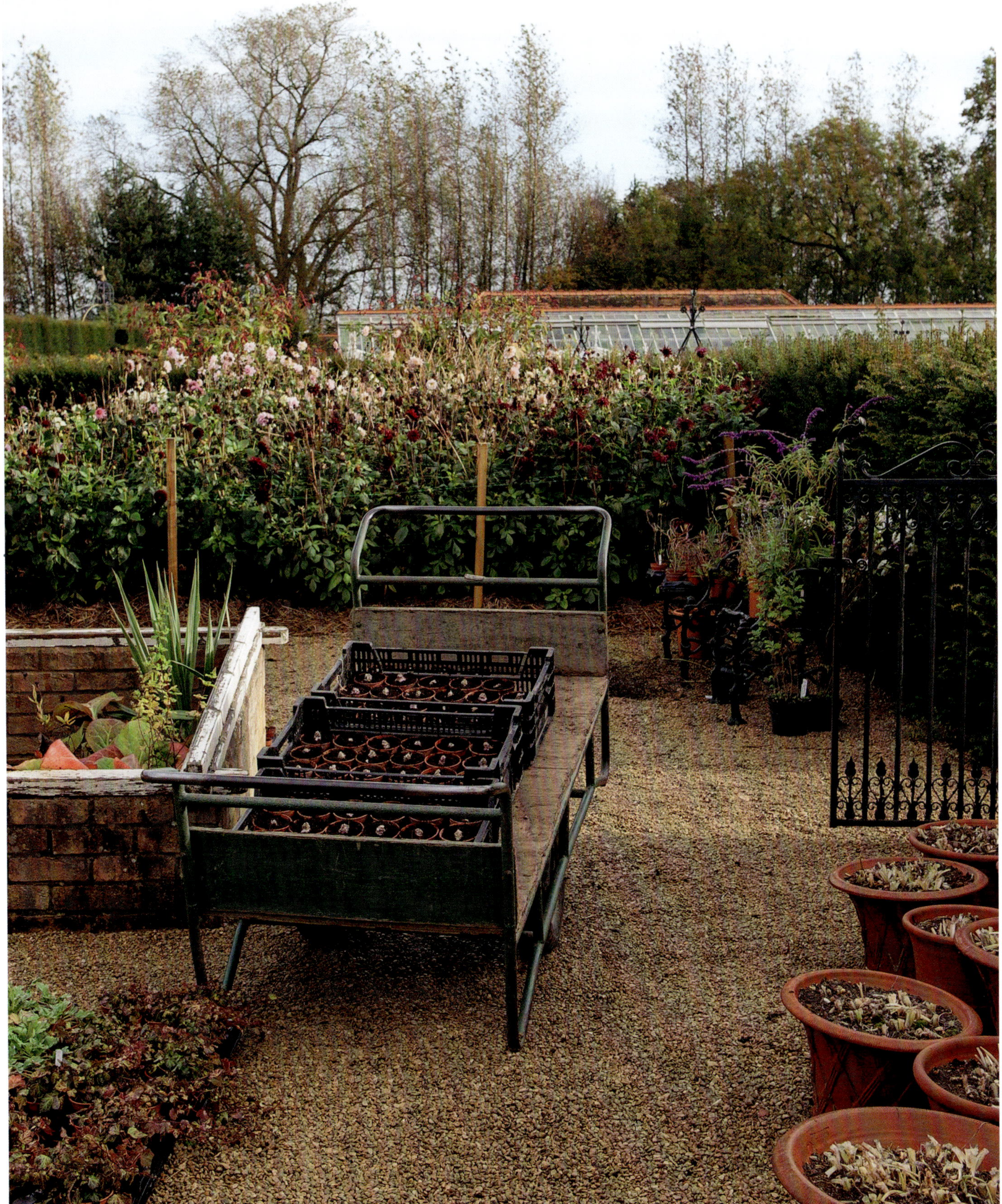

Snowdrop

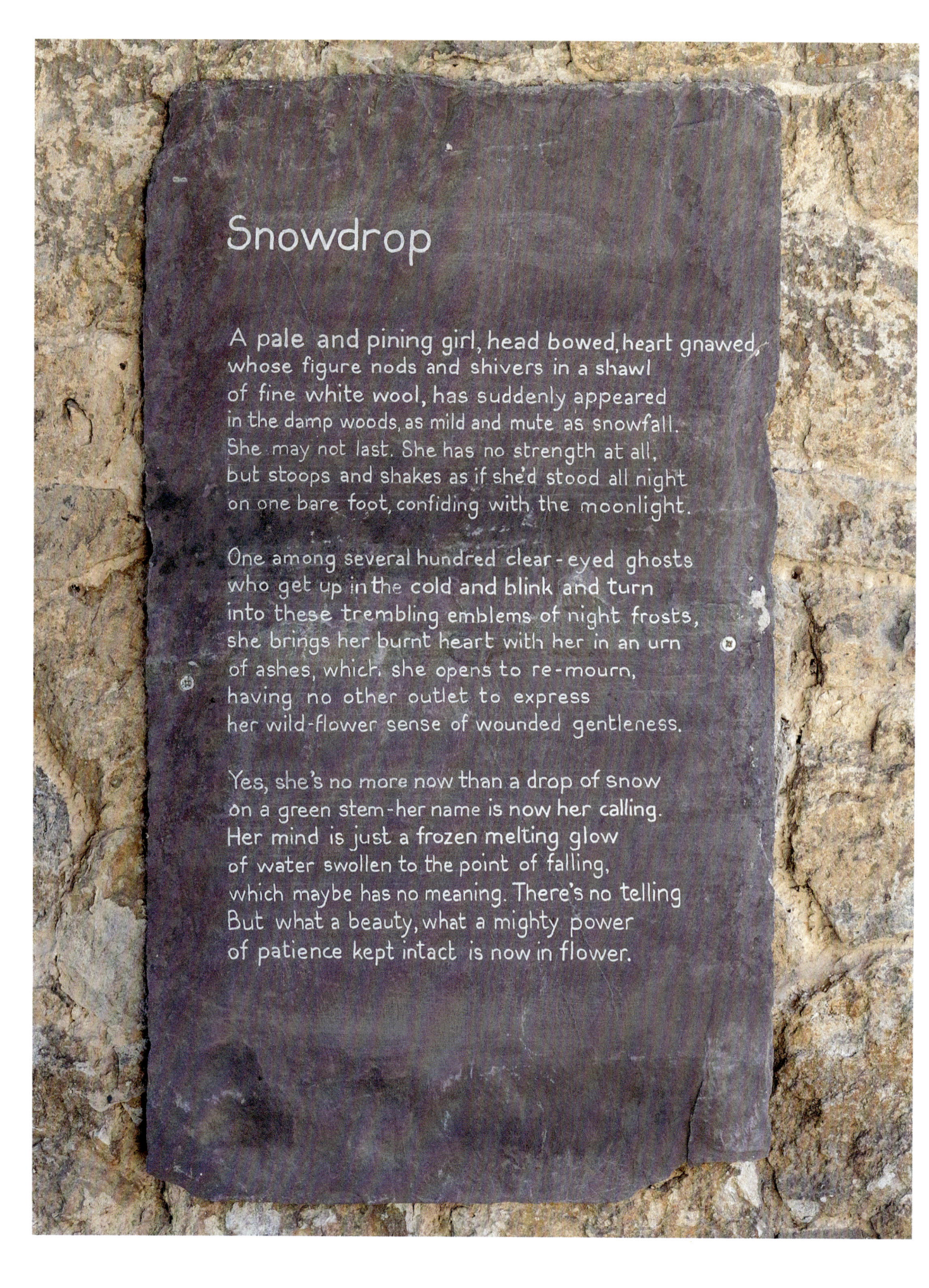

A pale and pining girl, head bowed, heart gnawed,
whose figure nods and shivers in a shawl
of fine white wool, has suddenly appeared
in the damp woods, as mild and mute as snowfall.
She may not last. She has no strength at all,
but stoops and shakes as if she'd stood all night
on one bare foot, confiding with the moonlight.

One among several hundred clear-eyed ghosts
who get up in the cold and blink and turn
into these trembling emblems of night frosts,
she brings her burnt heart with her in an urn
of ashes, which she opens to re-mourn,
having no other outlet to express
her wild-flower sense of wounded gentleness.

Yes, she's no more now than a drop of snow
on a green stem—her name is now her calling.
Her mind is just a frozen melting glow
of water swollen to the point of falling,
which maybe has no meaning. There's no telling
But what a beauty, what a mighty power
of patience kept intact is now in flower.

NACHWORT

Es ist nun 25 Jahre her, seit wir in Eythrope einzogen und unseren Garten anzulegen begannen – dieses Buch ist eine Anerkennung für alle, die zu seiner Gestaltung beigetragen haben. Der Entwurf für den Garten stammte von Mary Keen, der Autorin dieses Buches, die für uns wiederum Sue Dickinson ausfindig machte, unseren *genius loci*, von dem Robin Lane Fox einmal sagte, dass ihr auf dem Rasen von Wimbledon eine Goldmedaille sicher gewesen wäre.

Im Laufe der Jahre hat sich vieles verändert – im Obstgarten scharrt nun eine Hühnerschar, die Rosenlaube erhielt eine goldene Kuppel, Alice Oswald, eine ehemalige Mitarbeiterin, hat sich mit Gedichten, in Silberschrift auf Schiefertafeln festgehalten, hier »verewigt«, Statuen tauchen wie verstreut da und dort auf, ein Formschnitt-Parterre mit rotem Kies spiegelt gekonnt die Gartengebäude, ein *Auricula*-Theater aus silbernem Eichenholz, eine plätschernde Fontäne im Becken mit Fröschen und Seerosenblättern, all dies und mehr ist inzwischen hinzugekommen. So hoffe ich, dass dieses Buch allen, die es zur Hand nehmen, Freude bereitet und natürlich auch Wissenswertes bietet.

Jacob Rothschild
Eythrope, im November 2014

ANHANG

Anhang 1: Die Gärtner

SUE DICKINSON war von 1969 bis 1971 eine der letzten Absolventinnen des Waterperry Colleges unter Miss Havergal. Ihre erste Stelle als Lehrling trat sie in Irland in Malahide Castle an, wo sie in einem Turmzimmer wohnte. Der Garten ist ihr als das »Tasmanien in Irland« in Erinnerung geblieben. Nach einem Jahr dort wechselte sie, auf Anregung von Lord Talbot, in den Garten und das Arboretum im belgischen Kalmthout, wo sie sich über Bäume und Vermehrungspraktiken kundig machte. Darauf folgten ein paar Jahre in dem neuen Botanischen Garten in Reading, den sie besonders interessant fand, weil sie in diesem Bereich vom ersten Spatenstich an mit dabei sein konnte. Dann folgte ein kurze Episode in Hatfield, bis sich ihr die Chance einer Anstellung in Sissinghurst bot. So konnte sie drei Jahre unter Pamela Schwerdt und Sibylle Kreutzberger Erfahrungen über Pflanzengemeinschaften sowie das Düngen und Zurückschneiden der Pflanzen (auch das Ausbrechen der verwelkten Blüten) sammeln. Im Anschluss daran war sie bei Mrs Merton in Burghfield Old Rectory. Esther Merton war eine fabelhafte Gärtnerin mit einer Leidenschaft für Pflanzen, insbesondere Gemüse und Obst. Sue ist sich durchaus bewusst, dass sie als Gärtnerin vor allem von Frauen profitierte, die zugleich begeisterte Blumenliebhaberinnen und Köchinnen waren. Schließlich zog es sie mit ihrem ganzen Erfahrungsschatz, den sie in den unterschiedlichsten gärtnerischen Anstellungen sammeln konnte, nach Eythrope, ihrem Wirkungskreis seit nunmehr 25 Jahren.

JONATHAN COOKE ist der Sohn eines Pastors. Nach einem Intermezzo an der Universität Durham, an der er Soziologie- und Archäologie-Vorlesungen besuchte, wusste er, dass die akademische Laufbahn nichts für ihn war; damit war die Entscheidung gefallen, in Pershore Gartenbau zu studieren. Es folgten drei Jahre am Wye College. Er blieb zehn Jahre in den Waterperry Gardens als Direktionsassistent, bevor er in den Gärten des Barockschlosses Bromwich die Verantwortung für die Restaurierungsarbeiten übernahm. Nach Eythrope kam er vor 12 Jahren als Unterstützung von Sue, mit der er inzwischen zusammenlebt. Jonathan ist in die Gesamtgestaltung des Ortes eingebunden und für die Vermehrungsarbeit verantwortlich.

PAUL CALLINGHAMS Vater Jack war der Obergärtner von Mrs James de Rothschild; er ist somit in Eythrope aufgewachsen. Nach der Schule im Alter von 16 Jahren begann er hier zu gärtnern. Nach diesem Start unter seinem Vater wollte er etwas anderes probieren, kündigte und arbeitete in einem Metall verarbeitenden Unternehmen. Ein Jahr Beschäftigung im geschlossenen Raum genügte, um ihn zu überzeugen, dass das, was er wirklich wollte, eine Arbeit im Freien war, und so kehrte er zurück nach Eythrope, wo er nun seit 30 Jahren tätig ist. Paul ist für den Anbau von Gemüse zuständig sowie für die Anzucht von Freesien unter Glas. Er wohnt in einem der Gebäude des Hofes, sodass Eythrope zu seinem Lebensmittelpunkt geworden ist.

THOMAS BAIRD verließ die Schule im Alter von 16 Jahren und ging zu Askham Bryan, um Gartenbau zu studieren. Er war so erfolgreich, dass er sein Diplom mit Auszeichnung bestand und anschließend nach Le Manoir aux Quat' Saisons in Oxfordshire ging, wo er sechs Jahre lang arbeitete. Er liebt seine Arbeit in Eythrope und hat besondere Freude an der Aussaat von Pflanzen und am Schneiden der Gehölze. In seiner Freizeit kocht er aus allem Erdenklichen Marmelade, darunter auch aus den Früchten des Hartriegels, den Kornelkirschen.

BARRY CLARKE war ursprünglich Bauarbeiter, seine Eltern aber waren begeisterte Gärtner, die Blumen und Gemüse zogen, insbesondere Kartoffeln. Vor allem Frühkartoffeln der Sorte 'Foremost' und 'The Sutton'-Puffbohnen haben es ihm angetan. Barry erledigt die gesamte Mäharbeit im Umkreis des *Pavilion*. Für den peniblen Grasschnitt benötigt er im Sommer wöchentlich zwei Tage. Er kümmert sich auch um das Wässern der Töpfe, was immer wieder sorgfältiges Abwägen erfordert.

NAOMI CORBOULD wuchs in einer Familie passionierter Gärtner auf. Ihre Mutter verkaufte ihren Kindern Gemüsesaat, um ihnen später dann die Produkte, die sie angebaut hatten, abzukaufen. Nach einem Studium der Biologie an der Universität Leeds arbeitete Naomi zehn Jahre lang bei einer Bank, hatte aber währenddessen schon einen Schrebergarten. Danach machte sie im Askham Bryan College in Yorkshire eine Umschulung zur Gärtnerin, obwohl sie sich damals noch nicht sicher war, ob Gärtnern ein Beruf sein könnte. Auf eine Lehre in der Baumschule Harold Hillier folgte ein Jahr in Neuseeland im Botanischen Garten Wellington, und diese Zeit überzeugte sie vollends. Eigentlich hatte sie geplant, in Neuseeland zu bleiben, aber als ihre Mutter krank wurde, kehrte sie nach England zurück. Inzwischen ist sie seit sechs Jahren in Eythrope. Naomi ist für die Schnittblumen zuständig und kümmert sich um die Farne.

DAVE MEADS kam unmittelbar nach der Schule nach Eythrope, wo er drei Jahre unter Mrs James de Rothschild arbeitete. Dann aber begann er eine Tätigkeit in einer Fabrik und zog, als er heiratete, nach Suffolk. Samstags half er seinem Schwager, einem Landschaftsgärtner, weiterhin im Garten. Als im Jahr 2003 eine Stelle frei wurde, empfahl ihm Paul, sein langjähriger Freund, nach Eythrope zurückzukehren. Dave ist für die Hecken und das Mähen zuständig und kümmert sich um das Pelargonien-Haus. Wie er selbst sagt, macht ihm jede Arbeit im Garten Freude, selbst bei schlechtem Wetter. In seiner Freizeit geht er gern mit dem Hund im Park spazieren.

JONATHAN SHEFFORD hat Eythrope im Sommer 2014 verlassen und ist inzwischen Obergärtner in einem Privatgarten in Kent. Nach Beendigung der Schule im Alter von 16 Jahren hatte er in Chequers zu arbeiten begonnen. Danach war er für Lord Heseltine tätig, bevor er eine Stelle in Eythrope antrat. Er zog mit Vorliebe *Auricula* und Malmaison-Nelken und kümmerte sich um die Formschnittgehölze, wobei ihm, wie er selbst sagt, jede Tätigkeit im Garten Freude bereitet und er sich nicht vorstellen könnte, etwas anderes zu machen.

TIM SIMMONDS war vor Ort vier Jahre als Schäfer tätig, bevor er auf dem Anwesen als Landarbeiter begann. Als er sich dann zunehmend der Gartenarbeit zuwandte, war er überrascht, was das Pflügen und Mähen ihm abverlangte: für beides benötigt man den entsprechenden Blick. Er teilt sich die Mäharbeit mit Barry und versteht sich auf den Umgang mit Maschinen.

ALICE OSWALD, die Dichterin, arbeitete zwei Jahre lang als Gärtnerin in Eythrope, nachdem sie Oxford verlassen hatte und ein Jahr in Wisley und anschließend zwei weitere Jahre für den National Trust in Cliveden tätig gewesen war. Während ihrer Zeit als Gärtnerin schrieb sie mehrere Gedichte, darunter einige, die sie mit silberner Feder auf Schiefertafeln festhielt; sie sind an der Mauer in der Passage zum Garten angebracht (s. Seiten 286 und 291). Ihren Worten zufolge »war es ganz wunderbar, jemandem zu begegnen, der so hingebungsvoll arbeitet wie Sue«.

THE APPLE SHED

It suddenly thunders and the blue cloud
cracks   O run for the sheds
in the clap of time...

when it flashes and flashes and the tin sky flickers in
the thick of echoes.
clear the benches, space the apples,
think of the ten quiet trees with their nerves in the air.

The eye of the storm is my own fear...

I wouldn't risk a finger out of doors,
not even for a glancing look
to fetch the key that hangs on the nail
to cross the courtyard to the loo and back

twenty paces under a moving cloudslip...

  halfway, caught running in a light from heaven,
  I saw myself struck stiff, but it was just
  the grandeur of thunder, the sheer
  impact of the thought that knocked me blind

and now the comfortable dropping sound
of rain as heavy as a shower of apples:

Ribston Pippin, Cox's Orange,
Woolbrook Russet, Sturmer Pippin,

Bramley, Crispin, Margil, Spartan,
Beauty of Bath and Merton Beauty...

Put them bright in rows. Tell me
what have our souls been growing all these years
of time taken and rendered back as apples?

Anhang 2:
Gemüse und Obst aus dem ummauerten Garten, nach Monaten aufgelistet

JANUAR
Brokkoli, 'Purple Sprouting Rudolph' (purpurrote Sorte)
Kohl 'January King'
Kohl, Rot-
Wirsing
Kohl, Weiß- (Krautsalat-Sorte)
Sellerie
Knoblauch
Kräuter: Lorbeer, Koriander, Dill, Minze, Petersilie, Rosmarin, Thymian
Artischocken (die letzten)
Blatt- oder Grünkohl, kraus
Blattkohl, schwarz
Feldsalat (Ackersalat, Rapunzel) (der letzte)
Lauch
Zwiebeln (die letzten)
Pastinaken
Kartoffeln, zum Einlagern, rote & weiße Sorten (die letzten)
Rauke
Schalotten
Rosenkohl
–
Äpfel

FEBRUAR
Brokkoli, 'Purple Sprouting' (purpurrote Sorte)
Brokkoli, 'White Sprouting' (hellgrüne Sorte)
Kohl 'January King'
Kohl, Rot-
Wirsing
Sellerie
Knoblauch
Kräuter: Minze, Petersilie, Rosmarin, Estragon, Thymian
Lauch
Schalotten
–
Äpfel

MÄRZ
Brokkoli, purpurrot & weiß
Kohl, Frühlings-
Knoblauch
Kräuter: Lorbeer, Koriander, Dill, Minze, Petersilie, Rosmarin, Sauerampfer, Thymian
Rauke
Meerkohl
Spinat
Mangold
–
Rhabarber

APRIL
Spargel (3. Aprilwoche)
Kohl, Frühlings-
Kräuter: Lorbeer, Koriander, Dill, Minze, Petersilie, Rosmarin, Sauerampfer, Thymian
Meerkohl
Spinat
Mangold
Rauke
–
Rhabarber

MAI
Spargel
Bohnen, Puffbohnen (4. Maiwoche)
Kräuter: Basilikum (unter Glas, 4. Maiwoche), Lorbeer, Schnittlauch, Koriander, Dill, Minze, Petersilie, Rosmarin, Sauerampfer, Thymian
Salat
Rauke
Spinat
Mangold
–
Rhabarber

JUNI
Spargel (bis zur 2. Juniwoche)
Rote Bete, Baby- (gegen Ende Juni)
Puffbohnen
Karotten, Baby- (gegen Ende Juni)
Gurken (Mitte Juni)
Fenchel (Ende Juni)
Knoblauch
Kräuter: Basilikum, Lorbeer, Schnittlauch, Koriander, Dill, Minze, Petersilie, Rosmarin, Sauerampfer, Thymian
Lauch, Baby-
Salat
Erbsen
Kartoffeln, neu (2. Juniwoche)
Schalotten
Frühlingszwiebeln
–
Stachelbeeren (Anfang Juni)
Rhabarber
Erdbeeren (3. Juniwoche)

JULI
Auberginen
Puffbohnen
Brechbohnen
Rote Bete (auch gelb, weiß, & purpurrot)
Kohl, den ganzen Sommer über
Brokkoli, kalabrischer
Karotten
Zucchini
Gurken
Fenchel
Knoblauch
Artischocken
Kräuter: Borretsch, Basilikum, Schnittlauch, Koriander, Dill, essbare Blüten, Petersilie (kraus und glatt), Bohnenkraut, Sauerampfer, Thymian
Lauch, Baby-
Salat 'Little Gem', rotblättriger Salat, Pflück- oder Schnittsalat, Kopfsalat
Zwiebeln
Erbsen
Paprika
Kartoffeln, neu & Salat-Kartoffeln
Schalotten
Spinat
Frühlingszwiebeln
Mangold
Tomaten, Kirschtomaten & große Sorten (3./4. Woche)
Weiße Rübe/Steckrübe
–
Aprikosen
Brombeeren
Schwarze Johannisbeeren
Feigen
Pfirsiche
Rote Johannisbeeren
Erdbeeren
Walderdbeeren
Weiße Johannisbeeren

AUGUST
Auberginen
Brechbohnen
Feuer-/Stangenbohnen 'Hunter'
Rote Bete (auch gelb, weiß, purpurrot)
Kohl
Brokkoli, kalabrischer
Karotten
Zucchini
Gurken
Fenchel
Knoblauch
Artischocken
Kräuter: Basilikum, Borretsch, Schnittlauch, Koriander, Dill, essbare Blüten, Petersilie, Bohnenkraut, Sauerampfer, Thymian
Kohl, schwarz
Lauch, Baby-
Salat
Kürbis 'Vegetable Spaghetti' (Gemüse-Spaghetti-Kürbis)
Zwiebeln, weiß & rot
Erbsen
Paprika
Kartoffeln, Salat-Kartoffeln
Schalotten
Mais
Spinat
Frühlingszwiebeln
Mangold
Tomaten, Kirschtomaten & große Sorten
Weiße Rüben/Steckrüben
–
Aprikosen
Brombeeren
Reineclauden
Nektarinen
Pfirsiche
Pflaumen
Himbeeren
Walderdbeeren

SEPTEMBER
Auberginen (geerntet und auf Tabletts ausgelegt, um das Glashaus für die Vermehrung freizumachen)
Bohnen, Prinzessböhnchen, 'Safari'
Brechbohnen
Feuerbohnen
Rote Bete (auch gelb, weiß & rosa)
Kohl, den ganzen Sommer über
Wirsing
Brokkoli, kalabrischer
Karotten
Sellerie
Zucchini
Gurken
Fenchel
Knoblauch
Artischocken
Kräuter: Basilikum, Borretsch, Schnittlauch, Koriander, Dill, essbare Blüten, Knoblauch-Schnittlauch, Minze, Petersilie (kraus und glattblättrig), Rosmarin, Salbei, Bohnenkraut, Sauerampfer, Estragon, Thymian, Winterzwiebeln, Winter-Bohnenkraut
Kohl, schwarz, 'Nero di Toscana'
Lauch
Lauch, Baby-
Salat, gemischte Blattsalate & 'Little Gem'-Typus
Kürbis 'Vegetable Spaghetti' (Gemüse-Spaghetti-Kürbis)
Zwiebeln
Paprika (geerntet und auf Tabletts ausgelegt, um das Glashaus für die Vermehrung freizumachen)
Kartoffeln (in Säcken, bereits Anfang August geerntet)
Salatkartoffeln 'Juliette', 'Anya', Lagerkartoffeln, rot & weiß
Schalotten (geputzt, nachdem sie im Gewächshaus abgetrocknet sind; sie werden im Schuppen auf Tabletts gelagert)
Spinat
Frühlingszwiebeln
Mais
Mangold
Tomaten, Kirschtomaten & große Sorten
Weiße Rüben/Steckrüben
–
Äpfel, zum Kochen & für Desserts
Brombeeren
Reineclauden

Anhang 3: Gemüsesorten

Feigen
Weintrauben
Melonen
Birnen, zum Kochen
   & für Desserts
Pflaumen
Quitten
Himbeeren
Walderdbeeren

OKTOBER
Feuerbohnen
Rote Bete
Kohl, Rot-
Wirsing
Kohl, weiß, Krautsalat-Sorte
Brokkoli, kalabrischer
Blumenkohl, 'Romanesco'
Sellerie
Endivien-Salat
Radicchio
Fenchel
Knoblauch
Kräuter: Basilikum,
   Schnittlauch, Koriander, Dill,
   Minze, Petersilie, Bohnenkraut, Sauerampfer, Estragon, Thymian
Kohl, schwarz
Kohl, kraus
Lauch, große Stangen
Salat
Zwiebeln
Paprika, grün & rot
Salat- & Lagerkartoffeln
   rot & weiß
Kürbis
Schnitt- oder Pflücksalate
Schalotten
Spinat
Frühlingszwiebeln
Rosenkohl
Steck-/Kohlrüben
Mangold
Tomaten, Kirschtomaten
   & große Sorten
–
Äpfel, zum Kochen
   & für Desserts
Feigen
Weintrauben
Birnen, zum Kochen
   & für Desserts
Quitten
Reineclauden
Himbeeren

NOVEMBER
Rote Bete
Kohl, Rot-
Wirsing
Kohl, weiß, Krautsalat-Typus
Blumenkohl, 'Romanesco'
Sellerie
Chinesische Artischocken
Feldsalat (Acker-)
Endivien-Salat
Radicchio
Fenchel
Knoblauch
Kräuter: Schnittlauch, Minze,
   Petersilie, Bohnenkraut,
   Estragon, Thymian
Artischocken (Jerusalem-)
Kohl, schwarz
Kohl, kraus
Lauch
Salat
Kürbis 'Vegetable Spaghetti'
Zwiebeln
Pastinaken
Lagerkartoffeln rot & weiß
Kürbisse
Schalotten
Rauke
Spinat
Rosenkohl
Steck-/Kohlrüben
Mangold
–
Äpfel, zum Kochen
   & für Desserts
Birnen, zum Kochen
   & für Desserts
Quitten

DEZEMBER
Kohl 'January King'
Kohl, rot, 'Rodina', 'Marner
   Lagerrot'
Wirsing 'Endeavour', 'Tundra'
Kohl, Weiß- für Krautsalat,
   'Holland Winter White'
Sellerie 'Monarch', 'Prinz'
Feldsalat (Acker-)
Endivien-Salat
Radicchio
Knoblauch 'Silent Night'
Kräuter: Koriander, Dill (unter
   Glas), Petersilie (glatt und
   kraus), Minze, Rosmarin (im
   Freiland), Salbei, Estragon,
   Thymian
Artischocken (Jerusalem-)
Kohl, kraus, Zwergform
Kohl, schwarz
Lauch 'Tadorna', 'Toledo',
   'Atlanta', 'Oarsman'
Salat, (der letzte)
Zwiebeln
Pastinaken 'Gladiator', 'Palace'
Lagerkartoffeln rot & weiß
   ('Cara', 'Rooster')
Kürbisse
Rauke
Schalotten
Spinat, ausdauernd
Rosenkohl 'Clodius', 'Bosworth'
Steck-/Kohlrübe 'Tweed'
Mangold
–
Äpfel (einschließlich der Koch-
   Sorten 'Edward VII', 'Lord
   Derby', 'Howgate Wonder')
Birnen

BOHNEN, FEUERBOHNEN und GARTENBOHNE (auch als GRÜNE, BRECH- oder SCHNITTBOHNEN bezeichnet)

Die kletternde Gartenbohne 'Blue Lake' ist fadenlos; selbst dicke Hülsen sind noch schmackhaft.
Die flach-hülsige kletternde Gartenbohne 'Algarve' ist ebenfalls fadenlos.
Die Feuerbohne 'Aintree' ist schmackhaft, fadenlos; selbstbestäubend.
Die Feuerbohne 'Enorma' ist sehr lang und fadenlos.
Die Feuerbohne 'Firestorm' hat schöne Blüten und ist fadenlos; selbstbestäubend.
Die Feuerbohne 'Stardust' ist aromatisch, fadenlos; selbstbestäubend.
Die Feuerbohne 'White Lady' ist ertragreich, etabliert sich problemlos und hat weiße Blüten.

Die selbstbestäubenden Varietäten sind das Ergebnis der Kreuzung von Feuerbohne und Gartenbohne: sie sehen aus wie Feuerbohnen und verfügen über das charakteristische Erbgut der selbstbestäubenden Gartenbohne. Feuerbohnen werden durch Hummeln bestäubt und benötigen ausreichend Luftfeuchtigkeit, um sich zu etablieren, was bedeutet, dass sie im September/Oktober tatsächlich besser gedeihen.

ERBSEN
AUSSAAT
November: 'Douce Provence'; Frühbeet, im März gepflanzt,
   pflückreif im Mai
Februar: 'Spring'; sehr früh
März: 'Spring'
   'Hurst Green Shaft'; bis zu 9 Erbsen pro Schote
April: 'Delikata'; mangetout
   'Sugar Ann'; Zuckererbse

KARTOFFELN, 2013
Früh (Juni/Juli)
   'Swift'
   'Foremost'
   'Colleen'
mittelfrüh (August)
   'Purple Majesty'
Salat- (Juli bis September)
   'Bambino'
   'Charlotte'
   'International Kidney'
   'Marilyn'
   'Annabelle'
Lagerkartoffeln (Oktober bis Januar, lagerfähig)
   'Sarpo Mira'
   'Cara' (weiß)
   'Rooster' (rot)

TOMATEN
   'Andine Cornue'
   'Black Cherry'
   'Black Krim'
   'Bloody Butcher'
   'Delicious' (syn. 'Burpee's Delicious')
   'Fandango'
   'Fantasio'
   'Ferline'
   'Sweet Million'
   'Sweetie'
   'Sungold'
   'Yellow Pearshaped'

Anhang 4: Blumenanzucht

ZWIEBELBLUMEN
1. Vortreiben von Zwiebeln noch vor Weihnachten
Bestellung Mitte Juli, Pflanzung Mitte September
Hyacinthus orientalis
   'Delft Blue'
   'Pink Pearl'
   'White Pearl'
Narcissus 'Ziva' (Paperwhites, in 18-cm-Töpfen im Frühbeet, dann Vortreiben zur Verwendung als Schnittblumen und als Topfpflanzen.)

2. Zwiebelblumen hauptsächlich zur Verwendung als Schnittblumen
Ebenfalls Katalog-Bestellung Mitte Juli, Pflanzung Mitte September
Freesia hell- und dunkel gelb; Lavendel, rot und weiß, gezogen in 12-cm-Töpfen im Gewächshaus, hauptsächlich als Schnittblumen von Februar bis März
Anemonen, im Freien gepflanzt für Blüten von März bis Mai, nicht jedes Jahr erneut gepflanzt
Anemone coronaria (De-Caen-Gruppe)
   'Hollandia' rot
   'Mister Fokker' blau
   'The Bride' weiß
   'Sylphide' violett-rosa

3. Zwiebelblumen für die Beetbepflanzung, zum Verwildern, als Schnittblumen und für Töpfe
Katalog-Bestellung Anfang September, Pflanzung Ende Oktober bis November

BEETBEPFLANZUNG
Hyazinthen & Tulpen

ZUM VERWILDERN
   Narcissus pseudonarcissus
   Narcissus obvallaris
   Narcissus poeticus var. *recurvus*
   Fritillaria meleagris

SCHNITTBLUMEN UND TÖPFE
Hyazinthen für nach Weihnachten (Januar bis April) als Zimmerschmuck
   'Aiolos'
   'Blue Jacket'
   'City of Bradford'
   'City of Haarlem'
   'Gypsy Queen'
   'Jan Bos'
   'Minos'
   'Miss Saigon'
   'Pink Pearl'
   'Woodstock'

TULPEN
Eine Auswahl für Schnittblumen von April bis Ende Mai, je nach Wetter; gezogen in 30-cm-Töpfen, 20–25 pro Topf im Gewächshaus zum Vortreiben.

FRÜH: 'Bellona' gelb
   'Christmas Marvel' pink (ungefüllt, früh)
   'Prinses Irene' orange
   'Purple Prince' purpur-violett
MITTEL: 'Café Noir' schwarz
   'Don Quichotte' pink
   'Happy Generation' rot/weiß
   'Helmar' gelb/rot (Triumph-Tulpe, wie Rembrandt-Tulpe)
   'Negrita' purpur-violett
   'Peerless Pink' pink
   'Rems Favourite' purpurviolett-weiß (Triumph-Tulpe)
   'White Dream' weiß
GEFRANST: 'Burgundy Lace' (weinrot)
   'Curly Sue' (purpurviolett)
   'Fringed Elegance' (hellgelb)
   'Maja' (hellgelb, sehr spät – nützlich)
   'Red Hat' (rot)
DARWIN HYBRIDE: 'Pink Impression'
LILIENBLÜTIGE FORM: 'Ballerina' (orange)
   'Mariette' (pink)
   'Red Shine'
   'West Point' (gelb)
   'White Triumphator'
PAPAGEIENTULPE: 'Apricot Parrot'
   'Blumex' (rot/orange)
   'Estella Rijnveld' (weiß/rot)
   'Orange Favourite'
   (Manche Papageientulpen haben laxe Stängel)
UNGEFÜLLT SPÄT: 'Avignon' (rot)
   'Dordogne' (orangegelb)
   'Maureen' (elfenbeinfarben)
   'Menton' (pfirsichrosa)
   'Queen of Night' (schwarz, sehr brauchbar, blüht bis Ende Mai)
   'Sorbet' (pink/weiß, klassische Tulpenform)

DUFTWICKEN UND ANDERE *LATHYRUS*-ARTEN
Sorten für die Aussaat im Oktober
   'Angela Ann'
   'Anniversary'
   'Bouquet Crimson'
   'Bouquet White'
   'Cathy'
   'Charlie's Angels'
   'Dark Passion'
   'Eclipse'
   'Ethel Grace'
   'Evening Glow'
   'Lizbeth'
   'Milly'
   'Noel Sutton'
   'Richard and Judy'
   'Valerie Harrod'
   'White Frills'

Sorten für die Aussaat von January bis März
   'Dorothy Eckford'
   'Heathcliff'
   'King Edward'
   'Matucana'
   'Miss Willmott'
   'Prince Edward of York'

Eine Auswahl von *Lathyrus*-Arten
   Lathyrus nervosus
   Lathyrus pubescens
   Lathyrus sativus
   Lathyrus sativus f. *albus*

CHRYSANTHEMEN
Die Pflanzen werden ausgegraben, eingetopft und im unbeheizten Gewächshaus überwintert. Im Januar werden sie in ein auf 5 °C erwärmtes Haus gebracht, um Stecklinge für die kommende Saison bereitzustellen.
   'Bretforton Road'
   'Capel Manor'
   'Cousin Joan'
   'Emperor of China'
   'Hazel'
   'Ruby Mound'
   'Uri'

'Wedding Day'
'Winning's Red'

DAHLIEN
Als Schnittblumen für August, September und Oktober
ROT: 'Bishop of Landaff'
  'John Street'
DUNKELROT: 'Aurora's Kiss'
  'Chat Noir'
  'Jescot Nubia'
  'Jowey Mirella'
  'Rip City'
  'Sam Hopkins'
ORANGE: 'David Howard'
  'Ludwig Helfert'
GELB: 'Glorie van Heemstede'
  'Jescot Buttercup'
LILA: 'Bonny Blue'
  'Worton Blue Streak'
PURPURVIOLETT: 'Hillcrest Royale'
  'Winston Churchill'
WEISS: 'Karma Serena'
  unidentifizierte weiße Kaktus-Dahlie aus Rousham
  'Vivian Russell'
PINK: 'Gerrie Hoek'
  'Pearl of Heemstede'
  'Piper's Pink'

DIANTHUS, Nelken
'Cranberry Ice'
'Devon Siskin' (Raspberry Swirl)
'Gran's Favourite'
'Laced Joy'
'London Lovely'
'Red Welsh'
'Rose de Mai'
'Strawberry Sorbet'
'Valda Wyatt'

Malmaison-Nelken
'Duchess of Westminster'
'Princess of Wales'
'Souvenir de la Malmaison' (syn. 'Old Blush')
'Tayside Red'
'Thora'

GALANTHUS, Schneeglöckchen
'Atkinsii'
elwesii
elwesii 'Godfrey Owen'
elwesii 'Mrs Macnamara'
elwesii 'Peter Gatehouse'
elwesii 'Selborne Green Tips'
'Emerald'
'Faringdon Double'
'Galatea'
'Hill Poë'
'Hippolyta'
'Jacquenetta'
'John Gray'
'Limetree'
'Magnet'
'Merlin'
nivalis
nivalis 'Bitton'
nivalis f. *pleniflorus* 'Blewbury Tart'
nivalis f. *pleniflorus* 'Lady Elphinstone'
'Ophelia'
plicatus (das breitblättrige Schneeglöckchen von der Schwarzmeerküste)
plicatus 'Augustus'
plicatus 'Colossus'
plicatus 'Diggory'
plicatus 'Warham'
'Robin Hood'
'S. Arnott'

HEDYCHIUM
Bestand jeder der hier aufgeführten Formen während der Samenruhe in den Gewächshäusern unter den Stellagen
Hedychium coronarium
Hedychium densiflorum 'Assam Orange'
Hedychium densiflorum 'Sorung'
Hedychium densiflorum 'Stephen'
Hedychium gardnerianum
Hedychium greenii

VANILLEBLUMEN (*Heliotropium arborescens*)
Überwinterung in den Gewächshäusern
'Chatsworth'
'Dame Alice de Hales'
'Gatton Park'
'Lord Roberts'
'Mrs J.W. Lowther'
'Princess Marina'
'The Speaker'
'W.H. Lowther'
'White Lady'
'White Princess'

NERINE
Anzucht unter Glas
Nerine sarniensis
Nerine sarniensis var. *corusca* (syn. *N. corusca* 'Major')
Nerine undulata
Nerine sarniensis-Hybriden:
'Afterglow'
'Baghdad'
'Belladonna'
'Bennett-Poë'
'Grania'
'Hanley Castle'
'Jenny Wren'
'Lady Cynthia Colville'
'Lady Eleanor Keane'
'Mother of Pearl'
'Ophelia'
'Pink Galore'
'Pink Triumph'
'Rose Princess'
'Rushmere Star'
'Salmon Supreme'
'Terry Jones'
'Virgo'
'Wolsey'

Frostverträglichere Sorten, die im Freien für den Schnitt gezogen werden
Nerine bowdenii
Nerine bowdenii 'Marjorie'
Nerine bowdenii 'Mollie Cowie'
Nerine bowdenii 'Ostara'
Nerine bowdenii 'Patricia'
Nerine bowdenii 'Quinton Wells'
Nerine bowdenii 'Ruth'
Nerine bowdenii 'Sheila Owen'

PELARGONIUM

In Beeten oder Töpfen ausgepflanzt oder im Gewächshaus No. 2 im Sommer ausgestellt; im Winter für Vermehrung und Anzucht in Gewächshaus No. 5 umgesiedelt.

KLASSIFIKATION

g	gefüllt (in Kombination)
dek	decorativ
e	efeublättrig
R	Regal-Pelargonie
d	duftblättrig
St	Stellar-Pelargonien (in Kombination)
U	Unique-Hybriden
p	panaschiert (in Kombination)
Z	Zonal-Pelargonien

'Apple Blossom Rosebud'	Z/g
'Arctic Star'	Z/St
'Ardens'	
'Atomic Snowflake'	d/v
australe	
'Carisbrooke'	R
'Charity'	g
'Chocolate Peppermint' (Eingangsbeet)	d
'Clorinda'	U/d
'Copthorne'	U/d
cordifolium	d
'Cousin Dolly'	Z
'Crimson Unique'	U
crispum 'Variegatum'	d/p
'Crystal Palace Gem'	Z/p
denticulatum (Auricula-Theater)	d
denticulatum	d
denticulatum 'Filicifolium' (Auricula-Theater)	d
'Duchess of Devonshire'	U
'Fair Ellen'	d
'Fireworks White' ('Fiwowit')	Z/St
'Frank Headley'	Z/p
'Gartendirektor Herman'	Dek
'Grey Lady Plymouth'	d/p
'Hederinum Variegatum' (syn. 'Duke of Edinburgh')	e/p
'Hermione'	Z/g
'Hindoo'	R×U
'Hula'	R×U
'Lady Ilchester'	Z/g
'Lady Plymouth'	d/p
'L'Elégante'	e/p
'Lord Bute'	R
'Mme Auguste Nonin' (syn. 'Monsieur Ninon')	U/d
'Moreanum' (syn. 'Moore's Victory', 'More's Victory', 'Scarlet Pet')	U
'Mr Wren'	Z
'Paton's Unique'	U/d
'Paul Crampel'	Z
'Peppermint Lace'	d
'Prince of Orange'	d
'Radula'	d
'Red Rambler'	Z/g
'Rober's Lemon Rose'	d
'Royal Ascot'	R
'Royal Black Rose'	e/g
'Royal Black Rose'	e/g
'Shottesham Pet' (syn. 'Concolor Lace')	d
'Solo' ('Giullio')	Z×e
'Sweet Mimosa'	d
tomentosum	d
'Vera Dillon'	Z
'Voodoo'	R×U
'Welling'	d
'Wilhelm Langguth'	Zg/p
'Yale'	e/g

ALTE ROSEN IN DEN ROSENRABATTEN
Lieblingsrosen durch Sternchen markiert
Einführungsdatum vermerkt, soweit bekannt

'Adam Messerich' Bourbon 1920
'Baronne Prévost' Hybrid Perpetual * 1842
'Boule de Neige' Bourbon 1867
'Commandant Beaurepaire'
'Coupe d'Hébé' Bourbon 1840
'De Resht' Portland um 1840
'Duke of Edinburgh' Hybrid Perpetual 1868
'Ferdinand Pichard' Hybrid Perpetual 1921
'Gros Chou de Hollande' Bourbon*
'Honorine de Brabant' gestreifte Bourbon-Rose
'Louise Odier' Bourbon * 1851
'Mme Boll' (syn. 'Comte de Chambord') Portland * 1859
'Mme Ernest Calvat' Bourbon 1888
'Mme Isaac Pereire' Bourbon 1881
'Mme Pierre Oger' Bourbon 1878
'Paul Verdier' Bourbon 1866
'Reine des Violettes' Hybrid Perpetual * 1860
'Reine Victoria' Bourbon 1872
'Souvenir du Docteur Jamain' Hybrid Perpetual 1865
'Variegata di Bologna' Bourbon 1909

SALVIA-SAMMLUNG
Bestände der aufgelisteten Sorten, die in den Gewächshäusern überwintern

Salvia 'African Sky'
Salvia 'Amistad'
Salvia atrocyanea
Salvia 'Black Knight'
Salvia blepharophylla
Salvia blepharophylla 'Diablo'
Salvia buchananii
Salvia 'Christine Yeo'
Salvia clevelandii
Salvia clevelandii 'Winnifred Gilman'
Salvia concolor
Salvia confertiflora
Salvia curviflora
Salvia darcyi
Salvia discolor
Salvia dombeyi
Salvia elegans 'Scarlet Pineapple'
Salvia elegans 'Tangerine'
Salvia fulgens
Salvia greggii 'Alba'
Salvia greggii 'Lara'
Salvia greggii 'Lipstick'
Salvia greggii 'Peach'
Salvia greggii 'Pink Preference'
Salvia greggii 'Stormy Pink'
Salvia greggii × serpyllifolia
Salvia guaranitica 'Argentina Skies'
Salvia guaranitica 'Black and Blue'
Salvia guaranitica 'Blue Enigma'
Salvia haenkei 'Prawn Chorus'
Salvia 'Indigo Spires'
Salvia involucrata
Salvia involucrata 'Bethellii'
Salvia involucrata 'Boutin'
Salvia involucrata 'Joan'
Salvia × jamensis 'Hot Lips'
Salvia × jamensis 'La Luna'
Salvia × jamensis 'Nachtvlinder'
Salvia × jamensis 'Peter Vidgeon'
Salvia × jamensis 'Raspberry Royale'
Salvia × jamensis 'Red Velvet'
Salvia × jamensis 'Señorita Leah'
Salvia × jamensis 'Sierra San Antonio'
Salvia × jamensis 'Trebah'
Salvia lanceolata

Salvia 'Lemon Pie'
Salvia leucantha
Salvia leucantha 'Purple Velvet'
Salvia leucantha 'Santa Barbara'
Salvia macrophylla
Salvia maderensis
Salvia microphylla 'Belize'
Salvia microphylla 'Lutea'
Salvia microphylla 'Wild Watermelon'
Salvia 'Mulberry Jam'
Salvia 'Mystic Spires Blue'
Salvia oxyphora
Salvia 'Pam's Purple'
Salvia patens 'Derry Watkins' Riesenform
Salvia patens 'White Trophy'
Salvia 'Penny's Smile'
Salvia 'Phyllis' Fancy'
Salvia 'Purple Majesty'
Salvia regla
Salvia repens
Salvia 'Royal Bumble'
Salvia 'Silas Dyson'
Salvia 'Silke's Dream'
Salvia splendens 'Jimi's Good Red'
Salvia splendens 'Van-Houttei'
Salvia stolonifera
Salvia 'Trelissick'
Salvia 'Trelawney'
Salvia uliginosa
Salvia uliginosa 'Ballon Azul'
Salvia 'Waverly'
Salvia 'Wendy's Wish'

TOPFPFLANZEN
Zur Verwendung unter Glas und im Hausinneren
Adiantum raddianum (Frauenhaarfarn)
Aspidistra elatior 'Variegata'
Begonia 'Escargot'
Cyclamen persicum (verschiedene Sorten zur Dekoration des Hauses einschließlich großblütiger Formen in Rot, Weiß und Pink sowie kleinblütiger, duftender weißer Formen – von Jahr zu Jahr unterschiedliche Kultivare)
Davallia canariensis Kanarischer Hasenpfotenfarn
Dypsis lutescens (syn. *Chrysalidocarpus l.*) Palme
Cypripedium Orchidee
Coelogyne Orchidee
Hedera helix
Nephrolepis
Plectranthus
Pteris cretica Saumfarn
Pteris cretica var. *albolineata* (weiß gestreift)
Pteris cretica 'Alexandrae' kammförmig
Sinningia tubiflora
Streptocarpus 'Albatross'
Streptocarpus 'Constant Nymph'
Streptocarpus saxorum

FROSTEMPFINDLICHE PFLANZEN FÜR DRAUSSEN IM SOMMER
In Gewächshäusern den Winter über, um den Bestand zu erhalten und zur Vermehrung
Abutilon 'Boule de Neige'
Abutilon 'Canary Bird'
Abutilon 'Nabob'
Abutilon 'Waltz'
Aeonium arboretum
Aeonium 'Blushing Beauty'
Aeonium 'Zwartkop'
Agave americana 'Mediopicta Alba'
Aloysia citrodora (syn. *Lippia citriodora*)
Anisodontea 'El Rayo'
Arctotis 'Red Magic'
Argyranthemum gracile 'Chelsea Girl'
Argyranthemum 'Jamaica Primrose'
Argyranthemum 'Vancouver'
Astelia
Azorina vidalii
Azorina vidalii 'Rosea'
Begonia grandis subsp. *evansiana*
Beschorneria yuccoides
Bidens aurea
Brugmansia yellow
Canna × *ehemanii*
Canna 'Richard Wallace'
Cordyline australis
Cosmos atrosanguineus
Diascia integerrima
Diascia personata
Diascia 'Redstart' ('Hecstart')
Diascia rigescens
Diascia 'White Icicle'
Dierama pulcherrimum
Fascicularia bicolor
Francoa ramosa
Felicia amelloides 'Santa Anita'
Granatapfel
Helichrysum petiolare 'Limelight'
Impatiens ugandensis
Jasminum polyanthum
Laurus nobilis Lorbeerbaum
Lavandula × *christiana*
Lavandula dentata
Lotus berthelotii
Lotus jacobaeus
Mimulus aurantiacus
Mimulus 'Popacatapetl'
Nierembergia scoparia (syn. *N. frutescens*)
Osteospermum 'Buttermilk'
Osteospermum 'Sparkler'
Osteospermum 'Whirlygig'
Osteospermum 'White Pim' (syn. *O. ecklonis* var. *prostratum*)
Penstemon 'Alice Hindley'
Penstemon 'Andenken an Friedrich Hahn' (syn. *P.* 'Garnet')
Penstemon 'Blackbird'
Penstemon 'Evelyn'
Penstemon 'Jill Lucas'
Penstemon 'King George V'
Plumbago auriculata dunkelblau
Plumbago auriculata hellblau
Plumbago auriculata f. 'Alba' weiß
Puya alpestris
Scabiosa atropurpurea 'Ace of Spades'
Sollya heterophylla blau
Sollya heterophylla 'Alba'
Verbena bonariensis
Verbena 'Diamond Purple'
Verbena 'Diamond Merci'
Verbena 'Diamond Topaz'
Verbena peruviana
Verbena rigida f. *lilacina* 'Polaris'
Verbena 'Sealav'
Verbena 'Sissinghurst'
Zantedeschia, pinkfarbener Schlund

Anhang 5: Jährliche Aussaat

Es handelt sich um eine sorgfältig organisierte Operation unter Glas (im Vermehrungsgewächshaus), die eine konstante Produktionslinie mit ausreichend Platz gewährleistet, um Kontinuität zu garantieren, bevor die Pflanzen im Freien abgehärtet werden können.

Woche 2: *Persicaria orientalis* (syn. *Polygonum orientale*), *Francoa ramosa* unbeheiztes Gewächshaus
Woche 6: Duftwicken, *Cobaea*, Basilikum, Walderdbeeren, *Salvia patens*, *Nepeta govaniana*, Petersilie, *Antirrhinum*, *Lobelia cardinalis*
Woche 8: Sellerie, Auberginen
Woche 9: *Nicotiana mutabilis*, *Dactylicapnos scandens* (syn. *Dicentra scandens*), Thymian, Basilikum, *Phlox*, *Rudbeckia*, Flockenblume
Woche 11: *Callistephus chinensis* (syn. *Aster chinensis*), *Cordyline*, *Cleome*, Winterbohnenkraut, *Omphalodes linifolia*, Scabiose
Woche 12: Tomaten, Paprika, Melonen, Basilikum, *Tagetes*, Borretsch
Woche 13: *Verbascum*
Woche 14: *Ammi majus*, *Orlaya grandiflora*, *Viola*, Basilikum, *Cerinthe*, *Malope*, *Nigella*, *Agrostis*, *Tithonia*
Woche 15: Gurken, *Cosmos*, Flockenblumen, Studentenblumen
Woche 16: *Nicotiana suaveolens*, Basilikum
Woche 17: Scabiose, *Salvia* (zweijährig)
Woche 18: *Zinnia*, *Nasturtium*, *Tagetes*
Woche 20: Bartnelken, Sonnenblumen
Woche 22: Fingerhüte
Woche 24: *Polyanthus*, *Myosotis*
Woche 27: *Aquilegia*, Goldlack
Woche 28: Islandmohn
Woche 40: Duftwicken

Anhang 6: Samen-Kollektion

Samen der folgenden Pflanzen, gesammelt 2012
Alcea rosea
Alonsoa meridionalis
*Alstroemeria-Ligtu-*Hybriden
Aquilegia, langspornig, gelb
Azorina vidalii 'Rosea'
Borago officinalis 'Alba'
Borago pygmaea
Browallia americana 'Alba'
Canna indica
Cerinthe major 'Purpurascens'
Cleome hassleriana intensiv lilaviolett
Cobaea scandens f. *alba*
Dactylicapnos scandens (syn. *Dicentra scandens*)
Dahlia coccinea weinrot
Delphinium gemischt
Delphinium staphisagria
Digitalis purpurea f. *albiflora*
Eccremocarpus scaber rot
Eccremocarpus scaber 'Tresco Cream'
Eryngium giganteum
Francoa ramosa
Lathyrus latifolius 'White Pearl'
Lathyrus rotundifolius
Leonotis nepetifolia aus Südafrika
Linaria purpurea 'Brown's White'
Lychnis coronaria
Malope trifida 'Alba' aus Südamerika
Nepeta govaniana
Nicotiana longiflora aus Südafrika
Nicotiana mutabilis
Nicotiana suaveolens
Nicotiana sylvestris
Nicotiana excelsior aus Rousham, grün
Nigella damascena 'Miss Jekyll Alba'
Nigella damascena 'Miss Jekyll'
Oenothera odorata cremeweiß blühend
Omphalodes linifolia
Persicaria orientalis
Psylliostachys suworowii aus Südafrika
Salvia patens
Salvia patens 'Cambridge Blue'
Salvia sclarea var. *turkestanica*
Scabiosa atropurpurea 'Ace of Spades'
Scabiosa caucasica 'Kompliment'
Silene coeli-rosa 'Blue Angel' aus Südamerika
Silybum marianum
Tagetes aus dem Himalaja-Gebirge
Zantedeschia pinkfarbener Schlund, aus Südafrika

Bibliographie

Coats, Alice M., *Flowers and their Histories*, A&C Black, London, 1968
Elliott, Brent, *Victorian Gardens*, Batsford, London, 1986
Morgan, Joan und Alison Richards, *A Paradise out of a Common Field: The Pleasures and Plenty of the Victorian Garden*, Century, London, 1990
Quest-Ritson, Charles, *The English Garden Abroad*, Viking, New York und London, 1986
Rothschild, Mrs James A. de, *The Rothschilds at Waddesdon Manor*, Collins, London, 1979

Aus dem Archiv in Waddesdon:
Gaucher, Marcel, *Diary Entry on Gardening*
Knox, Tim, *Report on Eythrope*, 2002
Rothschild, Miss Alice, *Letters to her Head Gardener*, G. F. Johnson

REGISTER

Kursive Seitenzahlen verweisen auf Abbildungen

A

Abeliophyllum distichum 177
Ableger 194
Abutilon 'Boule de Neige' 297;
 A. 'Canary Bird' 171, *216*, 226, 297; *A.* 'Nabob' *215*, 230, 297;
 A. 'Waltz' 297
Aconitum 161
A. carmichaelii 161
Adiantum 33, 243, *246*
A. venustum 145, *146*, 297
Aeonium 151; *A. arboretum* 297;
 A. 'Blushing Beauty' 297;
 A. 'Zwartkop' *173*, 297
Agave americana 'Mediopicta Alba' 297
Agrostis 298
Alcea rosea 298
Alitex Ltd, Petersfield, Hants. 109
Alonsoa meridionalis 298
Aloysia citriodora 152, 297
alpine house 193
Alstroemeria 243, 246, 265;
 A. ligtu-Hybride 298
Amaryllis 174, 229
 A. belladonna 230
Ammi majus 135, 298
Amseln 121
Ananas 72
Anemone 246, 277, 284; *A. coronaria* De-Caen-Gruppe 281, 284, 294; *A.c.* (D.C.G.) 'Hollandia' 284, 294; *A.c.*(D.C.G.) 'Mister Fokker' 284, 294; *A.c.* (D.C.G.) 'The Bride' 284, 294; *A.c.* 'Sylphide' 284, 294
Anisodontea 'El Rayo' 229, *230*, 297
Anstäben 162, 262
Anthurium 145
Antirrhinum 138, 246, 298
Apfel 72, *72*, 89, 292, 293;
 A. 'Brownlees' Russet' 89, *89*;
 A. 'Chivers Delight' 89;
 A. 'Cornish Gilliflower' *72*;
 A. 'Court Pendu Plat' *71*;
 A. 'Cox's Orange Pippin' *72*;
 A. 'Discovery' 89;
 A. 'Edward VII' 293;
 A. 'Holstein' 89;
 A. 'Howgate Wonder' 293;
 A. 'Irish Peach' 89;
 A. 'Lord Derby' 89, 293;
 als Fächer erzogen 89;
 A. 'Newton Wonder' 89;
 A. 'Orleans Reinette' 89;
 A. 'Peasgood's Nonsuch' *72*;
 Apfelgehölze *90*, *91*;
 A. 'Reverend W. Wilkes' *72*;
 A. 'Tydeman's Late Orange' 89;
 Kochapfel *72*, 293;
 Spalierobst 89;
 Tafelapfel *72*, 89, 293
Apikaldominanz 166
Aprikose 13, 72, 95, 292;
 A. 'Moor Park' 95, *95*;
 A. 'New Large Early' 95
Aquilegia 151;
 zitronengelbe, langspornige A. 165
Archibald, James Cartledge (Jim) (1941-2010) 178
Arctotis 'Red Magic' 297
Argyranthemum 229; *A. gracile* 'Chelsea Girl' *173*, 297;
 A. 'Jamaica Primrose' 226, 297; *A.* 'Vancouver' 297
Arley Hall, Ches. 152
Artischocken, Chinesische 30, 293
Artischocken, Jerusalem- 30, 292, 293
Ascott House, Wing, Bucks. 17
Askham Bryan College, N. Yorks. 289, 290
Aspidistra 145; *A. elatior* 'Variegata' 297
Asplenium scolopendrium 145
Asseln 270
Astern 152, 162, 248
Astelia 297
Aster 54, 161, 162; *A. amellus* 162; *A.a.* 'Veilchenkönigin' 161; *A. chinensis* SIEHE *Callistephus c.*; *A. × frikartii* 'Mönch' 161; *Aster lateriflorus* var. *horizontalis* 162; *A. l.* 'Prince' 162; *A.* 'Little Carlow' *243*, 248, 262; *A. novae-angliae* 152, 162; *A. pilosus* var. *pringlei* 'Monte Cassino' *268*, 270
Aston Clinton, Bucks. 17
Aubergine 121, 122, 292, 293, 298; A. 'Moneymaker No 2' 122, *122*
Aurikel 110, 135, 183, *183*, 184, 193, 194, 196, 197, *246*;
 Alpen-A. 194; A. 'Argus' 184, 194; *A.* 'Prince John' 194;
 A. 'Sirius' *193*; A. 'Tom Baker' *193*; gefüllt blühende A. 194;
 Show Fancy A. 194; S.F.A. 'Green Lane' 184; S.F.A. 'Prague' 194; S.F.A. 'Tomboy' 194; gestreifte A. 194;
 Auricula-Theater *183*, *184*, 193
Ausbildung, Harold Hillier 290
Ausdünnen 33, 121, *124*, 127
Auspflanzen 117, 266
Austen, Jane (1778-1817) 165
Aylesbury, Vale of, Bucks. 17
Azorina vidalii 297; *A.v.* 'Rosea' 298

B

Baird, Thomas 289, *289*
Banane 89
Bartnelke 265, 298
Basilikum 59, 60, 110, 292, 293, 298;
 B. 'Napolitano' (syn. 'Lettuce Leaf') 60, 135
Battersea, Lady Constance (1843-1931) 18
Beete 18, 151, 152, 171, 184, 257; Teppichbepflanzung 171; Beetpflanzen 18, 109, 121, 281; Frühlingsbeet 225; dreidimensonale B. 18, *19*, 171, *216*
Beeton, Samuel Orchart (1830 bis 77), *Beeton's Garden Management and Rural Economy* (1870) 121
Befruchtung, künstliche 81, 95
Begonia 'Escargot' 297;
 B. grandis subsp. *evansiana* 297
Belüftung 72, 95, 102, 110;
 primeläugige B. 265
Beschorneria yuccoides 297
Beschriftung 278
Bewässerung 33
Bewurzelungspulver 138, 199, 273
Bidens aurea 226, 297
Birken 49
Birne 71, *72*, 72, 89, 90, 93;
 P. 'Beth' 93; P. 'Catillac' 93;
 P. 'Concorde' 93;
 P. 'Conference' 93;
 p. 'Doyenné du Comice' 93;
 p. 'Williams' Bon Chrétien' 93
Blacker, Mary Rose, *Flora Domestica* (2000) 243
Blanc, Raymond 30
Blattläuse 121
Blattwerk 243
Blumen, Schnitt- 25, 33, 109, 243, *243*, 246, 257; B. f. Arrangements *268*-*270*, *281*; essbare 57, *57*, 292, 293
Bodenvorbereitung 43
Bohnen 33, 43, 50
Bohnen, kletternde 54, *54*
Bohnenkraut 292, 293;
 Winter-B. 57, 293, 298
Bohnenlaus 33, 84
Bohnenstangen 49, *49*, 50, *50*, *52*, *53*
Borago officinalis (Borretsch) 57, 57, 60, 292, 293, 298; *B.o.* 'Alba' 298; *B. pygmaea* 298
Botrytis 72
Brassica 33
Brechbohne, kletternde 50, 53;
 k. B. 'Algarve' 293;
 k. B. 'Blue Lake' 293
Bretter 169, 267
Brombeere 97, 292, *292*;
 B. 'Oregon Thornless' 71, 97, 97, *98*, 99; Zucht-B. 97, *98*, 99
Broome, Samuel (1806-70), *Culture of the Chrysanthemum as Practised in the Temple Gardens* (1857) 273

Browallia americana 'Alba' 298
Brugmansia 230; gelb 297
Buchs SIEHE *Buxus sempervirens*
Buckingham Palace, London 226
Bucks Herald 109, 171
Bunyard, Edward Ashdown (1878-1939) 89
Burghfield, Old Rectory, Berks. 24, 288
Buxus sempervirens 4, *175*, *216*, 225, *235*, 235, *246*; *B.s.* Triebe *268*; *B.s.* 'Suffruticosa' *175*

C

Callingham, Jack 29, 81, 89, 289
Callingham, Paul 29, 89, 135, 289, *289*
Callistephus chinensis 298
Calnan, Mike 152
Campbell, Susan 110
Canna × *ehemanii* (*C. iridiflora*) *173*, 297;
 C. indica 199, 298; *C.* 'Richard Wallace' 297; *C.* 'Yellow Humbert' 226
Capsicum SIEHE Paprika, süße
Casa Azul, La, Mexico City, Hofgarten 7
Castle Bromwich, W. Midlands 289
Cerinthe 298; *C. major* 'Purpurascens' 298
Chatsworth House, Bakewell, Derbyshire 102, 151
Cheere, John (1709-87) *4*
Chelsea Chop 162
Chesterfield, 5th Earl of 18
Chicoree 29
Chimonanthus fragrans 177, *178*
Choisya 'Aztec Pearl' 225
Christrose 46, 178
Chrysalidocarpus lutescens SIEHE *Dypsis l.*
Chrysanthemum 273, *273*, 274;
 C. 'Bretforton Road' 273, 296;
 C. 'Capel Manor' 294;
 C. 'Cousin Joan' 294;
 C. 'Emperor of China' 248, 273, *274*, 294;
 C. 'Hazel' *273*, 294; National Collection 273; *C.* 'Ruby Mound' *273*, 273, 294;
 C. uliginosum SIEHE *Leucanthemella serotina*;
 C. 'Uri' 273, 294; *C.* 'Wedding Day' *273*, 294; *C.* 'Winning's Red' 294
Clarke, Barry 289, *289*
Clematis 20
Clemenceau, Georges (1841 bis 1929) 23
Cleome 165, 298
Clive, Lady Charlotte Florentia (Lady C.F. Percy, Herzogin von Northumberland) (1787 bis 1866) 146

Cliveden, Bucks. 290
Clivia 110, 145, *145*, 146
Coats, Alice Margaret (1905–78) 229, 273
Cobaea scandens f. *alba* 230, 298
Coelogyne 297
Cooke, Jonathan 135, 138, 226, 274, 289, *289*
Corbould, Naomi 135, 273, 274, 290, *290*
Cordyline 215, 226, 298; *C. australis* 297
Cornus mas 289
Corylus avellana 'Contorta' *177*, 177
Cosmos 165, 246, 248, 269, 298; *C. atrosanguineus* 297
Cucurbitaceae 63
Cyclamen persicum 297
Cypripedium 297

D
Dachse 173
Dactylicapnos scandens 298
Dahlia 199, 246, 257, 260, 273;
  D. 'Arabian Night' 173;
  D. 'Aurora's Kiss' 295;
  D. australis 138; *D.* 'Bishop of Llandaff' 295; *D.* 'Bonny Blue' 296; Kaktus-D. 262; K.-D. aus Rousham 257, 295; *D.* 'Chat Noir' *243*, 248, *257*, 262, 295; *D. coccinea* karmesinrote Form *161*, 298; *D.* 'David Howard' 295; Schmuckdahlien 262; *D.* 'Gerrie Hoek' *248*, 295; *D.* 'Glorie van Heemstede' 262, 295; *D.* 'Hillcrest Royale' 295; *D.* 'Jescot Buttercup' 295; *D.* 'Jescot Nubia' 262, 295; *D.* 'John Street' 262, 295; *D.* 'Jowey Mirella' *248*, 295; *D.* 'Karma Serena' 295; *D.* 'Ludwig Helfert' *257*, 295; *D.* 'Magenta Star' *183*, *199*; *D.* 'Pearl of Heemstede' 295; *D.* 'Piper's Pink' 295; *D.* 'Rip City' 262, 295; *D.* 'Sam Hopkins' *243*, *248*, 262, 295; *D.* 'Soulman' *199*; Dahlienknollen *257*, 257, *260*, 261, 262; *D.* 'Vivian Russell' 296; Seerosen-Dahlie 262; *D.* 'Winston Churchill' *243*, 257, 262, 295; *D.* 'Worton Blue Streak' 295
Danaë racemosa 246
Davallia canariensis 297
Daylesford House, Glos. 24
Delphinium 161, *243*, 246, 265, 266, 298; *d. staphisagria* 298
Destailleur, Gabriel-Hippolyte (1822–93) 17
Devey, George (1820–1886) 18, 25
Diamant-Lilie SIEHE *Nerine sarniensis*
Dianthus 183, 184, 246, 265;
  D. 'Cranberry Ice' 295;
  D. 'Devon Siskin' 295;
  D. 'Gran's Favourite' 295;
  D. 'Laced Joy' 295; *D.* 'London Lovely' 295; *D.* 'Red Welsh' 295; *D.* 'Rose de Mai' 295; *D.* 'Strawberry Sorbet' 295; *D.* 'Valda Wyatt' 295
Diascia integerrima 297;
  D. personata 297; *D.* Redstart ('Hecstart') 297; *D. rigescens* 297; *D.* 'White Icicle' 297
Dicentra scandens SIEHE *Dactylicapnos s.*
Dickinson, Sue 7, 8, 13, 14, 24, 30, 81, 93, 152, 161, 165, 173, 184, 215, 216, 225, 226, 246, 257, 262, 270, 281, 284, 287, 288, *288*, 289
Dickmaulrüssler 193, 194
Dierama pulcherrimum 297
Digitalis purpurea f. *albiflora* 265, 298; *D.p.* 'Pam's Choice' 265
Dill 60, 292, 293; *D.* 'Dukat' 57
Dränage 205, 226
Duftwicken 49, 54, 161, 246, 298; *D.* 'Angela Ann' 294;
  D. 'Anniversary' 270, 294;
  D. 'Bouquet Crimson' 294;
  D. 'Bouquet White' 294;
  D. 'Cathy' 294; *D.* 'Charlie's Angels' 294; *D.* 'Chatsworth' 270; *D.* 'Dark Passion' 294; *D.* 'Dorothy Eckford' 294; *D.* 'Eclipse' 294; *D.* 'Elizabeth Taylor' 270; *D.* 'Ethel Grace' 294; *D.* 'Evening Glow' 294; *D.* 'Heathcliff' 294; *D.* 'King Edward' 294; *D.* 'Leamington' 270; *D.* 'Lizbeth' 294; *D.* 'Matucana' 270, 294; *D.* 'Milly' 294; *D.* 'Miss Willmott' 294; *D.* 'Noel Sutton' 270, 294; *D.* 'Painted Lady' 270; s.p. 'Prince Edward of York' 270; *D.* 'Richard and Judy' 294; *D.* 'Southbourne' 270; Spencer-D. 270;
  D. 'Valerie Harrod' 294;
  D. 'White Frills' 294
Dünger 135; stickstoffhaltiger D. 122, 146, 225, 226, 229; Pottasche 122, 193, 205; Flüssigdünger 194; Depot-D. 225
Durham University 289
Durian-Frucht 89
Dypsis lutescens 297

E
Earlshall Castle, Leuchars, Fife 216, 235
Eccremocarpus scaber rot 298; *E.s.* 'Tresco Cream' 298
Echinops 161; *E. ritro* 268, 269, 270
Edward VII 20
Efeu 20, 216, 235
Eibe *4*, 177, 216, 235, *235*; SIEHE AUCH *Taxus baccata*; Eibenbüsche 151, 161
Eichelhäher 50
Eimer, gelb 270
Einjährige 138, 161, 171, 246, 265, 266

Ellacombe, Revd Henry Nicholson (1822-1916) 209
Elliott, Brent, *Victorian Gardens* (1986) 171
Erbse 30, 33, 49, 50, 54, 292, 293;
  E. 'Ceresa' 30;
  E. 'Delikata' 293;
  E. 'Douce Provence' 293;
  E. 'Hurst Green Shaft' 293;
  E. 'Peawee' 30; E. 'Spring' 293;
  E. 'Sugar Ann' 293;
  Erbsenreiser 49, 50, *53*, 54, 60, 61, 62
Erdbeeren 29, *33*, 71, 292;
  Walderdbeere 71, 298;
  W. 'Alexandra' 71;
  W. 'Baron Solemacher' 71;
  W. 'Mignonette' 71;
  E. 'Mara des Bois' 71
Erdfloh 33
Eryngium giganteum 298
Estragon, aus Frankreich stammender 57, 292, 293; russischer E. 57
Exbury Gardens, Hants. 183
exotische Gewächse 183
Eythrope *21*, 24, 71, 89, 171, 183, 184, 199, 209, 216

F
Fairbrother, Nan (1913–71) 225
Farne 110, 145, 243, 246;
  Saumfarn SIEHE *Pteris cretica*;
  Hasenfußfarn SIEHE *Davallia canariensis*; Hirschzungenfarn 145; Frauenhaarfarn SIEHE *Adiantum venustum*
Fasane 54, 72, 173
Fascicularia bicolor 297
Feige 13, 72, 89, *105*, 292, 293;
  Miss Alices' F. *101*, 101;
  Schnitt 101, *104*
Felicia amelloides 'Santa Anita' 297
Fenchel 60
Feuerbohne 49, 50, 293;
  F. 'Aintree' 294; F. 'Enorma' 294; F. 'Firestorm' 294;
  F. 'Hunter' 292; selbstbestäubende F. 50, 294;
  F. 'Stardust' 294; F. 'White Lady' 294
Fingerhut 161, 246, 248, *265*, 265, 298; SIEHE AUCH *Digitalis purpurea*
Firle House, E. Sussex 121
Fish, Robert (1808–73) 127
Five Arrows Hotel, Waddesdon, Bucks. 30
Formschnittgarten 29, 216, 235, *235*
Forsythia 178; Schneeforsythie SIEHE *Abeliophyllum distichum*
Fortune, Robert (1812–80) 273
Francoa ramosa 135, 298
Frankfurt3 18
Fräsen 43, *45*
Frauenhaarfarn SIEHE *Adiantum venustum*
Freesia 243, 246, 277, 279, 281, 289, 294

Fritillaria meleagris 294
Frühbeete 193, 274, 277, *278*, 279, 281, *284*, 284

G
Galanthomanie 184
Galanthus 145, 178, 183, 184, 209, 246, 295; *G.* 'Atkinsii' 209, 295; *G. elwesii* 296; *G.e.* 'Godfrey Owen' 296; *G.e.* 'Mrs Macnamara' 209, 246, 295; *G.e.* 'Peter Gatehouse' 295; *G.e.* 'Selborne Green Tips' 295; *G.* 'Emerald' 295; *G.* 'Faringdon Double' 295; *G.* 'Galatea' 295; *G.* 'Greatorex doubles' 209, 295; *G.* 'Hill Poë' 209, 295; *G.* 'Hippolyta' 295; *G.* 'Jacquenetta' 209, 295; *G.* 'John Gray' 295; *G.* 'Limetree' 209, 209, 295; *G.* 'Magnet' 178, 295; *G.* 'Merlin' 209, 295; *G. nivalis* (Gewöhnliches Schneeglöckchen) 209, 246, 295; *G.n.* 'Bitton' 295; *G.n.* f. *pleniflorus* 'Blewbury Tart' 295; *G.n.f.p.* 'Lady Elphinstone' 178, 295; *G.* 'Ophelia' 178, 209, 295; *G. plicatus* (breitblättriges Schneeglöckchen) 209, 295; *G.p.* 'Augustus' 209, 209, 295; *G.p.* 'Colossus' 209, 295; *G.p.* 'Diggory' 209, 295; *G.p.* 'Warham' 209, 295; *G.* 'Robin Hood' 295; *G.* 'S. Arnott' 209, 295
Galega × *hartlandii* 161
Gardeners' Chronicle 171
Gärten, Cottage- 257; italienische G. 215
Gartenabfälle 46
Gaucher, Marcel (1906–2006) 20, 161
Gaura lindheimeri 152, *162*, 162
Geißblatt, Winter- SIEHE *Lonicera fragrantissima*
Gemüse 20, *33*, 33
Geranie SIEHE *Pelargonium*
Gewebefolie 33
Gießstab 226
Gladiolus murielae 229, *229*, 230
Glanzkäfer 270
Glassteuer 109
Gloxinia 230
Glyndebourne, E. Sussex 24
Goldlack 151, 171, 225, 298
Goldrute 162
Granatapfel 297
Gras 235
Great Dixter, Northiam, E. Sussex 162, 216
Growmore Düngemittel 60
Gurke *109*, *121*, 121, 122, 292, 293, 298; weibliche F1-Hybride 122

H
Halliday, Messrs R. & Co., Middleton, Manchester 109
Halton House, Bucks. 17, 20, 171

Hamilton, Edward Walter
(1847–1908) 20
Hampton Court Palace, Surrey
102
Handscheren 235
Harris, Prof. Tom (1903–83) 57
„Harry Lauder's walking stick"
SIEHE *Corylus avellana*
'Contorta'
Hasel 49, 54; SIEHE AUCH
Corylus avellana; Haselbögen
151, 166, *168*, *169*; Korken-
zieherhasel SIEHE *Corylus
avellana* 'Contorta'; Hasel-
stöcke *72*; Haselzweige 173
Hasenglöckchen 50
Hatfield House, Herts. 288
Havergal, Beatrix (1901–80) 24,
288
Hedera helix 297
Hedychium coronarium 295;
H. densiflorum 'Assam
Orange' 295;
H.d. 'Sorung' 295;
H.d. 'Stephen' 295;
H. gardnerianum 295;
H. greenii 295
Helenium 161
Helichrysum petiolare
'Limelight' 226, 297
Heliotropium (Sonnenwenden)
110, 138, 171, 225, 229;
H. arborescens 'Chatsworth'
127, 138, 171, *173*, *216*, 225,
226, 229, 297; *H.a.* 'Dame
Alice de Hales' 225, 295;
H.a. 'Gatton Park' 229, 295;
H.a. 'Lord Roberts' 229, 295;
H.a. 'Mrs J.W. Lowther' 295;
H.a. 'Princess Marina' *215*,
229, 230, 295;
H.a. 'The Speaker' 229, 295;
H.a. 'W.H. Lowther' 229, 295;
H.a. 'White Lady' 229, 295;
H.a. 'White Princess' 295
Heuernte *21*
Hibberd, (James) Shirley (1825
bis 90), *The Amateur's Flower
Garden* (1871) 24, 171
Hicks, Tim 23, 243
Himbeere 71, 292; H. 'Autumn
Bliss' 71; H. 'Glen Ample' 71;
H. 'Joan J' 71
Hoare, Henry II (1705–85) 17
Hochbeete 30, 43
Hofer, Cecile *17*
Holztröge 215
Hühner 30, 54, 287; Burford
Browns 72
Hummeln 50, 122
Hyacinthus (Hyazinthe) 151, 171,
246, 277, *278*, *279*, 281, 294;
H. orientalis 'Aiolos' 294;
H.o. 'Blue Jacket' 281, 294;
H.o. 'City of Bradford' 294;
H.o. 'City of Haarlem' 281, 294;
H.o. 'Delft Blue' 294;
H.o. 'Gypsy Queen' 294;
H.o. 'Jan Bos' 294;
H.o. 'Minos' 294;
H.o. 'Miss Saigon' 294;
H.o. 'Pink Pearl' 281, 294;

H.o. 'White Pearl' 281, 294;
H.o. 'Woodstock' 281, 294;

I
Ilex crenata *175*
Immergrüne 145
Impatiens ugandensis 297
J
Jasminum polyanthum 297
Jekyll, Gertrude (1843–1932) 161
Johannisbeere, Schwarze 71, 292
Johnson, G.F. 20, 22, 23, 30, 81,
102, 171, 243
Joséphine, Empress (1763–1814)
183
Journal of Horticulture 20
Juwelen-Lilie SIEHE *Nerine
sarniensis*

K
Kahlo de Rivera, Frida (1907–54)
7
Kakteen 183
Kalmthout Arboretum, Belgium
24, 288
Kaninchenschwanz 95
Kapuzinerkresse *57*, 298;
K. 'Peach Melba' 60
Karden 248
Karotte 29, 33, 292, 293
Kartoffeln 20, *45*; K. 'Annabelle'
294; K. 'Anya' 292; K. 'Bam-
bino' 293; K. 'Cara' 293;
K. 'Charlotte' 293; K. 'Colleen'
293; Frühkartoffeln 293;
K. 'Foremost' 290, 292;
K. 'International Kidney' 293;
K. 'Juliette' 292; K. 'Marilyn'
293; neue K. 33, 292; K. 'Purple
Majesty' 293; K. 'Rooster' 293,
293; Salatkartoffeln 292, 293,
294; K. 'Sarpo Mira' 293;
K. 'Swift' 293
Kastanie 17
Katzenminze SIEHE *Nepeta*
Keeling, Jim 216
Keen, Alice 25
Keen, Lady Mary 7, 8, 25, 287
Kerbel 60
Kies 235
Kingsley, Charles (1819–75) 145
Kirsche 8, 13, 72; in Töpfen 81,
82, *83*, *84*, 84; c. 'Early Rivers'
81; K. 'Hedelfingen
Riesenkirsche' (syn. 'Géante
d'Hedelfingen') 81;
K. 'Merton Glory' 81;
K. 'Napoleon' 81, *84*;
K. 'Van' *81*
Kletterpflanze, einjährig 230
Knoblauch 292, 293; K. 'Silent
Night' 293
Kohl, schwarz (*cavolo nero*) 293;
K.s. 'Nero di Toscana' 292,
293; krauser K. 292, 293
Kohlpflanzen 33, 33, 292;
K. 'January King' 292, 293;
Rotkohl 29, 33, 292, 293;
R. 'Marner Lagerrot' 293;
R. 'Rodina' 293; den ganzen
Sommer über 293; Wirsing
292, 293; W. 'Endeavour' 293;

S.c. 'Tundra' 293; Frühling
292; Weißkohl 293
Kokosfaser 60, 63, 135, 193, 225,
273, 274, 277, *278*
Kompost 30, *46*, 46, *136*, 138,
193, 205, 225, 226;
Komposthaufen 63, *64*, *65*;
John Innes No 1 Substrat 135;
John Innes No 2 Substrat 60,
63, 102, 193, 225, 274, 277;
Eintopf-Substrat 277
Koriander 60, 292, 293;
K. 'Calypso' 57
Kornblume 243, 298
Kragen, nährstoffhaltig 81, *82*,
83
Kräuter 25, *33*, 33, 57, 60, 292,
293
Kreutzberger, Sibylle 24, 165,
288
Kröte, in Stein gehauen 151
Kuppeln, eiserne 151, 165, *166*,
166
Kürbis *14*, 46, *63*, 63, 225, 293;
K. 'Buttercup' 63; Butter-
nuss-K. 63; K. 'Crown Prince'
63; K. 'Hunter' 63; K. 'Mini
Squash' 63; Zwiebelkürbis 63;
K. 'Sprinter' 63; K. 'Uchiki
Kuri' 63; K. 'Giraumon
Turban' (syn. 'Turk's Turban')
63; K. 'Rouge Vif d'Etampes' 63

L
Lainé, Elie (1829–1911) 17
Lane Fox, Robin 14, 287
Lathyrus latifolius 'White Pearl'
298; *L. nervosus* 294;
L. pubescens 294;
L. rotundifolius 298; *L. sativus*
294
Laubmoder *46*, 71, 102, 166, 262
Lauch 292, 293; L. 'Atlanta' 293;
Baby-L. 292, 293;
L. 'Oarsman' 293; L. 'Tadorna'
293; L. 'Toledo' 293
Laurus nobilis 297
Lavandula × christiana 229, 297;
L. dentata 297
Leeds University, W. Yorks. 290
Leonotis nepetifolia 298
Lesurf, Alan 24
Leucanthemella serotina 161,
243, 262
Lilien 246
Linaria 135; *L. purpurea*
'Brown's White' 298
Linde 17
Lindenzweige 277, 281
Lippia citriodora SIEHE *Aloysia
citrodora*
Lloyd, Christopher Hamilton
(1921–2006) 216, 257
Lloyd, Nathaniel (1867–1933),
*Garden Craftsmanship in Yew
and Box* (1925) 216
Lobelia 171; *L. cardinalis* 298
Long, Gregory 8
Longleat, Wilts. 183, 243
Lonicera fragrantissima 177;
L. nitida 4, 216, 235;
L.n. 'Baggesen's Gold' 235

Lorimer, Sir Robert Stodart
(1864–1929) 216, 235
Lotus berthelotii 297;
L. jacobaeus 297
Loudon, John Claudius (1783
bis 1843) 72, 193
Lupinen 161
Lychnis coronaria 298

M
Mähen 235, 290
Majoran SIEHE Oregano
Malahide Castle, Co. Dublin,
Ireland 24, 288
Malope 298; *M. trifida* 'Alba' 298;
M.t. 'Vulcan' 60
Mangold 292
Manoir aux Quat' Saisons, Le,
Great Milton, Oxon. 30, 289
Marlborough, 7th Duke of (John
Winston Spencer-Churchill,
1822–83) 17
Maulbeerbäume 216
Maurerschnur 33
Mäuse 270
Maxicrop 138
Meerkohl 33
Melone 292, 298
Mentmore Towers, Bucks. 17
Merton, Esther 24, 57, 288
Mignonettes 165
Mimulus aurantiacus 297;
M. 'Popacatapetl' 297
Minze 60, 292, 293; immergrüne
M. 57
Mispelbaum 57
Mist 30, 43, 262; Hühnermist
30, 46
Missouri, University of 43
Mlinaric, David 243
Mohnblume 138; Islandmohn
246, 265, 298; I. Constance-
Finnis-Gruppe 265
Möhrenfliege 33, 57
Moos 246, 281
Mount Vernon, Virginia, USA 7
Myosotis 298
Mypex 63, 277

N
Narcissus 246; *N. obvallaris* 246,
294; 'Paperwhite'-N. 246, 277,
277, 281;
N. poeticus var. *recurvus* 294;
N. pseudonarcissus 246, 294;
N. 'Ziva' 277, 277, 294
National Apple Conference 89
National Trust 23
Nektarine 72, 81, 84, 95, 110,
292
Nelke 183; Malmaison N. 109,
183, 248; M.N. 'Duchess of
Westminster' 295;
M.N. 'Princess of Wales' 295;
M.N. 'Souvenir de la
Malmaison' (syn. 'Old Blush')
183, 295; M.N. 'Tayside Red'
295; M.N. 'Thora' 295;
Gewürznelkenbaum 183;
N. 'Laced Joy' 270; N. 'Moulin
Rouge' 270; N. 'Red Welsh'
270; N. 'Rose de Mai' 270

Nepeta 161; *N. govaniana* 162, 298
Nephrolepis 297; *N. exaltata* 146
Nerine 183, 184, *184*, 205, *205*, 246, *273*; *N.* 'Afterglow' 295; *N.* 'Baghdad' 295; *N.* 'Belladonna' 295; *N.* 'Bennett-Poë' 295; *N. bowdenii* 184, 205, 295; *N.b.* 'Marjorie' 205, 295; *N.b.* 'Mark Fenwick' 205; *N.b.* 'Mollie Cowie' 295; *N.b.* 'Ostara' 205, 295; *N.b.* 'Patricia' 295; *N.b.* 'Quinton Wells' 295; *N.b.* 'Ruth' 295; *N.b.* 'Sheila Owen' 295; *N.b.* 'Stefanie' 205; *N.* 'Grania' 295; *N.* 'Hanley Castle' 295; *N.* 'Jenny Wren' 295; *N.* 'Lady Cynthia Colville' 295; *N.* 'Lady Eleanor Keane' 295; *N.* 'Mother of Pearl' 295; *N.* 'Ophelia' 295; *N.* 'Pink Galore' 295; *N.* 'Pink Triumph' *205*, 295; *N.* 'Rose Princess' 295; *N.* 'Rushmere Star' 295; *N.* 'Salmon Supreme' 295; *N. sarniensis* 184, 205, 295; *N.s.* var. *corusca* (syn. *N. corusca* 'Major') 295; *N.s.* hybrids 295; *N.* 'Terry Jones' 295; *N. undulata* 295; *N.* 'Virgo' *184*, 295; *N.* 'Wolsey' 295; *N.* 'Zeal Giant' 205
Netze 50; in der Forstwirtschaft verwendete N. 33; Plastiknetz 262, 274
Nicotiana 135, *138*, 225; *N. longiflora* 298; *N. mutabilis* 298; *N. suaveolens* 225, 298
Nierembergia scoparia (syn. *N. frutescens*) 297
Nigella 135, 298; *N. damascena* 'Miss Jekyll' 298; *N.d.* 'Miss Jekyll Alba' 298

O

Oenothera odorata cremeweiß blühend 298
Olivenbäume 243
Omphalodes linifolia 298
Orchideen 50, 109, 297
Oregano 60
Orlaya grandiflora 135, 298
Osteospermum 'Buttermilk' 297; *O.* 'Sparkler' 297; *O.* 'Whirlygig' 297; *O.* 'White Pim' 297
Oswald, Alice 63, 287, *287*, 290
Oxford University 290

P

Padua, Orto Botanico, Italien 7
Palmen 145, 243, 246, 297
Päonien 246, 248
Paprikaschote 122, 292, 293, 298; P. 'Nardello' (syn. 'Jimmy Nardello') *110*
Parterre-Terrasse 215
Pastinake 292, 293; P. 'Gladiator' 293; P. 'Palace' 293

Paxton, Sir Joseph (1803–65) 226
Pelargonium 102, 127, 128, 151, 171, 215, 226; *P.* 'Apple Blossom Rosebud' 128, 296; *P.* 'Arctic Star' 297; *P.* 'Ardens' 128, 296; *P.* 'Atomic Snowflake' 296; *P australe* 225, 296; *P.* 'Carisbrooke' *128*, 128, 296; *P.* 'Chocolate Peppermint' *13*, 296; *P.* 'Clorinda' 296; *P.* 'Copthorne' *128*, 128, 296; *P. cordifolium* 296; *P.* 'Cousin Dolly' 296; *P.* 'Crimson Unique' 296; *P. crispum* 'Variegatum' 296; *P.* 'Crystal Palace Gem' 109, 127, 171, 226, 296; *P. denticulatum* 296; *P.d.* 'Filicifolium' 296; *P.* 'Duchess of Devonshire' 296; *P.* 'Fair Ellen' 128, 296; *P.* 'Frank Headley' 128, 296; *P.* 'Gartendirektor Herman' 296; *P.* 'Grey Lady Plymouth' 127, 171, *173*, 226, 296; *P.* 'Hederinum Variegatum' (syn. 'Duke of Edinburgh') *128*, 215, *216*, 226, 296; *P.* 'Hermione' 296; *P.* 'Hindoo' 296; *P.* 'Hula' 296; *P.* 'Lady Ilchester' 109, 127, 171, *173*, 226, 296; *P.* 'Lady Plymouth' 109, 296; *P.* 'L'Elégante' 296; *P.* 'Lord Bute' 128, 296; *P.* 'Mabel Grey' 128; *P.* 'Mme Auguste Nonin' (syn. 'Monsieur Ninon') 296; *P.* 'Moreanum' (syns 'More's Victory', 'Moore's Victory', 'Scarlet Pet') 296; *P.* 'Mr Wren' 296; *P.* 'Paton's Unique' *127*, 296; *P.* 'Paul Crampel' *13*, 109, 127, 171, 226, 296; *P.* 'Peppermint Lace' 296; *P.* 'Prince of Orange' 296; *P.* 'Radula' 296; *P.* 'Red Rambler' 296 *P.* 'Rober's Lemon Rose' 296 *P.* 'Royal Ascot' 296; *P.* 'Royal Black Rose' 296; *P.* mit pelzigen Blättern *13*, 110, 127, 128, 246; *P.* 'Shottesham Pet' (syn. 'Concolor Lace') 296; *P.* Solo ('Giullio') 296; *P.* 'Souvenir de Charles Turner' 109; *P.* 'Sweet Mimosa' 296; *P. tomentosum* 296; *P.* 'Vera Dillon' 127, *128*, 151, 173, 296; *P.* 'Vesuvius' 171; *P.* 'Voodoo' 296; *P.* 'Welling' 296; *P.* 'Wilhelm Langguth' 296; *P.* 'Yale' 215, 296
Penstemon 161, 165; *P.* 'Alice Hindley' 297; *P.* 'Andenken an Friedrich Hahn' (syn. *P.* 'Garnet') 297; *P.* 'Blackbird' 297; *P.* 'Evelyn' 297; *P.* 'Jill Lucas' 297; *P.* 'King George V' 162, 297
Perlit *135*, 135, 138, 273
Pershore College, Worcs. 289
Persicaria orientalis (syn. *Polygonum orientale*) 135, 298
Pestizide 274

Petersilie 33, 57, *58*, *60*, 60, 292, 293, 298; *P.* 'Bravour' 57; glatte P. 57, 293; *P.* 'Gigante di Napoli' (syn. 'Italian Giant') 57; krause P. 57
Pfirsich 13, 72, 81, 84, *95*, 110, 292
Pflaume 71, 72, 292
Phlox 54, 152, 161, 162, 298; *P. maculata* 'Alpha' *268*, *270*
Pikieren 135, *136*, 138
Pimm's No 1 Cup 57
Pinsel, Kaninchenschwanz 81
Plectranthus 297
Plumbago auriculata (syn. *P. capensis*) *13*, 225, 226, 229; *P.a.* f. *alba* (weiß) *216*, 225, 297; *P.a* blau 297
Polyäthylen-Folie *131*, 138, 199, 27
Polygonum SIEHE *Persicaria*
Polystichum setiferum (Divisilobum-Gruppe) 'Pulcherrimum Bevis' 145
Pottasche 49, 81; kaliumkarbonatreicher Dünger 121
Primula 193
Psylliostachys suworowii 298
Pteridomania 145
Pteris cretica 297; *P.c.* var. *albolineata* 297; *P.c.* 'Alexandrae' 297
Puffbohne 30, 137, 292; *P.* 'The Sutton' 290
Puya alpestris 297
Pyrethrum 265

Q

Quitte 292, 293

R

Rabatten 149; frühherbstliche R. 161; Staudenrabatten 7, 54, 152, 161, 257; Blumenrabatten 151; vicktorianische R. 152; Gemischte R. 152
Raffia-Bast 194, *197*, 277, 281, 284
Rahmen, eiserne 161; Drahtrahmen 216, *235*
Rapunzel SIEHE Feldsalat
Rasen 152
Rauke 29, 33, 60, 292, 293
Raupen 33
Raven, Sarah 257
Ravilious, Eric William (1903 bis 42), *The Greenhouse: Cyclamen and Tomatoes* 110, 121
Reading, University Botanic Garden, Berks. 288
Rebhühner 50
Reineclaude 71, 292
Rhabarber 292, 293
Rhododendron 20
Rinde 194; Mulch 33
Ringelblume *57*, 57, 60, 298
Rivers, Thomas (1798–1877) 81
Rosa (Rose) 20, 25, 46, 165, 183, 243, 246; *R.* 'Adam Messerich' 296; *R.* 'Baronne Prévost' 151, 165, 296; *R.* 'Boule de Neige' 296; Bourbon-R. 165; *R.* 'Buff Beauty' 177; Chinese r. 165; *R.* 'Commandant Beaurepaire' 296; *R.* 'Cornelia' 177; *R.* 'Coupe d'Hébé' 296; *R.* 'Danaë' 177; *R.* 'De Resht' 165, 296; *R.* 'Duke of Edinburgh' 296; *R.* 'Ferdinand Pichard' 296; *R.* 'Gros Chou de Hollande' *166*, 296; *R.* 'Honorine de Brabant' 165, 296; Moschata-Hybride 177; öfterblühende Hybriden 165; Tee-Hybride 165; *R.* 'Louise Odier' *165*, 296; *R.* 'Marchesa Boccella' (fälschlich 'Jacques Cartier') 165; *R.* 'Mme Boll' (syn. 'Comte de Chambord') 296; *R.* 'Mme Ernest Calvat' 296; *R.* 'Mme Isaac Pereire' 165, 296; *R.* 'Mme Pierre Oger' 296; Alte Rosen 151; *R.* 'Paul Verdier' 296; *R.* 'Penelope' 177; *R.* 'Prosperity' 177; Portland-R. 165; *R.* 'Portlandica' 165'; Strauchrosen 165, 166; *R.* 'Reine des Violettes' 296; *R.* 'Reine Victoria' 296; *R.* 'Sally Holmes' 177; *R.* 'Souvenir du Docteur Jamain' 296; Teerose 165; *R.* gebunden *168*, *169*; *R.* 'Variegata di Bologna' 296
Rosenkohl 29, 292, 293; *R.* 'Bosworth' 293; *R.* 'Clodius' 293
Rosmarin 292, 293
Rote Bete 33
Rothschild, Alice Charlotte von (Miss Alice de R.) (1847–1922) 14, 18, *19*, 20, *21*, 22, 25, 43, 71, 72, 81, 84, 93, 101, 102, 109, 127, 165, 171, 173, 177, 183, 209, 226, 243, *273*; Dorothy Mathilde de R. (Dolly de R., Mrs James de R.) (1895 bis 1988) 22, 23, 24, 29, 89, 101, 145, 243, 289; Evelina de R. (1839–66) 17, 18; Ferdinand James von R. (Baron Ferdinand de R.) (1839–98) 17, 18, 22, 145, 177, 243; (Nathaniel Charles) Jacob R., 4. Baron R. 7, 13, 24, 25, 109, 216, 235, 287; James Armand de R. (1878–1957) 23; Lionel Nathan de R. (1882–1942) 183, 243; Dame Miriam Louisa R. 20; Nicholas David de R. 183
Rousham, Oxon. 257
Royal Horticultural Society, Chiswick 89
Rübe 30, 292, 293
Rückschnitt 60, 177, 178
Rudbeckia 152, 298; *R. laciniata* 'Herbstsonne' 162

S

Saatgut 138; pilliertes Saatgut 33, *136*; Aussaat *64*, 121, 135, *136*, 265, 298
Sackville-West, Victoria (Vita) (1892–1962) 24, 165, 257

Salat 30, 33, *57*, 57, 60, *137*, 292, 293; S. 'Little Gem' 292; S. 'Winter Density' 29
Salbei 57, 293; Wiesensalbei 199
Salvia 165, 173, 183, 184, 199, 298; *S.* 'African Sky' 296;
S. 'Amistad' 184, *199*, 199, 296; *S. atrocyanea* 296;
S. 'Black Knight' 296;
S. blepharophylla 296;
S.b. 'Diablo' 296;
S. buchananii 296;
S. 'Christine Yeo' 296;
S. clevelandii 296;
S.c. 'Winnifred Gilman' 296;
S. concolor 199, 296;
S. confertiflora 199, 296;
S. curviflora 199, 296;
S.-Stecklinge 138; *S. darcyi* 199, 296; *S. discolor* 296;
S. dombeyi 296; *S. elegans* 'Scarlet Pineapple' 296;
S.e. 'Tangerine' 296; *S. fulgens* 199, 296; *S. greggii* 'Alba' 296;
S.g. 'Lara' 296; *S.g.* 'Lipstick' 296; *S.g.* 'Peach' 296;
S.g. 'Pink Preference' 296;
S.g. 'Stormy Pink' 296;
S. greggii × *serpyllifolia* 296;
S. guaranitica 'Argentina Skies' 296; *S.g.* 'Black and Blue' 296; *S.g.* 'Blue Enigma' 199, 296; *S. haenkei* 'Prawn Chorus' 296; *S.* 'Indigo Spires' 199, 296; *S. involucrata* 173, 199, 296; *S.i.* 'Bethellii' 173, 199, 296; *S.i.* 'Boutin' 127, *152*, 173, 199, 296; *S.i.* 'Joan' 199, 296; *S.* × *jamensis* 'Hot Lips' 296; *S.×j.* 'La Luna' 296;
S.×j. 'Nachtvlinder' 296;
S.×j. 'Peter Vidgeon' 296;
S.×j. 'Raspberry Royale' 296;
S.×j. 'Red Velvet' *199*, 296;
S.×j. 'Señorita Leah' *199*, 296;
S.×j. 'Sierra San Antonio' 296;
S.×j. 'Trebah' 296;
S. lanceolata 296; *S. leucantha* 199, 297; *S.l.* 'Purple Velvet' *183*, 199, 297; *S.l.* 'Santa Barbara' 297; *S. macrophylla* 297; *S. maderensis* 297;
S. microphylla 'Belize' *199*, 298; *S.m.* 'Cerro Potosí *138*;
S.m. 'Lutea' 297; *S.m.* 'Wild Watermelon' *230*, 297;
S. 'Mulberry Jam' 199, 297;
S. Mystic Spires Blue ('Balsamisp') 297;
S. nemorosa 199; *S. oxyphora* 298; *S.* 'Pam's Purple' 297;
S. patens 138, 199, 298;
S.p. 'Cambridge Blue' 173, 298; *S.p.* 'White Trophy' 297;
S. 'Penny's Smile' 297;
S. 'Phyllis' Fancy' 297;
S. pratensis 199; *S.* 'Purple Majesty' 297; *S. regla* 297;
S. repens 297; *S.* 'Royal Bumble' *230*, 297; *S.* 'Silas Dyson' 297; *S. sclarea* var. *turkestanica* 298; *S. splendens* 184, 199; *S.s.* 'Jimi's Good Red' 297; *S. stolonifera* 297;
S. 'Trelissick' 297;
S. 'Trelawney' *199*, 297;
S. uliginosa 297; *S.u.* 'Ballon Azul' 297; *S.* 'Waverly' 297;
S. 'Wendy's Wish' *225*, 297
Sarcococca confusa 177;
S. hookeriana var. *digyna* 177
Sämlinge *135*, 135, *137*, 138
Sauerampfer 57, *58*, 60, 292
Scabiosa (scabious) 246, 298;
S. atropurpurea 'Ace of Spades' *265*, *269*, 297, 298;
S. caucasica 'Kompliment' 298
Schädlinge und Krankheiten 33
Schalen 135, *137*, 138; Halbschalen. 199; Saatschalen 265
Schalotten 292, 293
schattiert, Glashaus 110
Schildläuse 95, 102, 205
Schlauch 135, 226; löchrig 162
Schneeglöckchen SIEHE *Galanthus*
Schneidwerkzeuge, mechanisch 235
Schnittlauch 57, *58*, 60, 292, 293; Knoblauch-S. 57, 292; groß 57
Schwerdt, Pamela Helen (1931 bis 2009) 24, 165, 288
Sedum 161
Seifenlauge, mild, Insektizid 95
Selbstversorgung 29
Sellerie 29, 292, 293, 298;
S. 'Monarch' 293; S. 'Prinz' 293
Silene 135; *S. coeli-rosa* 'Blue Angel' 298
Silybum marianum 298
Simmonds, Tim 290, *290*
Sinningia tubiflora 230, 297
Sissinghurst Castle, Kent 165, 257, 288
Sitwell, Sir Sacheverell Reresby (1897–1988) 193
Smithers, Sir Peter Henry Berry Otway (1913–2006) 183
Sollya heterophylla 229, 297;
S.h. 'Alba' 297
Sonnenblume 298
Spaghetti-Kürbis 63, 292, 293
Spargel 30, 33, 292
Spinne, Rote 84
Spinat 292, 293
Sprinkler 162
Spritzung 33
Stäbchen, Kebab- 193, *197*, 281
Stäbe, Bambus 49, 50, 54, 60, 121, 162, 225, 266, 279, 284
Stachelbeere 71; S. 'Invicta' 71; S. 'Pax' 71
Stanhope, Philip, 5th Earl of Chesterfield (1755–1815) 18
Statuen *235*, 243
Stechpalme SIEHE *Ilex*
Steckschwamm 248, 270
Steinbrech 161
Steinobst 72
Sternrußtau 166

Stickstoff 33
Stockrose *248*
Stourhead, Mere, Wilts. 17
Sträucher 152; Blütensträucher 243;
winterharte S. 215; duftende S. 177; winterblühende S. 145, 177, 246
Streptocarpus 'Albatross' 297;
S. 'Constant Nymph' 297;
S. saxorum 297
Stroh 29, 33, 46, 257
Suppen 60

T
Tabakpflanze SIEHE *Nicotiana*
Tagebuch 29
Tagetes 298
Talbot, Milo John Reginald, Baron Talbot de Malahide (1912–73) 288
Tauben *33*, 33, 50
Taxus baccata 'Elegantissima' 177
Tayler, (John) Frederick (1802–89) 19
Taylor, William (1850–1880) 183
Terrassen 215
Thiacloprid 194, 205
Thymian 57, *60*, 292, 293, 298; Gemeiner T. 57
Tischdekorationen 248
Tithonia 135, 298
Tomate 13, *110*, 110, 121, *124*, *125*, 298; T. 'Andine Cornue' 293; Beefsteak-T. *110*;
T. 'Black Cherry' 293; T. 'Black Krim' 121, 293; T. 'Bloody Butcher' 293; Kirschtomaten 121, 292, 293; T. 'Delicious' (syn. 'Burpee's Delicious') 293; T. 'Fandango' 121, 293;
T. 'Fantasio' 121, 293;
T. Ferline' 121, 293; T. 'Sweet Million' 293; T. 'Sweetie' 293;
T. 'Sungold' 293; T. 'Yellow Pearshaped' 293
Ton 43
Töpfe 127, 135, *137*, 138, 215, 216, 225, 226, 229, 230, 246, 262; Plastiktöpfe 138, 145, 216, 243; Terrakotta- oder Tontöpfe 183, 193, *205*, 205, 215, 216; Walhaut-Töpfe 121, 122, *125*
Topfpflanzen 33, 109, 145, 215, 243, 246, 294, 297
Traube 13, 20, 29, *102*, 102, 293; Muskatellertraube 102, 152;
T. 'Muscat of Alexandria' 71, 72, 102; freilandtauglich 72;
T. 'Schiava Grossa' (syn. 'Black Hamburgh') 71, 102; ausgelichtet 102
Tring Park, Herts 17
Tulipa (Tulpe) 72, 72, 151, 171, 173, *215*, 225, 230, 246, 265, 284, 294; T. 'Apricot Parrot' 230, 294; T. 'Avignon' *171*, 173, 294; T. 'Ballerina' 294; T. 'Bastogne Parrot' *215*;
T. 'Bellona' 284, 294;
T. 'Blumex' 294; T. 'Burgundy Lace' 294; T. 'Café Noir' 294;
T. 'Christmas Marvel' 294;
T. 'Curly Sue' 294;
T. Darwinhybrid-Gruppe 294;
T. 'Don Quichotte' 294;
T. 'Dordogne' *171*, 173, *174*, 294; T. 'Estella Rijnveld' *281*, 294; T. Fosteriana-Gruppe 284; T. 'Fringed Elegance' 294; T. 'Happy Generation' 284, 294; T. 'Helmar' 284, 294; T. 'Maja' 294;
T. 'Mariette' 294; T. 'Maureen' 226, 284, 294; T. 'Menton' *171*, 173, *174*, 294; T. 'Negrita' 294; T. 'Orange Favourite' 294; T. Parrot-Gruppe 284, 294; T. 'Peerless Pink' 294;
T. 'Pink Impression' 294;
T. 'Prinses Irene' 294;
T. 'Purple Prince' 294;
T. 'Queen of Night' 284, 294;
T. 'Red Hat' 294; T. 'Red Shine' 294; Rembrandt-T. 284; T. 'Rems Favourite' 294;
T. 'Sorbet' 294; T. 'West Point' 294; T. 'White Dream' 226, 294; T. 'White Triumphator' 226, 294

U
Umbelliferae 135
Umtopfen 121, 127, *130*, 194, *278*, *279*
Unkräuter, einjährige 46
Urnen 215

V
Vanilleblumen SIEHE *Heliotropium*
Vasen 127, 215, 226, 243, 246, 265, *268*;
Veilchen 165, 298
Verbascum 298
Verbena bonariensis 173, 297;
V. 'Diamond Purple' 297;
V. 'Diamond Merci' 297;
V. 'Diamond Topaz' 297; *V. peruviana* 297; *V. rigida* f. *lilacina* 199; *Vr.f.l.* 'Polaris' 297; *V.* 'Sealav' 297; *V.* 'Sissinghurst' 297
Vermehrung 109, 135, *136*, 146, 229, 289
Versailles, France, Potager du Roi 7
Viburnum × *bodnantense* 'Charles Lamont' 177;
V. farreri 177
Victoria, Queen (1819–1901) 20
Villa Victoria, Grasse, France 20, 183
Vilmorin-Andrieux & Cie, Paris 30
Viruserkrankung 209, *209*; Tabakmosaikvirus 225
Vitax-Flüssigdünger 138; V. Q4 33, 60, 63, 71, 81, 102, 162, 166, 226, 265, 270
Vogel, aus Eisengitterwerk 171

W
Waddesdon Manor, Aylesbury, Bucks. 7, *8*, 13, *17*, 18, 20, 23, 24, 49, 71, 145, 171, 177, 199, 209, 216, 243, 246, 248
Washington, George (1732–99) 7
Wässern 72, 81, 110, 122, 135, 146, 162, 205, 225, 270
Waterperry Gardens, Wheatley, Oxon. 13, 24, 165, 288, 289
Wein SIEHE Traube
Weiße Fliege 122
Weißrost 274
Wellington Botanic Garden, New Zealand 290
Westonbirt House, Glos., Italienischer Garten 152
Wetterkarten 29
Whichford Pottery, Warks. 183, 215
Wilde, Oscar Fingal O'Flahertie Wills (1854–1900) 183
Wilder Wein 20
Wilson, Woodrow (1856–1924) 23
Wisley, RHS Garden, Woking, Surrey 290
Wühlmäuse 265
Wye College, Kent 289

Z
Zantedeschia 297, 298
Zeitung 277, *279*
Ziegelstein-Splitt 235
Zinnia 135, 246, 248, 265, 298; Z. 'Benary`s Giant'-Gruppe 265; Z. 'Oklahoma'-Gruppe *248*, 265; Z. 'Sprite'-Gruppe 265
Zitronenstrauch SIEHE *Aloysia citrodora*
Zucchini 292, 293
Zucker 72, 121, 270
Zweijährige 135, 265
Zwei-Spaten-tiefes Umgraben 30, 43; im Winter 30, *43*, 43, *44*
Zwiebelblumen 152, 246, 277–285, 294; Z. für Weihnachten 294; Z. für den Schnitt 294; Z.-Bestellung 277; in Töpfen 277, 284
Zwiebeln *110*, 110, 292, 293; rote Z. 292; weiße Z. 292; Frühlingszwiebeln 292, 293

DANK

Mein Dank gilt der Familie Rothschild, die dieses Buch anregte und förderte sowie Sue Dickinson, Jonathan Cooke und dem Eythrope-Team, das mit unermüdlicher Geduld alle meine Fragen beantwortete. Die Archivare in Waddesdon und Fiona Sinclair gewährten uns zuverlässige Unterstützung. Jo Christian und Pimpernell Press übernahmen die Durchsicht. Tony Lord bewahrte uns vor botanischen Schnitzern, Tom Hatton und Dan Pauley, der engagierte Fotograf und Grafik-Gestalter, bezogen mich in zahlreiche Sitzungen zur Erarbeitung des Layouts ein. Pip Morrison, Jane Barnwell und Philippa Lewis steuerten wertvolle Kommentare bei. Faber and Faber erließen uns freundlicherweise die Abdruckgebühren für die Gedichte von Alice Oswald. So danke ich ihnen allen und insbesondere Charles Keen, dem ich vor 20 Jahren versprochen hatte, nie mehr ein weiteres Buch zu schreiben.